公證人法論綱

齋藤十一郎校閲
長谷川平次郎著

大正五年發行

公證人法論綱

日本立法資料全集 別巻 1246

信山社

公證人 長谷川平次郎著

公證人法論綱

東京 巖松堂書店發兌

自序

公證人法ノ著書未タ以テ梓ニ上ルヲ聞カス是レ世ノ遺憾トスル所ナラム余モ亦深慨スル所也。客秋明倫堂巖松堂兩主人ハ余カ公證事務ニ熟誠ニシテ多年公證制度ヲ研究シ其改善ニ盡瘁スト聞キ余ニ公證人法ノ解釋ヲ屬セラル余固ヨリ淺學寡聞其任ニ非サルノミナラス職務ニ在リテ風塵ニ奔走セサルヲ得サルカ故ニ鉛槧ノ事ニ從フ能ハサルヲ以テ牢ク拒否スト雖モ書肆ノ懇望一再ニシテ輟サルニ因リ竊ニ以ラク未熟ナル卑見ヲ世ニ公ニシ教正ヲ江湖ニ俟ツハ斯業ノ發展ニ裨補スル所以ナラムト遂ニ之ヲ許諾ス。是書ノ內容ハ余カ十又餘年實務ニ當リタル實驗ノ結果ヲ披瀝シ其自ラ遭逢シタル幾多ノ疑問ニ付キ法理ト實際トニ鑒ミ其一斑ヲ說明シ努メテ實務家實業家其他世人一般ノ參考ニ資セムコトヲ冀ヒ奇矯ノ言論ヲ避ケ專ラ堅實ニシテ穩健ナル學說及ヒ判例ヲ參酌シテ論定シタルモノナルヲ以テ自己ノ抱負ト雖モ通說ナラサルモノハ之ヲ掲ケス故ニ其論斷スル所必スシモ悉ク憑據自信ナキノ言ニ非サルコトヲ公言スルニ憚ラス聊以テ自ラ慰藉スル所以也。編纂ノ體裁及ヒ字句文章ハ推敲ノ日長カラサルヲ以テ缺漏杜選ヲ免レスト雖モ實施ノ期迫ルカ故ニ斧鉞ヲ加フルノ遑ナク剞劂ニ付スルノ止ムナキニ至レリ是レ深ク遺憾トスル所也。改版ノ場合ハ一層ノ研鑽ヲ加ヘ訂正增補ヲ懈ラサルヲ期ス。起稿ノ際ハ本法起草者齋藤參事官ヨリ懇切ナル指導ト注意トヲ與ヘラレ又田山判事ヨリ鮮カラサル資料ト贊助トヲ享ク公務ノ餘暇數日論難推究其勞多大也深ク謝意ヲ表ス

大正五年五月十二日北總南風堂ニ於テ

長谷川平次郎

凡例

一、本書ハ單ニ公證人法ノ條項ヲ說述スルニ止マラス苟モ同法ニ關係ヲ有スル法令ハ可成之ヲ網羅スルニ努メタリ是レ稍々本書ノ題目ヲ逸スルノ嫌アリト雖モ公證人法ノ條項ヲ闡明スルニハ先ツ同法ニ密著ノ關係ヲ有スル他ノ法令ノ槪念ヲ論究スルノ必要アルヲ以テナリ

一、舊公證人規則ト新公證人法ノ異同ハ無益ノ煩ヲ避クル爲メ重要ナル點ヲ除ク外本書中ニ之ヲ明言セス故ニ其微細ナル點ニ付テハ卷末ニ附錄セル新舊法ノ條文ヲ對照シテ硏究セラレンコトヲ望ム

一、本書中單ニ本法ト稱スルハ明治四十一年四月法律第五十三號公證人法ヲ指シ舊法ト稱スルハ明治十九年八月法律第二號公證人規則ヲ指ス

一、本書中括弧內ノ民ハ民法、商ハ商法、舊商ハ舊商法、刑ハ刑法、舊刑ハ舊刑法、民訴ハ民事訴訟法、刑訴ハ刑事訴訟法、非訟ハ非訟事件手續法、民施ハ民法施行法、刑施ハ刑法施行法、民訴草ハ民事訴訟法草案、佛民ハ佛蘭西民法、

獨民訴ハ獨逸民事訴訟法、裁構ハ裁判所構成法、分散ハ家資分散法、登記ハ不動產登記法、戶籍ハ戶籍法、判懲ハ判事懲戒法、郵ハ郵便法、煙專ハ煙草專賣法、狩獵ハ狩獵法、森林ハ森林法、阿片ハ阿片法、世襲財產法ハ華族世襲財產法　律令ハ臺灣律令、臺府令ハ臺灣總督府令、勅ハ勅令、大審ハ大審院、東控ハ東京控訴院、東京地方ハ東京地方裁判所ノ略ナリ

一、本書中ノ括弧內ノ數字ハ法文ノ條項ヲ示スモノト年月日ヲ示スモノトアリ例ヘハ民四トアルハ民法第四條、五〇ノ一ハ第五十條第一項ノ略ニシテ又四一勅一三九ハ明治四十一年勅令第百三十九號、三五、七、五大審ハ明治三十五年七月五日大審院判決、大審、三五、三卷一五六ハ大審院判例明治三十五年三卷第百五十六頁ノ略、單ニ數字ノミヲ揭ケタルハ公證人法ノ條項ヲ示シタルモノナリ

公證人法綱目次

附録

目次畢

公證人法論綱

法學博士　齋藤十一郎校閲
公證人　長谷川平次郎著

第一章　緒論

第一節　公證人法ノ範圍

凡ソ法律ハ人類共同生活ノ要具ニシテ各國カ其文明ノ程度ヲ基礎トシテ制定スヘキモノナルヲ以テ其内容ハ常ニ社會ノ進歩ニ追隨シテ推移發達スヘク豫メ永刧不變ノ法律ヲ制定スルコト能ハサルハ論ヲ俟タス從テ公證人法ノ如キモ公證制度ヽ發達ニ伴ヒ從來種々ナル變遷ヲ經テ益々緻密ヲ加フルニ至リタルモノナルヲ以テ其規定ノ範圍ハ時ト所トニ依リテ異リ各國各時代ノ立法例全ク同一ナラサルハ勿論ナリ蓋世ノ文明ニ赴クニ從ヒ社會ノ組織益々複雜トナリ人類共同生活ノ關係

愈々周密トナルニ及ヒ吾人相互間ニ種々ナル法律關係ヲ生シ又其間ニ錯綜セル權利爭議ヲ釀スニ至ルハ當然ナレトモ吾人固有ノ腕力ニ依ル强制ハ必シモ正義ノ勝利タルコト能ハスシテ徒ラニ國家ノ秩序ヲ紊スカ故ニ國家ハ民事訴訟ノ制度ヲ施キ法ノ威力ニ依リテ吾人相互間ノ爭議ヲ判斷シ以テ權利ノ實行ヲ確保スルノ途ヲ講シタリ然レトモ吾人カ民事訴訟ノ方法ニ依リ完全ニ其權利ヲ主張シテ之カ滿足ヲ要求スルカ爲メニハ確實ナル證據ヲ擧クルノ責アルハ訴訟上ノ原則ナルノミナラス其爭訟ヲ未發ニ防キ一層完全ニ其權利ヲ實行セントスルニハ一私人ノ作成シタル私署證書ノミヲ以テ足レリトセス公ノ信任ト公正ノ擔保トヲ有スル國家ノ機關ヲシテ其法律關係ノ成立ニ介入セシメ以テ其權利ノ實體ヲ確保スルノ途ヲ講スルコトヲ必要トス是文明各國ニ於テ夙ニ公證制度ヲ認メ公證人ナル特別ノ機關ヲ設ケテ其證書ノ作成ヲ擔任セシムル所以ナリトス而シテ公證人ノ作成シタル證書ハ公正證書トシテ法律上公正ノ效力ヲ有スルモノナルヲ以テ其證書ノ方式ニ付テハ嚴格ナル規定ヲ必要トシ又其證書ノ信用ト效力トヲ維持スルカ爲メニハ公證人タルヘキ人カ高等ナル學識ト豐富ナル經驗トヲ有シ且崇高ナル品性ヲ具備スルコ

トヲ要スルヲ以テ其任免監督ニ付テモ亦格段ナル規定ヲ必要トスルハ言ヲ俟タス

我公證人法ニ於テモ舊法ニ於ケルト同シク上述セル立法上ノ理由ニ基キ第一章ニ於テ公證人ノ職務權限及ヒ其權利義務ヲ規定シ第二章ニ於テ其任免所屬ノ法則ヲ定メ第三章乃至第六章ニ於テ職務ノ執行ニ關スル詳細ナル規定ヲ設ケ第七章ニ至リテ其監督及ヒ懲戒ニ關スル規定ヲ掲ケタリ而シテ是等ノ事項ハ歐洲各國ノ公證人法ニ於テモ亦等シク之ヲ規定スル所ナリト雖モ尙此以外ノ事項ニシテ公證人法中ニ規定スルノ要アルモノアリヤ否ヤハ立法上ノ重要ナル一問題ニ屬スルモノトス例ヘハ公證人カ證書ヲ作成スヘキ場合卽チ公證人ニ於テ作成スヘキ證書ノ種類ヲ特定スヘキヤ否ヤ又公證人ノ作成シタル證書ノ效力ヲ規定スヘキヤ否ヤノ類是ナリ然レトモ是等ノ事項ヲ公證人法中ニ規定スルノ可否ハ一ニ立法主義ノ如何ニ依リ決定スヘキモノニシテ若シ公證人法ヲ以テ公證人ノ關與スヘキ一切ノ事項ヲ規定スルモノトシ現ニ各種ノ法令中ニ散在スル規定ヲモ總テ之ニ移シ純粹ナル一ノ公正證書法トナスノ主義ヲ採ルトキハ公證人カ公正證書ヲ作成スヘキ場合及ヒ其效力ヲモ規定スヘキハ當然ナレトモ若シ公證人法ヲ以テ單ニ其職制ヲ定ムル

モノトスルノ主義ヲ採ルトキハ公正證書ヲ作成スヘキ場合及ヒ其效力等ハ他ノ法令ニ讓リテ單ニ證書作成ノ機關タル公證人ノ任免職務權限及ヒ職務執行ノ手續等ヲ規定スルヲ以テ足レリト言ハサルヲ得ス

我公證人法ニ於テハ右後段ノ主義ヲ採リ公正證書ハ當事者其他關係人ノ囑託ニ因リ公證人ニ於テ之ヲ作成スルノ權限アルコトヲ規定シタルモ如何ナル種類ノ證書ハ公正證書タルコトヲ要スルヤ及ヒ公正證書ハ法律上如何ナル效力ヲ有スルヤノ點ニ付テハ全ク之ヲ規定セスシテ一切他ノ法令ニ其規定ヲ讓リ當事者其他關係人ノ囑託アリタルトキハ公證人ハ總テノ證書ヲ作成スルコトヲ得ルモノトセリ蓋公證人法中ニ於テ豫メ公正證書ヲ作成スヘキ場合ヲ特定スルトキハ將來他ノ法令ヲ制定スルニ當リ多少ノ支障ヲ生スルコトアルヘキヲ以テ是等ノ事項ハ一切他ノ法令中ニ規定スルヲ以テ立法上ノ便宜ナリト認メタルヲ以テナリ又公正證書ノ效力ニ付テモ佛蘭西法系ノ諸國ニ於テハ之ヲ民法中ニ規定スルヲ原則トシ獨逸法系ノ諸國ニ於テハ之ヲ民事訴訟法中ニ規定スルノ主義ヲ採レリ我國ニ於テモ早晩民事訴訟法改正ノ議アリ主トシテ獨逸法ニ倣フノ方針ナル爲メ本法ニ於テハ全然證

書ノ效力ヲ規定セス蓋證書カ權利伸張ノ用具トシテ其效力ヲ發揮スルハ多クハ裁判ノ資料ニ供セラレタル場合ニシテ即チ其效力ハ訴訟上證書ノ效力トシテ論究スヘキモノナルヲ以テ民事訴訟法中ニ之カ規定ヲ置クコトハ極メテ相當ナリト謂フヘシ(民訴草案三七九以下)

第二節　公證人法ノ性質

凡ソ法律ハ其規定ノ内容如何ニ依リ之ヲ種々ニ分類スルコトヲ得ルモノナルヲ以テ公證人法ハ法律上ノ如何ナル分類ニ屬スルヤヲ明カニシ同時ニ其本質ヲ研究スルコトハ極メテ重要ナリ本節ニ於テハ主トシテ之ヲ論究セントス

第一　公證人法ハ公法ナリヤ私法ナリヤ

法律ヲ公法私法ノ二種ニ分類スルコトハ遠ク其淵源ヲ羅馬法ニ汲ムモノニシテ爾來多數ノ學者及ヒ立法例ニ於テ此分類ヲ認ムルニ拘ハラス其區別ノ標準ニ付テハ古來學説紛々トシテ未タ其歸一スル所ヲ知ラサルナリ今左ニ其主要ナル學説ヲ擧クレハ左ノ如シ

一 利益主義 此說ニ依レハ公益ヲ目的トスル法律ハ公法ニシテ私益ヲ目的トスル法律ハ私法ナリト謂フニ在リ然レトモ法律ノ目的ハ其實質ヨリ觀察スレハ總テ公益ヲ目的トスルト同時ニ私人ノ利益ヲ目的トスルモノナリ故ニ法律ノ目的ヲ公益私益ニ分ツコトハ既ニ疑問ニ屬シ到底之ヲ以テ公法ト私法トノ分界ヲ爲スニ足ラス

二 實質主義 此說ニ依レハ法律ノ內容トスル法律關係ノ實質ニ依リ公法私法ノ區別ヲ爲サントスルモノニシテ其法律關係ヲ區別スル標準ニ付テハ大略三箇ノ異リタル見解アリ

(イ) 權力服從ノ關係ヲ定ムル法律ハ公法ニシテ平等ナル權利關係ヲ定ムル法律ハ私法ナリトスル說

(ロ) 法律ハ總テ權力關係ニシテ人ニ對スル權力ヲ定ムルモノヲ公法トシ物ノ上ニ行ハルヘキ權力ヲ定ムルモノヲ私法ナリトスル說

(ハ) 國家ニ關スル法律關係ヲ定ムル法律ヲ公法トシ國家ニ關セサル法律關係ヲ定ムル法律ヲ私法ナリトスル說

右三說中（イ）（ハ）現今ハ我國ニ於テハ最モ有力ナル學說ナレトモ之ヲ批難スルモノ亦尠カラス又物ノ上ニ行ハルヘキ權力モ理論上人ニ對スル關係ニ外ナラサルヲ以テ（ロ）ノ說ハ未タ完全ナラサルカ如シ

要スルニ公法私法ノ區別ニ付テハ未タ完全ナル學說ナク孰レノ說ニ依ルモ多少ノ批難ヲ免レスト雖トモ國家ノ存立組織其他國家ノ事務ニ關スル法律關係ヲ規定スル法律カ公法ノ部類ニ屬スルコトハ學者間ニ略ホ異論ナキ所ナリ故ニ例ヘハ兵役、納稅又ハ公ノ議員選擧ニ關スル事項ヲ規定スルモノノ如キハ常ニ公法ノ部類ニ屬スルモ吾人カ婚姻ヲ爲シ財産ヲ所有シ又ハ各種ノ契約ヲ有スカ如キ全然國家ノ事務ニ關係ナキ法律關係ノ規定ハ私法ノ部類ニ屬スルモノト論定スルコトヲ得ヘシ然レトモ公法私法ノ區別ハ只一般的ニ其法律ノ性質ヲ觀察シタル分類ニ過キスシテ一法典ノ一切ノ條規ヲ擧ケテ之ニ貫徹スルコトヲ得ヘキ標準ニ非ス故ニ普通公法ト稱セラルル法典中ニモ私法ニ屬スル規定ヲ包含スルコトアルヘク又私法ト稱スル法典中ニモ公法ニ屬スル規定ヲ包含スルコトアルハ勿論ナリ普通民法商法ハ私法ナリト論スルハ民法商法ハ主トシテ私法ニ屬スル規定ヲ其內容トスルノ謂

ヒニ外ナラサルナリ
公證人法ハ前節ニ於テ述ヘタル如ク主トシテ國家ノ一機關タル公證人ノ任免權限及ヒ其職務ノ執行ニ關スル準則ヲ規定シタルモノニシテ公證人ノ取扱フヘキ職務ハ國家ノ非訟事件タル性質ヲ有スルモノナルヲ以テ卽チ國家ノ事務ニ關スル法律關係ヲ規定シタルモノナルコト明カナリ從テ公證人法ハ公法ノ部類ニ屬スルモノト論定スルコトヲ得ヘキナリ

第二　公證人法ハ普通法ナリヤ特別法ナリヤ

法律ヲ普通法(又ハ一般法)及ヒ特別法ニ分類スルコトモ從來學說及ヒ立法例ノ認ムル所ニシテ其法律ノ適用セラルヘキ範圍ノ廣狹ニ依ル分類ナリトス卽チ其法律ノ規定スル事項ノ性質ニ依ルモノニシテ一般ノ事項ニ關スル法律ヲ普通法トシ或特別ノ事項ニ關スルモノヲ特別法ト謂フナリ而シテ特別法ハ普通法ニ對スル例外ヲ規定スルモノナルヲ以テ特別法ハ普通法ニ先チテ適用セラルルモ特別法ニ規定ナキ事項ニ付テハ當然普通法ノ適用ヲ受ケサル可ラス例ヘハ民法ハ各人ノ生活上常ニ發生スヘキ法律關係ヲ規定スル法律ナルカ故ニ其性質ハ普通法ニシテ商法ハ

商事ニ關スル特別ノ法律關係ヲ規定スル法律ナルカ故ニ民法ニ對スル特別法ナリ又商法ハ民法ニ對スル例外ヲ規定シタルモノナルヲ以テ商法ニ規定ナキ事項ニ付テハ商事ニ關スル法律關係ニ付テモ當然民法ノ適用ヲ受クヘキカ如シ

公證人法ハ公證ニ關スル總テノ事項ヲ規定シタルモノニ非ス只一般的ニ公證人ノ職務權限、權利義務、任免監督及ヒ職務執行ニ關スル手續ヲ規定シタルモノニシテ他ノ法令卽チ民法商法等ニ於テ公證人ノ職務ニ屬セシメタル事項ニ付キ公證人カ其職務ヲ行フニ當リテモ其法令中特別ノ規定ナキ以上ハ當然公證人法ノ規定カ適用セラルルモノナルヲ以テ公證人法ハ是等ノ法令ニ對シ一般ニ適用セラルヘキモノ卽チ普通法ナルコト明カナリトス例ヘハ公證人カ民法ノ規定ニ依リ遺言證書ヲ作成シ商法ノ規定ニ依リ拒絕證書ヲ作成スヘキ場合ニ於テモ公證人法中ノ一般ノ規定カ適用セラルルカ如シ(五七)

普通法特別法ノ區別ノ標準ニ關シテハ右ト異リタル見解ナキニ非ス卽チ法律適用ノ區域及ヒ人ニ依リ此區別ノ標準ト爲スモノ是ナリ左ノ如シ

一　全國內ニ適用セラルヘキ法律ヲ普通法トシ或ル地方ニノミ適用セラルヘキ

法律ヲ特別法トスル說 此說ノ如ク法律ヲ分類スルコトハ聯邦制度ノ國ニ於テハ固ヨリ必要ナルヘシ我國ニ於テモ臺灣、樺太、關東州ニノミ行ハルル法律アルヲ以テ此說ニ依ルトキハ其法律ハ特別法ノ性質ヲ有スルモノト謂ハサル可カラス

二 一般ノ人民ニ適用セラルヘキ法律ヲ普通法ト爲シ或ル身分ヲ有スル者ニノミ適用セラルヘキ法律ヲ特別法トスル說 此說ニ依レハ陸海軍刑法、華族令又ハ華族世襲財產法ノ如キハ特別法ニシテ普通法ニアラス

以上ノ學說ハ只其觀察ノ方面ヲ異ニシ各區別ノ標準ヲ說明スルモノナレトモ此標準ハ近來一般ニ行ハルルモノニアラサルヲ以テ余輩ハ通說ニ從ヒ前段ニ其區別ノ標準ヲ說明シタリ

第三 公證人法ハ實體法ナリヤ手續法ナリヤ

實體法(又ハ原則法)及ヒ手續法ノ區別モ亦從來一般ノ認ムル處ニシテ英米ノ學者ハ之ヲ主法及ヒ助法ニ區別シテ法律ノ一大分類トナセトモ其區別ノ標準ニ付テハ必スシモ明カナラス通說ニ依レハ權利義務ノ所在及ヒ範圍ヲ定ムル法律ヲ實體法

ト謂ヒ其權利ヲ實行シ又ハ義務ヲ履行セシムル手續ヲ定ムルモノヲ手續法ト謂フニ在リ此區別モ亦各法律ノ全般ニ通シテ一貫スルコトヲ得ルモノニ非スシテ何人モ民法商法ハ實體法ナリト主張スルニ拘ハラス其規定中手續法ニ屬スルモノアルハ爭フヘカラス

公證人法ハ後ニ述フル如ク非訟事件ニ關スル法律ニシテ權利ノ存在ヲ確保シ之カ證明ノ具ヲ作成スヘキコトヲ職務トスル公證人ノ職制ヲ定メタルモノニ外ナラス換言スレハ其權利實行又ハ義務强制ノ手續ヲ規定シタルモノナルヲ以テ競賣法登記法、非訟事件手續法、民刑訴訟法等ト同シク實體法ニ非スシテ一ノ手續法(助法)ニ屬スルモノト謂フヘシ但公證人ノ所屬任免及ヒ監督懲戒ニ關スル規定ハ裁判所構成法ノ如キ性質ノモノニシテ余輩ハ專ラ公證人ノ事務取扱ニ關シ右ノ見解ヲ下シタルモノトス

第四　公證人法ハ强行法ナリヤ任意法ナリヤ

强行法(又ハ命令法)及ヒ任意法ノ區別モ亦重要ナル法律ノ一分類ニシテ一般ニ此區別ヲ認ムル所ナリ而シテ此區別ハ專ラ法律ノ效力ニ關シ法律ノ解釋ヲ爲スニ付

キ最モ實益アルモノトス

强行法トハ公益上ノ理由ニ基キ吾人ノ意思ヲ以テ其適用ヲ左右スルコト能ハサルモノヲ謂ヒ刑法其他公法ニ屬スル法規ハ一般ニ此部類ニ屬ス之ニ反シテ任意法トハ吾人ノ意思ニ依リ其適用ヲ左右シ得ルモノヲ謂ヒ民法其他ノ私法ニ其類例多シ此區別モ一法律ノ全般ニ通スル分類ニ非スシテ各法條ノ性質ニ依リ之ヲ決定スルノ外ナシ

公證人法ハ前述ノ如ク公法ノ部類ニ屬シ主トシテ公益上ノ理由ニ基キ制定セラレタルモノナルヲ以テ强行法ニ屬スル規定ノ多キコト勿論ナリト雖モ或人ノ自由意思ニ依リ其適用ヲ左右シ得ルモノ卽チ任意法ニ屬スル規定モ亦尠シトセス例ヘハ第一條、第七條、第二十四條、第五十五條、第六十三條、第七十四條第二項、第七十七條等ノ如シ又强行法ニ違反シタル行爲ハ無效トナルヲ原則トス

第三節　公證人法ト他ノ法令トノ關係

公證人法ハ前節ニ述ヘタル如ク主トシテ公證人ノ權限、權利義務、其職務執行ノ手

續及ヒ任免監督ニ關スル一般ノ原則ヲ規定シタルモノニシテ其職務權限ハ法律行爲其他私權ニ關スル事實ニ付キ證書ヲ作成シ又ハ私署證書ニ認證ヲ與フルニ在リ故ニ法律行爲ニ關スル民法商法等ノ規定ハ常ニ本法ノ基礎ヲ爲スモノト謂フヘシ卽チ公證人カ法律行爲ニ關スル證書ヲ作成スルニ當リテハ民法商法等ノ規定ニ依リ其法律行爲ノ性質及ヒ效力ヲ判斷シ其所定ノ要素ヲ具備スルコトヲ要スルモノトス又公證人ノ作成シタル證書及ヒ認證ノ效力ニ關シテハ本法ハ何等ノ規定ヲ爲サス一ニ民事訴訟法ニ之ヲ讓リタルヲ以テ本法カ民事訴訟法ト密接ノ關係ヲ有スルコト明カナリ其他本法中他ノ法令ヲ前提トスル規定尠カラス例ヘハ禁錮以上ノ刑ニ處セラレタル者、破產又ハ家資分散ノ宣告ヲ受ケ復權セサル者、禁治產者又ハ準禁治產者ハ公證人トナリ又ハ公證人カ證書ヲ作成スル場合ニ於ケル證人及ヒ立會人タルコトヲ得サル旨ノ規定(一四、三四)カ刑法、破產法、家資分散法又ハ民法ノ規定ヲ前提トスル如キ又公證人カ囑託人其他ノ者ト或親族關係ヲ有シ又ハ其代理人保佐人若クハ輔佐人タル關係ヲ有スルトキハ職務ノ執行ヨリ除斥セラルル旨ノ規定カ(二二)民法又ハ民事訴訟法ノ規定ヲ前提トスル如キ又公證人ノ身元保證金還付ノ場合ニ於テ其保證金ノ上ニ權利ヲ有スル者ニ對シ一定ノ期間内ニ其權利ヲ申出ツヘキ旨ヲ公告スヘシトハ規定カ(二〇)民法ノ規定ヲ(民三二〇)前提トスルカ如キ其一例ナリ故ニ是等ノ法律カ本法ト直接ノ關係ヲ有スルコト言ヲ俟タス

以上ニ掲ケタル本法ト他ノ法律トノ關係ハ主トシテ本法カ手續法タルノ性質ヨリ生スル當然ノ結果ナリト雖モ此外尚本法カ他ノ法律ニ對シ普通法(又ハ一般法タルノ性質上特別法タル他ノ法律ニ對シ密著ノ關係ヲ有スルモノ尠カラス既ニ述ヘタル如ク本法ハ公證人ノ職務權限其職務執行ノ手續等ニ關シ一般ノ原則ヲ定メタルモノニシテ普通法タルノ性質ヲ有スルモノナリ然ルニ民法、商法、民事訴訟法等ニ於テ公證人ニ對シ或職務權限ヲ付與シ且其職務執行ノ手續ヲ規定シタルモノアリ例ヘハ遺言證書又ハ拒絶證書ノ作成、私署證書ニ確定日附ヲ附スルコト其他公正證書ニ執行文ヲ付與スル職務ノ如シ公證人カ是等ノ職務ヲ執行スルニ當リテハ其職務ヲ規定シタル法律ニ依據スヘキコト勿論ナレトモ其法律中特別ノ規定ナキ事項ニ付テハ當然本法ノ規定ニ從ハサルヘカラス之レ本法ト他ノ法律トノ關係カ最モ密著セル一點ナリトス右ニ述ヘタル本法ト他ノ法律トノ關係即チ他ノ法律中公證人ノ職務權限及ヒ職務執行ノ手續ヲ規定シタルモノニ付テハ第七章ニ至リテ之ヲ詳論スル所ナルモ茲ニ之ヲ列擧スレハ左ノ如シ

一　民法中
(イ)遺言證書ノ作成ニ關スル規定民一〇六七、以下)
(ロ)祕密證書ニ依ル遺言ニ關スル規定(民一〇七〇以下)
(ハ)財産目錄調製ニ關スル規定(民一一一三)
(ニ)確定日附ニ關スル規定(民施四、以下八)

二　商法中
拒絕證書ノ作成ニ關スル規定(商四四二、四七五、四八二、四八七、五一四、乃至五一七、五二九、五三七)

三　民事訴訟法中
(イ)委任狀ノ認證ニ關スル規定(民訴六四)
(ロ)執行文ノ付與ニ關スル規定(民訴五五九、五六〇、五六二、五一九、五二〇、五二三)

四　非訟事件手續法中

（イ）委任狀ノ認證ニ關スル規定（非訟七）

（ロ）財產目錄調製ニ關スル規定（非訟五三、五五、五六、六三乃至六八、民二七、八九二ノ二乃至四、一〇二一ノ二、三、一〇五二、九七八、一〇四三）

又以上ニ揭ケタル外公證人カ職務上負擔スル義務ニ關シ他ノ法律中特別ノ規定ヲ揭ケタルモノアリ卽チ民法中公證人カ職務ニ關シ受取リタル書類ニ付テノ時效及ヒ公證人ノ職務ニ關スル債權ノ消滅時效ニ關スル規定（民一七一、一七二）又ハ公證人カ默祕ノ義務ニ違反シタル制裁ニ關スル刑法ノ規定（刑一三四）公證人カ證人トシテ裁判所ニ呼出サレタル場合ニ於テ證言拒絕ニ關スル民、刑、訴訟法ノ規定（民訴二八九、二九八、三二七、刑訴一二五、一三六）ノ如キ是ナリ是等ノ規定ハ公證人カ職務上受取リタル書類返還ノ義務、損害賠償、又ハ默祕ノ義務アルコトヲ前提トスルモノナルヲ以テ本法ト密接ノ關係ヲ有スルコト明カナリ

其他本法ニ於テ他ノ法律ノ規定ヲ準用シタルモノアリ例ヘハ裁判所構成法、判事懲戒法、非訟事件手續法ノ準用ノ如シ（七五、八三八四）是等ノ法律ノ規定ハ本法ニ準用

セラルル結果本法ノ一部ヲナスモノナリ又本法ハ其施行ニ必要ナル規定ヲ他ノ命令ニ讓リタルモノアリ卽チ公證人ノ受クヘキ手數料日當及ヒ旅費ニ關スル規定及ヒ懲戒委員會ニ關スル規定ヲ勅令ニ讓リ(七、八二)公證人ノ員數試驗及ヒ實地修習其他書類ノ保存廢毀ニ關スル規定ヲ司法省令ニ讓リタルモノ是ナリ(一〇、一二、二五)此等ノ命令ハ本法ニ附屬スルモノニシテ本法ト從タル關係ヲ有スルモノトス

第二章　公證機關

第一節　公證機關ノ沿革

公證制度ハ文明ノ進歩ニ伴ヒ又法律思想ノ普及ニ隨ヒテ發達セルモノナルヲ以テ其公證機關モ亦時世ノ進化ニ應シテ種々ナル變遷ヲ蒙ルコト言ヲ俟タス而シテ證書ヲ公書私書ニ分チテ公書ニ或ル公ノ效力ヲ與フルノ制度ハ太古既ニエジプト、ヱブレ及ヒギリシヤノ諸國ニソノ萌芽ヲ表ハシタリト雖モ當時ニ於テハ人智未タ開ケス國民ノ法律思想モ亦極メテ幼稚ナリシヲ以テ其公證制度ノ如キモ殆ント單純ナル一ノ方式ニ過キサリシコトハ爭フヘカラサル所ナリ然レトモ其當時ニ於テモ公正ノ效力ヲ有スル公書ハ一定ノ機關ニ依リ作成セラルルコトヲ要件トシ又官吏ノ公印ヲ押捺スルコトヲ要シタルハ近世ニ於ケル各國公證制度ノ淵源ヲ爲スモノニシテ當時此等ノ國ニ於ケル法制ニ依レハ國民カ其契約ヲ正確ナラシメント欲セハ最モ文筆ニ秀テ畫象ノ術ニ長シタル公ノ書記《エクリベンヒユブリツク》ニ證書ノ作成ヲ依頼スルコトヲ得ルモノトシ公ノ書記ハ契約者雙方及ヒ立會人(員數不定)ノ立會ヲ以テ證書ヲ作リ

他ノ官吏ノ公印ヲ得テ茲ニ初メテ公證ノ效力ヲ有スル證書ヲ完成スルモノトス

此制度ハ遂ニ羅馬ニ移植セラレ羅馬法カ各種ノ法律行爲ニ嚴格ナル要式ヲ必要トスルノ時ニ際シテ益々改善發達シタリ即チ羅馬ニ於テハ最初タビユラリー(書記)ナル一機關カ證書ノ作成ヲ擔任シ(此タビユラリーナルモノハ官吏ニ非サルカ如シ)タルモ其後遂ニタベリヨネスト稱スル公ノ官吏カ公證機關トナリ此官吏カ適法ノ式ニ依リ作成シタル契約證書ハ全ク公正ノ效力ヲ有スルモノトセリ而シテ此時ニ於テハ最初ノタビユラリーハタベリヨネスノ筆生ト爲リテノタリート名付ケラレ證書ノ草案ヲ作リタベリヨネスハ之ヲ校正シテ證書ヲ作リ二名ノ證人カ之ニ調印スルコトヲ要シ尙此證書ハ裁判官ノ備ヘタル簿冊ニ登錄シ始メテスクリプチユウブユブリカ(公證書)ト稱セラレタリ現今ニ於ケル公證人ノ筆生ハ實ニ此ノタリーニ淵源スルモノナリ

日耳曼ノ諸民カ羅馬帝國ヲ横領シタル後羅馬ノ文書ヲ發見シタル爲メ之ヲ基礎トシ日耳曼ノ習慣ヲモ參酌シテ公證制度ニ關スル一ノ成文律ヲ作リタリト雖モ其當時ニ於テハ北方即チ瑞典、丁抹等ノ蠻民カ歐洲ニ侵入シ永ク兵亂過マサリシ爲メ日耳曼種民ノ成文律ハ永ク其適用ヲ見ルコトナクシテ廢滅ニ歸シ公證制度ハ全ク其發達ヲ阻害セラルルニ至リ其後ニ於テハ契約者雙方カ只僅ニ僧侶ノ手ニ依リテ證書ヲ作成セラレ之ヲ寺院ニ保存セラルルニ過キサリシナリ

而シテ公證制度ハ其後佛蘭西ニ於テ改革セラレ益々發達セラレタリト雖モソノ公證機關ニ付テハ種々ナル變遷ヲ經タリ卽チ最初ノ法制ニ依レハ證書作成ノ權ヲ裁判官ニ屬セシメ裁判官ノ管下ニ書記ヲ置キ書記ヲシテ諸種ノ證書ヲ作成セシメ且裁判官ノ立會ナクシテ裁判言渡書ヲモ作成セシメ而カモ書記ノ作リタル諸證書及ヒ裁判言渡書ニハ公正力ノミナラス强制執行力ヲモ付與シタリト雖モ千九十六年十字軍一タヒ起リテ歐洲ニ於ケル文明ノ基礎漸ク定マリ文藝其他ノ科學カ輸入セラレ從テ法律思想モ亦著シク發達スルニ至リ右ノ公證制度ハ國民ノ權利ヲ不安ナラシメ條理ニ反ストノ非難高ク遂ニ千二百七十年佛王仙路易ノ時ニ至リ初メテ巴里ニ獨立シタル六十人ノ公證人ナル機關ヲ設ケ公證人ヲシテ證書記錄ノ職務ヲ掌ラシメ公證人ノ作リタル證書ニ公證ノ效力ヲ付與スルト同時ニ證書ノ方式ニ付テモ種々ナル規定ヲ設ケタリ其規定ニ依レハ公證人ハ巴里裁判所ノ管内ニ役局ヲ

設ケ其役局ニ於テノミ證書ヲ作リ證書ニハ其上端ニ巴里裁判所長ノ姓名ヲ記入シ且裁判所印ノ押捺ヲ請フヘキモノトセリ

其後千三百二年佛王フイリツプルベルノ世ニ於テ各地方ノ侯家貴族ハ各自ラ裁判ヲ施スヘキ領地內ニ公證人ヲ設置シタル爲メ當時公證人濫任ノ結果ヲ生シ紛雜ヲ釀生シタル爲メ千三百四年ニ至リ公證人ヲシテ一定ノ簿冊ヲ備ヘシメ之ニ其作成シタル證書ヲ登錄セシメ契約者ヲシテ安シテ公證人ニ依ルコトヲ得セシメタリ最初簿冊ヲ備フルコトハ巴里ノ公證人ニ適用セサリシモ千四百三十七年佛王第七世シヤルレスハ巴里ノ公證人ニモ之ヲ命シタリ之レ現今簿冊ノ規定アル起源ナリ

千五百四十二年佛王フランソハハ公證人局ノ構成ヲ整備セントシ公證人ノ外ニオフヒツシエードタベリヨン、ガルドノツト、ガルトセレールノ三官ヲ設立シ公證人ハ單ニ證書ノ草案ヲ作リタベリヨンハ之ヲ校正シガルドセレールハ之ニ裁判所ノ印ヲ押捺スルモノトセリ蓋此當時ニ於テモ佛蘭西各地方ノ公證人ハ尙羅馬ノ舊例ヲ固守シ居リタルヲ以テ前述セル羅馬ノ舊例ニ倣ヒタルナリ而シテ千五百四十三年ニ至リタベリヨンハ兼任ヲ許サスガルドノツトハ公證人死亡シ又ハ辭職スルトキ其書類ヲ保管スルモノニシテ證書ノ寫ヲ渡スノ職ヲ行フモノトセシカ更ニ千六百二十七年公證人及ヒタベリヨンノ作成シタル證書ヲ檢査セシムル爲メ佛全國ニ監督官ヲ設ケ又千六百七十二年ニ至リタベリヨンノ職ヲ世襲トシ其相續人ハ隨意ニ之ヲ賣買スルコトヲ得ルモノトセリ

其後千七百六年路易第十四世ハガルトセリエールノ官ヲ廢シ以後公證人ヲシテ自己ノ印判ヲ用ヒシメ中央ニ國王ノ徽章ヲ畫キ周圍ニ公證人ノ氏名ヲ彫刻シタル印ヲ其證書ニ押捺スルモノトセリ又此時公證人ヲ分テ三級トシ第一級ノノテールロワイヨウ(王府公證人)ハ王室ノ支配ヲ受ケバイヤージ、セネシヨウモー(裁判區ノ如シ)ニ於テ其職ヲ行フモノトシ只巴里公證人ハ全國ニ於テ事務ヲ取扱フノ職權ヲ有シ第二級ノテールセイニユーリヨウ(侯府公證人)ハ諸侯自ラ命スル者ニシテ諸侯ノ裁判管內ノ人民ノ證書ヲ作ルノ權限ヲ有シ第三級ノテールアポストリック(僧府公證人)ハ寺院ニ屬スル財產ニ係ル證書ソノ他僧侶ニ係ル證書ヲ作ルノ權限ヲ有スルモノトセリ然ルニ此區別ハ公證人ノ職務上ニ甚シキ紛雜ヲ生シタル爲メ又千七百九十一年ニ至リ公證人ノ階級ヲ廢シテ之ヲ悉ク同一ノ等級トナシ其公證人ノ居住スル部中ニ於テ全部ノ職務ヲ行フノ權ヲ與ヘ又公證人ノ職務ノ世襲及ヒ其賣買ヲ禁シ公證人ヲ總テノテールバウブリック(公ノ書記役)ト稱シ公證人局ト裁判所トヲ別離シ全ク獨立セル公證機關ヲ認ムルニ至レリ其後千八百三年ニ至リ更ニ公證人規則ヲ改定シタルモ此點ニ付テハ全然千七百九十一年ノ法ヲ襲用シタルモノニシテ公證人ノ職制上ニ著シキ沿革ヲ生シタルモノトス之レ現今ニ於ケル公證人ノ起源ヲ爲スモノナリ

和蘭ニ於ケル公證機關ハ佛蘭西法ニ則レルモノナルヲ以テ略ホ上記ト同一ノ沿革ヲ有スルモノトス卽チ千五百四十年第五世シヤレルス帝ノ創定シタル法ニ依レハ凡ソ公ノ書類ハ法官ノ指定セル一名ノ公證人及ヒ二人ノ證人之ニ手記スヘシトアリテ既ニ公證人ナル獨立ノ職制ヲ認タリ然レトモ其以前ニ於テハ其一二ノ地區ニ於テゲレフイエー書記官及ヒパイキハ公證人ト同シク證書ヲ作成スルノ權ヲ有セシメタルモ其後ニ至リ此權ヲ獨リ公證人ニ限リタリ

我國ニ於テハ明治十九年八月十一日初メテ法律第二號舊公證人規則ヲ制定公布シテ公證人ナル獨立ノ職制ヲ認タルモノニシテ其規則ハ前掲千八百三年ノ佛蘭西

法ニ模倣シタルモノナルコト明カナリ而シテ明治四十年一月政府ハ更ニ普國法ヲ參酌シテ公證人法草案ヲ脱稿シ更ニ修正ノ上第二十四回帝國議會ニ提出シ兩院ハ各特別委員ヲ設テ之ヲ審議シ修正可決シタルニ依リ政府ハ明治四十一年四月十三日法律第五十三號ヲ以テ之ヲ公布シタリ然レトモ公證機關ノ地位及ヒ性質ニ付テハ全ク舊法ト異ナラス故ニ我國ニ於ケル公證機關ノ起源ハ未タ日尙淺キヲ以テ固ヨリ之カ特記スヘキ沿革ヲ有セスト雖モ右ニ掲ケタル佛蘭西ノ公證機關ノ發達ハ移シテ我國ニ於ケル公證制度ノ沿革ヲ爲スモノト謂フコトヲ得ヘシ

第二節　公證人ノ性質

公證人ノ法律上ニ於ケル性質ハ官吏又ハ公吏ナリヤ又ハ官吏公吏ニ非サル一私人ニ過キサルヤニ付テハ我法制上ニ於ケル一大疑問ナリトス

外國ノ立法例ニ於テハ公證人ハ公ノ官吏ナルコトヲ明言シ然カモ公證人ヲ終身職ノ一種ト認メタルモノ尠カラス例ヘハ伊太利ノ如シ斯ル法制ノ下ニ於テハ公證人ノ性質ニ付キ何等ノ疑ナシト雖トモ我法制ニ於テハ新舊法カ此點ニ付キ何等ノ

規定ヲ掲ケサルヲ以テ只理論ニ依リ之ヲ決スルノ外ナシ然レトモ公證人ヲ官吏ナリト解スルコト能ハサルハ殆ト異論ナキ所ナリ蓋官吏ハ任官ノ形式ニ依リ國家ニ對シ特別ノ服從關係ヲ負ヒ定量ナキ國家ノ事務ヲ分擔スルモノニシテ其任官ノ形式ハ親任、勅任、奏任、判任ノ四種ニ分タルルヲ以テ縦令國家ノ事務ヲ分擔スヘキ義務アルモノト雖モ任官ノ形式ニ依ラサル者ハ官吏ニ非サルコト勿論ナレハナリ但性質上官吏ニ非サルモノカ特別ノ規定ニ依リ官吏ニ准セラレ又ハ官吏ノ待遇ヲ受クルモノアリ例ヘハ文官試補、見習、公立學校職員、巡査、看守ノ如シ然レトモ是等ハ特別ノ規定ニ基クモノナルヲ以テ斯ル規定ノ存セサル公證人ニ準用スルコト能ハサルハ言ヲ俟タス

故ニ我法制上公證人カ官吏ニアラサルコトハ明カナリト雖モ一ノ公吏ナルヤ否ヤニ付テハ頗ル疑義ナキヲ得ス蓋公證人ハ司法大臣之ヲ任命シテ其監督懲戒ヲ爲シ其任命ヲ爲スニ付テモ一定ノ資格ヲ要シ又職務權限モ法律ニ依リ付與セラレ國家ノ事務ヲ分擔スルモノナルヲ以テ苟モ公證人カ官吏ニアラサル以上ハ之ヲ一ノ公吏ト認ムヘク全然一私人ニ非スト解スヘキカ如シト雖モ我現行ノ法令ニ於テハ

官吏又ハ公吏ニアラスシテ國家ノ任命スルモノアリ例ヘハ日本勸業銀行日本興業銀行其他重要ナル或銀行ノ總裁ノ如シ又官吏公吏ニ非スシテ國家カ監督懲戒ヲ爲スモノアリ例ヘハ辯護士ノ如シ又官吏公吏ニアラスシテ國家ノ事務ニ從事スルモノアリ例ヘハ各官廳ノ雇員執達吏代理者ノ如シ故ニ公證人ハ司法大臣之ヲ任命シ且其監督懲戒ヲ爲シ又其職務權限ハ國家ノ事務ニシテ法律ニ依リ付與セラルルモノナリトノ理由ヲ以テ直ニ公證人ハ公吏ナリト論結スルコト能ハサレハナリ殊ニ民刑訴訟法ニ於テハ公證人ヲ醫師辯護士又ハ僧侶等ト同列ニ置キ官吏又ハ公吏中ヨリ除外シタル如ク解シ得ルノミナラス(民訴二九八、刑訴一二五、民訴草三四五)又刑法上ニ於テモ公證人ハ官吏公吏ニ非サル一種ノ公務員ニ過キサルコトハ多數ノ學者ノ唱導スル所ナリトス(泉二氏刑法論五二一頁、淸水博士論文法曹記事十八卷第七號等)

然レトモ公證人ヲ辯護士、醫師等ト同視シ其職務ヲ一種ノ民業ト解スルハ固ヨリ通說ニアラス舊法ハ其範ヲ佛法ニ採リタルモノニシテ佛法系ニ屬スル諸國ニ於テハ公證人ヲ以テ公ノ官吏又ハ公吏ナリト明定シテ法律上全ク公吏タルノ性質ヲ有スルモノト認メタル爲メ舊法中斯ル規定ナキニ拘ハラス從來一般ニ公證人ハ公吏ナリト論定シ本法ニ於テモ亦同一旨趣ヲ以テ立案シタルモノナルコトハ貴族院ノ特別委員會ニ於ケル政府委員ノ説明ニ依ルモ明カニシテ爾ク解スルハ一般ノ通説ナルカ如シ

抑モ公吏ナル語ハ我法令中屢々發見スル所ナレトモ其意義ニ付テハ解説一定セス或ル學説判例ニ依レハ公吏ハ地方自治團體ニ屬スル行政事務ノ執行ヲ掌ル吏員ヲ指シ國家ノ事務ヲ掌ル吏員ヲ官吏ナリト謂フニ對比セリ(大審院判例三五年、三卷穗積博士行政法)ト雖モ公吏ナル語ハコレヲ用ユル各法令ニ於テ各特別ノ意義ヲ有スルヲ以テ固ヨリ一般ニ之カ定義ヲ擧クルコト能ハス前掲民、刑、訴訟法ニ於テ公證人ヲ官公吏中ヨリ除外シタリトノ見解ハ非ナリ公證人ノ職務ハ人民ノ囑託ニ因リ法律事務ヲ執ルカ故ニ其職務ノ性質ハ醫師、辯護士ト酷似シ他ノ官吏公吏ノ證言ハ國家ノ安寧ヲ害シ公證人醫師辯護士等ノ證言ハ他人ノ信用ヲ害シ且自己ニ不利益ヲ來スノ恐レアルカ故ニ社會ノ公益上默祕スヘキモノナル區別ニ出テタルモノニシテ公吏ヨリ除外シタルモノニ非サルハ規定自體ニ徵シ寔ニ明カナリ又民法中公吏ノ身元保證金ニ對スル先取特權ニ關スル規定(民三一一、三二〇)中ニハ公證人ヲ包含スルコト論ナキヲ以テ公證人モ亦一ノ公吏ナリト謂ハサル可カラス從テ是等ノ法令ノ下ニ於テハ前說ノ如ク公吏ナル語ヲ狹義ニ解シ地方自治團體ノ吏員ニノミ限ルヘカラサルヤ明カナリ從テ余輩ハ暫ク通說ニ從ヒ公法上ノ關係ニ依リ國家ニ對シ特別ノ服從義務ヲ負ヒ定量ナキ國家ノ事務ヲ管掌スルノ義務アルモノニシテ官吏タル性質ヲ有セサルモノハ一切之ヲ公吏ナリト解シ公證人モ亦一ノ公吏ニ屬スルモノト論斷セント欲ス蓋公證人ハ司法大臣之ヲ任命シ且其監督懲戒ヲ爲スモノニシテ公證人ノ國家ニ對スル服從義務ハ固ヨリ私法上ノ雇傭關係ニアラスシテ公法上ノ關係ナリ此點ニ於テハ官吏ノ任官ノ性質ト毫モ異ナルモノニアラス從テ各官廳ノ雇員又ハ執達吏代理者ト異ナルコト明カナリ又公證人ノ職務ハ國家ノ事務ニシテ其事務ハ一ノ非訟事件タルノ性質ヲ有スルヲ以テ曩ニ揭ケタル銀行總裁又ハ辯護士ノ職務ト同視スルコトヲ得サルヤ勿論ナレハナリ

又公證人ハ刑法上ニ於ケル公務員ニシテ公證人役場カ一ノ公務所ナルコトハ異論ナキ所ナリ蓋刑法ニ於テハ官吏、公吏、法令ニ依リ公務ニ從事スル議員委員其他ノ

職員ヲ公務員ト稱シ公務員ノ職務ヲ行フ所ヲ公務所ト謂フト規定シ(刑七)官吏タルト公吏タルト其他ノ職員タルトヲ問ハス苟モ公務ニ從事スル職員ヲ總テ公務員ト稱スルヲ以テナリ故ニ刑法中公務員又ハ公務所ニ關スル規定ハ公證人又ハ公證人役場ニ適用セラルルコト勿論ナリ例ヘハ公務員ノ文書僞造罪公務員瀆職罪其他公務員又ハ公務所ニ關スル數多ノ規定ノ如シ

第三節　公證人ノ任免及ヒ所屬

第一款　公證人ノ任免

第一　公證人ノ任命

公證人ノ任命ニ付テモ各國ノ立法例同一ナラス例ヘハ佛國及ヒ北米合衆國ハ司法大臣ノ推薦ニ依リ大統領ニ於テ任命シ和蘭ニ於テハ國王カ任命スルモノトシ又伊太利ニ於テハ公證人會ノ推薦ニ因リ勅命ヲ以テ之ヲ任スルモノトス我公證人法ニ於テハ舊法及ヒ普國公證人條例ト同シク司法大臣ニ於テ之ヲ任スルモノトセリ

(一一)然レトモ公證人ニ任セラルルニハ左ノ資格ヲ有スル事ヲ必要トス(一二)

一、帝國臣民ニシテ成年以上ノ男子タルコト　故ニ外國人ハ勿論日本人ト雖トモ未成年者及ヒ女子ハ公證人タルコトヲ得ス舊法ニ依レハ滿二十五歲以上タルコトヲ要スレトモ本法ハ一般官吏任用ノ資格ト同シク二十歲以上タルヲ以テ足レリトセリ(但佛ハ二十五歲以上伊ハ二十四歲以上ナリ)

二、一定ノ試驗ニ合格シタル後六箇月以上公證人見習トシテ實地修習ヲ爲シタルコト　舊法ニ依レハ定式ノ試驗ニ及第シタル者ハ直ニ公證人ニ任セラルルコトヲ得レトモ本法ニ於テハ佛、伊其他ノ外國ノ例ニ倣ヒ新ニ實地修習ニ關スル條件ヲ規定シタリ蓋公證人ノ職務ハ私權ニ關スル總テノ事項ニ涉リ其範圍ハ極メテ廣漠ナルヲ以テ單ニ法律上ノ智識ノミニ依リ完全ニ其職務ヲ行フコト能ハス能ク社會萬般ノ事情ニ通シ最モ常識ニ富ムコトヲ必要トスルヲ以テ試驗ニ合格シタル者ト雖モ直ニ公證人ノ職務ヲ執ルコト能ハサルモノアレハナリ而シテ試驗及ヒ實地修習ニ關スル規程ハ司法大臣之ヲ定ムルモノトセリ

舊法ニ依リ行ハルルタル試驗及第者カ本法施行後ニ於テ公證人タラムトスル場

合ニ於テモ實地修習ヲ爲スコトヲ要スルヤ否ヤハ本法施行ニ關スル問題ナル
ヲ以テ試驗及ヒ實地修習ニ關スル規程中ニ規定セラルヘシ
右ニ揚ケタル試驗及ヒ實地修習ニ關スル條件ハ判事檢事又ハ辯護士タルノ資
格ヲ有スル者カ公證人ニ任セラルル場合ニ適用ナキモノトス(一三)故ニ是等ノ
資格ヲ有スルモノハ試驗及ヒ修習ヲ要セスシテ直ニ公證人ニ任セラルルコト
ヲ得ルモノトス但先キニ公證人タリシ者モ亦同一ニシテ一旦免職セラレタル
公證人カ再任セムトスルトキニモ此條件ハ適用ナキモノト解ス而シテ判事檢
事ニ任セラルルニハ左ノ一資格ヲ有スルコトヲ要ス(裁構五七、六五)
(イ)三年以上帝國大學法科敎授若クハ辯護士タル者
(ロ)第一回試驗ニ及第シタル後一年六月以上司法官試補トシテ實地修習ヲ爲
シ更ニ第二回試驗ニ及第シタル者
但帝國大學法科卒業生ハ第一回試驗ヲ經スシテ試補ヲ命セラルルコトヲ
得
又辯護士タルニハ左ノ一資格アルコトヲ要ス(辯護士法二、四)

（イ）日本臣民ニシテ民法上ノ能力ヲ有スル成年以上ノ男子タルコト
（ロ）辯護士試驗規則ニ依リ試驗ニ及第シタル者但左ニ記載シタル者ハ試驗ヲ要セサルナリ
判事檢事タル資格ヲ有スル者又ハ辯護士ニシテ其請求ニ因リ登錄ヲ取消シタル者
法律學ヲ修メタル法學博士、帝國大學法律科卒業生、舊東京大學法學部卒業生、司法省舊法學校正則部卒業生及ヒ司法官試補タリシ者
故ニ辯護士タル資格アルモノハ一日モ辯護士ノ職務ニ從事セサルモノト雖モ直ニ公證人ニ任セラルルコトヲ得ヘク從テ公證人試驗ニ合格シタル者ニ對シ六月以上ノ實地修習ヲ必要トシタル本法ノ精神ニ一致セサルモノト謂フヘシ

三、左ノ事項ノ一ニ該當セサルモノナルコト（一四）
（イ）禁錮以上ノ刑ニ處セラレタル者但二年以下ノ禁錮ニ處セラレタル者ニシテ刑ノ執行ヲ終リ又ハ其執行ヲ受クルコトナキニ至リタルトキハ此限ニ在

ラス

舊法ニ依レハ重罪ノ刑ニ處セラレ復權セサル者又ハ盜罪詐僞罪賄賂收受ノ罪及ヒ贓物ニ關スル罪ニ依リ刑ヲ受ケタル者ハ公證人タルコトヲ得サルモノト規定セルニ反シ本法ハ斯ル罪質ニ依ル區別ヲ廢シ二年以上ノ禁錮ニ處セラレタル者ハ總テ公證人タルコトヲ得サルモノトシ二年以下ノ禁錮ニ處セラレタルモノハ其執行ヲ終リ又ハ其執行ヲ受クルコトナキニ至リタル後ニ非サレハ公證人タルコトヲ得サルモノトセリ

茲ニ禁錮以上ノ刑トハ舊刑法ノ重禁錮及ヒ輕禁錮以上ノ刑ヲ意味スルモノナルコト勿論ニシテ新刑法ニヨリ六年未滿ノ懲役ニ處セラレタル者ハ舊刑法ノ重禁錮六年未滿ノ禁錮ニ處セラレタル者ハ舊刑法ノ輕禁錮ニ處セラレタルモノト看做サルルヲ以テ(刑施三五)舊刑法ニ依リ重輕禁錮以上ノ刑ニ處セラレ又ハ新刑法ニ依リ禁錮以上ノ刑ニ處セラレタルモノ(刑一〇)ヲ包含シ又二年以下ノ禁錮ニ處セラレタル者トハ舊刑法ノ二年以下ノ重輕禁錮ニ處セラレタル者及ヒ新刑法ノ二年以下ノ有期ノ懲役又ハ禁錮ニ處セラレタル者ヲ包含スルコト明カナリ但孰レノ場合ニ於テモ罰金拘留科料ニ處セラレ

タル者ヲ包含セサルハ勿論ナリ

又茲ニ執行ヲ受クルコトナキニ至リタルトキトハ刑法ニ依リ執行ノ免除ヲ得タルトキ及ヒ刑ノ言渡カ其效力ヲ失ヒタル場合ヲ謂フ例ヘハ時效、特赦又ハ外國ニ於テ處罰セラレタル行爲ニ對スル刑ノ執行免除（刑五、）ノ如キ又刑ノ執行猶豫ヲ取消サルルコトナクシテ猶豫ノ期間ヲ經過シタル場合（刑二七、）ノ如シ

（ロ）破産又ハ家資分散ノ宣告ヲ受ケ復權セサル者　破産トハ舊商法第三編ノ規定スルモノ家資分散トハ家資分散法ニ規定セルモノニシテ復權ハ破産及ヒ家資分散ノ宣告裁判所ニ於テ決定ス（舊商、一〇五五、以下分散法四、）ルモノトス

（ハ）禁治産者及ヒ準禁治産者　禁治産者トハ心神喪失ノ常況ニ在ル爲メ裁判所ノ決定ニ依リ後見ニ付セラレタル者準禁治産者トハ心神耗弱者、聾者、啞者、盲者、及ヒ浪費者ニ對シ裁判所ノ決定ニ依リ保佐人ヲ附シ重要ナル法律行爲ヲ爲スニ付キ其同意ヲ必要トスル者ニシテ孰レモ民法上ノ無能力者（民七

乃至一[三]但裁判所ニ於テ其決定ヲ取消シタル後ニ於テハ公證人トナルコトヲ得ルハ勿論ナリ

（ニ）懲戒ノ處分ニ因リ免官若クハ免職セラレタル者又ハ辯護士法ニ依リ除名セラレタル者ニシテ免官、免職又ハ除名後二年ヲ經過セサル者　懲戒處分ニ因リ免官免職セラレタル者トハ文官懲戒令、判事懲戒令、軍人懲戒令其他官吏公吏ニ對スル懲戒令ニ因リ免官免職セラレタル者ハ勿論本法中懲戒ノ規定ニ因リ公證人ヲ免職セラレタル者ヲ包含ス

右（イ）ヨリ（ニ）ニ至ル事項ニ該當スル者ハ其品位ニ於テ又其能力ニ於テ公證人タルニ適セスト認メタルモノナルヲ以テ公證人試驗ニ合格シ成規ノ實地修習ヲ經タル者ハ勿論判檢事辯護士タルノ資格ヲ有スル者ト雖トモ右ノ一事項ニ該當スルトキハ公證人ニ任セラルルコトヲ得サルモノトス

公證人ニ任セラルル條件及ヒ其缺格ニ關シテハ右ニ述ヘタルカ如シト雖モ公證人ハ尚品性高潔ニシテ社會ニ信用ヲ博シ人民ヨリ尊敬ヲ拂ハルヘキ者タルコトヲ要スルハ論ナシ故ニ司法大臣カ公證人ヲ任スルニ方リテハ第十[二]條及ヒ第十

三條ノ條件ヲ具備シ且ツ第十四條ノ缺格者ニ非スト雖モ法律上ノ智識充分ナリヤ否ヤ品性ハ如何等ヲ察シ詮議ヲ愼重ニシ考査ヲ嚴正ニスヘキハ勿論ナリト信ス(舊法施行條例一三、一四、)

本法施行ノ際公證人タル者ハ別ニ任命ノ辭令書ノ交付ヲ要セス本法ニ依ル公證人ト看做サル(八八、)

第二　公證人ノ免職

司法大臣ハ左ノ場合ニ於テ公證人ヲ免スルコトヲ得ルモノトス(一五、)

一、公證人カ免職ヲ願出テタルトキ　卽チ辭職ノ場合ニシテ敢テ説明ノ要ナシ

二、公證人カ期間内ニ身元保證金又ハ其補充額ヲ納メサルトキ　身元保證金ハ後ニ述フル如ク公證人ニ任命セラレタル者カ其辭令書ヲ受ケタル日ヨリ十五日以内ニ所屬地方裁判所ニ納付スヘキモノニシテ又其身元保證金ヲ以テ過料ニ充當シタル爲メ保證金ノ額ニ不足ヲ生シタルトキハ司法大臣ハ其補充ヲ命スルコトヲ得ルモノニシテ此命令ヲ受ケタル公證人ハ其日ヨリ三十日以内

ニ補充額ヲ納付セサル可カラス然ルニ公證人カ右ノ期間内ニ保證金又ハ其補充額ヲ納付セサルトキハ司法大臣ハ直ニ其公證人ヲ免職スルコトヲ得ルモノトセリ此規定ハ舊法ノ下ニ於テモ存在セリト雖モ只納付期間ニ差異アリ(舊法施行條例一九、二一)

三、公證人カ身體又ハ精神ノ衰弱ニ因リ其職務ヲ執ルコト能ハサルニ至リタルトキ但此場合ニ於テハ所屬地方裁判所ヲ管轄スル控訴院ニ於ケル懲戒委員會ノ議決ヲ經ルコトヲ要ス

此規定ハ舊法中ニ存セサリシモノナレトモ本法ハ舊法ノ缺陷ヲ補ヒ判事ニ對スル退職ノ規定(裁構七四、文官分限令三)ニ倣ヒ新ニ本法中ニ規定セラレタルモノナリ之レ素ヨリ當然ノコトニシテ國家カ公證人ヲ任スルハ法律上ノ智識ト正實ノ總テヲ擔保スルモノナレハ公證人ニシテ前述ノ事由ニ因リ二者其一ヲ失フカ若クハ總テヲ把有セサルニ至リタルトキハ國家ハ之カ擔保ヲ解キ解任セサルヘカラス然ラサレハ利害關係人ヲシテ不測ノ迷惑ニ陷ラシメ隨テ他ノ公證人ノ信用ヲモ失墜セシムルニ至ルヘキヲ以テナリ但シ身體又ハ精神ノ衰弱ニ因リ云々トハ老朽、若朽、多病、心神耗弱者、聾者、

唖者盲者ハ勿論心神喪失等ヲ包含ス
公證人ハ以上ノ場合ニ該當スルトキノ外懲戒處分ニ依ルニ非サレハ免職セラレサルモノト解セサル可カラス歐米諸國ノ法制ハ公證人ヲ終身職ト認メタルモノ尠カラス蓋シ本法中判事ニ對スル保障(裁構七三)ノ如キ規定ナシト雖モ前掲ノ如ク特ニ法律ヲ以テ公證人ヲ免職スヘキ場合ヲ限定シタルヲ以テ之ニ該當セサル場合ニ於テハ司法大臣ハ濫ニ公證人ヲ免スルノ權ヲ有セサルコト明カナレハナリ

第三　公證人ノ失職

公證人カ在職中左ノ各號ノ一ニ該當スルニ至リタルトキハ別ニ辭令ヲ用キスシテ當然其職ヲ失フモノトス(一六)
一、禁錮以上ノ刑ニ處セラレタルトキ
二、破產又ハ家資分散ノ宣告ヲ受ケタルトキ
三、禁治產又ハ準禁治產ノ宣告ヲ受ケタルトキ
右三號ノ意義ニ付テハ前掲公證人任命ノ條下ニ於テ說明シタルヲ以テ玆ニ再說

セス而シテ右ノ原因ニ因リ公證人カ當然失職シタル後ト雖モ(一)ノ場合ニ於テ其刑カ二年以下ノ禁錮ニシテ其執行ノ終リ又ハ其執行ヲ受クルコトナキニ至リタルトキ(二)ノ場合ニ於テ破産又ハ家資分散ノ復權ヲ得タルトキ及ヒ(三)ノ場合ニ於テ禁治産又ハ準禁治產ノ宣告カ取消サレタルトキハ再ヒ公證人ニ任セラルルコトヲ得ヘキハ勿論ニシテ此場合ニ於テハ再ヒ試驗及ヒ實地修習ニ關スル條件ヲ践ムコトヲ要セサルモノトス

第二款　公證人ノ所屬及ヒ員數

公證人ハ司法機關ニ隷屬スル特別ノ機關ナルコトハ古來各國法制ノ一致スル所ニシテ既ニ第一節公證機關ノ沿革中ニ於テ說明シタルカ如シ而シテ我舊法ニ依レハ公證人ハ司法大臣ニ隷屬シ區裁判所ノ管轄地ヲ以テ其受持區トシ其受持區內ニ於テノミ職務ヲ行フコトヲ得ルモノト規定シタルモ本法ニ於テハ公證人ハ地方裁判所ノ所屬ナル旨ヲ明言シ(一〇)其職務執行ノ區域モ亦地方裁判所ノ管轄區域ニ依ルモノトシ(一七)其他身元保證金ノ納付(一九)印鑑ノ提出(二一)筆生ノ採用(二四)證書原本ノ滅失(四二)帳簿ノ調製(四五、六一)代理兼務(六三乃至六八)等ニ付キ公證人ト地方裁判所トノ關係ヲ規定シ又公證人ハ第一次ニ所屬地方裁判所長ノ監督ヲ受クルモノトシ(七四)公證人カ全然地方裁判所屬ノ一機關タルコトヲ明カニシ其職務執行ノ區域モ亦舊法ニ比シ著シク之ヲ擴張セリ只本法起草ノ當時公證人ノ事務ハ非訟事件ニシテ非訟事件ハ區裁判所ニ專屬スルカ故ニ公證人ハ區裁判所ノ所屬トスヘシトノ議アリシモ舊法ノ主義ヲ排斥シ地方裁判所ノ所屬ト明定セラルルニ至リタリ司法大臣ハ公證人ヲ任命スルト同時ニ其屬スヘキ地方裁判所ヲ指定スヘキモノナレトモ(一一)本法施行ノ際既ニ公證人タル者ハ當然本法ノ公證人ニシテ其役場所在地ヲ管轄スル地方裁判所ノ所屬タルヘキモノトス(八八)各地方裁判所ニ屬スヘキ公證人ノ員數ハ區裁判所ノ管轄區域毎ニ司法大臣之ヲ定ムヘキモノトス(一〇)此點ハ全ク舊法ト同一ナリ

第四節　公證人ノ職務權限

公證人ノ職務ハ主トシテ法律行爲ニ關スル證書ノ作成ヲ擔任スルニ在リテ公證人ノ作成シタル證書ニハ其成立ニ付キ法律上特ニ公正ノ效力ヲ付與シ以テ其私權

ノ成立及ヒ實行ヲ確保セントスルコトハ公證制度ノ一大眼目ニシテ此制度ノ起源モ亦茲ニ淵源スルコト既ニ述ヘタル如シ故ニ公證人ノ職務トシテ證書ノ作成ヲ規定スルハ古來各國ノ法制一致スル所ニシテ苟モ公證制度ヲ認ムル國ニ於テ此職務權限ヲ認メサルモノナシト雖モ社會カ益々進歩シ取引カ愈々周密トナルニ隨ヒ法律行爲ニ關スル證書ノ作成ノミヲ以テ公證制度ノ目的ヲ達スルニ十分ナリト謂フヲ得ス故ニ本法ニ於テハ舊法ニ比シ大ニ公證人ノ職務權限ヲ擴張シ公證人ハ法律行爲ニ關スル證書ノ外事實證明ニ關スル證書ヲ作成シ又私署證書ニ認證ヲ與フルノ職務權限ヲ有スルモノトセリ之レ本法カ改正ノ一大要點ニシテ又一大革新ナリト謂ハサルヘカラス蓋舊法ニ於テハ「公證人ハ人民ノ囑託ニ應シ民事ニ關スル公正證書ヲ作ルヲ以テ職務ト爲ス」ト規定シ單ニ法律行爲ニ關スル證書ヲ作成スルノ權限ノミヲ認メタリト雖モ法律行爲以外ノ事實ニシテ或ハ法律行爲ノ前提タル基礎ヲ爲スモノアリ或ハ法律行爲ノ重要ナル内容ヲ爲スモノアリ又或ハ私權ノ實行ニ必要ナル條件タルモノアリ其他私權ノ成立及ヒ效力等ニ關シ直接間接ニ種々ナル關係ヲ有スルモノ尠カラス故ニ訴訟其他ノ必要上是等ノ事實證明ニ關スル公正證

書ハ實際上極メテ便利ナルコト明白ニシテ既ニ澳太利普魯西バワリヤ等ノ諸國ニ於テ其職務權限ヲ認ムル所ナリ我國ニ於テハ從來公證人ニ此權限ヲ認メサル爲メ或二三ノ事實ニ付テハ市區町村長警察官吏又ハ稅務官吏ノ證明書ニ依リテ其幾部ノ目的ヲ達シタレトモ私權ニ關スル事實ハ其種類極メテ繁多ニシテ官公吏ニ於テ之カ證明ヲ爲スノ權限ヲ有セサルモノ大多數ヲ占ムルヲ以テ到底之ヲ以テ總テノ私權ニ關スル事實證明ノ具トナスニ足ラサルコト明カナリ又私署證書ニ認證ヲ與ヘ公證人カ其私署證書ノ成立ヲ確保スルコトハ單純ナル法律行爲ニ付テモ公正證書ヲ作成スルノ煩ヲ避ケ而カモ其形式上ノ效力トシテテハ殆ント公正證書ト撰ム所ナキヲ以テ當事者ハ之ヲ利用シテ至大ノ便益ヲ受クルコトヲ得ルノミナラス既ニ民事訴訟法又ハ非訟事件手續法等ニ於テモ委任狀ニ認證ヲ受クヘキコトヲ規定スルニ拘ハラス從來其手續ヲ缺キ實際其運用ヲ爲スノ途ナキヲ以テ本法ニ於テハ以上ノ理由ニ依リ公證人ニ法律行爲以外ノ事實ニ付テモ公正證書ヲ作成スルノ權限ヲ認メ尚私署證書ニ認證ヲ與フルノ權限ヲ付與シタリ

本法ニ於テ規定シタル公證人ノ職務權限ハ以上ノ如シト雖モ他ノ法令ニ於テ公

證人ノ職務ニ屬セシメタル權限尠ナシトセス例ヘハ民法商法等ニ於テ遺言證書財產目錄又ハ拒絕證書ノ作成ヲ規定セル如キ又私署證書ニ確定日附ヲ附シ公正證書ニ執行文ヲ付與スル權限ノ如シ

以上ニ述ヘタル公證人ノ職務權限ヲ摘記スレハ左ノ如シ

第一、本法ノ規定ニ依ル職務權限(一)

一、法律行爲ニ關スル公正證書ヲ作成スルコト

二、其他ノ私權ニ關スル事實ニ付公正證書ヲ作成スルコト

三、私署證書ニ認證ヲ與フルコト

第二、他ノ法令ノ規定ニ依ル職務權限

一、遺言證書ヲ作成スルコト(民一〇六九以下)

二、祕密證書ニ依ル遺言ニ附記スルコト(民一〇七〇以下)

三、拒絕證書ヲ作成スルコト(商四四二、四七五、四八二、四八七、五一四乃至五一七、五二九、五三七)

四、財產目錄ヲ調製スルコト(民一一一三、二七、八九二ノ二乃至四、一〇二一、一〇

五二、九七八、一〇四三、非訟五三、五五、五六、六三乃至六八）

五、確定日附ヲ限スルコト（民施四乃至八）

六、執行文ヲ付與スルコト（民訴五五九、五六〇、五六二、五一九、五二〇、五二三）

公證人ハ正當ノ理由アルニ非サレハ以上ニ揭ケタル職務執行ヲ拒ムコトヲ得サルモノトス（三）蓋公證人ハ當事者其他ノ關係人ノ囑託ニ因リ右ノ職務ヲ行フヘキ權限ヲ有スルモノナルコトハ第一條ノ明定スル所ニシテ是等ノ事項ハ公證人ノ權限ナルト同時ニ其職務ナルヲ以テ當事者其他ノ關係人ヨリ右ノ囑託ヲ受ケタル場合ニ於テ故ナク之ヲ拒絕スルコトヲ得サルハ論ヲ俟タサレハナリ只如何ナル場合ニ於テ囑託拒絕ノ正當ノ理由アリトスヘキヤハ各事件各場合ニ於テ判斷スヘキ事實問題ニシテ固ヨリ茲ニ之ヲ概說スルコト能ハスト雖モ法令ニ違反シタル事項、無效ノ法律行爲又ハ無能力ニ因リ取消シ得ヘキ法律行爲ニ付キ若クハ日本語ヲ用ヒサルモノニ付キ證書ノ作成又ハ私署證書ノ認證ヲ囑託セラレタル場合（二六、二七）若クハ囑託人又ハ代理人カ適當ナル證明ヲ爲ササル場合（二八以下）ノ如キ又ハ公證人カ除斥セラルルトキ（二二）ノ如キハ其囑託ヲ拒ムヘキ正當ノ理由アルモノト言ヒ得ヘ

シ

以上述ヘタル如ク公證人ノ職務ハ當事者其他ノ關係人ノ囑託ニ因リテ初メテ開始セラルヘキモノニシテ如何ナル場合ニ於テモ公證人カ自ラ進ンテ證書ノ作成又ハ認證ヲ爲スヘキモノニ非ス從テ其職務ノ性質ハ民事裁判所ノ職務ト同シク全ク受働的ナリト謂フヘシ換言スレハ公證人ハ自ラ聽取シタル陳述其目擊シタル狀況其他自ラ實驗シタル事實ヲ錄取シ且實驗ノ方法ヲ記載シテ公正證書ヲ作成シ(三五)又公證人ノ面前ニ於ケル當事者ノ署名捺印若クハ其自認ニ基キ又ハ謄本ト原本トノ對照ニ依リテ私署證書ニ認證ヲ與フヘク(五八)其他民法、商法、民事訴訟法等ノ規定ニ從ヒ各種ノ職務ヲ行フモノナレトモ是等ノ職務ハ常ニ當事者其他ノ關係人ノ囑託ヲ前提トシテ發動スヘキモノニシテ毫モ主働的ノ權限ヲ有スルモノニ非ス然レトモ公證人カ一旦是等ノ囑託ヲ受ケタルトキハ一定ノ事項ニ付キ獨立セル信念ト自由ナル心證ニ依リ其囑託事項ノ內容ヲ判斷スルノ權限ヲ有スルモノニシテ必スシモ囑託人ノ陳述若クハ意見ニ羈束セラルルモノニアラサルナリ例ヘハ證書ノ作成ヲ囑託セラレタル場合ニ於テ其法律行爲カ無效ナルヤ否ヤ無能力ニ因リテ取消シ得ヘキモノナリヤノ如キ(二一六、)囑託人ノ提出シタル證明書カ眞正ニ成立シタルモノナリヤ否ヤ囑託人又ハ其代理人カ文字ヲ解スルヤ否ヤノ如キ事項即チ是ナリ(二一八以下)

第五節　公證人ノ權利義務

公證人ハ國家ノ一事務ニ屬スル非訟事件ヲ取扱フ所ノ公吏ニシテ一般ノ官吏ト同シク常ニ社會ノ上流ニ立チテ其品位ヲ保持シ社會ノ信用ヲ增進スヘキ地位ニ在ル者ナルヲ以テ相當ノ收入アルコトヲ要スルハ論ナク又其職務ノ性質上親シク囑託人ニ接觸シテ其權利擁護ノ任ニ當ルヘキモノナルヲ以テ囑託人ニ對シテハ常ニ善良ナル顧問タルノ責任ヲ負ハサルヘカラス從テ公證人ト囑託人トノ間ニ種々ナル權利義務ノ關係ヲ生スヘキハ勿論ナリ是レ各國ノ公證人法中其權利義務ニ關スル種々ナル規定アル所以ニシテ本法ニ於テモ亦之ヲ規定セリ

第一款　報酬ヲ受クル權利

公證人ハ囑託人ヨリ手數料、日當及ヒ旅費ヲ受クルノ權利ヲ有スルナリ蓋公證人ハ官吏ト異ナリ國庫ヨリ俸給ヲ受クルコトナク又其役場外ニ出テヽ職務ヲ執ル場合ニ於テモ國家ヨリ旅費日當ヲ受クルコトナシト雖モ公證人ハ次ニ述フル如ク專心其職務ニ從事スルノ義務ヲ負ヒ且常ニ社會ノ上流ニ立チ其品位ヲ維持スヘキ地位ニ在ルヲ以テ職務上相當ノ收入アルコトヲ必要トスルハ勿論ナリ而シテ此公證人ノ職務タルヤ單ニ囑託人一個ノ利益ヲ直接ノ目的トシ囑託人ハ公證人ニ信頼シテ國法上ノ格段ナル保護ヲ受クルコトヲ得ルモノナルヲ以テ其囑託人ヲシテ公證人ニ一定ノ手數料日當及ヒ旅費ヲ支拂ハシムルコトハ固ヨリ相當ナリトス然レトモ公證人ハ手數料、日當、及ヒ旅費ヲ除クノ外何等ノ名義ヲ以テスルモ其取扱ヒタル事件ニ關シテ報酬ヲ受クルコトヲ得サルモノトス

公證人ノ受クヘキ手數料、日當、及ヒ旅費ノ額ハ囑託人ト公證人トノ協議ニ因リ之ヲ定ムヘキモノトスル立法例ナキニ非スト雖トモ本法ニ於テハ舊法ニ於ケルト同シク豫メ之ヲ一定スルノ主義ヲ採リ手數料、日當及ヒ旅費ニ關スル事項ハ總テ勅令ヲ以テ之ヲ規定スルモノトセリ(七)囑託人カ二人以上アル場合ニ於テ公證人ニ支拂フヘキ手數料、日當、及ヒ旅費ハ公證人ニ對スル不可分債務ナリト論スルモノアレト

モ余輩ハ之ヲ可分債務（民四二七）ナリト解スルヲ妥當ト認ム故ニ其囑託人ハ平分シテ其支拂ヲ爲スヲ以テ足レリトス但シ囑託人間ニ於テ手數料ノ負擔ニ付キ特別ノ合意ヲ爲スコトヲ妨ケス

公證人ハ囑託人ニ對シ手數料、日當、及ヒ旅費ヲ請求スルノ權利ヲ有スルコト上述ノ如シト雖トモ其權利ノ法律上ノ性質ニ付テハ多多ノ異說ナキニ非ラス或論者ノ說ニ曰ク公證人法ハ公法ニシテ公證人ハ其公法關係ニ於テ國家ノ一公務ヲ行フ者ナルヲ以テ其職務上囑託人ニ對シテ手數料其他ノ支拂ヲ受クヘキ權利ヲ取得スルモ其權利ハ公法上ノ權利ニシテ私權ニアラス從テ公證人ハ囑託人カ義務不履行ノ場合ニ於テモ司法裁判所ヘ出訴シテ之カ請求ヲ爲スコト能ハスト然レトモ公法上ノ關係ニ於テモ私權ノ生シ得ヘキコトハ近來ノ通說ニシテ例ヘハ公用徵收ノ如キ公法上ノ行爲ナルコト疑ナシト雖モ之レニ因リテ起業者ニ所有權ヲ取得セシムルカ如キ又官吏任用ノ性質カ公法關係ナルコトハ異論ナキ處ナレトモ民事訴訟法第六百四條及ヒ第六百十八條第一項ハ官吏ノ俸給ヲモ債權ノ一種ナリト規定セルカ如キ其一例ナリトス從テ公證人法ハ公法ナルカ故ニ公證人カ職務上受クヘキ手數料、日當及ヒ旅費ハ公法上ノ權利ニシテ私權ニ屬セスト論斷スルコト能ハス凡ソ債權トハ或人ニ對シ財產上ノ行爲ヲ要求スルノ權利ヲ意味スルモノニシテ公證人ハ囑託人ニ對シ一定ノ金錢ノ給付ヲ要求スルノ權利ヲ有スルモノナルヲ以テ其權利ハ私法上ノ債權ニ屬スルコト明カナリ而シテ公法上ヨリ生シタル債權中ニハ官吏ノ恩給ノ如ク特ニ司法裁判所ヘ訴求スルコトヲ許サヽルモノナキニ非ス(官吏恩給法一七、軍人恩給法四一、)ト雖モ斯ル例外ノ規定ナキ限リハ當然司法裁判所ヘ訴求スルコトヲ得ルヲ以テ公證人ノ受クヘキ手數料其他ノ債權モ亦其權利ノ確定シタル以上ハ民事訴訟ノ方法ニ依リ囑託人ニ對シ其履行ヲ强要スルコトヲ得ヘキハ勿論公證人ハ其權利ヲ他人ニ讓渡スルコトヲ得ヘク又公證人ニ對スル他ノ債權者ハ公證人カ囑託人ニ對シテ有スル手數料其他ノ債權ノ差押ヲ爲スコトヲ得ルモノトス(東控三七、一二判決、大審三七、一二、五、及ヒ三八、三、一三、判決、梅博士所論法學志林七卷一號)

第二款　默祕ノ義務

公證人ハ囑託人ニ對スル私權ノ擁護者ニシテ常ニ親シク囑託人ニ接觸シテ事件ノ內容ヲ聽取スル者ナルヲ以テ公證人ハ事件ノ祕密ヲ守ルノ義務ヲ負フヘキモノ

トスルハ各國法制ノ概ネ一致スル所ナリ蓋公證人カ日常取扱フヘキ事件中ニハ其性質上囑託人其他ノ耻辱ニ歸スルモノアリ又ハ信用ニ關スルモノアルヘク或ハ囑託人其他ノ者カ特ニ其事件ノ漏泄ヲ欲セサルモノアルヘキヲ以テ若シ法律上公證人ニ此義務ナキトキハ安ンシテ公證人ニ信賴スルコト能ハサルニ至リ多クノ事件ハ全ク公證機關ヲ利用スルコト能ハサルノ結果ヲ生スヘケレハナリ

本法ニ於テモ亦公證人ニ此義務アルコトヲ規定シ公證人ハ其取扱ヒタル事件ヲ漏泄スルコトヲ得サルモノトセリ(四、)單ニ事件トアリテ其意義廣濶ナルヲ以テ其事件カ法律行爲ノ證書ヲ作成シタル場合ト假定スレハ其法律行爲ノ內容ハ勿論其法律行爲ヲ爲シタル當事者ノ氏名又ハ年月日ニ至ルマテ一切他人ニ之ヲ漏泄スルコトヲ得サルモノト解スヘシ(三一年三月民刑局長回答參照)又此義務アル爲メ公證人ハ自ラ進ンテ事件ノ內容ヲ他人ニ告白スルコトヲ得サルハ勿論裁判所其他ノ官公署等ヨリ訊問又ハ照會セラレタル場合ニ於テモ公證人ハ默祕ノ義務アルコトヲ主張シテ其訊問又ハ照會ヲ拒絕スルコトヲ得ルモノトス(民訴二九八、三二七刑訴一二五、一三六、非訟一〇、二九年十月民刑局長回答)蓋公證人ニ此義務アルカ爲メ民事刑事ノ訴訟手續上多少ノ不便アルコトヲ免レスト雖モ之レ法律カ是等ノ不便ヲ犧牲トシテ箇人ノ利益ヲ保護シ社會ノ公益ヲ維持セムトスルノ法意ニ出テタルモノナルヲ以テナリ

公證人カ此義務ニ違背シテ事件ノ祕密ヲ漏泄シタルトキハ六月以下ノ懲役又ハ百圓以下ノ罰金ニ處セラルルノミナラス(刑一三四)之レカ爲メ囑託人其他ノ者ニ損害ヲ加ヘタルトキハ後ニ述フル如ク公證人ハ其損害ヲ賠償スルノ責ニ任スヘク(六八)又懲戒ニ付セラルルコトアルモノトス(七九)

公證人カ事件ノ祕密ヲ守ルヘキ義務ハ左ノ場合ニ於テハ免除セラルルモノナルヲ以テ其事件ノ內容カ囑託人其他ノ名譽ヲ損シ又ハ信用ヲ害スヘキ場合ト雖モ其事件ヲ漏泄スルコトヲ妨ケサルナリ(四)從テ民事刑事ノ訴訟ニ付キ證人トシテ訊問セラルル場合ニ於テハ其證言ヲ拒ムコトヲ得サルナリ(前記民訴刑訴非訟ノ法條參照)

第一　法律ニ別段ノ定メアル場合

法律ニ別段ノ定メアル場合トハ現行法中其例多カラス只拒絶證書カ滅失シタル

トキ利害關係人ヨリ其謄本ノ交付ヲ請求セラレタル場合(商五一七ノ二)ノ如キハ其一例ナランカ本法第四條ニ法律ニ別段ノ規定アル場合ト揭ケタルハ囑託事件ヲ漏泄スル場合ハ必ス法律ノ規定ニ依ルヘク命令ヲ以テ定ムルコトヲ得ストナシ以テ祕密ノ保障ヲ與ヘタル法意ナリト解スヘキナリ

第二　囑託人ノ同意ヲ得タルトキ

公證人ニ默祕ノ義務アルハ囑託人ノ利益ヲ保護セムトノ法意ニ外ナラサルヲ以テ囑託人ニ於テ其事件ノ漏泄ヲ厭ハサル場合ニ於テハ公證人ニ此義務ヲ負ハシムルノ必要ナキコト明カナリ但囑託人二名以上アル場合ニ於テハ其囑託人全體ノ同意アルコトヲ必要トシ其一部ノ同意ハ未タ公證人ノ此義務ヲ免除シタルモノト言フコト能ハス

第三款　忠實ノ義務

公證人ハ他ノ義務ヲ兼ネ商業ヲ營ミ又ハ商事會社若クハ營利ヲ目的トスル社團法人ノ代表者若クハ使用人ト爲ルコトヲ得サルモノニシテ(五)專心公證事務ニ從事スルノ義務ヲ負フモノトス玆ニ忠實ノ義務ト稱スルハ蓋此意義ニ外ナラス

既ニ述ヘタル如ク公證人ハ官吏ト同シク國家ノ一機關ナルヲ以テ其職務ニ當リテハ熱誠ニシテ且忠實ナルコトヲ要ス又其職務ノ性質上親シク囑託人ニ接シ又自ラ證書ニ指ヲ染ムルコトヲ要スルヲ以テ固ヨリ他人ニ之カ代理ヲ爲サシムルコトヲ許サス然ルニ公證人カ他ノ公務ヲ兼ネ又ハ營利的事業ニ從事スルトキハ往々ニシテ公證事務ニ熱誠ヲ缺キ囑託人ニ不便ヲ釀シ其結果遂ニ公證制度ノ信用ヲ失墜シ國家カ特ニ公證機關ヲ設ケタルノ目的ヲ達スルコト能ハサルニ至ルヘキハ必然ナルヲ以テ本法ニ於テモ公證人ニ此義務ヲ負ハシメタリ但司法大臣ノ許可ヲ得タルトキハ此義務ヲ免除セラルルモノトス

以下更ニ公證人ノ忠實ノ義務ヲ分說セム

第一　公證人ハ他ノ公務ヲ兼ヌルコトヲ得ス

公務トハ國家又ハ自治體ノ事務ヲ謂フモノトス故ニ例ヘハ公證人ハ總テノ官吏帝國議會ノ議員府縣郡市區町村會ノ議員參事會員又ハ吏員トナリテ國家又ハ自治體ノ職務ヲ兼ヌルコトヲ得サルハ勿論特ニ官吏、公吏ノ身分ヲ取得セサル場合ト雖モ公務ヲ兼掌スル事ヲ得サルモノトス又其公務ハ一時的ナルト永續的ナルトヲ問ハス公證人ノ役場内ニ於テスルト否トヲ論セス報酬ヲ受クルト否トニ拘ラス一切其兼掌ヲ禁止セラルルモノトス但司法大臣ノ許可アリタルトキハ如何ナル公務ヲ兼ヌルモ差支ナキコト固ヨリナリ

辯護士法第六條ニ依レハ辯護士ハ報酬アル公務ヲ兼ヌルコトヲ得スト規定シ又官廳ヨリ特ニ命セラレタル職務ヲ行フハ此限ニ在ラサルコトヲ明言セリト雖モ本法ニハ斯ル規定ナキヲ以テ司法大臣ノ許可ナキ以上ハ官廳ト雖モ公證人ニ或職務ノ兼掌ヲ命スルコト能ハサルモノト解セサル可カラス但司法大臣ハ其許可權限ヲ有スルモノナルヲ以テ其管掌ニ屬スル職務ヲ公證人ニ命スルコトヲ得ヘシ例ヘハ破産管財人ノ如シ

第二　公證人ハ商業ヲ營ムコトヲ得ス

商業トハ商行爲ヲ業トスルヲ謂ヒ商行爲トハ商法第二百六十三條及ヒ第二百六十四條ニ列擧ノ事項ヲ指稱スルモノニシテ業トハ繼續ノ意思ヲ以テ其行爲ヲ反覆スルコトヲ謂フニ外ナラス故ニ例ヘハ利益ヲ得テ讓渡ス意思ヲ以テスル動産不動産又ハ有價證劵ノ有償取得又ハ其取得シタルモノノ讓渡ヲ目的トスル行爲又ハ手

形ノ振出裏書其他商業證劵ニ關スル行爲ノ如キハ絕對的商行爲ニシテ何人カ之ヲ爲スモ商行爲タルヲ失ハサレトモ之ヲ業ト爲スニ非サレハ商業トナルモノニ非ス從テ公證人ト雖モ一時的ニ是等ノ商行爲ヲ爲スコトヲ妨ケサルモノトス但司法大臣ノ許可アリタルトキハ公證人ト雖モ商業ヲ營ムコトヲ得ルハ上述ノ如シ

官吏ノ商業禁止ニ關スル明治八年太政官第六十五號達ニ於テハ特ニ商業トナラサル場合ヲ例示シタリ卽チ其第三條ニ左ノ諸件ハ商買ノ業ニアラサルニ付キ官吏ト雖モ禁止ニ非サル事但商買同樣ノ店ヲ設クルハ不相成候事

一、鑛業借區營業及ヒ田地ヲ所有シ其利ヲ獲ルコト

一、田地家屋ヲ貸シテ地代家賃ヲ獲ルコト

一、金銀ヲ貸シテ利息ヲ獲ルコト

一、所有地ヨリ生スル物産ニ製作ヲ加ヘテ賣拂フコト

トアリ但是等ノ諸件ト雖モ之ヲ業トスルトキハ商行爲トナリ從テ商業ヲ營ムモノニ該當スルコト勿論ナルヲ以テ特ニ右但書ヲ以テ之ヲ業トセサレハ商業ニ非サルコトヲ明カニセリ又以テ公證人ニ對スル商業禁止ノ範圍ヲ測定スルノ資料ト爲ス

ニ足ラム

第三　公證人ハ商事會社ノ代表者又ハ使用人ト爲ルコトヲ得ス

商事會社トハ商法ノ規定スル會社ノ謂ヒニシテ合名會社、合資會社、株式會社、株式合資會社及ヒ外國會社ヲ總稱ス而シテ其代表者トハ合名會社ノ代表社員（商六一、六二）合資會社及ヒ株式合資會社ノ無限責任社員（商一〇九、一一四、二三六）株式會社ノ取締役（商一七〇）外國會社ノ代表者（商二五五）及ヒ各會社ノ清算人（商九一、九三、一〇五、二二五、二三四、二三六、二五八）ヲ謂ヒ又商事會社ノ使用人トハ支配人、番頭、手代、其他雇傭關係ニ於ケル從業者ヲ指スモノトス故ニ左ニ揭クル者ハ會社ノ代表者又ハ使用人ニ非サルナリ

一、合名會社ノ代表社員ヲ定メタル場合ニ於ケル其他ノ社員（商六一）

二、合資會社ノ代表社員ヲ定メタル場合ニ於ケル其他ノ無限責任社員及ヒ有限責任社員（商一一四）

三、株式會社ノ發起人、監査役、檢査役（商一一九、一三三、一三四、一八二、一八三）及ヒ取締役以外ノ株主（商一六四、一四三、一四四）

四、株式合資會社ノ代表社員ヲ定メタル場合ニ於ケル其他ノ無限責任社員及ヒ株主(商二三六、二四三)

官吏服務紀律第十二條ニ依レハ官吏ハ取引相場會社ノ社員タルコトヲ得ス又間接ニ相場商業ニ關係スルコトヲ得ストアリテ其意義廣濶ナリト雖モ本法ニ於テハ單ニ商事會社ノ代表者及ヒ使用人タルコトノミヲ禁止セルヲ以テ右一乃至四ニ掲ケタル者ハ會社ノ社員又ハ機關ナリト雖モ公證人ハ此等ノ地位ヲ兼ヌルコトヲ妨ケサルモノト解セサル可カラス但官吏ニ付テモ明治十四年太政官第三十七號達ニヨリ會社ノ株主トナルハ不苦ト明言セリ

第四　公證人ハ營利ヲ目的トスル社團法人ノ代表者又ハ使用人トナルコトヲ得ス

營利ヲ目的トスル社團法人トハ共同ノ事業ヲ營ミ經濟上ノ利益ヲ得ルノ目的ヲ以テ集合セル人ノ團體ニシテ法律上一箇ノ人格ヲ有スルモノヲ謂フ(民三五)例ヘハ農業、鑛業、漁業等ヲ目的トスル法人ノ如シ社團法人ノ代表者トハ其理事、假理事、特別代理人及ヒ清算人ヲ指シ(民五三、五六、五七、七八)又使用人トハ法人トノ間ニ於ケル雇

備關係ニ因リ法人ノ事務ニ從事スルモノヲ總稱スルモノトス

左ニ掲クルモノハ本法ノ禁止セサル所ナルヲ以テ公證人ト雖モ其職ニ就クコトヲ得ヘシ

一、營利ヲ目的トスル社團法人ノ監事（民五八）及ヒ社員

二、營利ヲ目的トセサル社團又ハ財團法人ノ理事、監事、其他總テノ使用人及ヒ社員（民三四）

但司法大臣ノ許可アルトキハ公證人ハ營利法人ノ代表者又ハ使用人ト爲ルコトヲ得ルハ前三項ノ場合ト同樣ナリ

第四款　損害賠償ノ義務

公證人ハ其職務ノ執行ニ付キ故意又ハ重大ナル過失ニ因リテ囑託人其他ノ者ニ損害ヲ加ヘタルトキハ其損害ヲ賠償スル義務ヲ負フモノトス（六）即チ公證人カ其職務ノ執行ニ付キ囑託人其他ノ者ノ私權ヲ侵害シタル爲メ生シタル損害ハ公證人ノ故意又ハ重大ナル過失ニ因リテ生シタルモノニ限リ公證人ニ於テ之カ賠償ヲ爲スノ責ニ任スルモノトス然レトモ國家ノ一機關タル官吏又ハ公吏カ一私人ノ私權ヲ

侵害シタル爲メ生シタル損害ヲ賠償スルノ責任問題ニ付テハ法律上ニ於ケル一大難問トシテ常ニ學者ノ論爭スル所ナリ

抑モ國家ハ一ノ法人ニシテ法律ノ規定ニ依リ始メテ其人格ヲ認メラルルモノナルヲ以テ法律ノ範圍內ニ於テノミ人格ヲ有スルコト言ヲ俟タス而シテ官吏又ハ公吏ハ國家ノ一機關ニシテ國家ノ事務ヲ行フモノナレトモ機關トシテハ固ヨリ獨立ノ人格ヲ有スルモノニ非サルヲ以テ官吏、公吏ノ職務行爲ハ卽チ國家自身ノ行爲ニ外ナラス之レ私法上ニ於ケル代理人ト本人トノ關係ト全ク其觀念ヲ異ニスル一點ナリトス蓋私法上ニ於ケル代理關係ハ其代理人及ヒ本人ノ雙方カ獨立ノ人格ヲ有スルヲ以テ代理人ノ行爲ハ卽チ代理人自身ノ行爲ニシテ之ヲ以テ當然本人ノ行爲ナリト言フヲ得ス只代理人カ權限內ニ於テ爲シタル行爲ハ直接ニ本人ニ對シ效力ヲ生スルヲ以テ其效果ヨリ觀察スレハ代理人ノ行爲ハ卽チ本人カ自ラ爲シタル場合ト同一ナリト謂フニ過キス然レトモ官吏又ハ公吏ハ國家ノ一機關ニシテ國家ノ代理人ニ非サルヲ以テ官吏又ハ公吏ノ職務上ノ行爲ハ常ニ國家ノ行爲トナリ其官吏又ハ公吏自身ノ行爲ナリト謂フヲ得ス而シテ此論定ハ官吏又ハ公吏カ其職務ノ執行ニ付キ不法行爲ヲ爲シタル場合ト否トニ依リ區別アルモノニ非ス換言スレハ官吏又ハ公吏カ不法ニ一私人ノ私權ヲ侵害シタル場合ニ於テモ其侵害行爲ハ國家ノ行爲ニシテ官吏又ハ公吏自身ノ行爲ナリト謂フヲ得サルナリ

然レトモ此點ニ付テハ最モ學者ノ論爭甚シキ所ニシテ學說固ヨリ一定セス反對說ニ依レハ國家ハ法律ノ範圍內ニ於テノミ人格ヲ有スルモノニシテ法律ハ國家ニ不法行爲ヲ爲スコトヲ命セス從テ不法行爲ハ國家ノ目的ノ範圍外ナリト謂ハサルヘカラス又國家ハ其職務ヲ正當ニ行フヘキコトヲ其機關タル官吏又ハ公吏ニ委任スト雖モ不法行爲ヲ爲スコトヲ委任セス故ニ官吏又ハ公吏カ其職務上ノ行爲ニ付キ不法ニ一私人ノ私權ヲ侵害シタルトキハ其侵害行爲ハ官吏又ハ公吏ノ一私人トシテノ不法行爲ト認ムヘク固ヨリ國家ノ行爲ナリト謂フヲ得ス換言スレハ國家ハ不法行爲ヲ爲スモノニ非スト謂フニ在リ然レトモ法人タル國家ハ自ラ意思ヲ發表シ又自ラ行動スルコト能ハサルニ依リ其機關ヲ要スルモノニシテ機關ノ發表スル意思ハ國家ノ意思トナリ機關ノ爲ス行動ハ國家ノ行動タルモノトス從テ機關カ其職務權限內ニ於テ不法行爲ヲ爲シタルトキハ國家ノ不法行爲ト認ムヘキハ理論上

當然ノ論結ナリト謂ハサルヘカラス之ニ反シテ官吏ノ職務上ノ不法行爲ヲ總テ一私人トシテノ行爲ナリトナストキハ彼ノ行政訴訟ノ制度ノ如キハ全ク無意味ニ歸スヘシ何トナレハ行政訴訟ハ行政官廳ノ不法處分ヲ目的トシテ提起スルモノナルヲ以テ若シ行政官廳ノ不法處分ヲ一私人ノ行爲ト認ムルトキハ其處分ニ對シテハ最初ヨリ何人モ服從義務ヲ負フモノニ非サルヲ以テ行政訴訟ヲ提起スルノ必要ナキニ至レハナリ又官吏カ不法ニ職務上ノ作爲ノ義務ヲ盡サヽルトキハ常ニ其官吏ノ一私人トシテノ不作爲ナリト謂ハサルヲ得サルニ至ラム之レ最近ノ學說ニ於テ國家カ不法行爲ノ主體トナルコトヲ認ムルノ理由ニシテ又余輩カ右ノ反對說ニ服從セサル所以ナリ

官吏又ハ公吏カ其職務ノ執行ニ付キ不法ニ一私人ノ私權ヲ侵害シタル場合ニ於ヲ其侵害行爲ハ國家自身ノ行爲ナルコト上述ノ如シト雖モ之カ爲メニ生シタル損害ハ國家カ自ラ一私人ニ對シ賠償スルノ責ニ任スルヤ否ヤハ自ラ別箇ノ問題ナリトス蓋國家ト雖モ其目的ヲ達スルカ爲メ一私人ト同一ノ地位ニ立チテ私法上ノ行爲ヲ爲ス場合アリ卽チ一般私法ノ原則ニ從ヒ私法上ノ法律關係ノ主體トナルコト

アリ例ヘハ一私人トノ間ニ或請負契約ヲ爲シ又ハ或物ノ賣買契約ヲ爲スカ如シ故ニ是等ノ行爲ニ付キ官吏又ハ公吏カ一私人ニ對シ不法行爲ヲ爲シ之カ爲メ損害ヲ蒙ラシメタルトキハ國家ハ民法ノ規定ニ依リ之カ賠償責任ヲ負フヘキコト論ヲ俟タスト雖モ國家カ權力ノ主體卽チ統治權者トシテ其臣民ニ臨ム場合ニ於テハ國家ト臣民トノ關係ハ不平等ナル權力服從ノ關係ニシテ固ヨリ平等ナル法律關係ニ非サルヲ以テ國家カ其權力ノ行使ニ依リ一私人ニ對シ損害ヲ與フルモ之カ賠償ヲ爲スノ責ニ任セサルコトハ理論上明白ニシテ此場合ニ私法タル民法ヲ適用スルコト能ハサルハ殆ント疑ナキ所ナリトス此理論ハ大審院ニ於テモ認ムル所ニシテ明治三十六年五月ノ判決ニ依レハ國家ハ其機關タル官吏ノ公權執行ノ行爲ニ付テハ毫モ民事上ノ責任ヲ負フモノニ非スト判示セリ

國家ノ機關ノ爲シタル不法行爲ニ付テハ國家ハ一私人ニ對シ損害賠償ノ責ヲ負ハサルコト上述ノ如クニシテ又實際其不法行爲ヲ爲シタル官吏又ハ公吏ハ單ニ國家ノ一機關ニシテ法律上其不法行爲ノ主體トナルコト能ハサルヲ以テ理論上損害賠償ノ責ニ任スヘキモノニ非ラス從テ被害者タル一私人ハ全ク其不法行爲ニ付キ

損害賠償ヲ求ムルノ途ナキモノト謂ハサル可カラス然レトモ官吏又ハ公吏カ其職務ヲ執行スルニ當リ不誠實ナル結果一私人ノ私權ヲ侵害シ之カ爲メニ損害ヲ生セシメタル場合ニ於テ一私人ヲシテ其損害ヲ甘受セシメントスルハ頗ル酷ニ失シ甚シク私權ヲ無視スルノ結果トナルヲ以テ國家ハ特別ノ法條ヲ設ケ斯ル場合ニ於テハ特ニ其機關タル官吏又ハ公吏ヲシテ一私人ニ對シ其損害ヲ賠償スルノ責ニ任セシムルモノトシ其官吏又ハ公吏ヲシテ間接ニ其職務ノ執行ヲ誠實ナラシメ可成過誤ナキコトヲ期シタルノ例寡カラス例ヘハ判事、檢事、裁判所書記、司法警察官、執達吏登記官吏、戶籍吏ノ損害賠償ノ責任ニ關スル規定ノ如キ卽チ是ナリ(刑訴一四民訴五三二、登記一三、戶籍四。)

公證人ハ既ニ述ヘタル如ク公吏ニシテ國家ノ事務ヲ執行スル國家ノ一機關ナリ故ニ公證人カ其職務ヲ執行スルニ付キ一私人ニ對シ損害ヲ加ヘタルトキハ上述ノ理由ニ依リ公證人ヲシテ其損害ヲ賠償スルノ責ニ任セシムルハ極メテ相當ナリト謂ハサル可カラス之レ本法第六條ノ規定アル所以ナリ以下公證人ノ損害賠償義務ノ範圍ヲ明ニセム

第一　損害賠償ノ要件

公證人カ一私人タル囑託人其他ノ者ニ對シ賠償義務ヲ負フヘキ損害ハ左ノ要件ヲ具備スルモノナルコトヲ要ス而シテ玆ニ其他ノ者トハ公證人ノ不法行爲ニ付キ直接ニ損害ヲ蒙リタル者總テヲ包含スルモノトス例ヘハ囑託人ノ承繼人、利害關係人ノ如キハ其最モ顯著ナルモノナリ

一、現實ニ損害ヲ加ヘタルコトヲ要ス

損害トハ人ノ意思ニ反シテ其人ニ生シタル一切ノ不利益ヲ謂フモノニシテ單ニ財產上ノ不利益ニ限ラス汎ク身體名譽等ニ對スル不利益ヲモ包含スルモノトス何トナレハ本法第六條ニ於テハ廣ク損害ナル文字ヲ用ヰ何等ノ制限ヲ爲ササレハナリ

又損害ハ現實ニ發生シタルコトヲ必要トスルヲ以テ公證人ノ不法行爲カ以下ニ揭クル總テノ要件ヲ具備スル場合ト雖モ其損害カ未タ發生セサルトキハ將來發生スヘキ虞アル場合ニ於テモ豫メ公證人ハ其損害ヲ賠償スルノ責ヲ負フモノニ非ス

二、其損害ハ公證人ノ職務ノ執行ニ付キ生シタルコトヲ要ス

故ニ公證人ノ行爲ニ因リテ現實ニ囑託人其他ノ者ニ損害ヲ生シタル場合ト雖モ其行爲カ公證人ノ職務ノ執行ニ關セサルモノナルトキハ公證人ハ固ヨリ本法ニ依リ賠償義務ヲ負フモノニ非ス例ヘハ公證人カ囑託人其他ノ者ノ依賴ニ因リ或法律問題ヲ鑑定スルノ請望ヲ受ケ故意ニ不當ノ鑑定ヲ爲シタル爲メ損害ヲ加ヘタル場合ト雖モ法律問題ノ鑑定ハ公證人ノ職務ニ屬セサルヲ以テ公證人トシテ之カ賠償ヲ爲スノ責ナキカ如シ然レトモ公證人ノ職務權限外ノ行爲ハ固ヨリ一私人ノ行爲ナルヲ以テ民法ノ規定ニ依リ不法行爲ノ賠償責任ヲ負フコトアルヘキハ勿論ナリ

三、其損害ハ公證人ノ職務ノ執行ト直接ノ因果關係アルコトヲ要ス

卽チ公證人ノ職務上ノ行爲カ直接ノ原因トナリテ囑託人其他ノ者ニ損害ノ結果ヲ生シタルコトヲ要ス換言スレハ若シ公證人ノ其行爲ナカリセハ斯ル損害ヲ生セサリシモノナルコトヲ要ス故ニ其損害カ公證人ノ行爲ノ有無如何ニ拘ラス發生シ又ハ他ノ事情ノ介入ニ因リテ間接ニ生シタルモノナルトキハ公證

人ハ賠償責任ヲ負フモノニ非ス

四、其損害ハ公證人ノ故意又ハ重大ナル過失ニ因リテ生シタルコトヲ要ス故意トハ自己ノ行爲ニ因リ生スル結果竝ニ其行爲ヲ爲スコトヲ豫見シテ其結果ノ發生ヲ希望シ又ハ少クトモ其結果ノ發生ヲ認許シタル意思ノ狀態ヲ謂ヒ過失トハ不注意ノ爲メニ其結果ヲ豫見セサルカ又ハ之ヲ豫見シタルモ不注意ニ因リテ其結果ノ發生ヲ防止セサリシ場合ヲ謂フモノトス而シテ公證人ノ不法行爲ニ因リテ損害ヲ生シタル場合ニ於テモ其損害ハ公證人ノ故意又ハ重大ナル過失ニ因リ生シタルモノニ限リ賠償ノ責任アルモノニシテ輕過失ニ因リ生シタル損害ニ付テハ其責ヲ負フモノニ非ス過失ヲ重過失、輕過失ニ區別スルコトハ古來諸國ノ立法例ニ於テ之ヲ認ムレトモ固ヨリ不注意ノ程度ニ依ル區別ニ外ナラサルヲ以テ理論上明確ナル標準ヲ擧クルコトヲ得ルモノニ非ス然レトモ重過失ハ殆ント故意ト同視セラルルモノニシテ些少ノ注意ヲ加フレハ其結果ノ發生ヲ豫見シ又ハ其結果ノ發生ヲ防止スルコトヲ得ヘキ場合ニ其注意ヲ用ヰサリシ爲メ遂ニ其結果ヲ發生スルニ至リタルトキハ常ニ重過失アリト謂フコトヲ得ヘシ要スルニ過失ノ程度ハ箇々ノ場合ニ於テ判斷スヘキ事實問題ナルヲ以テ爭アル場合ニ於テハ裁判官ノ判斷ニ因リテ之ヲ決定スルノ外ナシ

第二　損害賠償ノ方法

公證人ノ損害賠償義務ノ性質ハ民法上ノ不法行爲ニ外ナラサルヲ以テ本法中特別ノ規定ナキ事項ニ付テハ民法第七百十條以下ノ規定ニ從フヘキコト言ヲ俟タス故ニ公證人カ前段ニ述ヘタル條件ヲ具備スルモノト認メタルトキハ囑託人其他ノ者ニ對シ任意ニ賠償義務ヲ履行スヘキハ勿論ナレトモ若シ賠償義務ノ生否及ヒ其數額ニ爭アルトキハ勢ヒ民事裁判所ノ判決ニ依リ其義務ノ有無及ヒ程度ヲ確定セサル可カラス從テ之カ賠償ヲ請求スル者ハ民事裁判所ヘ出訴スヘク裁判所ハ先ツ公證人ニ賠償義務アルヤ否ヤ卽チ其損害カ前段ノ條件ヲ具備スルヤ否ヤヲ判斷シ其義務アリト認メタルトキハ通常金錢ヲ以テ其賠償額ヲ定ムルコトヲ要シ又其損害カ財產上ノ不利益ニ非スシテ名譽ヲ毀損シタルモノナルトキハ裁判所ハ被害者ノ請求ニ因リ公證人ニ對シ名譽ヲ回復スルニ適當ナル處分ヲ命スルコトヲ得ヘシ

例ヘハ公證人ヲシテ被害者ニ謝罪セシメ又ハ謝罪廣告ヲ爲サシムルカ如シ又其損害カ被害者ニモ過失アリテ雙方ノ共同行爲ニ因リ生シタルモノナルトキハ裁判所ハ損害賠償額ヲ定ムルニ付キ之ヲ斟酌スルコトヲ得ルモノトス（民七〇九、七一〇、七二二、四一七、七二四）

右ノ判決アリタル場合ニ於テ公證人カ任意ニ其義務ヲ履行セサルトキハ其被害者ハ强制執行ノ方法ニ依リ其履行ヲ求ムルコトヲ得ヘキハ勿論後ニ述フル公證人ノ身元保證金ニ對シ先取特權ヲ主張シテ滿足ナル履行ヲ求ムルコトヲ得ヘシ（民三二〇）

第六節　公證人ノ刑事上ノ責任

公證人ノ刑事上ノ責任トハ公證人タル特別ナル身分ヲ有スルカ爲メ刑法中特別ノ規定ニ依リ刑罰ノ制裁ヲ受クヘキ責任ヲ謂フモノトス蓋刑法ハ國家カ刑罰權ノ實體ヲ定ムル法規ニシテ刑罰ハ國家カ犯罪者タル一私人ニ科スル制裁ニ外ナラサルヲ以テ刑法ノ定メタル犯罪ハ一般ノ人ニ對シ適用セラレ其犯人カ官吏タルト公

吏タルト又其他ノ身分ヲ有スルトニ依リ其適用ヲ左右スルコトナキヲ原則トス例ヘハ官吏タル身分ヲ有スル者カ人ヲ殺シ家屋ニ放火シタルカ如キ場合ニ於テモ普通人カ其罪ヲ犯シタルト同シク殺人罪又ハ放火罪ノ刑罰ヲ科セラルルカ如シ然ントモ刑法ニ於テハ官吏、公吏其他特別ノ身分ヲ有スルコトヲ前提トスル特別ノ犯罪ヲ認メ其身分ヲ有スル者ニノミ適用セラルヘキ罰條ヲ掲ケタルモノ鮮カラス而シテ公證人ニ付テモ亦特ニ其身分ノ存スルコトヲ前提トスル特別ノ犯罪ヲ規定シ以テ公證人ニ刑事上ノ責任ヲ負ハシメタリ本節ニ於テ說明セントスルハ刑法上ニ於ケル公證人ノ特別ノ責任ニシテ公證人カ一私人トシテノ刑事上ノ責任ニ及ハサルコトハ勿論ナリ

公證人カ公吏ナルヤ否ヤハ學說ノ一致セサルコト既ニ第二節ニ於テ述ヘタルカ如シト雖モ刑法上ノ公務員タルコトハ殆ント爭ナキ所ナリ何トナレハ刑法上ノ公務員トハ官吏、公吏ノ外法令ニ依リ公務ニ從事スル一切ノ職員ヲ謂フモノナルヲ以テ(刑七、)假リニ公證人カ公吏ニ非ストスルモ法令ニ依リ公務ニ從事スル職員タルコトハ言ヲ俟タサレハナリ故ニ公證人ハ總テ刑法上公務員タルノ責任ヲ負フモノトス

以下之ヲ分說セム

第一、秘密ヲ侵ス罪

公證人又ハ其職ニ在リシ者故ナク其業務上取扱ヒタルコトニ付キ知リ得タル人ノ秘密ヲ漏泄シタルトキハ一月以上六月以下ノ懲役又ハ二十圓以上百圓以下ノ罰金ニ處セラルルモノトス但此罪ハ被害者ノ告訴ヲ待テ之ヲ論ス(刑一三四、一三五)

一、人ノ秘密トハ其人カ他人ニ開示セラレサルコトニ付キ利益ヲ有スル私事ヲ謂フ而シテ此秘密ハ公證人カ業務上囑託人其他ノ者ノ陳述ニ因リ知リ得タルト自己ノ鑑識ニ依テ知リ得タルトヲ區別セス苟モ其人カ特ニ他言ヲ禁シタルモノ及ヒ他言スルコトカ其人ノ不利益トナルヘキコトノ明瞭ナルモノ一切ヲ包含ス

二、漏泄トハ他人ノ秘密ヲ第三者ニ開示スルコトノ謂ニシテ必スシモ多數ノ人ニ告知シテ之ヲ公ニスルコトヲ要セス單ニ一人ニ之ヲ開示スルモ又緘默ヲ守ルヘシトノ條件ヲ以テ之ヲ人ニ開示スルモ共ニ漏泄ナリ

三、故ナクトハ其本人又ハ監督者ノ意思ニ反シテトノ謂ヒナリ故ニ其承諾アリ

タルトキハ勿論開示ヲ禁セサル意思ノ明カナルトキハ之ヲ漏泄スルモ罪トナラス

或說ニ依レハ公證人カ民事、刑事ノ證人トシテ故ナク囑託人其他ノ祕密ヲ陳述シタル場合ニ於テモ本罪ヲ構成スト論スレトモ民、刑訴訟法ニ於テハ公證人カ證人トシテ訊問セラルルニ當リ單ニ發言ヲ拒ムコトヲ得ルモノトシタルニ止マリ證言ヲ爲スコトヲ禁セサルヲ以テ任意ニ證言ヲ爲スコトハ固ヨリ不法ニ非ス從テ斯ル場合ニ於テ本罪カ構成スルモノト論斷スルハ妥當ナラスト言ハサル可カラス

第二　文書僞造、變造ノ罪

公證人ト雖モ各種ノ文書ヲ僞造シ又ハ變造シタルトキハ一私人ト同シク刑法上刑罰ノ制裁ヲ科セラルルコトハ言ヲ俟タスト雖モ刑法ノ規定スル各種ノ文書僞造、變造罪ノ内公務員ノ職務上ニ關スル文書ノ僞造又ハ變造罪即チ學者ノ所謂無形ノ僞造又ハ變造ニ關スル規定アリ之ヲ公證人ニ適用スレハ左ノ如シ

公證人カ其職務ニ關シ行使ノ目的ヲ以テ虛僞ノ文書若クハ圖畫ヲ作リ又ハ文書

若クハ圖書ヲ變造シタルトキハ其印章又ハ署名ヲ使用シタルト否トニ依リ一年以上十年以下ノ懲役又ハ一月以上三年以下ノ懲役若クハ二十圓以上三百圓以下ノ罰金ニ處セラルルモノトス(刑一五六、一五五)

一　刑法上文書又ハ圖畫ト稱スルハ官吏又ハ公吏ノ作成シタルモノナルト一私人ノ作成シタルモノナルトヲ問ハス總テ之ヲ包含スルモノナレトモ本罪ノ處分ニ付テハ公文書僞造又ハ變造ノ例ニ依ルヲ以テ本罪ヲ構成スル文書中ニハ私文書ヲ包含セサルモノト解セサルヘカラス故ニ例ヘハ公證人カ其保管ニ屬スル私文書ヲ利用シテ他ノ私文書ヲ僞造シ又ハ之ヲ變造シタル場合ノ如キハ一私人カ其罪ヲ犯シタル場合ト同シク通常ノ文書僞造罪ヲ構成スルハ勿論ナレトモ本罪カ成立スルモノニ非ス(刑一五九)

二　又本罪ノ成立スルニハ公證人カ其職務ニ關シ虛僞ノ文書若クハ圖畫ヲ作リ又ハ是等ノ文書圖畫ヲ變造シタルコトヲ要スルカ故ニ公證人ノ職務ニ屬セサル文書若クハ圖畫ヲ僞造又ハ變造スルモ本罪ヲ構成セス從テ公證人カ他ノ公務所又ハ公務員ノ印章若クハ署名ヲ使用シ又ハ其印章若クハ署名ヲ僞造シテ

他ノ公務員名義ノ公文書ヲ作成シタルトキ又ハ他ノ公務所又ハ公務員ノ捺印若クハ署名シタル文書若クハ圖畫ヲ變造シタルトキハ通常人ノ責任ト同シク公文書ノ僞造、變造罪ヲ構成スルコト勿論ナレトモ(刑一五五)公務員ノ身分アルコトヲ前提トスル本罪ヲ構成スルモノニ非ス例ヘハ公證人カ其職務ニ關シ市町村長名義ノ印鑑證明書ヲ僞造又ハ變造シタル場合ノ如シ

以上ニ掲ケタル罪ハ公證人カ行使ノ目的ヲ以テ其職務上作成スヘキ文書又ハ圖畫ニ虚僞ノ事實ヲ記載シ又ハ斯ノ如キ文書圖畫ヲ變造シタルトキハ直ニ成立スルモノニシテ其文書又ハ圖畫ヲ行使シタルト否トニ關係ナシト雖モ公證人カ自ラ其僞造又ハ變造ノ文書圖畫ヲ行使シタルトキハ僞造變造罪ノ外別ニ其行使罪(刑一五八、)ヲ構成スルヤ否ヤハ學説判例ノ一致セサル所ナリ或説ニ依レハ刑法第百五十八條ノ行使罪ハ他人ノ僞造又ハ變造シタル文書圖畫ナルコトヲ知リテ之ヲ行使シタル場合ニ限リ一人ニテ僞造又ハ變造シ且之ヲ行使シタル場合ニ適用ナシト謂フニ在レトモ此説ハ法文ノ全ク認メサル區別ヲ爲スモノニシテ正解ト謂フヘカラス余輩ノ看ル所ニ依レハ僞造又ハ變造ハ行使ノ手段ニシテ其手段カ特別ノ罪名ニ觸ル

ル場合ナルヲ以テ刑法第五十四條後段ノ適用ニ依リ最重ノ刑ヲ以テ處斷スヘキモノナリト論スルヲ妥當ト認ム

第三　職權濫用罪

公務員其職權ヲ濫用シ人ヲシテ義務ナキコトヲ行ハシメ又ハ之ヲ行フヘキ權利ヲ妨害シタルトキハ一月以上六月以下ノ懲役又ハ禁錮ニ處ス(刑一九三)公證人モ亦一ノ公務員ナルヲ以テ本條ノ適用アルヘキコト言ヲ俟タスト雖モ實際上公證人ニ付テハ多ク適用ナカルヘシ

第四　賄賂罪

公證人カ其職務ニ關シ賄賂ヲ收受シ又ハ之ヲ要求若クハ約束シタルトキハ一月以上三年以下ノ懲役ニ處ス因テ不正ノ行爲ヲ爲シ又ハ相當ノ行爲ヲ爲サヽルトキハ一年以上十年以下ノ懲役ニ處ス此場合ニ於テ收受シタル賄賂ハ之ヲ沒收シ若シ其全部又ハ一部ヲ沒收スルコト能ハサルトキハ其價額ヲ追徵ス(刑一九七)

一、賄賂トハ財物タルコトヲ必要トスルヲ以テ勞力又ハ淫行上ノ快樂ヲ包含セスト雖モ苟モ金錢的價値ヲ有シ其價額ヲ見積ルコトヲ得ルモノナル以上ハ特

ニ受賄者ノ財産ヲ増加スルノ利益ヲ有スルコトヲ要セス故ニ一時ノ饗應ニ供セラルル酒食ノ如キモ賄賂タルヲ妨ケス

三、本罪ヲ構成スルニハ公證人カ其職務ニ關シ賄賂ヲ收受、要求又ハ其約束ヲ爲スコトヲ要ス故ニ職務ニ關セサル通常ノ贈答品ノ如キハ之ヲ收受スルモ本罪ヲ構成セサルヤ勿論ナレトモ苟モ其職務ニ關スル以上ハ其職務行爲ノ完了前ナルト後ナルトヲ問ハサルモノトス舊刑法ニ於テハ「官吏人ノ囑託ヲ受ケテ賄賂ヲ收受シ又ハ之ヲ聽許シ云々」ト規定シタル爲メ賄賂ノ收受又ハ聽許カ職務執行前ナルコトヲ要スルモノニシテ學說判例ニ於テモ爾ク解釋シタレトモ(三十六年大審院判決錄一六〇九頁)新刑法ニ於テ單ニ職務ニ關シト規定セルヲ以テ之ヲ舊刑法ト同一ニ解釋スルコトヲ得ス故ニ公證人カ職務行爲ヲ執行シタル後其職務ニ關シ賄賂ヲ收受シ其他要求約束シタル場合ト雖モ本罪ヲ構成スルモノト解セサルヘカラス但加重收賄罪即チ刑法第百九十七條第一項後段ノ罪ハ職務行爲ノ完了前ニ限ルヘキコト勿論ナリ

第七節　公證人ノ代理、兼務及ヒ受繼

公證人ハ單獨制ノ機關ニシテ各獨立ノ職務權限ヲ有シ又ハ一定セル職務執行ノ區域及ヒ場所ヲ有スルモノナルヲ以テ疾病其他ノ故障ニ因リ事實上其職務ヲ行フコト能ハサル場合又ハ公證人カ死亡免職等ノ原因ニ因リ缺位ヲ生シタル場合ト雖モ濫リニ他人ヲシテ其職務ノ執行ヲ代理又ハ補充セシムルコトヲ得ルモノニ非ス從テ斯ル場合ニ於テ特別ノ規定ナキトキハ其公證人ノ職務執行ノ場所ニ於テハ何人モ其職務ヲ行フ者ナキニ至リ囑託人其他ノ利益ヲ害スルコト鮮少ナラス故ニ本法ニ於テハ斯ル場合ニ於ケル公證人ノ代理兼務ヲ認メ同時ニ公證人間ノ書類ノ受授ニ關スル詳細ナル規定ヲ設ケタリ以下ニ分説スルモノ即チ是ナリ

筆生ヲシテ公證人ノ代理ヲ爲サシムルコトヲ希望セル者多シト雖モ文明國ノ法制ハ判事ノ代理ハ判事タルヲ要シ檢事ノ代理ハ檢事タルヲ要シ辯護士ノ代理ハ辯護士タルヲ要ス從テ公證人ノ代理モ亦公證人タラサルヘカラサルハ勿論ナリ只裁判所書記カ登記事務ヲ取扱フハ判事ノ代理ヲ爲スニ非ス判事差支アル場合ニ於テ

書記ハ其職權ヲ以テ其取扱ヲ爲スモノトス(八ノ二、裁構施行條例一一)

第一款　公證人ノ代理

第一　公證人ノ囑託ニ因ル代理

公證人カ疾病其他已ムコトヲ得サル事由ニ因リ職務ヲ行フコト能ハサルトキハ同一區裁判所ノ管轄區域又ハ之ニ鄰接スル區裁判所ノ管轄區域内ノ公證人ニ其代理ヲ囑託スルコトヲ得ルモノトス

疾病ニ因リ職務ヲ行フコト能ハサル場合ハ公證人カ代理ヲ囑託スルコトヲ得ヘキ一例ニシテ其他ノ事由ニ付テハ特ニ其場合ヲ限定セサルヲ以テ事實上職務ヲ行フコト能ハサル總テノ場合ニ於テ公證人ハ其代理ヲ囑託スルコトヲ得ルハ勿論ナリ(六〇二)又代理ヲ囑託スヘキ公證人ノ選定ハ囑託者ノ隨意ニシテ其代理順序ニ關シ何等ノ規定ナキヲ以テ公證人ハ同一區裁判所管內ニ在ル數人ノ公證人中何人ニ對シテモ代理ヲ囑託スルコトヲ得ヘク又同一區裁判所管內ノ公證人ニ囑託セスシテ之ニ鄰接スル區裁判所管內ノ公證人ニ對シ其囑託ヲ爲スコトヲ得ヘシ而シテ其囑託ヲ受ケタル公證人ハ正當ノ事由アルニ非サレハ其囑託ヲ拒絕スル能ハサルヤ論

ヲ俟タス

公證人カ上述ノ規定ニ依リ他ノ公證人ニ其代理ヲ囑託シタルトキ又ハ其代理ヲ解キタルトキハ遲滯ナク其旨ヲ所屬地方裁判所長ニ屆出ツルコトヲ要スルモノトス

第二　地方裁判所長ノ命ニ因ル代理

公證人カ疾病其他已ムコトヲ得サル事由ニ因リ職務ヲ行フコト能ハサル場合ニ於テ他ノ公證人ニ其代理ヲ囑託セス又ハ之ヲ囑託スルコト能ハサルトキハ所屬地方裁判所長ハ同一區裁判所ノ管轄區域又ハ之ニ鄰接スル區裁判所ノ管轄區域內ノ公證人ニ對シ其代理ヲ命スルコトヲ得ルモノトス(六四)蓋疾病其他ノ事由ニ因リ職務ヲ行フコト能ハサル公證人カ自ラ其代理ヲ囑託セス又ハ種々ナル事由ニ因リ事實上其代理ヲ囑託スルコト能ハサル場合ニ關シ特別ノ規定ナキトキハ遂ニ何人モ其代理ヲ爲スモノナキニ至リ其役場ニ於ケル職務ハ全ク曠廢セラルルニ至ルヲ以テナリ

公證人ノ代理ハ固ヨリ補充的ノ性質ヲ有スルモノナルヲ以テ其被代理者ノ疾病

ノ快癒其他故障カ消滅シテ自ラ其職務ヲ行フコトヲ得ルニ至リタルトキハ所屬地方裁判所長ハ右ニ述タル代理ヲ解クヘキモノナレトモ地方裁判所長カ其代理ヲ解カサル以上ハ其代理者ハ適法ニ代理スヘキ公證人ノ職務ヲ行フノ權限ヲ有スルモノナルヲ以テ事實上被代理者カ職務ヲ行フコトヲ得ルニ至リタル場合ト雖モ代理者ノ爲シタル職務行爲カ無效トナルモノニ非ス

第三　代理者ノ職務執行

公證人ノ代理者カ職務ヲ執行スルニ當リテモ自己ノ固有ノ職務ヲ行フ場合ト同シク本法其他一般ノ規定ニ從フヘキコト勿論ナリ然レトモ職務執行ニ關スル一般規定ノ例外トシテ特ニ規定セル三箇ノ場合アリ(六五)

一、職務執行ノ場所

公證人ノ代理者カ被代理者ノ職務ヲ行フ場所ハ代理セラルル公證人ノ役場トス蓋公證人ハ其役場內ニ於テ書類及ヒ帳簿ヲ保存スルモノナルヲ以テ代理者カ被代理者ノ職務ヲ行フ場合ニ於テモ證書原本ヲ閲覽セシメ書類ノ正本、謄本ヲ交付シ又ハ執行文ヲ付與シ其他帳簿ノ記入ヲ爲ス等被代理者ノ役場ニ於テ其職務ヲ行フコトハ固ヨリ至便ナレハナリ故ニ公證人代理ノ場合ニ於テハ一公證人カ事實上二箇ノ役場ヲ設ケタルト同一ノ結果ヲ生スルヲ以テ可成接近シタル地ニ役場ヲ有スル公證人ニ代理セシムルコトハ自他ノ爲メニ便宜ナルコト明カナリ

二、代理者ノ署名

公證人ノ署名ニ付テハ第四章第四節ニ至リテ之ヲ詳述スル如ク普通ノ場合ニ於テ公證人カ職務上署名スルニハ職名、所屬、役場所在地ヲ記載スヘキモノナレトモ(二三)公證人ノ代理者カ職務上署名スルトキハ右署名ノ方式ニ從ヒ自己ノ署名ヲ爲ス外被代理者タル公證人ノ職氏名、所屬、役場所在地及ヒ其代理者タルコトヲ記載スヘキモノトス

公證人カ職務上署名ヲ必要トスル場合ハ本法其他ノ法律ニ數多ノ規定アリト雖モ其詳細ニ付テハ後ニ之ヲ述フヘシ(第四章第四節參照)

三、代理者ノ除斥

公證人ノ除斥トハ公證人カ囑託セラレタル事件ニ付キ特定ノ事由ノ存在スル

爲メ法律カ其職務ヲ執行スルノ權限ヲ奪フコトヲ謂フモノニシテ如何ナル場合ニ公證人カ除斥セラルルヤハ本法第二十二條ニ列記スル所ナリ故ニ公證人カ同條列記ノ場合ニ該當スルトキハ其事件ニ付テ職務ヲ行フノ權限ヲ有セサルコト言ヲ俟タス而シテ右ニ述ヘタル除斥ノ規定ハ代理セラルル公證人ノ外其代理者ニモ之ヲ適用スルモノト規定シタルヲ以テ(六五)或ル囑託事件ニ付キ被代理者カ第二十二條ニ列記スル除斥ノ原因アルトキハ勿論被代理者ニ其原因ナキトキト雖モ代理スル公證人ニ除斥ノ原因アルトキハ其代理者ハ當該事件ニ關シ職務ヲ行フコトヲ得サルモノトス尙公證人ノ除斥ニ關シテハ第四章第三節ニ至リテ詳述スルヲ以テ其說明ヲ參照スヘシ

被代理者、其配遇者又ハ親族カ嘗テ囑託人トナリ某公證人ニ囑託シテ公正證書ヲ作成シタルコトアリテ後日被代理者カ公證人ニ任命セラレ其書類ヲ他ノ書類ト共ニ受繼キタル場合ニ於テ正本、謄本又ハ執行文ノ付與ヲ要望セラレタル爲メ代理者ヲ囑託スルモ代理者ハ職務ヨリ除斥セラレ畢竟第八條ニ依ルノ外之ヲ得ルノ途ナキニ至ルノ不都合ヲ生スヘシ代理者ハ被代理者ヨリ囑託セラレ職務ヲ行フト雖モ一ノ獨立ノ職務ニシテ被代理者ノ指揮監督ヲ受クヘキ服從關係ヲ生スルモノニアラサレハ第六十五條第三項ノ規定ハ其理由ヲ見出シ難シ

第二款　公證人ノ兼務

第一　公證人缺員ノ場合ニ於ケル兼務

公證人カ死亡、免職、失職又ハ轉屬ヲ爲シタル場合ニ於テ直ニ後任者ノ任命セラレサルトキ卽チ公證人ノ缺員ヲ生シタルトキハ代理セラルヘキ公證人ナキヲ以テ前款ニ述ヘタル代理ノ方法ニ依リ其職務ノ執行ヲ補充スルコトヲ得サルヤ論ヲ俟タス故ニ本法ハ此場合ニ於テ所屬地方裁判所長ハ同一區裁判所ノ管轄區域又ハ之ニ鄰接スル區裁判ノ管轄區域内ノ公證人ニ其兼務ヲ命スルコトヲ得ルモノトシ(六七)以テ公證人ノ職務執行ノ一日モ曠廢セラルルコトナキヲ期セリ

所屬地方裁判所長カ右ノ場合ニ於テ公證人ニ兼務ヲ命シタル後其後任者カ任命セラレ且其後任者カ職務ヲ行フコトヲ得ルニ至リタルトキハ地方裁判所長ハ右ノ兼務ヲ解クヘキモノトス

第二　公證人停職ノ場合ニ於ケル兼務

公證人ハ次節ニ述フル如ク懲戒委員會ノ議決ニ依リ一年以下ノ停職ニ處セラルルコトアリ而シテ停職中ハ全ク其職務ヲ行フコト能ハサルヲ以テ（八〇）此場合ニ於テハ事實上缺位ヲ生スルコト明カナリ故ニ本法ハ公證人ニ缺員ヲ生シタル場合ト同シク所屬裁判所長ハ他ノ公證人ニ其兼務ヲ命スルコトヲ得ルモノトシ以テ其缺位ヲ補充スルコトヲ得セシメタリ而シテ其兼務ノ任解ニ付テハ前項ニ述ヘタル所ト全然同一ナルヲ以テ之ヲ再説セス（七二、六七）

第三　兼務者ノ職務執行

兼務ヲ命セラレタル公證人カ職務ヲ執行スルニ付テモ特別ノ規定ナキ事項ニ付テハ自己本來ノ職務ヲ行フ場合ト毫モ異ナルモノニ非サルヲ以テ本法其他一般ノ規定ニ準據スヘキモノナルコト言ヲ俟タス但兼務者カ職務ノ執行ヲ爲スニ付テハ左ノ例外規定アリ

一、兼務者ノ職務執行ノ場所

公證人ノ死亡、免職又ハ轉屬ノ場合ニ於テ直ニ後任者ノ任命セラレサル爲メ兼務ヲ命セラレタル公證人カ其職務ヲ執行スルノ場所ハ兼務者ノ役場ナルコト固ヨリナリ何トナレハ此場合ニ於テハ前任者ノ役場ハ死亡、免職、失職又ハ轉屬ト同時ニ廢止セラルヘキモノニシテ後任者ノ役場ハ未タ設置セラレサル場合ナルヲ以テナリ然レトモ公證人カ懲戒處分ニ因リ停職ニ處セラレタル場合ニ於テハ其停職者ノ役場ハ依然存續スルモニノシテ停職者ノ取扱ヒタル書類及ヒ帳簿モ亦其役場ニ於テ保存セラルルモノナルヲ以テ前款ニ述ヘタル代理ノ場合ト同シク兼務者ハ其停職者ノ役場ニ於テ其職務ヲ行フヲ便トス故ニ本法ニ於テハ公證人ノ缺員ヲ生シタル爲メ命セラレタル兼務者ノ職務執行ノ場所ニ付テハ特別ノ例外ヲ設ケス只公證人停職ノ爲メ命セラレタル兼務者ノ職務執行ノ場合ニ關シテノミ規定ヲ設ケ停職者ノ役場ニ於テ其職務ヲ行フモノトセリ(七二)

二、兼務者ノ署名、

公證人カ兼務者トシテ其職務ヲ行フ場合ニ於テモ職務上署名ヲ爲スニハ一般ノ規定ニ依リ自己ノ職名、所屬及ヒ役場所在地ヲ記載スヘキコト勿論ナレトモ

（二一三）兼務者カ其兼務ニ屬スル職務ノ爲メ署名スルトキハ特ニ兼務者タルコトヲ記載スヘキモノトス（七〇、七二）而シテ以上ニ述ヘタル兼務者ノ署名ニ關スル規定ハ其兼務者カ公證人ノ缺員ノ爲メ命セラレタル場合ナルト公證人停職ノ爲メ命セラレタル場合ナルトニ拘ハラス其適用アルモノトス舊法ニ依リ囑託セラレタル代理者又ハ命セラレタル兼務者ハ本法ニ依ル代理者又ハ兼務者トシ（九一）又本法施行前ニ著手シタル舊法第五十八條第五十九條及第六十一條ノ手續ハ本法第六十四條以下ノ規定ニ依リ之ヲ完結スヘキモノトス（九三）

第三款　書類ノ受繼

第一　公證人ノ缺員又ハ停職ノ場合

一、書類ノ保存處分

公證人ノ死亡、免職、失職又ハ轉屬ノ場合及ヒ公證人停職ノ場合ニ於テ所屬地方裁判所長カ必要ト認ムルトキハ其指定シタル官吏ヲシテ遲滯ナク役場ノ書類ニ封印ヲ爲サシムヘキモノトス（六六、七二）蓋公證人ハ各自其役場ニ於テ書類ノ保存ヲ爲スヘキモノナルコトハ後ニ述フルカ如クナルヲ以テ（第四章第六節）公證人カ死亡、免職又ハ轉屬シタルトキ及ヒ停職ニ處セラレタルトキハ其役場ニ於テ職務ヲ行フ公證人ナキ場合ヲ生スルヲ以テ其役場ニ保存スル書類ニ付キ適當ナル處分ヲ必要トスルコト明カナレハナリ

二、後任者、兼務者ノ書類ノ受繼

公證人缺員ノ爲メ命セラレタル後任者、兼務者又ハ公證人停職ノ爲メ命セラレタル兼務者カ書類ノ受繼ヲ爲ス場合ニ於テハ左ノ手續ニ依ルモノトス（六八、七二）

（イ）前任者ヨリ書類ヲ受取ルヘキ場合

公證人カ免職、失職又ハ轉屬ノ場合ニ於テハ直ニ後任者カ任命セラルルコトヲ原則トスレトモ直ニ其任命ナキトキハ所屬地方裁判所長ハ他ノ公證人ニ其兼務ヲ命スルコトヲ得ルハ既ニ述ヘタルカ如シ（六七）而シテ其後任者又ハ兼務者ハ前任者ノ立會ヲ以テ遲滯ナク書類ノ受繼ヲ爲スヘキモノトス但其受授ヲ爲スヘキ場所ニ付テハ何等ノ規定ナシト雖モ後任者又ハ兼務者ノ役場ニ於テスルヲ便トス

（ロ）前任者ヨリ書類ヲ受取ルコト能ハサル場合
前任者カ死亡シタルトキ其他ノ事由ニ因リ後任者又ハ缺員ノ爲メ命セラレタル兼務者カ前任者ヨリ書類ヲ受取ルコト能ハサル場合ニ於テハ其後任者又ハ兼務者ハ所屬地方裁判所長ノ指定シタル官吏ノ立會ヲ以テ其書類ヲ受取ルヘキモノトス
以上ノ場合ニ於テ後任者カ前任者又ハ兼務者ノ作成シタル證書ニ依リ其正本、謄本又ハ執行文ヲ作成スル場合ニ於テ署名スルトキハ通常ノ方式ニ依ル外(二三)其後任者タルコトヲ記載スルモノトス(七〇)但前任者又ハ兼務者ノ氏名、所屬、役場所在地ヲ記載スルノ要ナシ
（ハ）書類ノ封印後ニ書類ヲ受取ルヘキ場合
公證人カ死亡、免職、失職、轉屬又ハ停職ノ場合ニ於テハ所屬地方裁判所長ハ遲滯ナク其指定シタル官吏ヲシテ役場ノ書類ニ封印ヲ爲サシムヘキコト既ニ述タルカ如シ(六六、七二)此規定ニ依リ書類ニ封印ヲ爲シタル後任又ハ兼務ヲ命セラレタル公證人ハ所屬地方裁判所長ノ指定シタル官吏ノ立會ヲ以テ封印

ヲ解キ其書類ヲ受取ルモノトス

以上(イ)(ロ)(ハ)ニ揭ケタル書類ノ受授ニ關スル規定ハ公證人ノ缺員ノ爲メ命セラレタル兼務者カ書類ヲ更ニ他ノ公證人ニ引渡スヘキ場合ニ準用セラル(六九)卽チ公證人カ死亡、免職、失職又ハ轉職ノ場合ニ於テ直ニ後任者カ任命セラレサル爲メ兼務ヲ命セラレタル公證人カ右(イ)(ロ)(ハ)ニ揭ケタル規定ニ依リ其前任者ノ保存セル書類ヲ受取リタル後、後任者カ任命セラレ又ハ他ノ兼務者カ命セラレタル爲メ其兼務ヲ解カレタル場合ニ於テハ後任者其他ノ公證人ニ書類ノ引渡ヲ爲スヘキコト勿論ニシテ此場合ニ於テハ右(イ)(ロ)(ハ)ニ揭ケタル手續ニ準據シテ其書類ノ受授ヲ爲スヘキモノトス

第二　公證人ニ缺員ヲ生シ後任者ヲ要セサル場合

公證人カ死亡、免職、失職又ハ轉屬ノ場合ニ於テ其後任者ノ定マルヘキトキハ右第一ニ述ヘタル方法ニ依リ其書類ノ受繼ヲ爲スヘキモノナレトモ是等ノ事由ニ因リ公證人ニ缺員ヲ生スルモ定員ノ改正ニ因リ後任者ヲ要セサルニ至リタルトキハ前述ノ方法ニ依ルコトヲ得サルヤ論ヲ俟タス故ニ此場合ニ於テハ司法大臣ハ同一區

裁判所ノ管轄區域内ノ公證人ニ書類ノ引繼ヲ命スルモノトセリ(七一)

右ノ規定ニ依リ書類ノ引繼ヲ命セラレタル公證人カ其前任者ヨリ書類ヲ受取ルニ付テハ前項二ノ(イ)(ロ)(ハ)ニ掲ケタル規定ニ準據スルモノトス卽チ前任者カ免職、失職又ハ轉屬シタル場合ニ於テハ其前任者ノ立會ヲ以テ書類ヲ受取ルヘク前任者カ死亡其他ノ事由ニ因リ書類ノ授受ヲ爲スコト能ハサルトキ又ハ書類ノ封印セラレタル後ナルトキハ所屬地方裁判所長ノ立會ヲ以テ其書類ヲ受取ルヘキモノトス(六八)

以上ノ場合ニ於テ書類ノ引繼ヲ命セラレタル公證人カ其引繼ヲ受ケタル證書ニ依リ正本、謄本又ハ執行文ヲ作成スル場合ニ於テ署名スルトキハ普通ノ方式(二三)ニ依ルノ外其後任者タルコトヲ記載スルモノトス但前任者ノ氏名、所屬、役場所在地ヲ記載スルノ要ナシ(七〇)

第八節　公證人ノ監督及ヒ懲戒

旣ニ述ヘタル如ク公證制度ノ完全ナル發達ヲ謀リ益々其信用ヲ增進セントスル

ニハ其公證機關タル公證人カ十分ナル學識ト高尙ナル品性トヲ具備セサル可カラス從來一部ノ人士中公正證書ノ信用ヲ云爲シ甚シキニ至リテハ遂ニ公證制度ノ全廢ヲ主張スルモノアルカ如シト雖モコレ等ハ皆公證制度其物ノ罪ニ非スシテ全ク公證人其人ヲ得サルノ識ナリト斷言セサルヲ得ス而シテ多クノ公證人中時ニ淺學悖德ノ者アリテ公證制度ノ信用ヲ破リ其發達ヲ阻害スルモノアリトセハ其責ハ遂ニ公證人ノ選任粗漏ニシテ又其監督及懲戒ノ方法周密ナラサルノ結果ニ歸セサル可カラス本法ニ於テハ一面ニ於テ公證人ノ職務權限ヲ擴張シテ其地位ノ昇進ヲ企圖スルト同時ニ他ノ一面ニ於テハ公證人ノ任用資格ヲ高メ又其監督及ヒ懲戒ニ付テモ嚴密ナル規定ヲ設ケタリ本節ニ於テハ其監督及ヒ懲戒ニ關スル規定ヲ說明セムトス

第一款　公證人ノ監督

第一　監督機關

公證人ノ監督機關ニ付テハ辯護士法ニ於ケル辯護士會ノ如ク公證人法中ニ公證人會ナルモノヲ認メ公證人相互ニ其職務ノ執行及ヒ品位ニ付キ之カ監督ヲ爲シ以

テ其風紀ヲ維持セントスルノ立法例ナキニ非ス例ヘハ伊太利公證人法ノ如シ同法ニ依レハ公證人會ハ組合ノ登錄ヲ經タル公證人ノ職務ヲ行フニ當リ其行狀ニ付キ威嚴ヲ保有シ且其義務ヲ確守スルヲ注意スルコト公證人見習ノ行狀及ヒ其職務ヲ行フノ方法ニ注意シ竝ニ其品行及ヒ適任ノ證書ヲ交付スルコトヲ掌ルト規定スレトモ是公證人ノ監督ニ付キ國家ト公證人間トニ二箇ノ監督機關ヲ構成スルノ奇觀ヲ呈スルノミナラス公證人ハ辯護士ト異ナリ國家ノ事務ヲ分擔スル一ノ官吏ナルヲ以テ本法ニ於テハ其監督ニ付テモ亦一般官吏ノ例ニ倣ヒテ上級監督機關ノ監督ヲ受クルモノトシ特ニ公證人會ナルモノヲ公認セサルコトトセリ

本法カ公證人會ヲ認メサル理由ハ上述ノ如シ然リト雖モ公證人ハ國家ノ公吏ナルモ敢テ國家ヨリ報酬ヲ受クルコトナクシテ囑託人ヨリ取得スル手數料ニ依リ役場ヲ維持シ且衣食スルモノナルニ因リ此點ハ全ク辯護士又ハ醫師ト酷似スルカ故ニ司法大臣カ假令公證人ノ選任ニ關シ嚴正ナル詮議ヲ爲スモ當世ノ士タル者悉ク廉潔謙讓ノ君子タルヲ得サルニ因リ自然競爭ノ弊ヲ助長シ品位ヲ失墜スルモノナキニアラス從テ事務ノ發達ヲ妨ケ地位ヲ卑フシ品位ヲ把持スルヲ得サルニ至ルヘ

キナリ監督官ハ公證人ノ保存スル書類ヲ檢閲スルノ權能アリトスルモ(七七)皆國ノ如ク公證人カ裁判所ニ於テ事務ヲ執ラサルカ故ニ第七十六條ノ監督權ハ公證人ノ職務ノ内外ニ於ケル行狀ヲ能ク監視シ其實蹟ヲ擧クルコトヲ得ルヤ否ヤ辯護士會醫師會ノ如ク法律ヲ以テ認メタル公證人會ヲシテ監視セシムルノ必要ナキヤ否ヤハ大ニ疑ノ存スル所ナリ

本法ニ於ケル公證人ノ監督機關ハ左ノ如シ

一、公證人ハ所屬地方裁判所長ノ監督ヲ受クルモノトス(七四)　故ニ公證人ニ對スル直近監督官ハ所屬地方裁判所長ナレトモ地方裁判所長ハ區裁判所ノ一人ノ判事又ハ監督判事ヲシテ其管轄區域内ノ公證人ニ關スル監督事務ヲ取扱ハシムルコトヲ得ルモノトス

二、司法大臣及ヒ控訴院長ハ司法行政ノ監督ニ關スル規定ニ準シ公證人ヲ監督スルモノトス(七五)　司法行政ノ監督ニ關スル規定トハ裁判所構成法第四編第百三十四條以下ノ規定ヲ指スモノニシテ司法大臣カ各裁判所及ヒ檢事局ヲ監督シ控訴院長カ其控訴院及ヒ其管轄區域内ノ下級裁判所ヲ監督スルト同樣

ニ司法大臣及ヒ控訴院長ハ公證人ヲ監督スルモノトス

第二　監督權ノ內容

司法大臣控訴院長及ヒ地方裁判所長ノ公證人ニ對スル監督權ハ左ノ內容ヲ包含スルモノトス(七六)

一、訓令　公證人ノ不適當ニ取扱ヒタル職務ニ付キ其注意ヲ促シ及ヒ適當ニ其職務ヲ取扱フヘキコトヲ公證人ニ訓令スルコト

二、諭告　公證人カ其職務ノ內外ヲ問ハス不相應ナル行狀ニ付キ公證人ニ諭告スルコト但諭告ヲ爲ス前其公證人ヲシテ辯明ヲ爲スコトヲ得セシムヘシ

三、檢閱　監督官ハ公證人ノ保存スル書類ヲ檢閱シ又ハ其指定シタル官吏ヲシテ之ヲ檢閱セシムルコトヲ得(七七)

公證人ハ右ノ訓令諭告ヲ遵守シ又書類ノ檢閱ニ應スルノ義務ヲ負フモノナルヲ以テ若シ公證人カ是等ノ義務ニ違背シタルトキハ次款ニ述フル如ク懲戒ニ付セラルルコトアルヘキハ勿論ナリ(七九)

第三　公證人ノ事務取扱ニ對スル抗告

囑託人又ハ利害關係人ハ公證人ノ事務取扱ニ對シ抗告ヲ爲スコトヲ得ルモノトス(七八、)是レ舊法ト同シク囑託人又ハ其事件ニ利害關係ヲ有スル者カ公證人ノ事務取扱ノ方法又ハ取扱ノ延滯若クハ不當ノ拒絶ニ對シ不滿足ナルトキハ其取扱ニ對シ抗告ヲ爲スコトヲ得セシメ以テ公證人ノ不適當ナル事務ノ取扱又ハ怠慢ヲ矯正セントスルノ法意ニ外ナラサルモノトス(舊法九、)

右抗告ノ處分方法ニ付キ舊法ニ於テハ管轄地方裁判所ヘ其抗告ヲ申立ツルモノト爲シ其抗告ハ明治十九年十一月司法省令甲第三號ニ依リ地方裁判所ニ於テ之カ判定ヲ爲スヘキモノトシタルモ本法ニ於テハ舊法ト全ク其趣ヲ異ニシ前段ニ掲ケタル監督權ノ作用ニ依リ之ヲ處分スヘキモノトセリ故ニ囑託人又ハ利害關係人ハ公證人ノ監督官ニ對シ抗告ヲ爲スコトヲ得ヘク監督官カ其抗告ヲ理由アリト認メタルトキハ其公證人ニ對シ適當ニ職務ヲ取扱フヘキコトヲ訓令スヘキモノトス(七八ノ二、)若シ第一次ノ監督官ガ右ノ抗告ヲ却下シタルトキハ囑託人又ハ利害關係人ハ其上級監督官ニ對シ再抗告ヲ爲スコトヲ得ヘシ(裁構一四〇、)但本法施行前ニ爲シタル公證人ノ職務執行ニ對スル抗告ハ舊法ニ依リ完結スルモノトス(九四、)

第二欵　公證人ノ懲戒

公證人カ職務上ノ義務ニ違反シタルトキ又ハ品位ヲ失墜スヘキ行爲ヲ爲シタルトキハ之ヲ懲戒ニ付シ其程度ノ如何ニ從ヒ公證人ニ種々ナル懲戒罰ヲ加ヘ以テ其職務上ノ義務違反ヲ矯正シ又ハ品位ノ維持ヲ促シ或ハ公證人ヲ免職シテ其職務ヨリ驅除スルモノトセリ(七九)而シテ茲ニ職務上ノ義務ニ違反シタルトキトハ例ヘハ公證人カ本法又ハ他ノ法令ノ規定ヲ無視シテ不法ノ證書ヲ作成シ默祕ノ義務ニ違反シテ濫リニ其取扱ヒタル事件ヲ漏泄シ又ハ忠實ノ義務ニ違反シ濫リニ營利的事業ヲ營ムカ如キ或ハ書類保存ノ義務ニ違反シテ保存スヘキ書類ヲ滅失シタルカ如キヲ謂ヒ又品位ヲ失墜スヘキ行爲トハ公證人ノ社會上ニ於ケル地位ヲ汚スノ行爲ニシテ一二ノ例ヲ擧クレハ手數料ヲ割引キ虛言、中傷、迫害、贈與、饗應其他種々ノ方法ヲ用ヒテ私利ヲ貪シ囑託人ヲ勸誘シ競爭ヲ試ムルカ如キハ著シキ不品行又ハ不德義ノ行爲ナルヘシ

舊法ニ於テハ懲罰ヲ加フヘキ場合ヲ特定シ單ニ證書ノ記載事項又ハ捺印ノ脫落等ノ場合ニ於テ懲罰ヲ加フヘキ旨ヲ規定シタリト雖モ(舊法七三乃至七六)斯クスル

トキハ往々ニシテ違反行爲ニ相應スル懲戒ヲ加フルコト能ハサルノミナラス品位保持風紀矯正ニ關シ毫モ制裁ヲ加フルノ途ナキヲ以テ姦譎、詐負ノ徒ハ獨リ跳梁ヲ逞フシ虎視、狼膽利ニ之レ趨リテ停止スル所ヲ知ラス廉潔ノ士ハ常ニ一歩ヲ輸シ饑寒時ニ至リ其志ヲ行フ能ハサルカ故ニ本法ニ於テハ右ニ述ヘタル如ク公證人カ職務上ノ義務ニ違反シ又ハ品位ヲ失墜スヘキ行爲ヲ爲シタルトキハ懲戒ニ付スト規定シ具體的ニ懲戒ニ付スヘキ場合ヲ限定セス以テ次ニ揭タル數種ノ懲戒罰ヲ自由ニ選擇適用スルコトヲ得セシメ以テ職務上ノ義務ニ違反シタル行爲ハ勿論背德汚行ヲモ擧ケテ制裁ヲ加フルコトヲ得ルカ故ニ廉潔ノ士ヲ保護シ姦譎ノ徒ヲ長セシメス豺狼ノ覬ト不遇ノ歎ナカラシメ宜シク之ヲ防遏シ之ヲ救濟スルヲ得テ執務ノ發達統一品位保持ヲ期待セムトセリ

第一　懲戒ノ種類

本法ノ規定セル懲戒ノ種類ハ略ホ舊法ト同一ニシテ卽チ左ノ五種ナリ（八〇）

一、譴責

二、千圓以下ノ過料

三、一年以下ノ停職
四、轉屬
五、免職
右ノ懲戒罰ノ内譴責ハ司法大臣カ獨斷ニテ之ヲ行フコトヲ得レトモ其他ノ過料、停職、轉屬及ヒ免職ハ懲戒委員會ノ議決ニ依リ司法大臣之ヲ行フモノトス故ニ懲戒委員會ノ議決アルニ非サレハ公證人ハ是等ノ懲戒ニ付セラルルコトナキハ勿論ナリ(八一)

第二　懲戒委員會

公證人ノ懲戒委員會ハ各控訴院ニ之ヲ設クルモノニシテ其懲戒委員會ハ之ヲ設置シタル控訴院ノ管轄區域内ノ地方裁判所所屬ノ公證人ニ對スル懲戒ヲ議決スルモノトス
懲戒委員會ノ組織其他議決ノ方法ニ關スル規定ノ如キハ總テ勅令ヲ以テ之ヲ定ムルモノトス(八二)

第三　公證人ノ懲戒手續ト刑事裁判手續ノ關係

公證人ニ對シ懲戒處分ヲ爲スヘキ必要アル場合ニ於テ同時ニ其公證人カ刑事上ノ訴追ヲ受クヘキ場合尠カラサルヲ以テ公證人ノ懲戒手續ヲ開始スヘキ場合又ハ旣ニ其手續ノ開始中ニ於テ其公證人ニ對シ刑事ノ訴追アリタルトキハ其刑事裁判手續ト懲戒手續トノ關係ニ付テハ特ニ規定ヲ必要トスルコト言ヲ俟タス本法ニ於テハ右ノ關係ニ付テハ判事懲戒法ノ規定ヲ準用スルモノトセリ(八三)卽チ左ノ如シ

一、刑事裁判手續中ハ同一事件ニ付キ其被告人タル公證人ニ對シ懲戒手續ヲ開始スルコトヲ得ス(判懲五四)

二、懲戒委員會ノ議決前同一事件ニ付キ其公證人ニ對シ刑事訴追ノ始マリタルトキハ其事件ノ判決ヲ終ハルマテ懲戒手續ヲ停止スヘシ(判懲五四)

三、刑事裁判所ニ於テ法律ニ觸レサルニ由リ公證人カ免訴又ハ無罪ノ言渡ヲ受ケタルトキト雖モ同一ノ所爲ニ付キ仍ホ懲戒手續ヲ開始シ又ハ進行スルコトヲ妨ケス(判懲五五)

公證人カ刑事裁判所ニ於テ犯罪ノ證憑十分ナラストノ理由ニ因リ免訴又ハ

無罪ノ言渡ヲ受ケタル場合ニ於テ其事件ト同一ノ所爲ニ付キ懲戒手續ヲ開始スルコトヲ得ルヤ否ヤニ付キテハ明文ナシト雖モ公證人カ豫審又ハ公判ニ於テ法律上罪トナラストノ理由ニ因リ免訴又ハ無罪ノ言渡ヲ受ケタルトキト雖モ仍ホ其所爲カ公證人ノ職務上ノ義務ニ違反シ又ハ品位ヲ失墜スヘキ行爲ナリト認ムヘキ場合尠カラサルヲ以テ同一所爲ニ付キ懲戒處分ヲ必要トスルコトアルヘキハ言ヲ俟タスト雖モ刑事裁判所カ公證人ニ其所爲アリト認ムヘキ證憑十分ナラストシテ免訴又ハ無罪ノ言渡ヲ爲シタル場合ニ於テハ懲戒委員會ニ於テモ懲戒ヲ加フルニ由ナキヲ以テ更ニ懲戒手續ヲ開始シ又ハ既ニ開始シタル懲戒手續ヲ進行スルコトヲ得サルノ法意ナリト解セサル可カラス

四、刑事裁判所ニ於テ公證人カ職務ノ喪失ヲ來タササル刑ノ言渡ヲ受ケタルトキハ同一所爲ニ付キ懲戒手續ヲ開始シ又ハ進行スルコトヲ妨ケス(判懲五五、)

公證人カ禁錮以上ノ刑ニ處セラレタルトキハ當然其職ヲ失フコトハ本法第十六條ノ規定スル所ニシテ既ニ本章第三節ニ於テ説明シタルカ如シ故ニ此場合ニ於テハ更ニ懲戒處分ヲ加フルノ必要ナシト雖モ刑事裁判所ニ於テ公證人

カ有罪ノ判決ヲ受ケタル場合ト雖モ其刑カ罰金拘留又ハ科料ニ過キサルトキハ公證人ハ職務ヲ失フモノニ非サルヲ以テ同一所爲ニ付キ更ニ懲戒處分ヲ加フルノ必要アルコト勿論ナリ故ニ斯ル場合ニ於テモ懲戒手續ヲ開始シ又ハ既ニ開始シタル手續ヲ進行シテ懲戒委員會ノ議決ニ依リ其公證人ニ免職轉屬其他ノ懲戒ヲ加フルコトヲ得ルモノトス

第四　公證人ノ職務停止

玆ニ職務停止トハ公證人懲戒ノ一種タル停職ノ謂ヒニ非スシテ公證人カ刑事ノ訴追ヲ受ケタル場合ニ於テ其判決確定ニ至ルマテノ間ニ於ケル職務ノ執行停止ヲ謂フモノトス而シテ其職務停止ニ關シテモ判事懲戒法ノ規定ヲ準用セラルルモノニシテ(八三(一))其準用ノ範圍ヲ示セハ左ノ如シ

一、公證人ハ左ノ場合ニ於テ當然職務ノ執行ヲ停止セラルルモノトス(判懲四九(一))

(イ)　公證人カ刑事裁判手續ニ於テ拘留セラレタルトキ

即チ公證人カ檢事、豫審判事又ハ裁判所ノ拘留狀ノ執行ニ因リ拘置監ニ拘留セラレタル場合ナルヲ以テ拘引狀ノ執行ニ因ル場合ヲ含マス

(ロ) 公證人カ刑事裁判ニ依リ失職ニ該ル刑ノ言渡ヲ受ケタルトキ

卽チ公證人カ禁錮以上ノ刑ニ處セラレタル場合ニシテ(一六)此刑ノ言渡ヲ受ケタルトキハ公證人カ拘留セラレタルト否トヲ問ハス其裁判確定ニ至ル迄ノ間當然其職務ノ執行ヲ停止セラル而シテ其裁判確定シタルトキハ第十六條ニ依リ當然其職務ヲ失フコト既ニ述ヘタリ

(ハ) 公證人カ刑事裁判ニ依リ拘留刑ノ確定裁判ヲ受ケタルトキ

卽チ警察署又ハ裁判所ニ於テ公證人カ拘留ニ處セラレタルトキハ其刑期ノ執行ヲ終ハル迄其職務ノ執行ヲ停止セラルルモノトス(判懲五〇)

判事懲戒法第四十九條第三ニ依レハ判事カ懲戒裁判ニ依リ免職ノ言渡ヲ受ケタルトキハ當然職務ヲ停止セラルルモノトスト規定スレトモ公證人ニ對スル懲戒委員會ノ決議ハ之ヲ言渡スヘキモノニ非ス又其議決ハ司法大臣カ懲戒處分ヲ行フノ條件ニ過キサルヲ以テ其委員會ニ於テ免職ノ議決ヲ爲スモ其議決ハ内部ノ手續ニ過キスシテ之カ爲メ當然公證人カ職務ノ執行ヲ停止セラルルモノニ非スト解セサル可カラス

二、懲戒委員會ニ於テハ左ノ場合ニ於テ公證人ノ職務停止ヲ決定スルコトヲ得（判懲五一、）

（イ）懲戒委員會ニ於テ其懲戒事件カ轉屬、停職若クハ免職ニ該當スルモノト思料シタルトキ　此場合ニ於テハ其懲戒手續ノ結了ニ至ルマテ職務ノ停止ヲ決定スルコトヲ得

（ロ）刑事裁判手續ノ起リタルトキ　此場合ニ於テハ懲戒委員會ハ其刑事裁判手續ノ結了ニ至ルマテ職務ノ停止ヲ決定スルコトヲ得

三、公證人カ當然職務ヲ停止セラレタルトキ又ハ懲戒委員會ノ議決ニ因リ司法大臣ヨリ職務ヲ停止セラレタル後ニ於テ其公證人ノ爲シタル職務上ノ行爲ハ無效トス（判懲五二、）

四、公證人ノ職務停止ノ場合ニ於テハ後ニ述フル公證人ノ停職ニ關スル規定カ準用セラルルモノトス（八三、）即チ左ノ如シ

（イ）公證人ノ職務停止ノ場合ニ於テ所屬地方裁判所長カ必要ト認ムルトキハ其指定シタル官吏ヲシテ遲滯ナク役場ノ書類ニ封印ヲ爲サシムヘシ（七二、六

六〇

（ロ）公證人職務停止ノ場合ニ於テハ所屬地方裁判所長ハ同一區裁判所ノ管轄區域又ハ之ニ鄰接スル區裁判所ノ管轄區域內ノ公證人ニ兼務ヲ命スルコトヲ得

職務停止者カ其職務ヲ行フコトヲ得ルニ至リタルトキハ地方裁判所長ハ前項ノ兼務ヲ解クヘシ（七二、六七）

（ハ）右（イ）ニ依リ書類ノ封印ヲ爲シタル後命セラレタル兼務者又ハ職務ヲ行フコトヲ得ルニ至リタル職務停止者ハ所屬地方裁判所長ノ指定シタル官吏ノ立會ヲ以テ封印ヲ解キ書類ヲ受取ルヘシ（七二、六八）

（ニ）兼務者カ職務上署名スルトキハ兼務者タルコトヲ記載スヘシ（七二、七〇）

（ホ）兼務者カ其職務ヲ行フ役場ハ職務停止者ノ役場トス（七二）

第五　懲戒ノ執行

懲戒ハ總テ司法大臣之ヲ行フヘキコトハ第八十一條ノ規定スル所ナルヲ以テ司法大臣ハ公證人ニ對シ譴責、過料、停職、轉屬又ハ免職ノ辭令ヲ交付スルコトヲ得ヘク從テ其手續ニ依リ是等ノ懲戒ハ完了シ公證人ニ對シ免職、轉屬、停職ノ效力ヲ生シ又過料納付ノ債務ヲ負ハシムルモノナリト雖モ若シ公證人カ任意ニ過料ヲ納付セサル場合ニ於テハ强制執行ノ方法ニ依リ之ヲ徵收セサル可カラス第八十四條ハ此場合ニ關スル規定ナリトス左ニ之ヲ述フヘシ

一、過料ヲ完納セサルトキハ檢事ノ命令ヲ以テ之ヲ執行ス

過料ヲ完納スヘキ期間ニ付テハ本法中明文ナキヲ以テ司法大臣ハ相當ノ期間ヲ定メテ其公證人ニ對シ納付ヲ命スヘキモノトス

二、檢事ノ命令ハ執行力ヲ有スル債務名義ト同一ノ效力ヲ有ス（非訟二〇八）

三、檢事ノ命令ノ執行ハ民事訴訟法第六編ノ規定ニ從ヒテ之ヲ爲ス

但執行ヲ爲ス前命令ノ送達ヲ爲スコトヲ要セス（非訟二〇八）

故ニ此命令ヲ以テ公證人ノ所有ニ屬スル有體動產債權又ハ其他ノ財產權、不動產、及ヒ船舶ニ付キ强制執行ヲ爲スコトヲ得ルモノトス

四、公證人ノ納メタル身元保證金ハ本法第二十條第三項ノ場合ヲ除クノ外他ノ公課及ヒ債權ニ先チテ之ヲ過料ニ充ツルモノトス

故ニ公證人ノ身元保證金ハ概ネ過料ノ擔保ニ屬スルヲ以テ普通ノ場合ニ於テハ過料ヲ徴收スルヲ以テ足リ公證人ノ他ノ財產ニ付キ强制執行ヲ爲スノ必要ナキニ終ハラム

第六　懲戒ノ時期

公證人ノ懲戒處分ニ付テハ前數項ニ述ヘタル如シト雖モ刑罰ノ如キ時效ニ關スル規定ナキヲ以テ單ニ理論上ヨリ論スレハ一旦懲戒ノ原因ヲ生シタル以上ハ何時ニテモ懲戒處分ヲ加フルコトヲ得ルモノト謂ハサルヘカラス從テ懲戒ノ時期ニ付テハ多ク說明スルノ要ナカルヘシト雖モ懲戒處分ヲ加フヘキ公證人カ辭職シタルトキ卽チ公證人タル身分ヲ喪失シタル後ニ於テモ尙懲戒ヲ爲スコトヲ得ルヤ否ヤハ多少ノ疑問ナルカ如シ然レトモ凡ソ懲戒ハ官吏又ハ公吏タル身分上ノ關係ニ於テ國家ニ對シ特別ノ服從義務ヲ負フモノニ對スル制裁ニシテ固ヨリ刑罰ノ性質ヲ有スルモノニ非サルヲ以テ懲戒處分ヲ加フルニハ官吏又ハ公吏トシテ特別ナル服從關係ノ存在スルコトヲ前提トス故ニ公證人カ辭職シタル後ニ於テハ在職中ノ行爲ニ付テハ勿論退職後ノ行爲例ヘハ退職後ニ於テ在職中知リ得タル祕密ヲ漏泄シ

タルカ如キ行爲ニ付テモ懲戒處分ヲ加フルコトヲ得サルモノト謂ハサル可カラス獨逸官吏法ニ依レハ官吏カ退官シタル後ト雖モ恩給ヲ受クル權利ヲ有スルトキハ在官中ノ義務違反ヲ理由トシテ其權利ヲ剝奪スヘキモノトスレトモ之レ懲戒處分ニ對スル一種ノ例外規定ナリトス

又公證人カ一旦辭職シタル後再ヒ官吏又ハ公吏タル身分ヲ取得シタルトキハ前任中ノ行爲ニ付キ懲戒處分ヲ爲スコトヲ得ルヤ否ヤハ學說ノ一致セサル所ナリ然レトモ右ニ述ヘタル如ク懲戒處分ノ基礎ハ官吏公吏タル特別ノ服從關係ノ存在ニ在ルヲ以テ現ニ官吏公吏タル身分ヲ有スル以上ハ單ニ轉官轉職シタル場合ト同シク其前任中ノ行爲ニ付キ懲戒處分ヲ加フルコトヲ得ルモノト解セサル可カラス而シテ此論決ハ公證人カ一旦辭職シタル後再ヒ公證人ニ任セラレタル場合ト他ノ官公吏ニ任セラレタル場合トニ付キ區別スヘキモノニ非スト信ス

本法施行前ニ於テ爲シタル公證人ノ行爲カ舊法ノ規定ニ違反スルモノハ本法ニ依リ懲戒ニ付セラレ若シ本法施行前ニ懲戒手續カ開始セラレタルトキハ舊法ニ依リ完結セラルヘキモノトス(九五)

第三章　特別公證機關

第一節　區裁判所

前章ニ於テ述ヘタル如ク公證人ハ普通ノ公證機關ナルヲ以テ本法ニ定メタル公證事務ハ總テ公證人ニ於テ之ヲ行フヲ原則トス而シテ公證人ハ地方裁判所ノ所屬ニシテ司法大臣ハ區裁判所ノ管轄區域每ニ其員數ヲ定メ且區裁判所ノ管轄區域内ニ其役場ヲ設クヘキ地ヲ指定スヘキモノナルヲ以テ(一〇、一八)一區裁判所ノ管轄區域内ニハ必ス一名以上ノ公證人アルコト勿論ナリト雖モ公證人カ死亡、免職、失職又ハ轉職等ノ事由ニ因リ一時公證人ナキニ至ルコトナルヘク又公證人カ疾病其他已ムコトヲ得サル事由ニ因リ事實上職務ヲ行フコト能ハサル場合ナキヲ保セス此等ノ場合ニ於テハ公證人ノ代理又ハ兼務ノ方法ニ依リ其缺陷ヲ補フコトヲ得サルニ非スト雖モ公證人ノ職務タルヤ時ニ緊急ヲ要スルモノアリテ一瞬一時ノ間モ公證人ノ缺陷ヲ生スルトキハ之カ爲メ囑託人ノ利益ヲ害スルコト鮮少ナラサルヲ以テ本法ニ於テハ特ニ區裁判所ヲシテ公證人ノ職務ヲ行ハシムルコトヲ得ルモノトシ

以テ公證機關ノ完備ヲ期セリ以下公證機關トシテノ區裁判所ニ關スル規定ヲ說明セム

第一 區裁判所カ公證人ノ職務ヲ行フ場合

司法大臣ハ左ノ場合ニ於テハ區裁判所ヲシテ公證人ノ職務ヲ行ハシムルコトヲ得(八)

一、其區裁判所ノ管轄區域內ニ公證人ナキ場合

卽チ特別ノ事情ニ因リ最初ヨリ公證人ヲ置カサルトキ又ハ既ニ置カレタル公證人カ死亡、免職、失職又ハ轉職ノ場合ニ於テ定員ノ改正ニ因リ後任者ナキトキ又ハ後任者アルヘキ場合ト雖モ其任命ナク且兼務者ナキトキノ如シ

二、其區裁判所管轄區域內ノ公證人カ其職務ヲ行フコト能ハサル場合

卽チ疾病其他已ムコトヲ得サル事由ニ因リ實際上其公證人カ職務ヲ行フコト能ハサル場合

第二 區裁判所カ公證人ノ職務ヲ行フ區域及ヒ場所

區裁判所カ公證人ノ職務ヲ行フ場合ニ於テモ其職務ハ區裁判所內ニ於テ之ヲ行

フヘキコト公證人カ其役場ニ於テ其職務ヲ行フヲ原則トスルト同一ナリ從テ事件ノ性質カ之ヲ許サルル場合又ハ法令ニ別段ノ定メアル場合ニ於テハ區裁判所ノ判事ハ其裁判所外ニ出テテ職務ヲ行フコトヲ得ヘシト雖モ其區域ハ區裁判所ノ管轄內ナルコトヲ要スルハ論ヲ俟タス此點ハ公證人ノ職務執行區域ト異ナル所ナリ公證人ハ既ニ述ヘタル如ク區裁判所ノ管轄區域每ニ其員數ヲ定メラレ且役場ヲ設置スルモノナレトモ其所屬ハ地方裁判所ナルヲ以テ地方裁判所ノ管轄區域內ナル以上ハ孰レノ地ニ於テモ其職務ヲ行フコトヲ得ヘシ然ルニ區裁判所カ公證事務ヲ取扱フヘキ場合ニ於テハ區裁判所判事ハ其管轄區域內ニ非サレハ有效ニ職務ヲ行フノ權限ヲ有セサルモノトス

第三　區裁判所ノ公證事務ヲ取扱フ官吏

凡ソ裁判所ノ事務ハ訴訟事件タルト非訟事件タルトヲ問ハス判事自ラ之ヲ取扱フヘク特別ノ規定ナキ以上ハ裁判所書記ヲシテ其事務ヲ代理セシムルコトヲ得サルハ勿論ナリ從テ區裁判所カ公證人ノ職務ヲ行フ場合ニ於テモ亦其裁判所ノ判事自ラ之ヲ取扱フヘキモノナレトモ多クノ區裁判所ニ於ケル判事ハ一人ニシテ事實

上差支アルトキハ他ニ其職務ヲ取扱フヘキ判事ナキヲ以テ本法ニ於テハ判事差支アルトキハ裁判所書記ヲシテ公證人ノ事務ヲ取扱ハシムルコトヲ得ルモノトセリ蓋公證人ノ事務ハ登記事務ト同シク一種ノ非訟事件タルヲ以テナリ但裁判所書記カ公證人ノ事務ヲ行フ場合ニ於テモ判事ノ職務ヲ代理スルモノニ非ス書記トシテ當然其職務權限ヲ有スルモノトス

第四　公證事務ヲ取扱フ官吏ノ職務

區裁判所ノ判事又ハ裁判所書記カ公證人ノ事務ヲ取扱フヘキ場合ニ於テモ其職務ノ實質ハ公證人自ラ之ヲ行フ場合ト全然同一ナルヲ以テ性質上適用スルコト能ハサル規定ヲ除ク外公證人ノ職務ニ關スル本法及ヒ他ノ法令ノ規定ハ其判事又ハ裁判所書記ニ準用セラルルモノトス(九)其重要ナルモノヲ列擧スレハ左ノ如シ

一、職務權限ニ關スル規定(一、三)
二、文書ノ效力ニ關スル規定(二)
三、默祕及ヒ損害賠償ニ關スル規定(四、六)
四、手數料日當及ヒ旅費ニ關スル規定(七)

但判事又ハ裁判所書記ノ徴收シタル手數料日當及ヒ旅費ハ國庫ノ收入トス(九)

五 印鑑提出ニ關スル規定(二一)
六、職務上ノ除斥ニ關スル規定(二二)
七、署名ニ關スル規定(二三)
八、證書ノ作成ニ關スル規定(二六乃至五七)
九、認證ニ關スル規定(五八乃至六二)
十、書類ノ受授ニ關スル規定(七三、六八、六九)
十一、事務取扱ニ對スル抗告ニ關スル規定(七八)

是等ノ各規定ニ付テハ各條下ノ證明ヲ參照スヘシ

第二節 朝鮮ノ公證官吏

朝鮮カ帝國ト併合シ帝國領土ノ一部ニ歸スルト同時ニ帝國ノ主權ハ當然其上ニ行ハルヘキコト勿論ナレトモ臺灣、樺太及ヒ關東州ニ於ケルト同シク其民情風俗ヲ異ニシ帝國內地ノ事情ト之ヲ同一視スルコト能ハサルヲ以テ帝國內地ニ施行スル爲メ制定シタル法令ヲ直ニ朝鮮ニ施行スルコト能ハサルハ明白ナリトス故ニ明治四十四年法律第三十號ヲ以テ朝鮮總督ニ法律ト同一ノ效力ヲ有スル制令制定權ヲ付與シ同總督ハ此權限ニ基キ種々ナル制令ヲ發シタリ而シテ公證制度ニ關スル公證人ノ職務ニ該當スルモノヲ擧クレハ大正二年三月十七日制令第三號朝鮮公證令同日府令第二十號朝鮮公證令施行規則及ヒ同日府令第二十一號朝鮮公證手數料規則等ニシテ公證人ノ附隨的職務ニ該當スルモノヲ擧クレハ明治四十五年三月十八日朝鮮民事令ニシテ朝鮮民事令ハ朝鮮ニ施行スヘキ種々ナル民事法律ヲ擧示シタリ本節ニ於テハ以上ノ法規ノ大畧ヲ説明セントス

第一款　公證官吏ノ職務

第一　公證官吏

公正證書ノ作成及ヒ私書證書ノ認證ニ關シテ公證人法ニ依ルヘキモノニシテ公證人ノ職務ハ當分ノ內地方法院（支廳ヲ含ム）ヲシテ之ヲ行ハシム故ニ朝鮮ニ於ケル公證官吏ハ地方法院ノ判事タルコト明白ナリ（朝鮮公證令及ヒ同施行規則一條）然レトモ公證人法ヲ朝鮮ニ施行スルニ付テハ同法中判事懲戒法トアルハ朝鮮總督府判事懲戒令、辯護士法トアルハ辯護士ニ關スル規程、勅令トアルハ朝鮮總督府令、司法大臣トアルハ朝鮮總督、控訴院トアルハ覆審法院、控訴院長トアルハ覆審法院長、地方裁判所又ハ區裁判所トアルハ地方法院、地方裁判所長トアルハ地方法院長、區裁判所ノ一人ノ判事又ハ監督判事トアルハ地方法院支廳ノ一人ノ判事又ハ上席判事、市區町村長トアルハ市區町村長又ハ警察官吏若クハ警察事務ヲ行フ官吏ヲ謂フモノト知ルヘシ

公證人法以外ノ法律ニ依ル公證人ノ職務ハ裁判所書記之ヲ行フモノトス即チ朝鮮民事令ニ依リ朝鮮ニ施行スヘキ民法、商法、民事訴訟法、非訟事件手續法等種々ナル民事法律中公證人ニ屬セシメタル職務ハ朝鮮法院ニ於ケル裁判所書記ニ屬シ裁判所書記ハ全然公證人ト同一ノ職務權限ヲ有スルモノトス（朝鮮民事令、四條）

第二　公證官吏ノ職務執行ノ手續

公證官吏カ其職務ヲ執行スル場合ニ於ケル一切ノ手續ハ公證人カ之ヲ取扱フ場合ト全ク同一ナルヲ以テ茲ニ之ヲ說明スルノ要ナシ宜シク公證人ニ關スル他章ノ說明ヲ參照セラルヘシ然レトモ地方法院ノ判事カ公正證書ノ作成及ヒ私書證書ノ認證ニ關スル公證人ノ職務ヲ取扱ヒ又裁判所書記カ他ノ法律ニ依ル公證人ノ職務

ヲ取扱フニ付テハ左ノ特別規定ニ從フコトヲ要スルモノトス（朝鮮公證令施行規則）

一　帳簿ノ備付

地方法院ニハ證書原簿、認證簿及ヒ確定日附簿ノ外左ノ帳簿ヲ備フヘシ

（イ）受附簿

（ロ）拒絶證書謄本綴込帳

證書原簿、認證簿及ヒ受附簿ハ一定ノ樣式ニ依リ地方法院ニ於テ之ヲ調製シ受附番號ハ一曆年每ニ之ヲ更新スヘキモノトス而シテ證書原簿及ヒ受附簿ニ囑託人ノ氏名、住所ヲ記載スル場合ニ於テ囑託人多數ナルトキハ當事者雙方各一人ノミノ氏名、住所及ヒ他ノ人員ヲ記載スルヲ以テ足ルナリ

二　證明手續

公證人法ノ規定ニ依リ提出スヘキ印鑑證明書ニハ氏名住所ノ外其年齡ヲモ記載スヘク同時ニ數個ノ囑託ヲ爲ス場合ニ於テハ印鑑證明書又ハ警察官吏若クハ領事ノ證明書ハ一通ヲ提出スルヲ以テ足リ此場合ニ於テハ受附番號ノ最モ少キモノニ其證明書ヲ連綴シ其他ノ囑託ニハ其旨ヲ記載シタル書面ヲ作リ之

ヲ連綴セシムヘキモノトス
法律行爲ニ付テ證書ヲ作成シ又ハ認證ヲ與フル場合ニ於テ其法律行爲ノ有效ナルヤ否、當事者カ相當ノ考慮ヲ爲シタルヤ否及ヒ之ヲ爲スノ能力ヲ欠缺セサルヤ否ヤニ付テ疑アルトキハ關係人ニ注意ヲ爲シ且之ヲシテ必要ナル說明ヲ爲サシムヘク且法律行爲ニ非サル事實ニ付テ證書ヲ作成スル場合ニ於テ其事實ニ因リ影響ヲ受クヘキ私權ノ關係ニ付キ疑アルトキハ關係人ニ注意ヲ爲シ且之ヲシテ必要ナル說明ヲ爲サシムヘキモノトス

三　證書ノ正本謄本ノ交付

法律行爲ニ付テノ證書ノ正本ノ再度ノ交付ヲ請求スル者アル場合ニ於テハ其正本ヲ要スル事由ヲ說明セシムヘク又朝鮮人ニ關スル公正證書ノ正本又ハ謄本ヲ朝鮮人ニ交付スル場合ニ於テハ當事者ノ請求ニ因リ其譯文ヲ付與スヘキモノトス

四　拒絕理由書

公證人ノ職務ヲ行フ官吏カ適法ナル囑託ヲ受ケタルトキハ之ニ因リ相當ノ處

分ヲ爲スヘキコトハ公證人カ其囑託ヲ受ケタル場合ト同一ナリ然レトモ正當ノ理由アル場合ニ於テハ其囑託ヲ拒ムコトヲ得ルハ當然ナルモ此場合ニ於テ囑託人ノ請求アルトキハ其拒絕ノ理由書ヲ交付スヘキモノトス

五　證書及ヒ附屬書類ノ保存

證書ノ原本ハ番號ノ順序ニ從ヒ之ヲ編綴シ囑託ニ關シ提出シタル書類ニシテ原本ニ連綴スヘカラサルモノハ之ニ表紙ヲ附シ件名及ヒ受附番號ヲ記載シ受附番號ノ順序ニ從ヒ之ヲ編綴スヘキモノトス

第二款　公證手數料

公證官吏即チ地方法院判事及ヒ裁判所書記カ公證人ノ職務ヲ行フ場合ニ於テハ囑託人ハ左ノ手數料ヲ納付スルコトヲ要スルモノトス

第一　證書作成ノ手數料

一　法律行爲ニ付テノ證書作成ノ手數料ハ左ノ區別ニ從フ

法律行爲ノ目的ノ價額　百圓迄　一圓

同　二百五十圓迄　一圓二十五錢

同　五百圓迄　一圓五十錢

同　七百五十圓迄　一圓七十五錢

同　千圓迄　二圓

同　二千五百圓迄　二圓五十錢

同　五千圓迄　三圓

同　五千圓ヲ超過スルトキハ五萬圓迄ハ五千圓毎ニ五十錢ヲ加フ但五千圓ニ滿タサルモ之ヲ五千圓トス

同　五萬圓ヲ超過スルトキハ一萬圓毎ニ五十錢ヲ加フ但一萬圓ニ滿タサルモ之ヲ一萬圓トス

法律行爲ノ目的ノ價額ヲ定ムルニハ左ノ標準ニ從ハサルヘカラス

(イ)法律行爲ノ目的ノ價額ハ證書ノ作成ニ着手シタル時ノ價額ニ依ル

(ロ)當事者双方ノ囑託ニ因リ證書ヲ作成スル場合ニ於テハ法律行爲ノ目的ノ價額ハ各給付ノ價額ヲ合算シタル額ニ依ル但當事者ノ一方ノ給付ノミカ金錢ヲ目的トスルモノナルトキハ其二倍ノ額ニ依ル

（ハ）當事者ノ一方ノ囑託ニ因リ證書ヲ作成スル場合ニ於テハ囑託人ノ給付ノ價額ヲ以テ法律行爲ノ目的ノ價額トス但相手方ノ給付カ金錢ヲ目的トスルモノナルトキハ其額ニ依ル

（ニ）主タル法律行爲ト共ニ附隨ノ法律行爲ニ付キ證書ヲ作成スル場合ニ於テハ主タル法律行爲ニ依リ手數料ヲ算定ス

（ホ）債權ノ擔保ノ價額ハ其目的ノ價額ト債權ノ額トヲ比較シ其少キ額ニ依ル債權ノ移轉ヲ目的トスル法律行爲ニ付テハ擔保ノ價額ト移轉ニ因リ擔保ヲ付セラルヘキ債權ノ額トヲ比較シ其少キ額ニ依ル又擔保ノ順位ノ移轉ヲ目的トスル法律行爲ニ付テハ其移轉ニ因リテ優先ノ順位ヲ取得スヘキ擔保ノ價額ト之ヲ喪フヘキ擔保ノ價額トヲ比較シ其少キ額ニ依ル

（ヘ）地役ノ價額ハ地役ニ因リテ生スル要益地ノ增價額ト承役地ノ減價額トヲ比較シ其少キ額ニ依ル

（ト）定時ノ給付ノ價額ハ全期間ノ給付ノ總價額ニ依ル但其價額ハ動產ノ賃貸借ニ付テハ一年、不動產ノ賃貸借及ヒ商工業ノ見習ヲ目的トセサル雇傭契約ニ付テハ五年、其他ノ場合ニ於テハ十年分ノ給付ノ價額ヲ超ユルコトヲ得ス又期間ノ定メナキ定時ノ給付ノ價額ハ右但書ニ定ムル期間內ノ給付ノ價額ニ依ル尙以上ノ場合ニ於ケル相手方ノ給付ノ目的カ金錢ニ非サルトキハ其價額ハ定時ノ給付ノ價額ト同一ト看做ス

（チ）當事者一方ノ給付ノミノ價額ヲ算定スルコト能ハサルトキハ其給付ハ相手方ノ給付ト同一ノ價額ヲ有スルモノト看做ス

（リ）果實、損害賠償及ヒ費用カ法律行爲ノ附帶ノ目的ナルトキハ其價額ハ之ヲ法律行爲ノ目的ノ價額ニ算入セス

（ヌ）法律行爲ノ目的ノ價額ヲ算定スルコト能ハサルトキハ其目的ハ五百圓ノ價額ヲ有スルモノト看做ス但其最低價額五百圓ヲ超エ又ハ其最高額之ニ滿タサルコト明カナルトキハ其最低額又ハ最高額ヲ以テ法律行爲ノ目的ノ價額トス

（ル）左ニ掲クル事項ニ付キ證書ヲ作成スル場合ニ於ケル手數料ハ其價額ノ十分ノ五トス

承認、許可及ヒ同意
當事者雙方ノ履行セサル契約ノ解除
遺言ノ全部又ハ一部ノ取消
朝鮮公證令ニ依リ證書ヲ作成セラレタル法律行爲ノ補充又ハ更正

(ヲ)　法律行爲ニ付テノ證書作成ノ手數料ハ證書ノ紙數四枚ヲ超過スルトキハ超過シタル部分ニ付キ一枚毎ニ二十錢ヲ加フ此紙數ハ一行二十字詰二十四行ヲ以テ一枚トス但一枚ニ滿タサルトキト雖モ之ヲ一枚トス

三　法律行爲ニ非サル事實ニ付テノ證書作成ノ手數料ハ其事實ノ實驗及ヒ證書ノ作成ニ要シタル時間一時間ニ付キ一圓トス一時間ヲ超過スルトキハ一時間毎ニ五十錢ヲ加フ但一時間ニ滿タサルトキト雖モ之ヲ一時間トス尚左ノ標準ニ従フコトヲ要ス

(イ)　株主總會其他ノ集會ノ決議ニ付キ證書ヲ作成スル場合ニ於ケル手數料ハ右ノ例ニ依ル

(ロ)　法律行爲ト共ニ之ト牽聯スル事實ニ付キ證書ヲ作成スル場合ニ於ケル手

數料ハ右ノ例ニ依ル但其額カ法律行爲ノミニ付テノ證書作成ノ手數料ノ額ヨリ少キトキハ其多キ額ニ依ル

（ハ）數個ノ牽聯セサル事實ニ付キ證書ヲ作成スル場合ニ於テハ手數料ノ額ハ各事實ニ付キ之ヲ算定ス

第二　其他ノ手數料

以上ニ掲ケタル以外ノ手數料ニ付キ特別ノ規定アルモノ左ノ如シ

一　秘密證書ニ依ル遺言書ノ方式ニ關スル記載ヲ爲ス場合ニ於テハ其手數料ハ一圓トス

二　委任狀、受取書又ハ拒絶證書ヲ作成スル場合ニ於テハ其手數料ハ五十錢トス但此場合ニ於テ作成ニ要シタル時間一時間ヲ超過スルトキハ一時間毎ニ二十錢ヲ加フ但一時間ニ滿タサルトキト雖モ之ヲ一時間トス

三　認證ノ手數料ハ證書作成ノ手數料ノ十分ノ五トス

四　私署證書ニ確定日附ヲ附スル場合ニ於テハ其手數料ハ三十錢トス

五　證書ノ正本ニ執行文ヲ付與スル場合ニ於テハ其手數料ハ五十錢トス

六　證書ノ正本若クハ謄本又ハ其附屬書類ノ謄本ノ交付ニ付テノ手數料ハ一枚ニ付キ十五錢トス但公證人法第五十五條第一項ノ場合ニ於テハ一枚ニ付キ十五錢トス又證書ノ朝鮮文付與ニ付テノ手數料ハ一枚ニ付キ五十錢トス以上ノ場合ニ於ケル枚數計算ノ標準ハ右一ノ(ヲ)ニ揭ケタルト同一ナリ

七　證書ノ原本及ヒ其附屬書類ノ閲覽ニ付テノ手數料ハ一回ニ付キ十錢トス

第三　日當及ヒ旅費

一里以外ノ地ニ出張シテ公證人ノ職務ヲ取扱フ場合ニ於テハ囑託人ハ左ノ如ク日當及ヒ旅費ヲ負擔セサルヘカラス

日當	一日ニ付キ	二圓
汽車賃	一哩迄毎ニ	十錢
船賃	一浬迄毎ニ	十五錢
車馬賃	一里迄毎ニ	七十錢
宿泊料	一泊ニ付キ	三圓五十錢

第四　手數料、日當旅費ノ負擔及ヒ納付手續

一　數人ノ囑託人アル場合ニ於テハ手數料、日當及ヒ旅費ハ各囑託人連帶シテ之ヲ支拂フヘキ責ニ任ス
二　手數料、日當及ヒ旅費ハ囑託人ヲシテ其概算額ヲ豫納セシムルコトヲ得ヘク囑託人カ之ヲ豫納セサルトキハ囑託ヲ拒ムコトヲ得ルナリ
三　手數料、日當及ヒ旅費ヲ納付セシムルトキハ計算書ヲ交付スヘク其計算書ニハ各項目ニ付キ條項ヲ示シ計算ヲ明ニセサルヘカラス
四　手數料、日當及ヒ旅費ハ納付書ニ收入印紙ヲ貼附シテ之ヲ納付セシムルコトヲ得ルモノトス

第三節　臺灣ノ公證官吏

臺灣ハ帝國領土ノ一部ニシテ帝國ノ主權ハ完全ニ其上ニ行ハルルヲ以テ理論上帝國內地ニ施行セラルル總テノ法令ハ當然臺灣ニ適用セラルヘキコト言ヲ俟タス然レトモ臺灣カ帝國ノ一部ニ歸シタルヨリ日未タ淺ク其民情風俗ノ如キモ固ヨリ

帝國內地ノ事情ト同一ナラサルヲ以テ帝國內地ニ行ハルル總テノ法令ヲ當然臺灣ニ施行スルコト能ハサルハ明カナリ故ニ有名ナル明治二十九年法律第六十三號ハ臺灣ニノミ行ハルヘキ法律ト同一ノ效力ヲ有スル律令ノ制定權ヲ臺灣總督ニ委任シ臺灣ニ關スル特別ノ立法權ヲ付與シタリ

右ノ法律ノ委任ニ依リ臺灣總督ハ臺灣ニ施行スヘキ各種ノ法令ヲ制定シ公證ニ關シテモ種々ナル規定ヲ設ケタリト雖モ臺灣ニ於ケル取引狀態ハ固ヨリ未タ內地ニ於ケルカ如ク煩雜ナラス從テ公證制度ノ如キモ亦其發達幼稚ニシテ獨立ノ公證機關ヲ存置スルノ必要ナキヲ以テ特種ノ官吏ヲシテ之ヲ兼掌セシムルモノト爲シ明治三十六年十二月律令第十二號公證規則ニ依リ公證官吏及ヒ其公證ニ關スル細密ノ規定ヲ設ケタリ本節ニ於テ概說セントスルモノ卽チ是ナリ（但明治四十一年律令第一三號ヲ以テ一部改正）

第一欵　公證官吏ノ職務

臺灣ニ於テ公證事務ヲ取扱フ官吏ハ地方法院及ヒ其出張所ノ判官ニシテ其公證官吏ハ公正證書ヲ作成スルノ權限ヲ有スルハ勿論明治四十一年八月律令第十一號臺灣民事令及ヒ同年九月府令第四十八號ニ依リ臺灣ニ引用セラレタル民法、商法、民事訴訟法其他ノ附屬法中公證人ノ職務ニ屬セシメタルモノハ一切之ヲ取扱フノ權限ヲ有スルモノトス（公證規則一、八）故ニ公證官吏ノ職務ハ公證人ノ職務ト殆ント同一ナリト謂フコトヲ得ヘシ但現行法ニ於テハ法律行爲以外ノ事實ニ關スル證書ノ作成ハ之ヲ爲シ得ルモ私署證書ノ認證ヲ爲スノ權限ハ未タ之ヲ付與セスト雖モ本法施行後ニ至リテハ公證人ト同シク是等ノ權限ヲ公證官吏ニ付與セラルルニ至ルヘキナリ

臺灣ニ於ケル公證事務ハ判官之ヲ取扱フヘキモノナルコト上述ノ如シト雖モ判官差支アルトキハ法院ノ書記ヲシテ其事務取扱ヲ代理セシムルコトヲ得ルモノトス（公證規則七）

以下現行ノ法令ニ依リ公證官吏ノ職務權限及ヒ其執行ニ關スル手續ヲ分說セム

第一　證書ノ作成

一、證書作成ノ手續

民事ニ關スル公正證書ノ作成ハ當事者ノ申請ニ因リ地方法院及ヒ其出張所ノ判官之ヲ取扱フモノニシテ其證書ノ作成ニ關シテハ本法第四章ノ證書作成

ニ關スル規定ニ準據ス同章中地方裁判所長ノ職務ハ覆審法院長、市區町村長ノ職務ハ廳長、街長、社長之ヲ行フモノトス(四一、八、二八、律令一三號)故ニ證書ノ作成ニ關スル手續ハ公證人カ證書ヲ作成スル場合ト同一ナルヲ以テ後ニ至リテ之ヲ詳述セム(第五章參照)

民事ニ關スル公正證書トハ法律行爲ニ關スル公正證書ノ義ニ解スヘキヤ否ヤ多少ノ疑ナキニ非サルモ本法施行後ハ爾ク狹義ニ解スルノ必要ナキヲ以テ法律行爲ニ非サル事實ニ關スル證書モ亦公證官吏ニ於テ之ヲ作成スルノ權限アルモノト謂ハサルヘカラス但私署證書ノ認證ハ公正證書ノ作成中ニ包含セサルコト明白ナルモ將來公證官吏ノ職務權限ヲ擴張セラルヘシト信ス

公證官吏カ前掲公證規則第八條ニ依リ民法、商法、非訟事件手續法等ノ規定ニ從ヒ遺言證書及ヒ拒絕證書ヲ作成シ又ハ財產目錄ヲ調製スル場合ニ於テハ公證人カ是等ノ證書ヲ作成スル場合ト全然同一ナルヲ以テ其手續ニ付テハ後ニ詳論スル第七章ヲ參照スヘシ

公證官吏カ證書ヲ作成スルニ付テハ以上ニ述ヘタル規定ノ外尚左ノ法則ニ

従ハサルヘカラス(三七、二、二臺府令六號)

(イ)　公證官吏ノ署名、捺印

公證官吏カ公正證書ニ署名スルトキハ左ノ例ニ依ル

公證官吏臺灣總督府法院判官某

公證官吏代理臺灣總督府法院書記某

公證官吏ハ「公證官吏臺灣總督府法院判官」ト刻シタル方七分ノ職印ヲ用ヒ法院書記代理執務ノ場合ニ於テハ「公證官吏代理臺灣總督府法院書記」ト刻シタル方六分ノ職印ヲ用フヘシ

公證官吏ノ作成シタル公正證書ニハ其所屬法院又ハ出張所ノ印ヲ用フヘシ若シ之ヲ用フルコト能ハサルトキハ其事由ヲ記載スヘシ

(ロ)　關係人ノ署名

關係人カ公正證書ニ自署スルコト能ハサルトキハ公證官吏之ヲ代書シ其事由ヲ附記スヘキモノトス關係人トハ立會人通事又ハ證人等證書ノ作成ニ關與スルモノ一切ヲ包含ス

(ハ) 立會人ノ立會

公證官吏ハ立會人又ハ立會官吏ナクシテ公正證書ヲ作成スルコトヲ得ルモノトス但本法第三十條ノ場合ニ於テ立會人ヲ要スルトキハ其立會人カ一里以外ノ地ヨリ來リタル場合ニ限リ旅費及ヒ滯在費ヲ支給スルコトヲ得ルモノトス

(ニ) 謄本及ヒ譯文ノ付與

公證官吏ハ法院ノ命令ニ依ル外關係外ノ者ニ書類ノ謄本ヲ付與スルコトヲ得ス

當事者ハ公正證書ノ土語譯文ノ付與ヲ請求スルコトヲ得此場合ニ於テハ其當事者ハ左ニ掲クル翻譯料ヲ納ムルコトヲ要ス

半枚十二行二十字詰ニ付キ金七十五錢

半枚ニ滿タサルモノ亦同上

二、證書ノ效力

公證官吏カ其職務上法定ノ手續ヲ履行シテ作成シタル公正證書ハ公證人カ

作成シタル證書ト全然同一ノ性質ヲ有スルモノナルヲ以テ第五章第一節ニ於テ詳記スル如ク實質上及ヒ形式上ノ效方ヲ有スルモノトス故ニ其效力ニ關シテハ該說明ヲ參照スヘシ

公證官吏カ公證規則ニ依リ作成シタル公正證書ハ完全ノ證據ニシテ且民事訴訟法第五百五十九條第五號但書ノ作成要件ヲ具備スルトキハ同號ノ債務名義ト同一ノ規定ニ從ヒ强制執行ヲ爲スコトヲ得但其執行ニ付テハ左ノ特別規定ニ從フコトヲ要ス(三七、二、二、臺府令六號)

（イ） 謄本ノ送達

民事訴訟法ニ依レハ强制執行ニ著手前又ハ著手ト同時ニ債務名義ヲ債務者ニ送達スルコトヲ要スレトモ公證官吏ノ作成シタル證書ニ依リ强制執行ヲ爲ス場合ニ於テハ公正證書ノ謄本ヲ送達スルコトヲ要セサルモノトス但債務者ノ一般承繼人ニ對シ强制執行ヲ爲ス場合ニ於テハ其執行前公正證書ノ謄本ヲ送達スルコトヲ要ス

（ロ） 執行停止

公證官吏ノ作成シタル公正證書ニ基ク强制執行ハ其證書ニ付キ僞造ノ公訴アリタル場合ニ於テハ停止セラルルモノトス此場合ニ於テハ僞造ノ公訴起リタルコトヲ證スル書類ヲ執行機關ニ提出スヘキモノニシテ此書類ハ民事訴訟法第五百五十條第二號ノ書類ト看做シ該執行ヲ停止スヘキモノトス又民事訴訟ニ於テ該證書ノ僞造ノ申立アリタルトキハ其强制執行ヲ停止スルコトヲ得ルモノニシテ此場合ニ於テハ民事訴訟法第五百條カ準用セラルルモノトス

其他公證官吏ノ作成シタル公正證書ニ依リ强制執行ヲ爲スニ付テハ執行文ノ付與ヲ必要トスルハ勿論ニシテ執行文付與ニ關シテハ民事訴訟法中公證人カ證書ニ執行文ヲ付與スル場合ノ規定ニ從フヘキコト論ヲ俟タス

第二　抗告

公證官吏ノ職務執行ニ關シ不服アル者ハ覆審法院ニ抗告スルコトヲ得ルモノニシテ（公證規則五）其抗告手續ハ明治三十六年十二月臺灣總督府府令第八十四號ノ規定ニ從フモノトス卽チ左ノ如シ

一、抗告ノ申立

公證官吏ノ職務執行ニ關シ抗告ヲ爲ス者ハ公證官吏ニ抗告狀ヲ差出スヘキモノナルモ急速ヲ要スル場合ニ於テハ直ニ覆審法院ニ抗告狀ヲ差出スコトヲ得而シテ公證官吏カ抗告狀ヲ受取リタルトキハ意見ヲ付シ三日内ニ之ヲ覆審法院ニ差出スヘク又急速ノ場合ニ於テ直ニ抗告狀ヲ覆審法院ニ差出シタルトキハ同法院ハ公證官吏ヲシテ意見書ヲ差出サシメ及ヒ關係書類ノ送付ヲ求ムルコトヲ得ヘシ

又公證官吏カ職務ノ執行ニ關シ抗告ヲ受ケタルトキハ直ニ其事件ノ處分ヲ停止スヘキモノトス

二、抗告審ノ裁判

覆審法院ニ於テ前掲ノ抗告申立アリタルトキハ書面ニ依リ其抗告ノ當否ヲ決定スヘキモノトス但必要アリト認ムルトキハ抗告人其他ノ關係人ヲシテ答辯ヲ爲サシムルコトヲ得

又覆審法院ハ右抗告ノ決定ノ抗告ヲ受ケタル公證官吏及ヒ抗告人ニ送達スヘ

キモノニシテ覆審法院ニ於テ抗告ヲ正當ナリト決定シタルトキハ公證官吏ハ其決定ニ依リ處分ヲ更正セサルヘカラス

第三款　公證費用

公證官吏カ公正證書ヲ作成シ執行文ヲ付與シ其他證書ノ交付又ハ閲覽ヲ爲サシムルニハ申請人ヲシテ一定ノ手數料ヲ納付セシムルコトヲ要シ又公證官吏カ他ノ地ニ出張シテ公證事務ヲ取扱フ場合ニ於テハ更ニ出張手數料ヲ納付セシムルコトヲ要スルモノトス而シテ其數額ハ明治四十二年八月臺灣總督府令第五十八號ノ規定スル所ナリ即チ左ノ如シ

一　公證規則ニ依リ公正證書ノ作成ヲ申請スル者ハ左ノ區別ニ從ヒ手數料ヲ納付セサルヘカラス

(イ)　法律行爲ノ目的ノ價格	百圓マテ	一圓
(ロ)　同	二百五十圓マテ	一圓五十錢
(ハ)　同	五百圓マテ	二圓
(ニ)　同	千圓マテ	三圓

（ホ）同　　　　　　　　　　五千圓マテ　　　　　　　　五圓

（ヘ）同　　　　　　　　　　五千圓以上ハ五千圓毎ニ一圓ヲ加フ但五千圓ニ
　　　　　　　　　　　　　滿タサルモ之ヲ五千圓トス

右ノ價格算定ニ付テハ明治四十二年勅令第百七十四號公證人手數料規則第三條乃至第十二條ノ規定ニ依ルモノトス

二　左ニ掲クル事項ニ付キ證書ノ作成ヲ申請スル者ハ前項（イ）乃至（ヘ）ノ區別ニ從ヒ其十分ノ五ノ割合ヲ以テ手數料ヲ納付セサルヘカラス

（イ）承認、許可及ヒ同意

（ロ）當事者雙方ノ履行セサル契約解除

（ハ）遺言ノ全部又ハ一部ノ取消

（ニ）同一ノ公證官廳ニ於テ證書ヲ作成セラレタル法律行爲ノ補充又ハ更正

右一二ノ法律行爲ニ付テノ證書作成ノ手數料ハ證書ノ紙數四枚ヲ超過スルトキハ超過シタル部分ニ付キ一枚毎ニ三十錢ヲ加フルモノトス

三　法律行爲ニ非サル事實ニ付テノ證書作成ノ手數料ハ證書ノ原本一枚ニ付キ

五十錢トス

四　秘密證書ニ依ル遺言書ノ方式ニ關スル記載ヲ爲ス場合及ヒ委任狀、受取書又ハ拒絶證書ヲ作成スル場合ノ手數料ハ原本一枚ニ付キ五十錢トス

五　法律行爲ト共ニ之ト牽聯スル事實ニ付キ證書ヲ作成スル場合ニ於ケル手數料ハ前項ノ例ニ依ル但其額カ法律行爲ノミニ付テノ證書作成ノ手數料ノ額ヨリ少ナキトキハ其多キ額ニ依ル數個ノ牽聯セサル事實ニ付キ證書ヲ作成スル場合ニ於テハ手數料ノ額ハ各事實ニ付キ之ヲ算定スルモノトス

六　證書ノ正本ニ執行文付與申請ノ手數料ハ五十錢トス

七　證替ノ交付又ハ證書ノ閲覽ヲ請求スル者ハ左ノ區別ニ從ヒ手數料ヲ納付スヘキモノトス

（イ）正本、謄本又ハ附屬書類ノ交付　一枚ニ付キ二十五錢

（ロ）原本又ハ附屬書類ノ閲覽　一回ニ付キ十五錢

以上ノ規定ニ依リ紙數ヲ以テ手數料ヲ納付スル場合ニ於テハ其紙數ハ一行二十字詰二十行ヲ以テ一枚トス但一枚ニ滿タサルトキト雖モ一枚トシテ計算ス

八、公證官廳所在地ヨリ一里以外ノ地ニ到リ事務ヲ取扱フ場合ニ於テハ出張手數料トシテ日當一日ニ付キ七十錢、宿泊料一泊ニ付キ一圓六十錢、汽車賃一哩ニ付キ十錢、汽船一浬ニ付キ十錢、車馬賃一里ニ付キ四十錢ヲ納付スヘシ

第二款　公證官吏ノ義務

公證事務ヲ取扱フヘキ地方法院判官及ヒ書記ハ固ヨリ一ノ官吏ナルヲ以テ他ノ官吏ト同シク國家ニ對シ特別服從ノ義務ヲ負フコト論ヲ俟タスト雖モ公證事務ヲ取扱フ官吏ニハ官吏トシテ負フヘキ普通義務ノ外國家又ハ一私人ニ對シ特別ノ義務ヲ負ハシムルノ必要アリ茲ニ公證官吏ノ義務トハ卽チ之ヲ指稱ス

第一　損害賠償ノ義務

公證官吏カ其職務ノ執行ニ付キ申請人又ハ其他ノ者ニ損害ヲ加ヘタルトキハ其損害カ公證官吏ノ故意又ハ重大ナル過失ニ因リテ生シタル場合ニ限リ之ヲ賠償スルノ責ニ任スルモノトス(公證規則六)此義務ノ性質及ヒ範圍ニ付テハ學理上大ナル疑問ニシテ特ニ論究スヘキ點尠カラスト雖モ前章第五節ニ於テ詳論シタル公證人ノ賠償責任ト全然同一ナルヲ以テ茲ニ之ヲ省略セリ

第二　書類保存ノ義務

公正證書ノ原本其他書類ノ本書ハ公證官吏ニ於テ保存スルノ義務ヲ負フモノニシテ事變ヲ避クル爲メニスル場合及ヒ法院若クハ出張所又ハ豫審判官ノ命令又ハ囑託アルニ非サレハ之ヲ他ニ持出スコトヲ得サルモノトス(三七、二、二、臺府令六號)此規定モ亦公證人ノ保存義務ト全ク同一ニシテ第四章ニ至リテ詳述スルノ機會アルヲ以テ茲ニ之ヲ詳論セス

第四節　樺太ノ裁判所書記

樺太ハ近ク帝國ノ領土ニ歸屬シタルモノナレトモ臺灣又ハ關東州ト同シク帝國內地ニ施行セラルル總テノ法令ヲ當然樺太ニ施行スルコト能ハサルハ勿論ナリ故ニ明治四十年三月法律第二十五號ハ法律ノ全部又ハ一部ヲ樺太ニ施行スルコトヲ要スルモノハ勅令ヲ以テ之ヲ定ムト規定シ樺太ニ施行スヘキ法律ノ選定ヲ勅令ニ委任シ以テ樺太ノ民情風俗ニ從ヒ機宜ニ應シテ法律ヲ施行スルコトヲ得ルモノトセリ

而シテ右ノ法律ニ基キ明治四十年三月勅令第九十四號ヲ以テ樺太ニ施行スヘキ法律ヲ限定シタリ同勅令ニ依レハ民法、商法、民法施行法、民事訴訟法、非訟事件手續法其他公證人法ハ全部樺太ニ施行スルモノトセルヲ以テ樺太ニ於ケル公證制度ハ全然內地ニ於ケル公證制度ト其範圍ヲ同フスルコト明カナリ

然レトモ樺太ニ於ケル經濟狀態ハ未タ甚タ幼稚ニシテ其取引モ亦固ヨリ頻繁ナラス前年地方裁判所以下ノ司法機關ヲ設ケラレタルモ其取扱フヘキ事件ハ極メテ僅少ニシテ廳員ノ多クカ寧ロ無聊ニ苦シムト聞ケリ從テ公證事務ノ如キモ亦未タ繁忙ナラサルヲ以テ特別ノ公證機關ヲ設置スルノ要ナキコト明カナリトス故ニ右ノ勅令ニ於テ公證人ノ職務ハ公證人ヲ置クニ至ルマテ區裁判所書記之ヲ行フヘキコトヲ明定シ以テ樺太ニ於ケル公證機關ヲ定メタリ

故ニ樺太ニ於ケル區裁判所書記ハ內地ノ公證人ト同シク本法ニ依ル職務權限ハ勿論他ノ法律ニ於テ公證人ノ職務ニ屬セシメタル總テノ權限卽チ遺言證書、拒絕證書、財產目錄ノ作成、執行文付與及ヒ私署證書ニ確定日附ヲ附スルノ職務ヲ有スルモノニシテ其職務執行ニ關スル準則及ヒ職務上ノ義務等總テ公證人カ其職務ヲ行フ

場合ト同一ナルヲ以テ第四章以下ノ說明ヲ參照スヘシ

第五節　關東州ノ公證官吏

關東州ハ帝國ノ租借地ニシテ帝國ノ主權ハ大部分其上ニ行ハレ國法上ニ於テハ全然領土ノ一部ヲ爲スモノナリト雖モ固ヨリ帝國ト其民情風俗ヲ異ニスルヲ以テ當然帝國ノ內地ニ行ハルル總テノ法令ヲ其上ニ施行スルコト能ハサルヤ勿論ナリ故ニ內地ノ現行法令中其儘關東州ニ移シテ施行スルコトヲ得ルモノニ付テハ特ニ法令ヲ以テ其旨ヲ明言シ又內地ノ現行法令ヲ其儘施行スルコト能ハサルモノニ付テハ特ニ關東州ニノミ適用セラルヘキ特別ノ法令ヲ制定スルノ要アリ

而シテ關東州ニ於ケル公證制度ノ如キモ未タ其發達完備ナラサレハ公證人ナル特別ノ公證機關ヲ存置スルノ必要ナク特種ノ官吏ヲシテ之ヲ兼掌セシムルヲ以テ足レリトス故ニ本法ノ規定ヲ當然關東州ニ施行スルコト能ハサルハ勿論ナルニ依リ明治四十一年九月勅令第二百十三號ヲ以テ關東州裁判事務取扱令ナルモノヲ發布シ關東州ノ公證ニ關スル事項ヲ規定シ又關東都督ハ此勅令ニ基キ種々ナル附屬

法令ヲ定メタリ本節ニ於テ概說セントスルモノ卽チ是レナリ

第一欵　公證官吏ノ職務

關東州ニ於ケル公證事務ハ民政署長之ヲ取扱フモノトス(四一、勅二一三號一二九)故ニ民政署長ハ公證官吏ニシテ法令中公證人ノ職務ニ屬スル事項ハ總テ之ヲ取リ扱フノ權限ヲ有スルモノトス(同勅一三八、)而シテ公證人ノ職務ニ屬スル事項トハ單ニ本法ニ於テ規定シタルモノニ止マラス民法、民事訴訟法、商法、非訟事件手續法等ニ於テ規定セルモノヲ包含シ此等ノ法律ハ總テ關東州ニ施行セラルルモノナルヲ以テ(同勅一、九、)公證官吏ノ職務權限ハ公證人ノ職務權限ト全然同一ナリト謂フコトヲ得ヘシ但私署證書ノ認證ニ關スル權限ハ現行ノ關東州ノ公證規則中之ヲ認メストト雖モ本法ノ實施後ニ於テハ公證人ト同シク此權限ヲ公證官吏ニ付與セラルヘキコト勿論ナリト信ス又公證官吏差支アルトキハ所屬官吏ヲシテ其職務ヲ代理セシムルコトヲ得ルモノトス(同勅一三七)以下現行ノ法令ニ依リ公證官吏ノ職務權限及ヒ其執行ニ關スル事項ヲ分說セム

第一　證書ノ作成

一、證書作成ノ手續

民事ニ關スル公正證書ノ作成ハ當事者ノ申請ニ因リ當分ノ内民政署長之ヲ取扱フモノニシテ其證書ノ作成ニ關シテハ本法第四章ノ規定ニ依ルモノトス但同章中地方裁判所長ノ職務ハ高等法院長之ヲ行ヒ市區町村長ノ職務ハ民政署長又ハ民政支署長之ヲ行フ(同勅一二九、一三一、)故ニ證書作成ノ手續ニ關シテハ公證人カ證書ヲ作成スル場合ト全然同一ナルヲ以テ第五章ニ至リテ之ヲ詳述セム

民事ニ關スル公正證書トハ法律行爲ニ關スル公正證書ノ義ナルコト舊法ノ下ニ於ケル同樣ノ文字ト同一ニ解スヘキヲ以テ公證官吏ハ法律行爲以外ノ事實證明ニ關スル證書ヲ作成スルノ權限ナキモノト謂ハサルヘカラス此點ニ付テハ私署證書ノ認證ト同シク本法施行後ニ至リ公證官吏ノ職務權限ヲ擴張セラルヘキナリ

上述ノ如ク公證官吏ノ證書作成ニ關スル權限ハ法律行爲ニ關スル證書ニ限ルト雖モ民法、商法及ヒ非訟事件手續法等ハ總テ關東州ニ適用セラルルヲ以テ

是等ノ法律ニ依リ公證官吏ハ遺言證書、拒絶證書ヲ作成シ又財產目錄ヲ調製スルノ職務權限ヲ有スルコト明カニシテ其手續ニ付テハ公證人カ是等ノ職務ヲ行フ場合ト全然同一ナリトス(民一〇六九、以下商四四二、四七五、四八二、四八七、五一四、乃至五一七、非訟五三、五五、五六、六三乃至六八)故ニ此點ニ付テハ第七章ノ說明ヲ參照スヘシ但公證官吏ノ作成シタル公正證書ニハ其所屬民政署又ハ民政支署ノ印ヲ用フヘシ之ヲ用フルコト能ハサル場合ニ於テハ其事由ヲ記載スルコトヲ要シ又關係人自署スルコト能ハサルトキハ公證官吏之ヲ代書シ其事由ヲ記載スヘク又當事者ハ公正證書ノ土語又ハ外國譯文ノ付與ヲ請求スルコトヲ得ルモノトス(四一都府令五一號)

二、證書ノ效力

公證官吏カ其職務上法定ノ方式ニ依リ作成シタル證書ハ一ノ公正證書ナルヲ以テ他ノ官吏又ハ公證人カ作成シタル證書ト同シク形式上及ヒ實質上ニ於テ特別ノ效力ヲ有スルコト論ヲ俟タス而シタ公證官吏ノ作成シタル證書カ民事訴訟法第五百五十九條但書ノ作成要件ヲ具備シタルトキハ同條ノ債務名義

ト同一ノ規定ニ從ヒ强制執行ヲ爲スコトヲ得ルモノトス但其證書ニ付キ僞造ノ公訴提起アリタルトキハ其執行ヲ停止スヘク又民事訴訟ニ關シ僞造ノ申立アリタルトキハ民事訴訟法第五百條ニ依リ其執行ヲ停止スルコトヲ得ルモノトス(四一、勅二一三號一三〇)

右ノ規定ニ依リ公正證書ニ揭ケラレタル債務者ニ對シ强制執行ヲ爲ス場合ニ於テハ其證書ノ謄本ヲ債務者ニ送達スルコトヲ要セスト雖モ債務者ノ一般承繼人ニ對シ强制執行ヲ爲ス場合ニ於テハ其執行前公正證書ノ謄本ヲ送達スルコトヲ要ス(同勅一三三)

公正證書ノ效力ニ付テハ尙論議スヘキモノ尠カラスト雖モ後ニ其機會アルヲ以テ茲ニ之ヲ詳述セス(第五章第一節)唯公正證書ノ强制執行ニ關スル右ノ規定ハ公證人ノ作成シタル公正證書ニ因リ强制執行ヲ爲ス場合ト全ク同一ナラサルコトヲ注意セサル可カラス郎チ公證人ノ作成シタル公正證書ニ依リ强制執行ヲ爲ス場合ニ方テハ僞造ノ公訴提起アリタルカ爲メ當然其執行停止ノ效力ヲ生セサル點又僞造ヲ原因トシテ强制執行異議ノ訴訟カ起リタルトキハ裁

判所ハ民事訴訟法第五百四十七條ニ依リ其執行停止ヲ命スルコトヲ得ヘキモ同法第五百條ニ依ルコト能ハサル點及ヒ公證人ノ作成シタル公正證書ニ依リ强制執行ヲ爲サントスルニハ其債務者カ證書ニ掲ケラレタルモノナルト又其承繼人ナルトヲ問ハス證書ヲ送達スルコトヲ要シ其承繼人ニ對シテ强制執行ヲ爲ス場合ニ於テハ證書ノ外之ニ附記スル執行文ノ送達ヲ必要トスル點等其差異ノ重ナルモノナリ(民訴五二八)

第二　確定日附及ヒ執行文付與

私署證書ニ確定日附ヲ附スルコトノ請求アリタルトキハ公證官吏ハ民法施行法第四條及ヒ第五條ニ依リ之ヲ取扱フ(同勅一三九、九)確定日附及ヒ日附アル印章調製方ハ明治三十一年七月司法省令第七號ニ依リ確定日附簿ハ高等法院ニ於テ之ヲ調製シ公證官吏ニ交付スヘキモノトス(四一都府令五一號)又公證官吏ノ作成シタル證書ニ執行文付與ノ申請アリタルトキハ其公證官吏ハ民事訴訟法ノ規定ニ從ヒ執行文ヲ付與スヘキモノナルヲ以テ(同勅一三八)確定日附及ヒ執行文付與ニ付テハ全然公證人ノ取扱フヘキ場合ト同一ナルヲ以テ後ノ説明ヲ參照スヘシ(第七章第四節

第五節)

第三　抗告

公證官吏ノ職務執行ニ關シ不服アル者ハ高等法院ニ抗告スルコトヲ得ルモノニシテ此抗告ニ關シテハ民事訴訟法ノ規定ニ依ルモノトス又此抗告アリタルトキハ公證官吏ハ其事件ノ處分ヲ停止セサルヘカラス(同勅一三二)故ニ民事訴訟法第三章中普通抗告ノ規定ニ從フヘキモノニシテ卽チ此抗告ハ其處分ヲ爲シタル公證官吏ニ抗告狀ヲ提出シテ之ヲ爲シ其公證官吏カ再度ノ考案若クハ新ナル提供ニ基キ抗告ヲ理由アリト認ムルトキハ不服ノ點ヲ更正シ又抗告ヲ理由ナシトスルトキハ意見ヲ付シテ之ヲ高等法院ニ送付スルヲ原則トシ若シ抗告カ急迫ナル場合ニ於テハ直ニ高等法院ニ抗告狀ヲ差出スコトヲ得ルモノトス而シテ孰レノ場合ニ於テモ高等法院ニ於テハ口頭辯論ヲ經又ハ經スシテ其抗告ノ理由アルヤ否ヤヲ判斷シ抗告カ理由ナキトキハ之ヲ棄却シ理由アルトキハ公證官吏ノ處分ヲ廢棄シテ自ラ裁判ヲ爲シ又ハ公證官吏ニ委任シテ裁判ヲ爲サシムルコトヲ得ルカ如キ是ナリ(民訴四五七、四五九、四六一乃至四六四)

第四　公證官吏ノ手數料其他ノ費用

公證官吏ハ固ヨリ一定ノ俸給ヲ受クル官吏ナルヲ以テ囑託人ヨリ手數料旅費日當ヲ受クルノ權ナシト雖モ其職務ノ執行ヲ求ムル囑託人ハ法律上特別ナル保護ヲ受クルモノナルヲ以テ公證人ニ對シテ其囑託ヲ爲ス場合ト同シク一定ノ金額ヲ國庫ニ納付スルノ義務アルコト論ヲ俟タス而シテ其數額ハ關東都督之ヲ定ムヘキモノニシテ卽チ左ノ如シ(同勅一三五及ヒ四一、都府令五二、五三號)

一、公正證書作成ノ手數料

(イ)原本一枚ニ付　金四十錢

(ロ)正本又ハ謄本一枚ニ付　金二十錢

但一行二十字詰二十行ヲ以テ一枚トシ十一行以上ハ一枚十行以下ハ半枚ニ計算ス

(ハ)執行文付與ノ申立　金三十錢

(ニ)公正證書譯文付與ノ請求　半枚十二行二十字詰ニ付金三十錢乃至一圓ノ範圍內ニ於テ民政署長之ヲ定ム

二、公證官吏ノ職務ニ關スル抗告　金五十錢

三、確定日附ノ請求一件ニ付　金十錢
四、拒絕證書ノ作成　金二十五錢
但拒絕者ノ營業所又ハ住所ヲ問合セテ拒絕證書ノ作成ヲ請求スルトキハ金五十錢
五、公證官吏ノ所在地外ニ於テ職務ノ取扱ヲ求ムルトキハ汽車賃一哩五錢汽船賃一浬五錢車馬賃一里三十錢ノ費用ヲ納ムヘシ

第二款　公證官吏ノ義務

公證官吏ハ一ノ官吏トシテ國家ニ對シ種々ナル義務ヲ負フコト論ヲ俟タス即チ官吏服務規律其他ノ法令ニ規定スルモノニシテ例ヘハ祕密ヲ守ル義務商業ヲ營マサルノ義務品位ヲ維持スルノ義務ノ如シ然レトモ公證事務ニ從事スル官吏ハ是等ノ一般義務ノ外國家又ハ一私人ニ對シ特別ノ義務ヲ負フコトアリ公證官吏ノ義務トハ卽チ其特別義務ヲ指稱スルモノトス

第一　損害賠償ノ義務

公證官吏ハ其職務ノ執行ニ付キ申請人其他ノ者ニ損害ヲ加ヘタルトキハ其損害

カ公證官吏ノ故意又ハ重大ナル過失ニ因リ生シタル場合ニ限リ之ヲ賠償スルノ責ニ任スルモノトス(四一、勅二一三號一三四條)此義務ノ性質及ヒ範圍ニ付テハ公證人ノ損害賠償義務ト全然同一ニシテ既ニ前章第五節ニ於テ詳論シタル所ナルヲ以テ茲ニ之ヲ再說セス

第二　書類及ヒ帳簿保存ノ義務

公正證書ノ原本其附屬書類及ヒ法令ニ依リ公證官吏ノ調製シタル帳簿ハ其公證官吏ニ於テ保存スルノ義務ヲ負フモノニシテ事變ヲ避クル爲メニスル場合及ヒ法院豫審判官、民政署長、民政支署長ノ命令又ハ囑託アルニ非サレハ他ニ之ヲ持出スコトヲ得サルモノトス(同勅一三六)此規定モ公證人ノ書類及ヒ帳簿保存ニ關スル規定ト全ク同一ニシテ第四章第六節ニ於テ之ヲ詳述スヘキヲ以テ同章下ノ說明ヲ參照スヘシ

第四章　公證人ノ職務執行ニ關スル通則

本法ニ於テ規定スル公證人ノ職務權限ハ法律行爲其他私權ニ關スル事實ニ付キ公正證書ヲ作成シ又ハ私署證書ニ認證ヲ與フルノ二種ナリト雖モ他ノ法律ニ於テ特別ノ規定ニ依リ公證人ノ職務權限ニ屬セシメタル事項尠カラス卽チ後ニ述フルカ如ク遺言證書、財產目錄、拒絕證書ノ作成執行文付與及ヒ確定日附ヲ附スルコトノ如キ是ナリ本章ニ於テ說明セムトスル所ノモノハ公證人カ其權限ニ屬スル總テノ職務ヲ執行スルニ當リ適用セラルル通則ニシテ主トシテ本法第三章ニ揭クル規定ニ外ナラス以下之ヲ分說セム

第一節　職務執行ノ區域及ヒ場所

第一款　職務執行ノ區域

職務執行ノ區域トハ公證人カ有效ニ其職務ヲ執行スルコトヲ得ヘキ土地ノ範圍ヲ謂フ換言スレハ公證人カ其役場ヲ離レテ職務ヲ執行スルコトヲ得ヘキ土地ノ範

圍ヲ指稱スルモノトス而シテ公證人ハ以下ニ述フル如ク各々一定セル職務執行ノ區域ヲ有スルモノナルヲ以テ其區域外ニ出テテハ如何ナル職務ト雖モ之ヲ執行スルコトヲ得ルモノニ非ス然レトモ職務執行ノ區域トハ上述ノ如ク職務ヲ執行スヘキ場所ニ關スル區域ニ外ナラサルヲ以テ其職務執行區域内ニ於テ生シタル事件又ハ其區域内ニ居住スル者ノ囑託スル事件ニ關シテノミ職務權限ヲ有ストノ謂ヒニ非ス苟モ職務ヲ執行スヘキ場所カ自己ノ區域内ナル以上ハ他ノ公證人ノ職務執行區域内ニ於テ生シタル事件ナルト自己ノ區域外ニ居住スル者ノ囑託スル事件ナルトヲ問ハス有效ニ其職務ヲ執行スルコトヲ得ルモノニシテ正當ノ理由アルニ非サレハ其囑託ヲ拒否スルコトヲ得サルナリ

公證人ノ職務執行ノ區域ハ其所屬地方裁判所ノ管轄區域ニ依ルモノトス(一七)現在ニ於テハ地方裁判所ハ各府縣ニ一箇宛ヲ置カレ其管轄區域ハ其府縣全體ニ渉ルヲ以テ公證人ノ職務執行區域ハ其所屬地方裁判所ノ管轄スル府縣全體ニ及フモノトス例ヘハ東京地方裁判所所屬ノ公證人ハ東京府下全體ヲ其職務執行區域トシ其役場所在地カ東京市内ナルト郡部ナルトヲ問ハス東京府下何レノ地ニ於テモ有效

ニ職務ヲ執行スルコトヲ得ルモノトス而シテ各地方裁判所所屬ノ公證人ノ員數ハ區裁判所ノ管轄區域每ニ司法大臣之ヲ定ムヘキモノナルコトハ既ニ述ヘタル如ク(二〇、)ニシテ一地方裁判所ノ管下ニハ數多ノ區裁判所アルヲ以テ同一ノ職務執行區域ヲ有スル數多ノ公證人アルニ至ルハ勿論ナリトス

公證人ノ職務執行區域ニ關スル本法ノ規定ハ全ク舊法ト同一ナラスシテ實ニ其改正ノ重ナル點ナリトス舊法ニ於テハ公證人ノ職務ハ區裁判所ノ管轄區域ニ限ラレタルヲ以テ甲區裁判所所屬ノ公證人ハ乙區裁判所ノ管轄區域ニ到リテ職務ヲ執行スルノ權限ヲ有セサリシト雖モ近來交通ノ便大ニ開ケ一府縣内ヲ來往スルカ如キハ極メテ容易ノ業ナルヲ以テ其職務執行區域ヲ狹隘ナル區裁判所ノ管轄區域ニ局限スルノ必要ナク寧ロ之ヲ擴張スルコトハ囑託人其他ニ於テ至大ノ便宜ナリト謂ハサルヘカラス何トナレハ公證人ハ遺言證書又ハ拒絕證書ヲ作成スル場合其他私權ニ關スル事實證明ノ證書ヲ作成スル場合ニ於テ其役場外ニ出張シテ職務ヲ執行スヘキ場合ハ極メテ頻繁ナルヘク又囑託人ハ自己ノ最モ信用スル公證人ニ依リテ其囑託事項ノ處理セラルルコトヲ希望スルハ普通ノ狀態ナルヲ以テ公證人ノ職

務執行區域カ擴張セラレ多數ノ公證人カ同一ノ權限ヲ有スルニ至ルトキハ囑託人ハ自由ニ自己ノ信頼スル公證人ヲ選擇スルコトヲ得ヘケレハナリ之レ本法ニ於テ上述ノ如ク公證人ノ職務執行區域ヲ擴張シタル所以ナリ

本法起草ノ際管轄區域ヲ擴張セハ公證人間ニ競爭ノ弊ヲ助長スヘシトノ異論多カリシモ地方ニ於テハ一區裁判所管内ニ公證人一人ヲ配置シタルモノ多ク又全ク配置ナキ管內尠シトセス而シテ今日マテノ例ニ徵セハ重病者ノ囑託ニ因リ遺言證書ヲ作成シ又ハ拒絕證書財產目錄ヲ作成スル場合ノ外役場外ニ於テ取扱フヘキ事件ナク之レトテ一公證人ニ於テ年一二件多クモ五六件ニ過キサレハ毫モ競爭ノ弊アルコトナシ他方ニ於テハ公證人ノ配置アリト雖モ除斥セラルヘキ理由存スル爲メ事實上職務ヲ行フコト能ハサル場合アリ又囑託人ノ所在ニ依リテハ隣區ノ公證人ニ囑託スルヲ距離又ハ道路ノ關係上便利トスル場合アルヘキヲ以テ寧ロ前段說明ノ如ク囑託人ヲシテ信頼スル公證人ニ據ラシムルノ自由ヲ得セシムルハ社會ノ公益ナリト謂フヘシ

第二款　職務執行ノ場所

職務執行ノ場所トハ公證人カ現實ニ其職務ヲ行フヘキ所ノ謂ニシテ前欵ニ述ヘタル職務執行區域內ノ或地點ヲ意味スルモノトス而シテ公證人ハ司法大臣ノ指定シタル地ニ役場ヲ設ケ其役場ニ於テ職務ヲ行フコトヲ要スルモノニシテ(一八)自己ノ職務執行區域內ト雖モ濫ニ役場外ニ出テテ職務ヲ行フコトヲ得ルモノニ非ス但此原則ニ對シテハ後ニ述フル如ク二箇ノ例外アリ

公證人ノ役場ハ公吏タル公證人カ其職務トシテ國家ノ非訟事件ヲ取扱フ所ノ場所ナルヲ以テ一ノ公衙ナルコト言ヲ俟タスト雖モ行政法上官廳ト同視セラルル公署ニアラス行政法上官廳又ハ公署ト稱スルハ國家ノ機關其者ヲ指稱スル抽象的ノ意義ニ外ナラスシテ國家ノ機關カ職務ヲ行フ場所卽チ建物ノ謂ヒニ非ス然レトモ我國ニ於ケル官廳公署ナル文字ハ其用例區々ニシテ或ハ國家ノ機關其物ヲ指スコトアリ例ヘハ裁判所ノ判決ト云フカ如シ或ハ又國家ノ機關カ職務ヲ行フ場所ヲ意味スルコトアリ例ヘハ裁判所ニ於テ辯論ヲ業トスル訴訟代理人ト云フカ如シ(民訴一二七)故ニ理論上ノ意義ニ於テハ公證人役場ハ公署ニアラスト雖モ或種ノ法律上ニ於テ公署ト認メラルル場合尠カラス例ヘハ舊刑法ノ適用セラルル公署新刑法ニ

於ケル公務所ノ如シ
又公證人役場ハ司法大臣ノ指定シタル地ニ設クヘキモノナレトモ嚮ニ述ヘタル如ク公證人ノ員數ハ區裁判所ノ管轄區域毎ニ之ヲ定ムヘキモノナルヲ以テ(一〇)司法大臣ハ其員數ニ相當スル公證人ノ役場所在地ヲ各別ニ區裁判所ノ管轄區域内ノ重要ナル地ニ指定スヘク其役場ハ一公證人毎ニ一箇ヲ必要トスルヲ以テ一公證人カ數箇ノ役場ヲ設ケ又ハ一箇若クハ數箇ノ出張所ヲ設クルコト能ハサルハ勿論數人ノ公證人カ共同シテ一箇ノ役場ヲ設クルコトヲ得ルモノニ非ス又公證人ハ司法大臣ノ指定ニ從ヒ其場所ニ自己ノ役場ヲ設置シ其役場内ニ住居スヘキモノナレトモ特別ノ理由アルトキハ司法大臣ノ許可ヲ得テ役場外ニ居住スルコトヲ得ヘシ但此場合ニ於テモ其職務ハ常ニ役場ニ於テ執行スルコトヲ要シ自宅ニ於テ執務スルコトヲ得サルナリ又公證人カ本法第六十三條第六十四條ニ依リ他ノ公證人ノ職務ヲ代理スル場合ニ於テハ其代理セラルル公證人ノ役場ニ於テ其代理スヘキ職務ヲ行フヘク(六五)又公證人カ懲戒處分ニ因リ停職ニ處セラレタル爲メ其衆務ヲ命セラレタル公證人カ職務ヲ行フ役場ハ停職者ノ役場ナリトス(七二)

以上述ヘタル如ク公證人カ其役場ニ於テ職務ヲ行フコトヲ要スルハ一種ノ職務上ノ義務ナルヲ以テ若シ公證人カ役場外ニ於テ其職務ヲ行ヒタルトキハ時ニ懲戒ニ付セラルルコトアルヘキハ勿論法律上其職務行爲ハ無效ニ屬スルモノト謂ハサルヘカラス此原則ニ對シテハ以下ニ掲クル二箇ノ例外アリテ其例外ニ屬スル場合ニ於テハ役場外ニ於テモ有效ニ其職務ヲ行フコトヲ得ルモノトス

第一　事件ノ性質カ許ササル場合

公證人ハ自己ノ役場內ニ於テ其職務ヲ行フコトヲ要スルモノナルヲ以テ特別ノ規定ナキ以上ハ役場外ニ出張シテ其職務ヲ行フコトヲ得ルモノニアラス從テ事件ノ性質上役場內ニ於テ其職務ヲ行フコト能ハサル場合ニ於テハ全然其職務權限ヲ有セサルノ結果ヲ生スヘシ之レ舊法ニ於テモ已ムコトヲ得サル事件ニ付テハ受持區內ニ限リ役場外ニ於テ其職務ヲ行フヘシト規定セル所以ニシテ(舊法四ノ)本法ニ於テモ亦特ニ此例外ヲ認メタリ蓋本法ニ於テハ公證人ニ法律行爲以外ノ事實證明ニ關スル公正證書作成ノ權限ヲ與ヘタルヲ以テ事件ノ性質上役場外ニ於テ其職務ヲ行フノ必要ナル場合多キハ勿論ニシテ一層右ノ例外規定ヲ必要トスルコト論ヲ俟

タサレハナリ
事件ノ性質上公證人カ役場內ニ於テ其職務ヲ行フコト能ハサル場合ナルヤ否ヤハ固ヨリ箇々ノ事件ニ付キ公證人カ自己ノ常識ニ依リテ之ヲ判斷スルノ外ナク茲ニ之ヲ概論スルコト能ハスト雖モ法律行爲以外ノ事實證明ニ關スル公正證書ヲ作成スル場合ニ於テハ多ク其類例ヲ發見スルコトヲ得ヘシ例ヘハ公證人カ山林ノ面積形狀又ハ立木ノ數量種類等ニ關スル事實ニ付キ證書ヲ作成スルニハ先ツ其山林ニ臨ミテ實際上ノ狀況ヲ目擊スルコトヲ要シ又會社其他組合ノ總會ニ於ケル議事ヲ錄取シテ證書ヲ作成スルニハ其會場ニ臨ミテ自ラ株主又ハ會員ノ陳述ヲ聽取スルコトヲ要シ又財產目錄ヲ調製スルニハ財產ノ所在ニ就キ其物ヲ實驗シテ之ヲ調製スルヲ要スルヲ以テ事件ノ性質上役場內ニ於テ其職務ヲ行フコト能ハサルハ明カナリ然レトモ法律行爲ニ關スル證書ヲ作成スル場合ニ於テ當事者カ病氣其他ノ理由ニ依リ公證人役場ヘ出頭スルコト能ハサルカ如キ場合ニ於テモ公證人ハ當事者ノ所在地ニ就キ職務ヲ行フコトヲ得ス何トナレハ斯ル場合ニ於テハ其當事者ハ代理人ヲシテ公證人役場ニ出頭セシメ以テ完全ニ其囑託ヲ爲スコトヲ得ルニ依リ

事件ノ性質カ役場ニ於テ職務ヲ行フコトヲ許サヽル場合ニ該當セサレハナリ但遺言證書ノ作成ニ付テハ別段ノ規定アリ次ニ述フヘシ

第二　法令ニ別段ノ定アル場合

公證人ハ其役場ニ於テ職務ヲ行フコトヲ要スルヲ原則トスレトモ本法其他ノ法令ニ於テ別段ノ定メアル場合ニ於テハ因ヨリ役場外ニ於テ其職務ヲ行フコトヲ得ルモノトス蓋其法令ニ於テ各特別ナル立法上ノ理由ニ因リ特ニ例外規定ヲ掲ケタル場合ニ付テハ本法ノ原則ヲ强行スルコト能ハサルヲ以テナリ現行ノ法令中ニ於テ公證人ノ職務ヲ行フヘキ場所ニ關シ別段ノ定メアル場合ハ其例多カラス之ヲ擧クレハ左ノ如シ

一、遺言證書作成ノ場合

公證人カ遺言證書ヲ作成スルノ權限ヲ有スルコトハ民法ノ規定スル所ニシテ其規定ノ內容ニ付テハ後ニ之ヲ詳述スルカ如シ（第七章第一節參照）而シテ公證人カ遺言證書ヲ作成スル場合ニ於テハ公證人ハ其役場ニ於テ職務ヲ行フコトヲ要ストノ規定ハ其適用ナキモノトス（五七）故ニ公證人カ遺言證書ノ作成ヲ

囑託セラレタルトキハ如何ナル場所ニ於テ其證書ヲ作成スルモ隨意ニシテ公證人ノ役場ハ勿論其遺言者ノ住所居所又ハ一時ノ滯在所ニ於テモ有效ニ其證書ヲ作成スルコトヲ得ヘシ蓋遺言ハ遺言者ノ死後ニ效力ヲ生スル法律行爲ナルヲ以テ老衰又ハ疾病者ノ如ク死期ノ漸ク接近シタル場合ニ爲スハ實際上ニ於ケル狀態ニシテ遺言ヲ爲サントスル者カ公證人役場ニ出頭スルコトヲ困難トスル場合多ク又社會ノ上流ニ在ル者例ヘハ高位高官又ハ華族ノ身分ヲ有スル者カ遺言ヲ爲サント欲スル場合ニ於テモ遺言ハ他ノ法律行爲ト異ナリ其性質上代理人ニ依リテ之ヲ爲スコト能ハサルニ拘ハラス現在ノ公證人中斯ル遺言者ヲ迎フルノ設備アル役場ヲ有スル者多カラサルヲ以テ寧ロ公證人カ其遺言者ノ所在ニ就キ遺言證書ヲ作成スルモノトスルハ實際上極メテ便宜ナルヲ以テナリ

二、拒絕證書作成ノ場合

公證人カ拒絕證書ヲ作成スルノ權限ヲ有スルコトハ商法ノ規定スル所ニシテ其規定ノ詳細ハ後ニ至リテ之ヲ說明スルカ如シ(第七章第三節參照)ト雖モ拒絕

證書ハ手形ノ引受又ハ支拂ヲ求メ其拒絶アリタル場合ニ於テ其引受人又ハ支拂人ノ營業所若シ營業所ナキトキハ其住所又ハ居所ニ於テ作成スルコトヲ要シ其者ノ承諾アル場合ノ外他ノ場所ニ於テ之ヲ作成スルコト能ハス又其者ノ營業所住所又ハ居所カ知レサルトキハ拒絶證書ヲ作ルヘキ公證人ハ其地ノ官署又ハ公署ニ問合ヲ爲スコトヲ要シ若シ其問合ヲ爲スモ營業所住所又ハ居所カ知レサルトキハ其役場又ハ官署若クハ公署ニ於テ拒絶證書ヲ作ルコトヲ得ルモノナルコトハ商法第四百四十二條ノ明定スル所ナルヲ以テ公證人カ拒絶證書ヲ作成スル場合ニ於テハ常ニ此規定ニ從フコトヲ要シ本法第十八條ニ依リ公證人役場ニ於テ其證書ヲ作成スルコトヲ得ルモノニアラス

以上第一第二ニ說明シタル如ク公證人カ例外ノ規定ニ依リ其役場外ニ出テテ職務ヲ行フヘキ場合ニ於テモ前款ニ述ヘタル職務執行ノ區域ニ關スル規定ノ適用ヲ受クヘキコト言ヲ俟タス卽チ公證人ハ事件ノ性質カ許ササルトキ又ハ法令ニ別段ノ定メアル場合ニ於テハ例外トシテ其役場外ニ於テ職務ヲ行フコトヲ得ルモノナレトモ其職務執行ノ場所ハ必ス自己ノ管轄區域內タルコトヲ要スルモノトス故ニ

例ヘハ東京地方裁判所所屬ノ公證人ハ其役場カ東京市內ニ在ルト八王子ニ在ルトヲ問ハス小笠原島ニ出張シテ其職務ヲ行フコトヲ得ヘシト雖モ神奈川縣下ニ到リテ執務スルノ權ナキカ如シ

公證人ハ司法大臣ノ指定シタル地ニ其役場ヲ設クヘキモノナルコト(一八)ハ上述ノ如シ之レ公證人ノ配置ヲ司法大臣ニ委任シタルモノニシテ司法大臣ハ公證事務ノ發達普及シタル地方ト然ラサル地方トニ因リ其狀況ニ鑑ミ公證人ノ員數ヲ定メ(一〇)東西相對シ南北相應スト云フカ如キ適當ノ地ニ公證人ノ役場ヲ指定スヘキハ論ヲ俟タス若シ然ラスシテ其配置宜シキヲ得サルトキハ競爭ノ弊ヲ燦ナラシムルニ至ルヘシ

舊法ニ依リ公證人ノ設ケタル役場ハ本法ニ依ル役場トシ(八九)又本法施行前ニ著手シタル公證人ノ職務上ノ行爲ハ本法ニ依リ完結スヘキモノトス(九二)

第二節　公證人ノ身元保證金及ヒ印鑑

第一欵　身元保證金ノ納付

第一　身元保證金ノ性質

公證人ハ任命ノ辭令書ヲ受ケタル後一定ノ期間内ニ所屬地方裁判所ヘ身元保證金ヲ納付スルコトヲ要シ此身元保證金ヲ納付セサル間ハ其職務ヲ行フコトヲ得サルモノトス(一九)故ニ身元保證金ノ納付ハ公證人カ職務ノ執行ニ著手スルノ前提要件ニシテ公證人カ任命後法定期間内ニ此義務ヲ履行セサルトキハ司法大臣ハ其公證人ヲ免職スルコトヲ得ルモノトス(一五)

本法ノ外官吏又ハ公吏カ法令ノ規定ニ依リテ身元保證金ヲ納付スルノ義務ヲ負フ場合ハ其例極メテ多シ例ヘハ會計官吏、市町村ノ收入役、執達吏ノ如シ是等ノ官公吏ノ身元保證金ハ公法上ノ必要ヨリ國家ノ命スルモノニシテ之ヲ納付スルノ義務ハ一種ノ公法上ノ義務ナルコト勿論ナレトモ一旦此義務カ履行セラレタルトキハ其身元保證金ニ關スル國家ト官公吏トノ關係ハ純然タル私法上ノ關係ニ屬スルモノニシテ此點ニ於テハ會社ノ雇人カ會社ニ對シテ納付スル身元保證金ノ如キ私人相互間ニ於ケル契約上ノ身元保證金ト其性質ヲ同フスルモノトス

然レトモ官公吏ノ保證金ノ私法上ニ於ケル性質ニ付テハ學説區々ニシテ常ニ爭

論ノ絕エサル所ナリ凡ソ官吏公吏ノ身元保證金ナルモノハ或特定ノ職務ニ從事スル者カ其職務ノ執行上ニ於テ負擔スルコトアルヘキ債務ノ履行ヲ確保スル爲メニ供スル金錢其他ノ物ノ謂ヒニシテ多數ノ學者ハ國家カ其保證金ノ上ニ質權ヲ取得スルモノトナシ只其質權ノ目的物ニ付テハ學說二種ニ分レ甲說ニ依レハ一定ノ金額卽チ代替物ノ上ニ質權カ存スルモノトシ乙說ニ依レハ其保證金ノ返還ヲ受クヘキ債權ノ上ニ存スルモノ卽チ權利質ナリトスルニ在レトモ質權ハ他物權ノ一種ニシテ他人ノ物ノ上ニノミ成立スルコトヲ得ヘキ權利ニシテ卽チ質權ハ特定物ノ占有ヲ要素トスルモノナルヲ以テ代替物タル一定ノ金額ノ上ニ質權カ成立スルモノトナスハ質權ノ本質ニ反スル見解ニシテ正當ナラス又權利質ノ成立スルニハ第三債務者ノ存在ヲ前提トスルモノナレハ自己ニ對スル債權ヲ以テ權利質ノ目的ト爲スコトヲ得トノ論定ハ我民法ノ規定ニ背馳スル見解ナリト謂ハサル可カラス何トナレハ權利質ノ成立要件トシテ保證金ノ受取證書ヲ質權者ニ交付スルコトヲ要スルヲ以テ(民三六三)官公吏カ國家ヨリ受取リタル受取證書ヲ再ヒ國家ニ交付スルノ不當ナル結果ヲ生スヘク又質權ヲ第三者ニ對抗スルニハ第三債務者ニ質權ノ設定

ヲ通知シ又ハ第三債務者カ之ヲ承諾スルコトヲ要スルニモ拘ラス身元保證金ニ付テハ此要件ヲ充タスコト能ハサルヘク(民三六四)其他民法ノ定メタル方法ニ依リ質權ヲ實行スルコトヲ得サルカ如キ(民三六七、三六八、)數多ノ不都合ヲ生スヘケレハナリ從テ國家カ官公吏ノ身元保證金ノ上ニ質權ヲ取得スル者ナリトノ見解ハ右甲乙兩說共ニ失當ナリトセサルヲ得ス余輩ノ信スル所ニ依レハ官公吏ノ身元保證金ハ擔保ノ目的ヲ以テ國家ニ或金額ヲ納付シ官公吏タル身分關係ノ消滅シタル場合ニ於テ其官公吏カ國家其他ノ者ニ對シ履行スヘキ債務ナキトキハ國家ハ其金額ヲ返還シ否ラサル場合ニハ其對當額ヲ控除シタル殘額ヲ返還スヘキ債務ヲ負フ者ニシテ即チ其官公吏ハ身元保證金ノ所有權ヲ國家ニ移轉シテ隨意ニ之ヲ處分スルコトヲ得セシメ國家ハ其官公吏ニ對シ停止條件附返還ノ債務ヲ負擔スルモノトス換言スレハ其官公吏カ辭職轉職等ニ因リ身元保證金ノ納付ヲ要スル身分ヲ喪失シタル場合ニ於テ其保證金ニ因リ擔保セラルル債務ナキトキ又ハ其債務アルトキハ之ヲ保證金中ヨリ控除シテ殘額アルトキトノ二個ノ停止條件ノ下ニ國家カ其金額ヲ返還スルノ債務ヲ有スルモノト解スルナリ故ニ其條件ノ到來シタルトキハ其官公吏タリシ者ハ國家ニ對シ其保證金ノ返還ヲ請求スルコトヲ得ヘク國家カ任意ニ其債務ヲ履行セサルトキハ民事訴訟ノ方法ニ依リ之カ履行ヲ強要スルコトヲ得ヘク又其權利ハ自由ニ讓渡拋棄其他ノ處分ヲ爲スコトヲ得ルモノトス

第三　身元保證金ノ擔保スル債權

公證人ノ身元保證金モ亦如上ノ性質ヲ有スルモノニシテ其保證金ハ左ノ順序ニ依リ其債務ノ履行ヲ擔保スルモノトス

一、公告費用

公告費用トハ國家カ公證人ニ身元保證金ヲ還付スヘキ場合ニ於テ其身元保證金ノ上ニ權利ヲ有スル者ニ對シ六箇月ヲ下ラサル期間內ニ其債權ヲ申出ツヘキ旨ヲ公告スル爲メニ要スル費用ヲ謂フ此公告費用ハ他ノ公課及ヒ債權ニ先チ身元保證金ヲ以テ之ニ充ツルモノトス(二〇)

二、過料

過料ハ公證人ニ對スル懲戒ノ一種ニシテ公證人カ職務上ノ義務ニ違反シタルトキ又ハ品位ヲ失墜スヘキ行爲アリタルトキハ其情狀ニ依リ千圓以下ノ過料

其他ノ懲戒ニ付スヘキコト及ヒ其過料ヲ公證人カ任意ニ納付セサルトキハ検事ノ命令ヲ以テ強制執行ヲ爲スコトヲ得ルハ既ニ第二章第七節ニ於テ述ヘタル所ナリ而シテ此場合ニ於テハ身元保證金ヲ以テ前項ニ述ヘタル公告費用以外ノ公課及ヒ債權ニ先チ其過料ノ辨濟ニ充當スルモノトス（八四）

公證人カ任意ニ其過料ヲ完納セサルトキハ上述ノ如ク身元保證金ヲ以テ之ニ充ツルモノナルヲ以テ其身元保證金ニ不足ヲ生スヘキコト勿論ナリ此場合ニ於テハ司法大臣ハ其公證人ニ對シ身元保證金ノ補充ヲ命シ公證人カ法定期間內ニ其不足額ヲ補充セサルトキハ司法大臣ハ其公證人ヲ免職スルコトヲ得ルモノトス（一九、一五）

三、公租及ヒ他ノ債權

身元保證金ハ既ニ述ヘタル如ク公證人タル身分ノ消滅セル場合ニ於テ或ル條件ノ下ニ國家カ公證人ニ返還スヘキ債務ヲ負フモノニシテ其債務ハ一種ノ私法關係ナルヲ以テ公證人ノ方面ヨリ觀察スレハ國家ニ對スル一ノ私權ニ外ナラス故ニ其公證人ニ對スル總テノ債權者ハ公證人カ國家ニ對シテ有スル身

元保證金ノ返還請求權ニ對シ強制執行ヲ爲スコトヲ得ルヤ言ヲ俟タス而シテ租税ハ他ノ債權ニ先チテ其滯納者ノ財產上ヨリ徵收スルノ效力ヲ有スルヲ以テ若シ公證人カ其身分ヲ喪失シタル場合ニ於テ租税ノ滯納額アルトキハ國家ハ其公證人ノ返還ヲ受クヘキ身元保證金中ヨリ第三順位トシテ其租税ヲ徵收スルコトヲ得ルモノトス又公證人ノ職務上ノ過失ニ因リテ生シタル債權ニ付テハ其身元保證金ニ對シ先取特權ヲ有スルヲ以テ(民三二〇)公證人ノ職務上ノ不法行爲ニ因リ公證人ヨリ損害賠償ヲ受クルノ債權者ハ前揭ノ公告費用、過料及ヒ租税ヲ控除シタル殘額ニ付キ第四順位トシテ其賠償額ノ辨濟ヲ受クルコトヲ得ヘク其他ノ公證人ニ對スル債權者ハ平等ノ順位ニ於テ身元保證金ヨリ配當ヲ受クルコトヲ得ヘシ而シテ以上ニ述ヘタル各種ノ債權者ハ民事訴訟法ノ規定スル債權差押ノ方法ニ依リ適當ナル配當ヲ受クヘキモノトス

第三　身元保證金ノ額

公證人ノ納付スヘキ身元保證金ノ額ハ土地ノ狀況ニ從ヒ三百圓以上千圓以下ノ範圍ニ於テ司法大臣之ヲ定ム蓋公證人ノ身元保證金ハ主トシテ過料又ハ公證人ノ損

害賠償義務ノ履行ヲ擔保スルヲ目的トスルモノニシテ取扱フヘキ事件ノ多少ハ公證人カ是等ノ義務ヲ負擔スル場合ノ多少ニ影響アルコト勿論ナルヲ以テ繁榮ナル都市ニ在リテ多數ノ事件ヲ取扱フヘキ公證人ト邊陬ナル鄙邑ニ在リテ僅少ナル事件ヲ取扱フヘキ公證人トニ付キ其身元保證金ノ數額ニ區別ヲ設クルコト至當ナレハナリ又公證人カ過料ニ處セラレ旣納ノ保證金額ニ不足ヲ生シタルトキハ司法大臣ハ其補充ヲ命スヘキコト上述ノ如シ(一九)舊法ノ規定ニ依リ納付シタル身元保證金ハ本法ニ依ル保證金ト看做サレ本法ニ依リ不足ヲ生スルモ之ヲ補充スルノ要ナキモノトス(九〇)

第四　身元保證金納付ノ時期

公證人ハ任命ノ辭令書ヲ受ケタル日ヨリ十五日以内ニ所屬地方裁判所ニ身元保證金ヲ納付スヘキモノトス又公證人カ一旦身元保證金ヲ納付シタル後不足ヲ生シ其補充ノ命令アリタルトキハ其日ヨリ起算シテ三十日以内ニ其不足額ヲ補充セサル可カラス蓋屢々述ヘタルカ如ク身元保證金ハ公證人カ其職務ヲ行フニ必要ナル前提條件ニシテ此要件ヲ履行セサル間ハ其職務ヲ行フコトヲ得サルモノナルヲ以テ

身元保證金ノ納付ノ期間ヲ嚴定セサルトキハ公證人ノ任命ハ全ク有名無實ニ歸スヘケレハナリ

第五　身元保證金ノ還付

身元保證金ノ納付ハ特定ノ官吏又ハ公吏タル身分ニ伴フ特別ノ義務ニシテ其官吏公吏タル身分ノ消滅シタルトキハ同時ニ身元保證金納付ノ義務モ亦消滅スルヲ以テ公證人カ辭職轉職又ハ死亡等ニ因リ其身分ヲ喪失シタルトキハ既納ノ身元保證金ヲ還付スヘキコト言ヲ俟タス

然レトモ身元保證金ハ上述ノ如ク公證人ノ各種ノ債務ヲ擔保スルモノナルヲ以ヲ右ノ理論ニ拘泥シ公證人タル身分ノ喪失ト同時ニ之ヲ還付スルトキハ其身元保證金ニ對シ權利ヲ有スルモノヲシテ遂ニ其權利ヲ行使スルノ機會ヲ逸セシムルニ至ルハ明カナリ故ニ本法ハ公證人ノ身元保證金ヲ還付スヘキ場合ニハ其身元保證金ノ上ニ權利ヲ有スル者ニ對シ六ケ月ヲ下ラサル期間內ニ其權利ヲ主張スヘキ旨ヲ公告スルコトヲ要スルモノトシ以テ其債權者ノ利益ヲ保護セリ從テ公證人ノ身元保證金ニ對シ民法上先取特權ヲ有スル債權者ノ如キハ右ノ公告期間內ニ債權差

押其他ノ適當ナル方法ニ依リ其權利ヲ主張スルコトヲ得ヘシ

而シテ右ニ述ヘタル公告費用ハ第一次ニ身元保證金ヲ以テ之ニ充テ尙其公告期間內ニ權利ヲ主張スルモノアルトキハ身元保證金ヲ以テ其債權ノ辨濟ニ充當スヘキモノナルニ依リ其殘額ヲ公證人ニ還付スヘク否ラサル場合ニ於テハ單ニ公告費用ヲ控除シタル殘額ヲ還付スヘキモノトス又孰レノ場合ニ於テモ身元保證金ハ右ニ述ヘタル公告ノ期間ヲ經過スルニ非サレハ還付スルコトヲ得ス(二〇)

第二款　印鑑ノ提出

公證人ハ其職印ノ印鑑ニ氏名ヲ自署シ之ヲ所屬地方裁判所ニ差出スヘキモノニシテ公證人ハ其印鑑ヲ提出セサル間ハ其職務ヲ行フコトヲ得サルモノトス(二一)蓋公證人カ其職務ヲ行フニ當リ署名又ハ捺印ヲ必要トスル場合ハ其數極メテ多ク其署名及ヒ捺印ハ實ニ公正證書又ハ私署證書ノ認證カ公正ノ效力ヲ保有スルニ必要ナル原素ニシテ公證人ハ他人ヲシテ代署又ハ代印セシムルコトヲ得サルヲ以テ公證人ノ署名ハ必ス自署ナルコトヲ要シ其職印ハ必ス一定スルコトヲ要スルヤ論ヲ俟タス故ニ公證人カ常ニ此職責ヲ履行シ完全ニ署名又ハ捺印ヲナスヤ否ヤハ監督

官ニ於テ嚴ニ之ヲ監視スルコトヲ要シ若シ公證人カ不適法ナル署名又ハ捺印ヲ爲シタルトキハ監督官ハ監督權ノ作用ニ依リ之ヲ矯正スルコトヲ得ヘキハ勿論或ル場合ニ於テハ其公證人ヲ懲戒ニ付スルコトヲ得ヘシ從テ公證人ノ自筆ニ依ル署名及ヒ其職印ハ豫メ監督官ニ於テ之ヲ保存スルノ必要アルコト勿論ナリ之レ本法カ舊法ト同シク公證人ニ豫メ印鑑ノ提出ヲ命シタル所以トス(舊法一〇)只舊法ニ依レハ公證人ノ印鑑ハ所屬地方裁判所及ヒ區裁判所ニ差出スモノトスレトモ本法ニ於テハ公證人ハ地方裁判所ノ所屬ニシテ區裁判所ノ監督ヲ受クヘキモノニ非サルヲ以テ印鑑ヲ區裁判所ニ提出スルコトヲ要セサルモノトセリ

公證人カ右ニ述ヘタル印鑑ヲ所屬地方裁判所ニ差出ササル間ハ其職務ヲ行フコト能ハサルヲ以テ此印鑑ノ提出ハ公證人ノ身元保證金納付ト同シク其職務執行ノ前提條件ナリト謂ハサル可カラス故ニ公證人カ此義務ヲ履行セサル以前ニ於テ爲シタル職務上ノ行爲ハ無效ニシテ固ヨリ公正ノ效力ヲ有スルモノニアラス舊法ニ於テハ此點ニ付キ特ニ明文ヲ揭ケ公證人カ印鑑ヲ差出ササル間ニ職務ヲ行ヒタルトキハ其書類ハ公正ノ效力ヲ有セスト規定セリト雖モ(舊法一〇)之レ公正證書ノ性

質上當然ノ論結ナルヲ以テ本法ニ於テハ斯ル規定ヲ掲ケス何トナレハ公正證書トハ次章ニ述フル如ク官吏又ハ公吏カ其權限内ノ事項ニ關シ適法ノ方式ヲ履行シテ作成シタル文書ヲ謂フモノナルヲ以テ公證人カ職務ヲ行フコト能ハサル時期ニ於テ作成シタル證書カ公正ノ效力ヲ有セサルコト殆ント論ヲ俟タサル所ナレハナリ

第三節　公證人ノ除斥

第一　除斥ノ意義

公證人ノ除斥トハ公證人カ公平ニ其職務ヲ行フコト能ハスト認ムヘキ事件ニ付キ其職務ヲ執行スルノ權限ヲ奪フコトノ謂ニシテ特定ノ場合ニ於テ法律カ一旦公證人ニ付與シタル職務權限ヲ制限シ以テ公證人ノ職務執行ノ公平ヲ維持シ間接ニ公證制度ノ信用ヲ確保スルノ一方法ニ外ナラス蓋公證人ノ職務タルヤ國家ノ一機關トシテ私人相互間ノ權利行爲ニ介入シテ其成立及ヒ效力ヲ確保スルニ在リテ公證人ノ職務上ノ行爲ニ付テハ法律上公正ノ效力ヲ有スルモノナルヲ以テ公證人カ其職務ヲ行フニ當リテハ極メテ公平ニシテ苟モ當事者ノ一方ニ偏頗ノ行爲アルコ

トヲ許サス之レ實ニ公證人ノ職務執行ニ付テノ第一要義ニシテ又公證人ノ職務上ノ行爲ニ威信ヲ保有スルノ一大素因ナリトス故ニ公證人カ囑託ヲ受ケタル事件ニ付キ自己カ或特定ノ關係ヲ有シ公平ニ其職務ヲ行フコト能ハスト認ムヘキ事件ニ付テハ須ラク其公證人ヲシテ當該事件ノ職務執行ヨリ排斥シ豫メ不公平ナル行爲ヲ爲スノ機會ヲ付與セサルヲ相當トス而シテ此制度ノ必要ハ裁判官カ訴訟事件ヲ處理スル場合ニ於テ裁判ノ威信ヲ維持スル爲メ裁判官ノ除斥ヲ必要トスル場合ト毫モ異ナラサルヲ以テ本法ニ於テモ民刑訴訟法ニ倣ヒ公證人ノ除斥卽チ公證人カ職務ヲ行フコト能ハサル場合ヲ規定セリ(二二)

公證人カ職務上ヨリ除斥セラルヘキ場合ハ以下ニ之ヲ分說スル如クニシテ公證人カ其場合ニ該當スル事件ニ付キ職務ヲ行フモ固ヨリ公正ノ效力ヲ有スルモノニ非ス卽チ公證人カ除斥ノ理由アルコトヲ知リタルト否トヲ問ハス又實際不公平ナル行爲ノアリタルト否トニ拘ハラス其行爲ハ全ク職務外ノ行爲ニシテ其公證人ノ作成シタル文書ハ公正證書タルノ性質及ヒ效力ヲ有セス全然一私人ノ作成シタル私署證書ノ效力ヲ有スルニ過キサルモノトス

以上ニ述ヘタル公證人ノ除斥ハ公證人カ他ノ公證人ノ代理ヲ爲ス場合ニモ適用アルモノニシテ其代理者ニ除斥ノ原因アルトキハ其本職ニ除斥ノ原因アルト否トニ拘ハラス其代理トシテ職務ノ執行ヲ爲スコトヲ得サルモノトス(六五)尚公證人ノ代理ニ付テハ既ニ述ヘタル所ナリ

第二　除斥ノ原因

公證人ハ左ノ場合ニ於テ其職務ヲ行フコトヲ得ス(二二)

一、囑託人其代理人又ハ囑託セラレタル事項ニ付キ利害關係ヲ有スル者カ公證人ノ配偶者、四親等內ノ親族又ハ同居ノ戶主若クハ家族タルトキ親族關係カ止ミタル後亦同シ以下之ヲ分說セム

（イ）囑託人トハ公正證書ノ作成又ハ私署證書ノ認證其他公證人ノ職務權限ニ屬スル事項ニ付キ公證人ニ其職務ノ執行ヲ囑託スル者ヲ謂ヒ本法第一條ニ所謂當事者其他ノ關係人ヲ指稱スルモノトス而シテ廣ク囑託人トアルヲ以テ自然人及ヒ法人ヲ包含スルコト勿論ナレトモ本號ハ囑託人ト公證人トノ親族關係アル場合ノ規定ナルヲ以テ玆ニ所謂囑託人ナル語ハ法人ニ適用ナ

キコト言ヲ俟タス

玆ニ注意スヘキハ囑託人ノ意義カ舊法ト異ナルコト是ナリ舊法ニ於テハ常事者ナルト代理人ナルトヲ問ハス直接ニ證書ノ作成ヲ囑託スル者ヲ指稱シタルモ(舊法二八、二九、三五、四〇、)本法ニ於テハ囑託本人ヲ指稱シ其代理人ヲ包含セサルナリ

(ロ) 囑託人ノ代理人トハ或事項ニ付キ公證人ニ其職務ノ執行ヲ囑託スルノ代理權限ヲ有スル者ヲ謂ヒ法律上ノ代理人例ヘハ市町村等ノ公法人又ハ會社社團若クハ財團等ノ私法人ノ代表者未成年者ノ親權者、後見人、禁治產者ノ後見人ノ如キ及ヒ委任ニ因ル代理人ヲ總稱スルモノトス

(ハ) 囑託事項ニ付キ利害關係ヲ有スル者トハ財產上ナルト身分上ナルトヲ問ハス廣ク其囑託事項ニ付キ權利義務ノ利害關係ヲ有スルモノヲ總稱ス例ヘハ消費、貸借契約證書ヲ作成スヘキ場合ニ於ケル其保證人ノ如キ後見人又ハ家督相續人指定ノ遺言證書ヲ作成スヘキ場合ニ於ケル其被指定者ノ如シ

(ニ) 配偶者トハ夫婦ノ一方ヨリ他ノ一方ヲ指ス語ナリ故ニ公證人ノ妻カ囑託

人其代理人又ハ囑託事項ニ付キ利害關係ヲ有スル場合ニ適用アリ

(ホ)　四親等内ノ親族トハ直系タルト傍系タルト尊屬ナルト卑屬ナルト又血族ナルト姻族ナルトヲ問ハス故ニ公證人ノ高祖父母以下玄孫ニ至ル直系及姪孫、從兄弟姉妹、伯叔祖父母マテノ傍系ヲ包含スル者トス但姻族關係ニ在リテハ三親等内ニ非サレハ親族トナラサルヲ以テ四親等ノ姻族ヲ包含セス即チ公證人ノ妻ノ伯叔祖父母、從兄弟姉妹及ヒ姪孫カ右(イ)(ロ)(ハ)ニ掲ケタルモノニ該當スルトキト雖モ公證人ハ除斥セラルルコトナシ

(ヘ)　同居ノ戸主若クハ家族トハ公證人ト同棲スル公證人ノ戸主又ハ家族ノ謂ヒナルヲ以テ其戸主又ハ家族カ公證人ノ親族ナルトキハ勿論親族タラサルモノト雖モ戸籍上ノ戸主又ハ家族タル者總テヲ包含ス民法上家族トハ戸主ノ親族ニシテ戸主ト同一戸籍ニ在ルモノヲ指稱スルヲ以テ(民七三二)右(イ)(ロ)(ハ)ニ掲ケタル者カ公證人ノ戸主又ハ家族ナルトキハ同時ニ公證人ノ親族ナルコト多カルヘシ從テ右(ニ)(ホ)ニ該當スル爲メ除斥ノ原因トナルヘシト雖モ公證人ノ戸主又ハ家族ニシテ公證人ノ親族ナラサル場合モ亦尠カラス(民七

三二ノ一、七三八、民施六二)
又公證人ノ戸主又ハ家族ト雖モ公證人ト同棲セサル者ニ付テハ其者カ右(イ)(ロ)(ハ)ニ該當スル場合ニ於テモ公證人ハ其職務上ヨリ除斥セラルルコトナシ例ヘハ公證人ト別居スル父母兄弟ノ親族カ囑託人タル場合ノ如シ

(ト) 親族關係ノ止ミタル後亦同シトハ右(イ)(ロ)(ハ)ニ掲ケタル者ト公證人トノ間ニ養子縁組又ハ婚姻ニ因リテ一旦親族關係カ生シタル後養子離縁又ハ離婚ニ因リテ其親族關係ノ消滅シタル場合ヲ謂フ詳細ハ民法ノ規定ヲ參照スヘシ(民七二九、七三〇)

二、公證人カ囑託人又ハ其代理人ノ法定代理人又ハ保佐人タルトキ

(イ) 囑託人又ハ其代理人ノ意義ニ付テハ前項ノ説明ヲ看ルヘシ

(ロ) 法定代理人トハ法律ノ規定ニ依リ當然代理關係ヲ生シ其代理權限モ亦法律ノ規定ニ依リ定マルモノヲ謂フ例ヘハ未成年者ノ親權者、後見人、禁治産者ノ後見人民法上ノ法人ノ理事、不在者ノ管理人、相續人ナキ財産ノ管理人、合名會社合資會社ノ代表社員、株式會社ノ取締役ノ如キ又ハ國務大臣府縣知事市

町村長、其他ノ公法人ノ代表者ノ如シ

（ハ）保佐人トハ準禁治産者カ完全ニ或法律行爲ヲ爲スニ付キ其同意ヲ得ルコトヲ要スル機關ヲ謂ヒ固ヨリ法定代理人ニ非ス（民一一、一二）

三、公證人カ囑託セラレタル事項ニ付キ利害ノ關係ヲ有スルトキ

利害關係ノ意義ニ付テハ前掲一ノ（ハ）ニ說明シタル所ヲ看ルヘシ

舊法ニ於テハ公證人ハ自己ノ爲メニ證書ヲ作成スルコトヲ得スト規定セリト雖モ（舊法三六）本法ニ於テハ汎ク公證人カ囑託セラレタル事項ニ付キ利害關係ヲ有スルトキト規定シ公證人カ其囑託事項ノ當事者又ハ其他ノ關係人ナルトキハ勿論苟モ利害關係ヲ有スル總テノ場合ヲ包含セシメタルヲ以テ公證人カ自己ノ爲メニ其職務ヲ行フコトヲ得サルハ此規定ニ依リ明白ナリ

四、公證人カ囑託セラレタル事項ニ付キ代理人若クハ輔佐人タルトキ又ハ曾テ代理人若クハ輔佐人タリシトキ

（イ）代理人トハ法定代理人及ヒ委任代理人ヲ包含ス詳細ハ前掲一ノ（ロ）及ヒ二ノ（ロ）ノ說明ヲ看ルヘシ

（ロ）輔佐人トハ訴訟代理人ニ非スシテ訴訟ノ當事者ト共ニ裁判所ニ出頭シ原告又ハ被告ノ訴訟行爲ヲ補助スルモノヲ謂フ（民訴七一）保佐人ト異ナルコトニ注意スヘシ

以上一乃至四ニ掲ケタル場合ニ於テハ公證人カ直接又ハ間接ニ其囑託事項ニ付キ利害ノ關係ヲ有スルコト明カニシテ若シ公證人カ其事項ニ付キ職務權限ヲ有スルモノトセハ勢ヒ其相手方ニ不利益ナル行爲ヲ爲シ公平ヲ失スルノ嫌アルヲ以テ本法ニ於テハ以上ノ如ク除斥ノ原因ヲ限定シ其場合ニ該當スル事項ニ付テハ公證人ハ職務權限ヲ有セサルモノトセリ

第四節　公證人ノ署名

第一　公證人署名ノ性質及ヒ方式

公證人ノ署名及ヒ捺印ハ公證人カ公正證書ヲ作成シ又私署證書ニ認證ヲ與ヘ其他他ノ法律ノ定メタル職務ヲ執行スルニ當リ必要缺ク可カラサル要件ニシテ若シ公證人カ署名捺印ヲ爲サス又ハ不適法ナル署名捺印ヲ爲シタルトキハ縱令其公證

人カ自ラ作成シタル證書ナルコト明カナル場合ト雖モ其證書ハ公正證書トシテ公正ノ效力ヲ保有スルモノニ非ス從テ公證人ノ署名捺印ハ公證人ノ職務ノ執行ニ付キ極メテ重要ナルヲ以テ本法ニ於テハ公證人ノ署名ニ付キ特ニ其方式ヲ一定シタリ又職印ニ付テハ施行規則ニ於テ之ヲ定ムヘキナリ

署名ノ性質トシテ署名者ノ自筆ヲ要スルヤ否ヤハ曾テ多少ノ議論アリタル所ナレトモ今日ニ於テハ學說判例共ニ一致シテ自筆ヲ要スルモノトスルニ至レリ蓋署名ナルモノハ證書作成者ノ表示ニシテ法律カ或文書ニ作成者ノ署名ヲ必要トスル所以ハ其文書ノ成立ヲ確保シ僞造又ハ變造ヲ豫防スルノ法意ニ外ナラサルヲ以テ他人ノ代筆ヲ以テ署名ヲ爲スコトヲ得ルモノトスルハ署名ノ本質ニ反スルコト明カナリ故ニ公證人カ本法ニ依リ署名スヘキ場合ニ於テモ公證人自ラ之ヲ署スルコトヲ要シ他人ヲシテ代筆セシムルコトヲ得サルハ勿論活版木版又ハ謄謨印ノ如キ器具ニ依リテ署名ヲ爲スコトヲ得ルモノニ非ス然レトモ公證人カ自ラ其氏名ヲ署シタル以上ハ其肩書ニ記載スヘキ事項ハ自書スルコトヲ要セス或說ニ依レハ以下ニ揭クル署名ノ方式ニ關スル記載ハ總テ公證人カ之ヲ自署スルニ非サレハ署名ノ

効ナシト論スレトモ氏名以外ノ記載ハ舊法第三十四條第一項ニ所謂「公證人ハ某區裁判所管内某地住居ト肩書スヘシ」トアルニ該當シ其肩書ニ過キサル記載ニ至ルマテ公證人ノ自署ヲ要スト解スルハ本法ノ律意ニ適合セサルモノト謂フヘシ

公證人ノ署名ノ方式ニ付テハ各場合ニ依リ其規定ヲ異ニスルヲ以テ左ニ之ヲ掲ケム

一、普通ノ場合

公證人カ職務上署名スルトキハ其職名、所屬及ヒ役場所在地ヲ記載スヘキモノトス(二一三)卽チ左例ノ如シ

某地方裁判所所屬

府縣 市郡 町村 番地

公證人 何 某

二、公證人ノ代理者ノ署名

公證人カ疾病其他已ムコトヲ得サル事由ニ因リ職務ヲ行フコト能ハサル爲メ他ノ公證人ニ其職務ノ代理ヲ爲サシムル場合ニ於テ(六三、六四)其代理者カ職務

上署名ヲ爲スニハ前項ノ方式ニ依ル外代理セラルル公證人ノ職氏名、所屬、役場所在地ノ外其代理者タルコトヲ記載スヘキモノトス（六五）即チ左例ノ如シ

某地方裁判所所屬
何府縣郡市町村番地公證人某
右代理者某地方裁判所所屬
府縣郡市町村番地
公證人　何　某

三、兼務公證人ノ署名

公證人カ死亡、免職、失職又ハ轉屬シテ直ニ後任者ノ任命ナキ爲メ又ハ公證人カ懲戒處分ニ因リ停職ニ處セラレタル爲メ所屬地方裁判所長ヨリ其兼務ヲ命セセラレタル公證人カ其職務上署名スルトキハ右一ニ述ヘタル普通ノ署名ヲ爲ス外兼務者タルコトヲ記載スヘキモノトス（六七、七〇、七二）即チ左例ノ如シ

某　地方裁判所所屬
何　府縣郡市町村何番地

兼務者　　公證人　　何　　某

四、後任公證人ノ署名

公證人カ死亡、免職、失職又ハ轉職ノ場合ニ於テ直ニ後任ヲ命セラレタル公證人及ヒ一旦兼務者ヲ置カレタル後ニ後任ヲ命セラレタル公證人又ハ定員ノ改正ニ因リ其後任者ヲ要セサル爲メ書類ノ引繼ヲ命セラレタル公證人若クハ懲戒處分ニ因ル停職期間滿了後兼務者ヨリ書類ヲ受取リタル公證人カ其前任者又ハ兼務者ノ作成シタル證書ニ依リ其正本又ハ謄本ヲ作成スル場合ニ於テ署名スルトキハ右一ニ述ヘタル普通ノ署名ヲ爲ス外後任者タルコトヲ記載スヘキモノトス（六七、七〇、七一、七二）卽チ左例ノ如シ

某　地方裁判所所屬

何　府縣郡市町村何番地

後任者　　公證人　　何　　某

以上一乃至四ニ揭ケタルハ署名ノ方式ナルヲ以テ其肩書ノ記載ヲ爲ササルトキハ勿論其一部ノ記載ヲ脫落シタルトキト雖モ其署名ハ效力ナキモノト謂ハサルヘ

カラス

第二　公證人カ署名ヲ爲スヘキ場合

本法其他ノ法律ニ依リ公證人カ職務上署名スヘキ場合ヲ列擧スレハ左ノ如シ

一、公正證書ヲ作成スル場合(三九、四〇、二)

二、公正證書ノ原本カ滅失シタル爲メ公證人カ其正本又ハ謄本ヲ保存スル場合
(四二)

三、公正證書ノ正本ヲ作成スル場合(四八、五〇)此場合ニ於テハ其正本及ヒ原本ニ
署名スルコトヲ要ス

四、公正證書及ヒ附屬書類ノ謄本ヲ作成スル場合(五二、五四)

五、一私人カ公正證書及ヒ附屬書類ノ謄本ヲ作成シ之ニ公證人ノ署名及ヒ捺印
ヲ請求シタル場合(五五)

六、私署證書ノ認證ヲ與フル場合(五九)

七、公證人カ遺言及ヒ遺言取消證書ヲ作成スル場合(民一〇六九、一一二四)

八、遺言者カ秘密證書ニ依リテ遺言及ヒ遺言取消ヲ爲ス場合民一〇七〇、一一一二

四)

九、財産目録ヲ調製スル場合民一一一三、二七、八九二、一〇二一、九七八、一〇四三非訟五三、五六、五五、六三、乃至六八、)

十、拒絶證書ヲ作成スル場合(商五一五、四七五、四八二、四八七、五一四、乃至五一七、五二九、五三七、)

十一、執行文ヲ付與スル場合(民訴五六〇、五一七、五一九、五二〇、五二三、)

第五節　筆生

第一　筆生ノ性質

筆生ハ公證人ノ執務ヲ補助スルコトヲ目的トスル雇傭契約ニ依リ公證人ノ職務上ノ行爲ニ屬スル勞務ニ服スルモノヲ謂フ故ニ筆生ハ公證人ニ對スル一種ノ勞務者ニシテ固ヨリ獨立ノ職務權限ヲ有スルモノニ非スト雖モ其勞務ハ公證人ノ執務ノ補助ヲ目的トスルモノナルヲ以テ公證人ノ職務上ノ行爲ニ屬スルモノニ限ラルルコト言ヲ俟タス蓋公證人ハ單獨制ノ機關ニシテ獨立ノ職務權限ヲ有シ必ス一箇

ノ役場ト一定セル執務ノ區域ヲ有スルヲ以テ其役場ニ於テ囑託セラレタル事件及ヒ其執務區域内ニ於テ行フヘキ職務ニ關スル事件ハ總テ一人ニテ之ヲ處理スルコトヲ要シ理論上ヨリ之ヲ論スレハ縱令其一小部分ト雖モ他人ヲシテ其職務ノ執行ヲ代務又ハ補助セシムルコトヲ得サルモノト謂ハサル可カラス然レトモ事件ノ多數ナル公證人カ實際上自ラ萬端ノ事務ヲ一人ニテ處理スルコトハ殆ント不能ニ屬スヘク假リニ不能ナラストスルモ之カ爲メ事件ノ進捗ヲ阻害シ囑託人其他ノ利益ヲ害スルニ至ルヘキハ當然ナルノミナラス公證人ノ職務ニ屬スル事項中ニハ全ク器械的ノ事務ニ過キサルモノアリテ何人カ之ヲ行フモ何等ノ支障ナキヲ以テ本法ニ於テハ舊法ニ於ケルト同シク公證人カ筆生ヲ置クコトヲ得ルモノトセリ（二四、舊法一一二）

只筆生ノ勞務ノ範圍即チ公證人カ筆生ヲシテ補助セシムルコトヲ得ル執務ノ程度ニ付テハ本法中何等ノ規定ナキヲ以テ多少ノ疑ナキニ非スト雖モ公證人ノ職務中ニハ性質上公證人自身ノ執務ヲ要件トスルモノト他人ヲシテ代務又ハ補助ヲ爲サシムルコトヲ得ルモノトアリ其前者ニ屬スル事務ニ付テハ固ヨリ筆生ニ之カ補

助ヲ爲サシムルコトヲ得サルモ其後者ニ屬スル事務ニ付テハ公證人自ラ手ヲ下スコトナク筆生ヲシテ之ヲ補助セシムルコトヲ得ヘシ而シテ公證人ノ職務中其如何ナルモノカ前者ニ屬シ又後者ニ屬スルヤハ各箇ノ場合ニ於テ攷究スルコトヲ要スルハ勿論ナレトモ本法ノ規定中左ニ掲クル事務ノ如キハ性質上公證人自身ノ執務ヲ要件トスルモノト謂フコトヲ得ヘシ

一、囑託人ニ面接シ自ラ聽取シ又ハ事實ノ狀況ヲ目擊シタルコト(三五)

二、囑託事項カ適法ナリヤ否ヤノ判斷(二六)

三、囑託事項ニ付キ公證人カ除斥ノ原因アリヤ否ヤノ判斷(二二)

四、公證人ノ署名捺印(二三、前節參照)

五、書類及ヒ帳簿ノ保存(二五)

六、囑託人又ハ其代理人ノ氏名ヲ知リ且之ト面識アルヤ否ヤノ判斷(二八、三一、六〇)

七、囑託人又ハ其代理人ノ本人證明ノ手續ノ適否ニ關スル判斷(二八、三一、六〇)

八、通事又ハ立會人ヲ立會ハシムヘキ場合ナルヤ否ヤノ判斷(二九、三〇、三一、六〇)

九、代理權限ノ證明及ヒ第三者ノ許可又ハ同意アリタルコトノ適否ニ關スル判斷（三二、三三、六〇）

十、證書原本ノ作成（三五、三六）

十一、證書原本閲覽及ヒ正本又ハ謄本交付ノ許否ニ關スル判斷（四四、四七、五一）

十二、私署證書ノ認證（五八）

十三、前任者後任者兼務者及ヒ停職者ノ書類ノ受繼（六八、六九、七一、七二）

本法ノ規定中性質上公證人自身ノ執務ヲ要件トスルモノハ大略右ノ如シト雖モ此外他ノ法令ニ依ル職務中之レニ屬スルモノ尠カラス是等ノ事務ニ付テハ固ヨリ筆生ヲシテ代務セシムルコトヲ得サルモノトス又筆生ハ立會人タルコトヲ得サルハ後ニ述フルカ如シ（三四）

筆生ハ右ニ述ヘタル如ク公證人トノ間ニ於ケル一種ノ雇傭關係ニ外ナラスシテ各官廳ノ雇員ト同シク法律上官吏又ハ公吏タルノ性質ヲ有スルモノニ非サルハ勿論ナレトモ刑法上ノ公務員ナルヤ否ヤニ付テハ疑義ノ存スル所ナリ余輩ハ公證人ノ筆生モ亦刑法上ノ公務員ニ屬スルモノト斷言セムト欲ス蓋刑法第七條ニ依レハ

公務員ト稱スルハ官吏、公吏法令ニ依リ公務ニ從事スル議員委員其他ノ職員ヲ謂フト定義シ苟モ公務ニ從事スル職員タル以上ハ其分擔スル事務カ智能的ナルト器械的ナルトヲ問ハス又其採用カ公法上ノ關係ナルト私法上ノ雇傭關係ナルトニ拘ハラス總テ之ヲ包含セシムルノ法意ト解スヘク公證人ノ筆生ハ上述ノ如ク本法ノ規定ニ依リ公證人ノ執務ヲ補助スルモノニシテ公證人ノ職務ハ一ノ公務ナレハナリ故ニ刑法上公務員ニ關スル規定ハ筆生ニモ亦其適用アルモノト謂ハサル可カラス例ヘハ公務員カ文書ヲ僞造又ハ變造シタル罪(刑一五六、)公務員收賄罪(刑一九七)ニ關スル規定ノ如シ(法曹記事十八卷七號參照)

第二　筆生ノ採用及ヒ解傭

筆生ヲ採用シ又ハ之ヲ解傭スルコトハ公證人ノ任意ニシテ自ラ之ヲ攝行シ得ヘキコトハ筆生ノ採用カ一ノ雇傭契約ナリトノ性質ヨリ生スル當然ノ論結ナリトス然レトモ筆生ノ補助スヘキ執務ノ範圍ハ極メテ廣潤ニシテ筆生其人ヲ得サルトキハ囑託人其他ノ者ノ利害ニ影響スルコトアルヘキヲ以テ本法ハ公證人カ筆生ヲ採用スルニハ其所屬地方裁判所長ノ認可ヲ受クルコトヲ要シ又地方裁判所長ハ一旦

之ヲ認可シタル後ト雖モ必要アル場合ニ於テハ何時ニテモ其認可ヲ取消スコトヲ得ルモノトセリ(二一四)故ニ公證人カ所屬地方裁判所長ノ認可ヲ受ケテ筆生ヲ採用シタル場合ニ於テ其認可ヲ取消サレタルトキハ直ニ之ヲ解傭スルコトヲ要スルハ勿論其認可ノ取消ナキ場合ニ於テモ公證人ハ任意ニ其筆生ヲ解傭スルコトヲ得ルモノト謂ハサル可カラス

第六節　書類及ヒ帳簿ノ保存

第一　公證人ノ保存スヘキ書類及ヒ帳簿ノ種類

公證人ハ左ニ掲クル書類及ヒ帳簿ヲ保存スルノ責アルモノトス(二一五)

一、公證人ノ作リタル證書ノ原本
二、右原本ノ附屬書類
三、法令ニ依リ公證人ノ調製シタル帳簿
(イ)證書原簿(四五、四六)
(ロ)認證簿(六一)

（ハ）確定日附簿（民施六、七）

（ニ）拒絶證書簿（商五一七）

第二　公證人カ書類及ヒ帳簿ヲ保存スヘキ場所

前項ニ掲ケタル書類及ヒ帳簿ハ公證人カ其役場內ニ保存スヘキモノニシテ其保存書類及ヒ帳簿ハ左ノ場合ノ外濫ニ役場外ニ持出スコトヲ得サルモノトス（二五）

一、事變ヲ避クル爲ニスル場合

廣ク事變ト謂フヲ以テ天災地變等苟クモ其保存書類ヲ役場內ニ置クトキハ滅失毀損スルノ虞アル場合ヲ總稱スルモノト解ス

二、裁判所又ハ豫審判事ノ命令又ハ囑託アリタル場合

裁判所トハ民事及ヒ刑事ノ司法裁判所ヲ意味ス舊法ニ於テハ裁判所ノ命令アリタル場合ノミヲ規定シ（舊法一五）裁判所ノ囑託アリタル場合ニ付キ規定セサリシト雖モ本法ニ於テハ其場合ヲモ規定シタルヲ以テ民事裁判所カ證據決定ニ基キ公證人ニ對シ保存書類ノ送付ヲ囑託シタル場合ニ於テモ公證人ハ其囑託ニ應スルコトヲ得ルモノトス

又裁判所又ハ豫審判事ノ命令又ハ囑託アリタル場合ニ限ルヲ以テ檢事ノ命令又ハ囑託アリタル場合ト雖モ公證人ハ其保存書類ヲ役場外ニ持出スコトヲ得ルモノニ非ス從テ其命令又ハ囑託ニ應スルコトヲ得サルモノトス但檢事ハ何時ニテモ公證人ノ役場ニ就キ證書ノ原本ヲ閲覽スルコトヲ得ヘク(四四ノ五)又公證人ニ對スル監督官ハ自ラ公證人ノ保存スル書類ヲ檢閲シ又ハ其指定シタル官吏ヲシテ之ヲ檢閲セシムルコトヲ得ルモノトス(七七)

書類ノ保存及ヒ廢毀ニ關スル規程ハ司法大臣之ヲ定ム例ヘハ消費貸借證書ノ原本ハ三十年ヲ經タル後廢毀ストスルカ如シ然レトモ此規定ハ愼重ニ調査ヲ要スルモノナルヲ以テ本法施行後ニ至リ公布セラルルニ至ルヘシ

第三　公證人ノ保存スル證書原本ノ滅失シタル場合

公證人ノ保存スル證書ノ原本カ天災其他公證人ノ過失等種々ナル原因ニ因リ滅失シタルトキハ公證人ハ既ニ囑託人其他ノ者ニ交付シタル其證書ノ正本又ハ謄本ヲ徵シ所屬地方裁判所長ノ認可ヲ受ケ滅失シタル證書ノ原本ニ代ヘテ之ヲ保存スルコトヲ要スルモノトス

右ノ場合ニ於テハ其正本又ハ謄本ニ所屬地方裁判所長ノ認可ヲ受ケ滅失シタル證書ニ代ヘテ之ヲ保存スル旨及ヒ其認可ノ年月日ヲ記載シ公證人之ニ署名捺印スルコトヲ要スルモノトス(四二)

第五章　公正證書ノ作成

公證人ハ當事者其他關係人ノ囑託ニ因リ法律行爲其他私權ニ關スル事實ニ付キ證書ヲ作成スルノ權限ヲ有スルコトハ既ニ屢々述ヘタル如シ本章ニ於テハ其證書作成ニ關スル一切ノ法則ヲ說明セント欲ス

第一節　公正證書ノ意義及ヒ效力

第一款　公正證書ノ意義

凡ソ證書ハ文書ヲ以テスル思想又ハ事實ノ明言ナルヲ以テ其實質上ノ意義ニ於テハ公正證書タルト私署證書タルトニ依リ何等ノ差異アルモノニ非ス全ク其證書ノ形式上ノ意義ニ於テ之ヲ二種ニ分類シ一ヲ公正證書ト謂ヒ一ヲ私署證書ト謂フニ外ナラス而シテ公正證書ノ意義ニ付テハ我現行法中特ニ其定義ヲ揭ケタルモノナシト雖モ舊民法ハ其證據編ニ於テ公正證書トハ官吏、公吏カ其職務上調製シタノ文書ナリト規定シ佛國民法ニ於テハ證書ヲ作成スルノ權限アル官吏カ一定セル式ニ從ヒ作リタル證書ヲ公正證書トスト定義セリ唯佛國民法ノ所謂公吏中ニハ公證人、書記、戸籍吏、執達吏等ヲ包含シ我國ニ於ケル公吏ト其範圍ヲ異ニスルコトヲ注意スヘシ又我民事訴訟法草案ニ於テハ證書ヲ公書、私書ニ區別シテ官吏又ハ公吏カ其職務上成規ノ方式ニ依リテ作リタル書面ヲ公書トシ又從來ノ大審院判決ニ依レハ公ノ文書トハ官吏、公吏カ其職掌ノ事項ニ付キ其權内ニ於テ正當ノ手續ヲ踐ミ作成シタル文書ヲ謂フト定義シ孰レモ證書作成者ノ資格ニ依リテ公正證書ト私署證書ヲ分類スル唯一ノ標準トナスコト明カナリ是レ此分類ハ一ニ證書ノ形式上ニ於ケル意義ニ基ケルモノナリト斷言スル所以ナリ故ニ證書ヲ公正證書ト私署證書トニ分類スルノ實益ハ全ク其形式上ノ效力ニ存シ一ハ公正ノ效力ヲ有シ一ハ之ヲ有セサルノ點ニ在ルモノトス尚證書ノ效力ニ關シテハ次款ニ至リテ詳論スヘシ

以上述ヘタル所ニ依リ余輩ハ公正證書トハ官吏又ハ公吏カ其權限内ノ事項ニ關シ適法ノ方式ヲ履行シテ作成シタル文書ヲ謂フト定義セムト欲ス以下此定義ヲ分拆シテ略説セム

第一　公正證書ハ官吏又ハ公吏ノ作成シタル文書ナリ

公正證書ハ其成立ニ付キ公正ノ效力ヲ有スルモノナルヲ以テ之カ作成者ハ公ノ信任ヲ有スルモノタラサル可カラス蓋其作成者ノ如何ヲ問ハスシテ證書ノ成立ニ公正ノ效力ヲ付與スルコト能ハサルハ勿論ナレハナリ而シテ官吏又ハ公吏ハ國家ニ對シ法律上特別ノ服從義務ヲ負フモノニシテ其職務ヲ行フニ付テハ常ニ誠實ニシテ且適法ナリトノ信任ヲ有シ又一般ニ其職務上ノ行爲ニ付キ公正ノ擔保ヲ有スルヲ以テ官吏公吏ノ作成シタル文書ハ其日時場所ニ於テ眞正ニ作成セラレタルモノト認メ得ヘシト雖モ一私人ノ作成シタル文書卽チ私署證書ニハ一般ニ斯ノ如キ信任又ハ擔保ナキヲ以テ當然其成立カ眞正ナリト認ムルヲ得ス是レ公正證書ハ官吏公吏ノ作成シタル文書ナルコトヲ要スル所以ナリ故ニ官吏公吏以外ノ者ノ作成シタル文書ハ總テ私署證書ナルヲ以テ例ヘハ帝國議會、府縣會、市町村會ノ議員ノ如キ公務ヲ行フモノナリト雖モ官吏公吏ニ非サル者ノ作成シタル文書ハ公正證書ニ非ス公證人ハ公吏ナルコト先ニ說明シタル如クナルヲ以テ公證人ノ作成シタル文書ハ公正證書ナルコト言ヲ俟タス

官吏又ハ公吏ノ作成シタル文書ナル以上ハ其官吏又ハ公吏カ文書ヲ作成スルニ

付キ一私人ノ連署ヲ要スルモノナルト否トヲ問ハス公正證書ナリトス例ヘハ裁判所書記ノ作成スル調査ニハ一私人タル關係人ノ署名ヲ要シ公證人ノ作成スル證書ニモ亦囑託人其他列席者ノ署名ヲ要スト雖モ其一私人ハ調書又ハ證書ノ作成者ニ非ス換言スレハ裁判所書記又ハ公證人カ一私人ト共同シテ文書ヲ作成スルモノニ非スシテ全ク裁判所書記又ハ公證人カ單獨ニテ該文書ヲ作成スルモノトス

又官吏又ハ公吏ノ作成シタル文書ナル以上ハ其官吏又ハ公吏カ國家又ハ自治團體ノ公法上ノ關係ニ於テ作成シタルモノナルト私法上ノ關係ニ於テ作成シタルモノナルトヲ問ハス公正證書ナリトス換言スレハ國家又ハ自治團體ト雖モ私法上ノ權利能力ヲ有シ獨立シテ財產權上ノ主體トナルヲ以テ官吏公吏ノ内ニハ其私法上ノ行爲ヲ職掌トスルモノアルハ勿論ナリ此場合ニ於テモ其事務ヲ司掌スルカ爲ニ官吏又ハ公吏タルノ資格ヲ失フモノニ非サルヲ以テ官吏公吏カ其事務ニ付キ作成シタル文書ハ公正證書ナリ例ヘハ會計事務ヲ取扱フ官吏公吏カ一私人ト賣買契約ヲ締結スルニ付キ作成シタル文書ノ如シ但公證人ノ作成シタル證書ト他ノ官吏又ハ公吏ノ作成シタル文書トニ付キ其執行力ニ差異アルコトハ後ニ述フヘシ

第二　公正證書ハ官吏又ハ公吏カ其權限內ノ事項ニ關シテ作成シタル文書ナリ

官吏又ハ公吏ハ法令ノ規定ニ依リ各一定ノ職務權限ヲ有スルモノニシテ其職務ニ屬セサル事務ヲ行フノ權ナシ故ニ其權限以外ノ事項ニ付テハ固ヨリ官吏公吏タル資格ヲ有スルモノニ非ス全ク一私人ト異ナラサルヲ以テ其者ノ作成シタル文書ハ公正證書タルノ性質ヲ有セサルコト明カナリ而シテ官吏又ハ公吏カ如何ナル職務權限ヲ有スルヤハ官制其他ノ法令ニ依リテ決定スヘキ事實問題ナルヲ以テ固ヨリ之ヲ概論スルコト能ハサルハ勿論ナレトモ公證人カ自己ノ所屬地ヲ離レテ作成シタル證書又ハ公權ニ關スル事實ニ付キ作成シタル證書カ公正證書ノ性質ヲ保有セサルカ如キハ其一例ナリトス

又非職、退職、休職、停職又ハ職務停止中ノ者ハ官吏又ハ公吏タル資格ヲ有スレトモ職務執行ノ權限ナキヲ以テ其者ノ作成シタル文書ハ公正證書ニ非ス其他官公吏カ職務ヲ執行スルニ付キ必要ナル手續ノ履行ヲ要スルモノアリ例ヘハ公證人ノ身元保證金ノ納付(一九)印鑑提出ノ如シ(二一)故ニ是等ノ手續ヲ履行セサル以前ニ於テ作

成シタル證書ハ固ヨリ公正證書ニ非サルナリ

第三　公正證書ハ官吏又ハ公吏カ適法ノ方式ヲ履踐シテ作成シタル文書ナリ

官吏又ハ公吏カ其職務上文書ヲ作成スヘキ場合ニ於テ一定ノ方式ヲ必要トスルモノアリ此場合ニ於テハ縱令官吏又ハ公吏カ其職務上ノ事項ニ付キ作成シタル文書ナリトスルモ其方式ヲ履踐スルニ非サレハ公正證書タルノ性質ヲ保有スルモノニ非ス官吏公吏ノ作成スヘキ文書ニ付キ方式ノ規定アルモノハ其例乏シカラス例ヘハ民刑ノ判決書（民訴二三六、二三七、刑訴二〇三、二〇五、）決定命令（刑訴一六九、一七〇、非訟一七、）調書（民訴一二九、以下刑訴二〇八、二〇九、非訟五〇、五四、）戸籍簿其他戸籍吏ノ作成スル文書（戸一三、二二、二八、一七六、一七七、等）其他公證人ノ作成スヘキ證書ノ如キ其重ナルモノナリ

右ニ述ヘタル如ク證書ノ作成ニ付キ特ニ方式ノ定メアル場合ニ於テ其方式ヲ缺キタルカ爲メ公正證書タルノ性質ヲ有セサル文書ハ尚私署證書トシテ有效ナルヤ否ヤニ付キ法律上特別ノ明文ヲ掲クルモノアリ例ヘハ本法第二條カ單ニ公正ノ效

力ヲ有セスト規定シ反面ニ於テ私署證書タルノ效力ヲ有スルコトヲ認ムル如キ又刑事訴訟法第二十條カ同條ノ方式ヲ缺キタル證書ハ絶對ニ無效ニシテ書類タルノ效力ナキコトヲ明言スルカ如キ是ナリ但公正證書タルコトヲ必要トスル法律行爲ニ付テハ其證書カ方式ニ闕缺アルトキハ法律行爲其者カ無效トナルコトアリ例ヘハ遺言ノ如シ

第二款　公正證書ノ效力

證書ノ效力ハ之ヲ實質上ノ效力ト形式上ノ效力トニ分チテ説明スルヲ便トス

第一　實質上ノ效力

證書ノ實質上ノ效力トハ其證書ノ目的トスル實質上ノ證據力ヲ指稱スルモノニシテ即チ或證書ノ證明スル事項ノ眞正ナルコトヲ認識セシムル效力ノ謂ヒニ外ナラス我民事訴訟法ニ於テハ公正證書タルト私署證書タルトニ依リ其效力ヲ區別セサル主義ヲ採リ其第二百十七條ニ於テ「裁判所ハ民法又ハ此法律ノ規定ニ反セサル限リハ辯論ノ全旨趣及ヒ或證據調ノ結果ヲ斟酌シ事實上ノ主張ヲ眞實ナリト認ム可キヤ否ヤヲ自由ナル心證ヲ以テ判斷ス可シ」ト規定シ所謂自由採證主義ニ屬スル

モノナルヲ以テ或證書ニ記載セラレタル事項カ眞實ナルヤ否ヤハ事實裁判官ノ自由判斷ニ依リ決スヘク其證書カ公正證書ナルカ爲メ特ニ裁判官ヲ羈束スルノ效力ヲ有スルモノニ非ス我大審院判例ニ依ルモ此點ハ明瞭ナリ例ヘハ明治三十四年四月ノ判決ニ依レハ民事裁判上當事者ノ提出スル刑事判決書ハ固ヨリ一ノ書證ニ過キサルヲ以テ民事訴訟法第二百十七條ノ規定スル採證自由ノ適用ヲ制限スル規定アルニ非サレハ刑事判決ニ依リ確定シタル事實ニ反スル判斷ヲ下スノ妨ケトナルモノニアラスト判示シ又明治三十年一月ノ判決ニ依レハ公正證書記載ノ事項ニ付キ事實裁判所カ證人ノ證言又ハ其他ノ狀況證據ニ依リ之ト反對ノ事實ヲ認ムルモ不當ニ非スト判示シ又同年三月ノ判決ニ依レハ公正證書ハ形式的確實ナリトスルモ尙實質的不確實ナルコトヲ免レサルモノナレハ裁判所ハ其記載事項ノ裏面ニ存スル事實ノ眞否ニ付テハ自由ナル心證ヲ以テ之ヲ判斷スルコトヲ得ト判示セルカ如キ卽チ是ナリ

舊法第三條ニ依レハ公證人ノ作リタル公正證書ハ完全ノ證據ニシテ云々トアレトモ所謂完全ノ證據トハ公正證書記載ノ事實ニ付キ裁判所ヲ羈束スルノ效力卽チ

公正證書ハ裁判所ヲシテ證書記載ノ事實ノ眞正ナルコトヲ否定スルコト能ハサラシムルノ效力ヲ有ストノ法意ニ非ス公正證書ハ當事者カ公證事項ニ關シ公證人ニ對シテ或ル陳述ヲ爲シタルコトノ眞實ナルコトヲ證スルニ止リ當事者ノ陳述セル事實其者カ果シテ眞實ナリヤ否ヤハ裁判官ノ自由ナル心證ヲ以テ判斷スヘキモノトス之レ舊法ト同一法系ニ屬セル佛國ノ學者間ニモ異論ナキ所ニシテ千八百七十三年以來ノ同國ノ大審院判例ニ依ルモ公正證書ハ僞造ノ記入アラサルニ於テハ證據力ヲ有スルモノナレトモ其證據力ハ或事實カ當事者ヨリ公證人ニ提出セラレタリトノ公證人ノ證明スル點ノミニ存シ反對ノ證據ニヨリ其事實ノ眞正ナラサルコトヲ證明スルコトヲ許スモノトシ又舊民法證據編第四十六條ニ依レハ公正證書ハ公吏カ當事者ヨリ證スルコトヲ託セラレタル事實ニ付テノ證言ナリト謂ヒ其次條ニ於テ前條ニ從ヒ作リタル證書ハ僞造申立アルマテハ公吏自身ニテ又ハ其面前ニテ爲シタル行爲及ヒ申述ニ付キ其吏員ノ陳述ヲ證據トナストアルニ徵スルモ明カナリ

本法ニ於テハ公正證書ノ效力ニ關シ第二條ニ「公正證書ハ本法及ヒ他ノ法律ノ定

ムル要件ヲ具備スルニ非サレハ公正ノ效力ヲ有セス」ト規定シタルノミニシテ其證據力ニ關シテ特ニ規定ヲ設ケス新民法ニ於テモ一切之ヲ民事訴訟法ニ讓リタル爲メ近ク改正セラルヘキ民事訴訟法ニ於テハ證書ノ證據力ニ付キ詳細ナル規定ヲ設ケラルヘキコト論ヲ俟タス既ニ先年公表セラレタル民事訴訟法草案ニ依レハ

一、官吏又ハ公吏カ職務上成規ノ方式ニ依リテ作リタル書面ハ後三條ノ規定ニ從ヒテ其記載事項ニ付キ完全ノ證據力ヲ有ス(民訴草案三七九)

二、官吏又ハ公吏ノ命令處分又ハ裁判ヲ記載シタル公書ハ其命令處分又ハ裁判アリタルコトヲ證ス(同三八〇)

三、官吏又ハ公吏ノ面前ニ於テ爲シタル陳述ヲ記載シタル公書ハ其陳述アリタルコトヲ證ス(同三八一)

四、前二條ニ掲ケサル事項ヲ掲ケタル公書ハ官吏又ハ公吏カ直接ニ知リタルモノニ限リ其眞實ナルコトヲ證ス(同三八二)

トアリ公正證書ノ實質上ノ效力ヲ規定シテ遺漏ナキモノト謂フヘシ

之ヲ要スルニ公正證書ノ實質ハ官吏公吏ノ證言ナリト雖モ其證書ノ內容タル官

吏又ハ公吏ノ證言ト通常證人ノ證言トハ訴訟法上其效力ニ大ナル差異アルモノトス官吏又ハ公吏ノ證言ハ右ニ述ヘタル如ク完全ナル證據力ヲ有スルモノナレトモ證人ノ證言ハ其目的トナレル事實ノ眞正ナルコトニ付キ完全ノ證據ヲ爲スモノニアラサルハ勿論其證人ノ面前ニ於テ或ル行爲ヲ爲シタルコト又ハ其證人カ自ラ或ル行爲ヲ爲シタルコトニ付テモ完全ナル證據力ヲ有スルモノニアラス例ヘハ裁判所ニ召喚セラレタル證人カ裁判官ニ對シ甲乙兩名カ某日某所ニ於テ賣買契約ヲ締結スルコトヲ見聞シタリト證言シタリトスルモ裁判所ハ其甲乙兩名ノ賣買ニ付テノ意思表示カ眞正ナラサリシモノト判斷スルコトヲ得ルハ勿論證人ノ證言スル如キ賣買契約カ外形ニ顯ハレタルコトナシト判斷スルノ自由ヲ有ス換言スレハ證人カ見聞シタリトノ事實其者ノ存在ヲモ否定スルコトヲ得ルモノトス之ニ反シテ例ヘハ公證人ノ作リタル公正證書ニ甲乙兩名カ某日某所ニ於テ消費貸借契約ヲ締結スルコトヲ公證人ニ對シテ陳述シタル旨ノ記載アルトキハ果シテ某日某所ニ於テ眞正ナル契約カ締結セラレタルヤ否ヤニ付テハ裁判所ノ自由判斷ニ屬スト雖モ公證人ノ面前ニ於テ甲乙兩名カ右ノ陳述ヲ爲シタル事實換言スレハ公證人カ其陳述

ヲ聞知シタリトノ事實ニ付テハ其證書ハ完全ナル證據力ヲ有シ裁判所ト雖モ其事實ヲ否定スルコトヲ得ルモノニ非サルナリ

公正證書ノ證言事項ニ付テハ完全ナル證據力ヲ有スルコト上述ノ如シト雖モ公正證書ノ效力ハ其判斷事項ニ迄及フモノニ非ス故ニ公正證書ノ證據力ヲ決定スルニハ先ツ其證書ノ證言事項ト判斷事項トヲ區別スルノ要アリ例ヘハ判決書中ノ事實ノ摘示ハ裁判官カ當事者ヨリ聽取シタル陳述ノ記載ナルヲ以テ證言事項ナレトモ其主文及ヒ理由ハ判斷事項ナリ故ニ判決書中ノ證言事項ハ他ノ裁判官ニ於テモ之ヲ否定スル能ハス又公證人ノ作成シタル公正證書中當事者ヨリ聽取シタル證書本旨ノ記載ハ固ヨリ證言事項ナリト雖モ例ヘハ其囑託人ヲ本人ナリト認メタルコトノ如キハ公證人ノ判斷事項ニ屬スルヲ以テ公證人カ其囑託人ノ氏名ヲ知ラス且面識ナキ爲メ市區町村長ノ印鑑證明書ヲ提出セシメ又ハ適格ノ證人二人ニ依リ其人違ナキコトヲ證明セシメタル上證書ヲ作成シタル場合ニ於テモ裁判所ハ後日他ノ證據ニ依リ其囑託者カ本人ニ非スシテ人違ナリシモノト認定スルヲ妨ケサルナリ

又公正證書ハ當然確定日附アルモノニシテ(民施五ノ一、)其證書ノ日附ニ付キ完全ナル證據力ヲ有スルモノトス換言スレハ公正證書ハ其日附ノ日ニ眞正ニ成立シタルモノト認メラルルノ效力ヲ有スルモノナリ(民施四、)

公正證書ノ實質上ノ效力ハ以上ニ述ヘタルカ如シト雖モ公證人ノ作成シタル公正證書ニ付テハ尚重要ナル效力ヲ有スルモノアリ卽チ强制執行ノ債務名義タルノ效力是ナリ公證人カ其權限內ニ於テ成規ノ方式ニ依リ一定ノ金額ノ支拂又ハ他ノ代替物若クハ有價證券ノ一定ノ數量ノ給付ヲ以テ目的トスル請求ニ付キ作リタル證書ニシテ直ニ强制執行ヲ受クヘキ旨ヲ記載シタルモノハ確定裁判ト同シク强制執行ノ基本タル效力ヲ有スルモノトス(民訴五五九、以下五六二、)

第二　形式上ノ效力

公正證書ノ形式上ノ效力トハ其證書カ眞正ニ成立セラレタルモノ卽チ其證書ノ日附場所ニ於テ一定ノ資格ヲ有スル者ノ自ラ作成シタルモノナリトノ認定ヲ受クルノ效力ヲ謂フモノトス凡ソ證書カ書證トシテ實質上ノ證據力ヲ保有スルニハ其證書カ公正證書タルト私署證書タルトヲ問ハス其作成カ眞正ニシテ且變造セラレ

サルコトヲ必要トス故ニ若シ證書ニ記載セラレタル事項カ其證明セントスル目的ニ適合スル場合ト雖モ其證書カ僞造ナルトキ又ハ變造ナルトキハ何等ノ證據力ヲ有スルモノニ非サルハ論ナシ

而シテ私署證書ハ後ニ述フル如ク訴訟法上當然形式上ノ效力ヲ有セサルモ公正證書ハ法律上當然其效力ヲ有スルモノトス換言スレハ私署證書ハ之ヲ利用セントスル擧證者ニ於テ其證書カ眞正ニ成立シタルコトヲ證明スルニ非サレハ何等ノ證據力ヲ有セサルヲ原則トスレトモ公正證書ハ當然眞正ニ成立シタルモノトノ推定ヲ受クルノ效力ヲ有スルヲ以テ擧證者ハ其成立ニ付キ何等ノ證明ヲ爲スノ要ナク却テ其證書ノ僞造又ハ變造ナルコトヲ主張スル相手方ニ於テ其事實ヲ證明スルノ責アルモノトス之レ民事訴訟法ニ於テ相手方カ公正證書ノ僞造又ハ變造ナルコトヲ主張スル場合ニ於テハ其證書ノ成立ニ付キ眞否ヲ確定セントコトヲ裁判所ニ申立ツルコトヲ要シ裁判所ハ其申立人ノ提出スル證據ニ依リ果シテ其證書カ僞造又ハ變造ナルヤ否ヤヲ判斷シタル上其眞否ニ付キ中間判決ヲ爲スヘキコトヲ規定シ又擧證者ノ相手方カ惡意又ハ重過失ニ因リ眞實ニ反キテ公正證書ノ僞造又ハ變造ナ

ルコトヲ申立テタルコト明カナルトキハ其申立人ヲ五十圓以下ノ過料ニ處スヘキコトヲ規定スルニ依ルモ明カナリ(民訴三五二、三五五)

公正證書ノ形式上ノ效力ハ主トシテ訴訟上ニ於テ重要ナル作用ヲ爲スモノナルヲ以テ特ニ之ヲ民事訴訟法中ニ規定スルノ立法例尠カラス例ヘハ獨逸民事訴訟法ニ依レハ官廳又ハ公ノ信用ヲ付與セラレタル人カ其擔當職務內ニ於テ成規ノ方式ニ依リ官廳又ハ公書人ノ前ニ於テ爲セシ陳述ニ付キ作リタル證書ハ之ヲ官廳又ハ公書人ニ依リ記錄セラレタル事實ノ完全ナル證據トス事實カ不正ニ記錄セラレタリトノ證據ハ之ヲ擧クルコトヲ許ス(獨民訴三八〇)ト規定シ又我民事訴訟法草案ニ依レハ方式及ヒ趣旨ニ依リ公書ト認ムヘキ書面ハ之ヲ眞正ナルモノト推定ス但其書面ノ眞否ニ付キ疑アルトキハ裁判所ハ其書面ニ署名又ハ捺印シタル者ヲシテ公書ノ眞否ニ付キ陳述ヲ爲サシムルコトヲ得(民訴草四〇一)ト規定セル如キ是ナリ

以上ニ述ヘタル公正證書ノ形式上ノ效力ハ法律上最モ重要ナルモノニシテ公正證書ト私署證書トノ效力ニ付キ重大ナル差異アル所ナリ故ニ次章ニ詳論スル私署證書ノ意義及ヒ效力ヲ參照スヘシ

第二節　公正證書ノ內容

公證人ハ法律行爲其他私權ニ關スル事實ニ付キ證書ヲ作成スルノ權限ヲ有スルコトハ既ニ屢々說明シタル所ナリ故ニ公證人ノ作成スル證書ノ內容ハ法律行爲其他私權ニ關スル事實ナルコト明カナリ本節ニ於テハ其兩者ノ意義ヲ明カニセントス

第一款　法律行爲

法律行爲ノ性質ヲ論究スルコトハ民法ノ範圍ニ屬シ固ヨリ本書ニ於テ之ヲ詳論スルコト能ハスト雖モ公證人カ法律行爲ニ關スル證書ヲ作成スルコトハ最モ重ナル職務ナルヲ以テ玆ニ法律行爲ノ概念ヲ明カニスルハ極メテ緊要ナリト謂ハサルヘカラス

第一　法律行意ノ意義

法律行爲ハ私法上ノ效果ヲ發生セシメント欲スル意思表示ナリトス我民法ハ法律行爲ノ定義ヲ掲ケサル爲メ學者ノ解說スル所必シモ一樣ナラスト雖モ法律行爲

カ意思表示ニシテ其意思表示ハ私法上ノ效果ノ發生ヲ目的トスルモノナルコトハ通説ノ認ムル所ナリ以下之ヲ分說セム

一、法律行爲ハ意思表示ナリ

凡ソ法律上ニ於テ行爲ト稱スルハ外界ニ或效果ヲ生スヘキ意思ノ發現タラサルヘカラス故ニ外界ニ或效果ヲ生スルモ意思ノ發現タラサルモノハ行爲ニ非ス例ヘハ人ノ出生死亡ノ如キ自然ノ結果ニ因ルモノ及ヒ添付時效ノ如キ法律ノ結果ニ因ルモノハ法律上或效果ヲ生スルコト論ナキモ之ヲ稱シテ法律行爲ト謂フヲ得ス又行爲ハ人ノ意思ノ發現タルコトヲ要スルヲ以テ禽獸ノ動作ノ如キハ縱令意思ノ發現タル場合ニ於テモ法律上ノ行爲タラサルコト論ナシ然レトモ法律上人タル以上ハ自然人ナルト法人ナルトヲ問ハス其意思ノ發現ハ行爲タルコトヲ妨ケス幼者、禁治產者又ハ法人ノ如キ事實上意思ヲ缺ク者ニ付テハ法律カ特ニ親權者、後見人又ハ法人ノ代表者等ノ如キ意思機關ヲ定メ其意思ヲ補充スルヲ以テ是等ノ法定代理人ノ意思ノ發現ハ法律上意思無能力者ノ行爲トナルモノトス又法律上行爲ト稱スルニハ意思ノ表示アルコトヲ必要トシ表示セサル意思ハ法律上何等ノ效力ヲ生スルモノニ非ス然レトモ意思表示ノ方法ハ明示タルト默示タルトヲ問ハサルハ勿論面接又ハ通信ノ方法ニ依ルト本人自身ニテ爲スト他人ヲ介シテ爲ストヲ論セス其他特定人ニ對シテ爲スト一般ノ人ニ對シテ爲ストニ拘ハラス意思表示トシテ有效ナリ例ヘハ賣買ノ申込ヲ受ケタル相手方カ無言ニテ其目的物ヲ引渡ス如キ(默示)執達吏又ハ其他ノ代理人ヲ以テ或ル催告ヲ爲ス如キ(民九九以下)一般人ニ對スル懸賞廣告ノ如シ(民五二九)又意思ノ表示ニハ相手方ナキモノアリ例ヘハ寄附行爲ノ如シ(民三九)但法律上特ニ意思表示ノ方式ヲ規定シタル場合ニ於テハ其方式ニ從ヒ意思表示ヲ爲ササレハ無效又ハ取消シ得ヘキモノトナル例ヘハ遺言ハ代理人ニ依リテ爲スコトヲ得サルヲ以テ(民一〇六〇以下)之ニ違反スル意思表示ハ無效トナリ又書面ニ依ラサル贈與ハ取消スコトヲ得(民五五〇)ルカ如シ

法律行爲中ニハ二個以上意思表示ノ合致ヲ必要トスルモノアリ例ヘハ契約ノ如シ又意思表示ノ外他ノ事實ノ連結ヲ必要トスルモノアリ例ヘハ消費貸借

使用貸借又ハ辨濟ノ如シ故ニ是等ノ法律行爲ニ付テハ意思表示ハ法律行爲ノ一要素タルニ過キサルモノトス

二、法律行爲ハ法律上ノ效果ヲ生セシメント欲スル意思表示ナリ法律行爲ハ意思表示ナレトモ意思表示ハ總テ法律行爲ニ非ス意思表示ニハ單ニ事實上ノ效果ノ發生ヲ目的トスルモノアリト雖モ法律行爲タルニハ必ス法律上ノ效果ノ發生ヲ目的トスル意思表示ナルコトヲ必要トス而シテ法律上ノ效果トハ權利ノ發生、消滅、移轉及ヒ變更ヲ指稱スルモノナルヲ以テ是等ノ效果ノ發生ヲ目的トスル意思表示ニ非サレハ法律行爲トナラス

然レトモ法律行爲タルニハ必スシモ直接ニ法律上ノ效果ノ發生ヲ目的トスルコトヲ要セス例ヘハ催告、承認又ハ債權讓渡ノ如キ權利ノ行使又ハ保全ヲ目的トスル行爲ト雖モ間接ニ權利ノ發生、消滅、移轉又ハ變更ヲ生スルコトヲ目的トスルモノナルヲ以テ法律行爲タルヲ妨ケサルナリ

三、法律行爲ハ私法上ノ效果ヲ生セシメムト欲スル意思表示ナリ

私法ノ意義ニ付テハ既ニ第一章第二節中ニ說明シタルカ如シ而シテ法律行爲

ハ私法上ノ效果ヲ生セシメムト欲スルモノ卽チ私法的法律關係ノ發生ヲ目的トスル意思表示ナルコトヲ要スルカ故ニ行政官廳カ或營業ノ免許ヲ爲シ裁判所カ判決ヲ爲シ國際間ニ於テ條約ヲ締結スル如キハ固ヨリ國家ノ意思表示ナレトモ畢竟主權ノ一作用ニシテ公法上ノ效果ヲ生スルモノナルヲ以テ法律行爲ニ非ス又裁判所ノ判決中ニハ其結果トシテ私法上ノ效果ヲ生スルモノアリ例ヘハ抵當權者ノ請求ニ因リ賃貸借契約ノ解除ヲ命スル判決(民三九五)婚姻ノ無效又ハ離婚(民、七七八、八一三)ノ判決ノ如シ然レトモ判決其物ノ目的ハ私法上ノ效果ニ非サルヲ以テ常ニ法律行爲トナラサルナリ但國家ノ意思表示ト雖モ私法上ノ主体トシテ私法上ノ效果ノ發生ヲ目的トスル意思表示ハ法律行爲タルコト言ヲ俟タス例ヘハ國家ト一私人トカ賣買契約ヲ締結スルカ如シ

第二　法律行爲ノ種類

法律行爲ハ其觀察ノ異ナルニ從ヒ之ヲ種々ニ區別スルコトヲ得其重要ナル種類ノミヲ列擧スレハ左ノ如シ

一、單獨行爲、雙方行爲

單獨行爲（一方行爲）トハ一人ノ意思表示ニ依リ其行爲ノ成立スルモノヲ謂ヒ雙方行爲トハ二人以上ノ意思表示ノ合致ニ依リ其行爲ノ成立スルモノヲ謂フ

單獨行爲ハ一人ノ意思表示ニ依リ成立スルモノナレトモ完全ニ行爲ノ效力ヲ生スルニハ他人ノ意思表示ヲ要スルモノアリ例ヘハ遺贈（民一〇八八條以下）私生子認知（民八三〇、八三一）養子指定（民八四八）相續人ノ指定（民九七九）ノ如シ又單獨行爲ハ或ル一定ノ人ニ對スルモノアリ例ヘハ追認、催告、承認、取消、解除、遺贈ノ如シ或ハ何人ニモ對セサルモノ即チ相手方ナキ單獨行爲アリ例ヘハ寄附行爲（民三九）ノ如シ

雙方行爲トハ民法ニ於テ之ヲ契約ト稱シ多クハ債權關係ヲ生スルモノナレトモ亦物權關係ヲ生シ親族關係ヲ生スルコトアリ例ヘハ婚姻、養子縁組ノ如シ又雙方行爲ハ其當事者間ニ法律上ノ效果即チ權利ノ得喪變更ヲ生スルコトヲ要ス故ニ數人ノ行爲ト雖モ其數人間ニ法律上ノ效果ヲ生セサルモノ例ヘハ數人ニテ一ノ寄附行爲ヲ爲スカ如キハ單獨行爲ニシテ雙方行爲ニ非ス

二、有償行爲、無償行爲

有償行爲トハ當事者雙方カ相互ニ對價ヲ受ケテ財產上ノ給付ヲ爲ス法律行爲ヲ謂ヒ無償行爲トハ當事者ノ一方カ報酬ヲ受ケスシテ給付ノミヲ爲ス法律行爲ヲ謂フ例ヘハ賣買、交換、賃貸借、雇傭ノ如キハ有償行爲ニ屬シ使用貸借、無償贈與又ハ遺贈ノ如キハ無償行爲ニ屬ス之ヲ換言セハ當事者雙方カ出捐ヲ爲ス法律行爲ト當事者ノ一方ノミカ出捐ヲ爲ス法律行爲トノ區別ナリ

三、生前行爲、死後行爲

生前行爲トハ行爲者ノ死亡ニ關係ナク、其效力ヲ生スル法律行爲ヲ謂ヒ死後行爲トハ行爲者ノ死亡後ニ其效力ヲ生スル法律行爲ヲ謂フ例ヘハ生活上必然生スヘキ賣買、貸借其他多クノ行爲ハ生前行爲ニ屬シ遺言ノ如キハ總テ死後行爲ニ屬ス又是等ノ行爲ハ權利ノ處分ニ關スルモノ多キカ故ニ生前處分行爲、死後處分行爲ト區別スル實用頻繁ナリ(民四一、四二)

四、要式行爲、不要式行爲

要式行爲トハ法律行爲ノ成立ニ特定ノ方式ヲ必要トスルモノヲ謂ヒ不要式行爲トハ法律行爲ノ成立ニ何等ノ方式ナク單ニ意思表示ノミニ因リテ成立スル

モノヲ謂フ我民法ニ於テハ法律行爲ノ成立ニ付キ何等ノ方式ヲ必要トセサルヲ原則トスルカ故ニ單ニ意思表示ノミニ因リテ成立スルモノ大多數ヲ占ムルト雖モ例外トシテ特ニ或ル方式ヲ規定スルモノアリ例ヘハ書面ヲ以テ爲サヽル贈與ハ取消シ得ヘキモノトナリ（民五五〇）遺言ハ特定ノ證書ヲ以テ爲サヽレハ無效トナリ（民一〇六七）物權ノ得喪、變更ハ其登記又ハ引渡ヲ爲スニ非サレハ第三者ニ對抗スルノ效力ナク（民一七七、一七八）婚姻又ハ養子緣組ハ證人二人ヲ立テ屆出ヲ爲スニ非サレハ無效トナリ（民七七八、八五一）又債權讓渡又ハ權利質設定ノ通知、承諾及ヒ隱居者又ハ入夫スル女戶主ノ財產留保ニ確定日附アル證書ヲ必要トスルカ如キ（民四六七、三六四、九八八）手形其他ノ有價證券ノ成立ニ一定ノ方式ヲ必要トスルカ如シ

五、管理行爲處分行爲

管理行爲トハ權利ノ喪失又ハ移轉ヲ生セスシテ財產ノ保存改良又ハ利用ヲ目的トスル法律行爲ヲ謂ヒ處分行爲トハ權利ノ喪失移轉ヲ生スヘキ法律行爲ヲ謂フ（民一〇三）

處分行爲ハ更ニ之ヲ權利ノ讓渡及ヒ拋棄ノ二種ニ區別スルコトヲ得讓渡トハ自己ノ有スル權利ヲ他人ニ移轉シ又ハ自己ノ所有物ニ對スル使用收益ノ權ヲ他人ニ與ヘ以テ所有權ノ一部ヲ制限縮少スルノ行爲ヲ謂フ例ヘハ賣買、贈與及ヒ地上權設定、賃貸借ノ如シ又拋棄トハ他人ニ移轉スルコトナクシテ既得ノ權利ヲ拋擲スルノ行爲ヲ謂フ例ヘハ所有權其他ノ物權ヲ拋棄シ又ハ債務ヲ免除スルカ如シ

總テノ權利ハ之ヲ處分スルコトヲ得ルヲ原則トスレトモ權利者ノ一身ニ專屬スル權利例ヘハ人格權親族權其他公益ヲ目的トスル法人ノ社員タル權利ノ如キ性質上他人ノ享有シ得ヘカラサル權利ハ之ヲ處分スルコトヲ得ス

五、主タル行爲、從タル行爲

主タル行爲トハ其成立ニ他ノ法律關係ノ存在ヲ必要トセサル法律行爲ヲ謂ヒ從タル行爲トハ他ノ法律關係ノ存在ヲ前提トスル法律行爲ヲ謂フ例ヘハ賣買贈與、遺贈、消費貸借又ハ婚姻ノ如キハ主タル行爲ナレトモ抵當權、質權及ヒ保證ノ如キ擔保ヲ供スル行爲又ハ夫婦財產契約ノ如キ更改、追認、承認ノ如キハ從タ

ル行爲ナリ而シテ主タル行爲カ存在セサルニ至リタルトキハ從タル行爲ハ當然消滅スレトモ從タル行爲カ無效又ハ消滅ニ至ルモ主タル行爲ニ何等ノ影響ヲ及ホササルモノトス例ヘハ消費貸借カ無效トナリ又ハ辨濟ニ因リ消滅シタルトキハ其從タル抵當權、質權及ヒ保證債務ハ當然消滅スレトモ夫婦財產契約ノ無效タルカ爲メ婚姻カ無效トナルコトナキカ如シ

第三　法律行爲ノ要素

法律行爲ノ要素トハ法律行爲ノ本質ヲ組成スル原素ニシテ之ヲ缺クトキハ其行爲カ不成立トナリ又ハ他ノ行爲トナルヘキモノヲ謂フ例ヘハ賣買ニ於ケル代價及ヒ目的物ノ如シ而シテ法律行爲ノ要素ヲ分チテ一般要素及ヒ特別要素ノ二トナスコトヲ得一般要素トハ其法律行爲ノ目的カ可能ナルコト適法ナルコト意思表示アルコトヲ謂ヒ特別要素トハ或種ノ法律行爲ニ特ニ必要缺クヘカラサル原素ヲ謂フ特別要素ハ各種ノ法律行爲ニ付キ個々ニ論定スヘキ問題ニ屬シ固ヨリ之ヲ概說スルコト能ハサルヲ以テ玆ニハ其一般要素卽チ各種ノ法律行爲ニ共通ノ要素ノミヲ說明セントス

一、法律行爲ノ目的タル要件

（イ）法律行爲ノ目的ハ可能ナルコトヲ要ス

法律行爲ノ目的ハ其性質上可能ナルコトヲ要シ不能ノ事項ヲ目的トスル行爲ハ當然無效トス玆ニ目的ノ不能トハ各時代ニ於ケル吾人ノ智識ノ程度ヲ標準トシテ絕對的ニ發生スルコト能ハサルモノヲ謂ヒ主觀的又ハ一時的ニ不能ノ事項ヲ目的トスルモ之カ爲ニ法律行爲ノ成立ヲ妨ケサルヲ原則トス故ニ債權關係ニ於テ債務者ノ主觀的事情ニ因リ其債務ヲ履行スルコト能ハサル事項ヲ目的トスル場合ニ於テモ其法律行爲ハ有效ナルヲ以テ債務者ハ不履行ノ責ニ任セサルヲ得ス例ヘハ甲カ乙ニ對シ或ル繪畫ヲ畫クヘシトノ契約ヲ爲シタル場合ニ於テ甲カ全ク繪畫ヲ畫クノ技能ヲ有セサルトキト雖モ其契約ハ有效ナルヲ以テ乙ハ甲ニ對シ其不履行ニ因ル損害賠償ヲ求メ又ハ甲ノ費用ヲ以テ第三者ニ其繪畫ヲ畫カシムルコトヲ得ヘシ（民四一四、四一五）之ニ反シ甲カ乙ニ對シ或ル特定セル時計ヲ贈與スヘキコトヲ約シタル場合ニ於テ其時計カ契約ノ當時既ニ滅失シテ全ク存在セサルモノナルトキハ

其契約ノ目的ハ絕對的不能ナルヲ以テ當然無效トナリ乙ハ甲ニ對シ損害賠償又ハ代物ノ給付ヲ請求スルコトヲ得サルカ如シ

法律行爲ノ目的トスル事項カ絕對ニ不能ナリヤ否ヤハ各場合ニ於テ吾人ノ智識ヲ標準トシテ之ヲ判斷スヘキモノナルヲ以テ時代ノ推移ニ從ヒ吾人ノ智識ノ進步スルニ伴ヒテ今日不能ノ事項モ明日可能タルコトナシト言フ可カラス例ヘハ昔日ニ在テ天空ヲ飛翔スルコトハ絕對的不能タリシモ現今ニ於テハ空中飛行機ニ依リテ其目的ヲ達スルコトヲ得ヘク現今ニ於テ肺病必治ノ藥餌ヲ獲ルコトハ或ハ絕對不能ナランモ將來ニ於テハ可能ニ至ルコトナキヲ保セサルカ如シ

(ロ)　法律行爲ノ目的ハ適法ナルコトヲ要ス

法律行爲ノ目的ハ適法ナルコトヲ要シ不法ノ事項ヲ目的トスル法律行爲ハ當然無效ナリトス而シテ其目的ノ不法ナル爲メ法律行爲ノ無效トナルヘキ場合ニ二アリ曰ク公ノ秩序又ハ善良ノ風俗ニ反スル事項ヲ目的トスルトキ及ヒ法令ノ禁止スル事項ヲ目的トスルトキ卽チ是ナリ

民法第九十條ハ規定シテ曰ク公ノ秩序又ハ善良ノ風俗ニ反スル事項ヲ目的トスル法律行爲ハ無效トスト而シテ所謂公ノ秩序又ハ善良ノ風俗ニ反スル事項ニ付テハ何等ノ解説的規定ナク殊ニ其文詞汎漠ニシテ其意義ヲ確定スルコト能ハサル爲メ學説判例ノ説明固ヨリ一樣ナラスト雖モ公ノ秩序又ハ善良ノ風俗ニ反スル事項トハ吾人カ共同生活ヲ營ムニ付キ妨害トナルヘキ總テノ事項ヲ指稱シ吾人ノ共同ノ利益ヲ害シ又ハ社會ノ道德ヲ紊亂スルカ如キ事項ノ謂ナリ而シテ如何ナル事項カ公ノ秩序又ハ善良ノ風俗ニ反スルヤハ吾人ノ共同生活又ハ社會ノ道德ニ鑑ミ裁判官カ個々ノ事案ニ於テ判定スヘキ事項ニ屬シ具體的ニ之ヲ説明スルコト能ハサルハ勿論ナルヲ以テ玆ニハ最近ニ於ケル各種ノ判例ヲ示スニ止メム

(1) 娼妓營業契約ニ於テ約定ノ期間内結婚ヲ爲ササル旨ノ條項ハ公ノ秩序ニ反スル契約ナリ(名古屋控、三四年法律新聞六號)

(2) 無期限買戻約款附ノ不動産賣買契約ハ公ノ秩序ニ反スル契約ナリ(横濱地方三四年法律新聞一七號)

(3) 離婚ヲ爲スヘキ義務ヲ負フ契約ハ公ノ秩序ニ反スル契約ナリ(東京地、方三四年法律新聞六〇號)

(4) 親權其他身分權ヲ抛棄又ハ制限スル契約ハ無效ナリ(大審三一年十卷三一頁)

(5) 永久他人ニ讓與セサルコトヲ條件トシテ或財產ヲ贈與スル契約ハ無效ナリ(同三二年三卷二〇頁)

(6) 婚姻ノ豫約ハ無效ナリ(同三五年三卷一六頁、東京地方三六年四、一、判決)但大審院ハ判例ヲ改メテ之ヲ有效トセリ(大審、大正四年判決)

(7) 離婚セラレタル實母ヲ同居セシムルトキハ子ハ其父ニ對シ違約金ヲ支拂フヘシトノ契約ハ公ノ秩序ニ反スルヲ以テ無效ナリ(大審三二年三卷三七頁)

(8) 金錢ヲ借受ケタル債務者カ一定ノ年限中藝妓營業ヲ爲シ其所得金ヲ擧ケテ債權者ニ交付スヘク若シ契約ニ違反シ年限內廢業ヲ爲ストキハ元利金ヲ償還スル外違約過怠料トシテ一定ノ金額ヲ辨償スルコトヲ約スルカ

如キハ身體ノ拘束ヲ目的トスル契約ニシテ無效ナリ（同、三七年一六七八頁）

(9) 訴訟費用ニ關スル規定ハ公ノ秩序ニ關スルモノニシテ當事者ノ意思表示ニ因リ之ニ反スル特約ヲ爲スコトヲ許サス從テ訴訟ニ對シ不當ノ抗爭ヲ爲シタルカ爲メニ生スヘキ損害ニ付キ賠償額ヲ豫定スルモ無效ナリ（同、三八年七六三頁）

以上ハ公ノ秩序又ハ善良ノ風俗ニ反スルモノト認メタル判例ナリ以下公ノ秩序又ハ善良ノ風俗ニ反セサルモノトセル判例ヲ示スヘシ

(1) 期限ヲ定メサル買戾契約ト雖モ公ノ秩序ニ反スルモノニ非ス（大審三三年一卷五三頁）

(2) 契約ヲ以テ不法行爲アリタル場合ニ於ケル損害賠償ノ金額ヲ豫定スルコトハ公ノ秩序若クハ善良ノ風俗ニ背反スルモノト云フヲ得ス（同、同年同卷同頁）

(3) 契約ヲ以テ地上權ノ賣買ヲ禁スルカ如キハ地上權者ノ權利ヲ制限シタルモノトス而シテ此制限ハ公益ヲ害セサルニ付キ當事者ハ有效ニ斯ル契

約ヲ締結シ得ヘク唯之ヲ以テ善意ノ第三者ニ對抗スルコトヲ得サルニ過キス(同、三四年五卷六五頁)

(4)　娼妓營業ハ公認セラレ居ルヲ以テ債務者タル娼妓カ債權者ニ對シ自己ノ營業ヨリ生スル收益ヲ以テ其債務ノ辨濟ニ供スヘキコトヲ約スルモ毫モ公ノ秩序若クハ善良ナル風俗ニ反スル所ナシ(同、同三八年一卷一七九〇頁)

(5)　抽籤ニ因リ當事者ノ一方ニ於テ利益ヲ僥倖スル者アルモ同時ニ他ノ一方ニ於テ損失ヲ被ムル者ナキトキハ法律ノ禁止スル富籤ト爲ラス(同、三五年二卷一八頁)

(6)　特許ヲ得タル鑛業人カ鑛業人ニ非サル者ヲシテ債權關係ニ依リ其事業ヲ營マシムルモ鑛業上ヨリ生スル條例ニ定ムル所ノ一切ノ責任ハ固ヨリ鑛業人ニ於テ之ヲ負擔セサルヘカラス從テ此法律行爲ハ公ノ秩序ヲ害スルノ虞ナキヲ以テ之ヲ有效ト爲ササルヲ得ス(同、三六年二卷三五七頁)

(7)　民法施行ノ前後ヲ問ハス法律ハ公ノ秩序又ハ善良ノ風俗ニ反セサル限

リハ射倖契約ヲ禁止シタルコトナシ（同、同年二卷五六〇頁）

(8)　自己ノ生母ト被告トノ間ニ婚姻ノ成立シタル事實アルコトヲ主張シ嫡出子タルコトノ認知ヲ請求スル訴ハ其實身分ノ承認ヲ請求スルモノニ外ナラスシテ毫モ公ノ秩序若クハ善良ノ風俗ニ背反スル所ナシ（同、同年同卷八一八頁）

(9)　公ノ秩序又ハ善良ノ風俗ヲ害セサル以上ハ如何ナル事項ト雖モ法律行爲ノ要件トシテ特ニ之ヲ附加スルコトヲ得ルモノトス

（同、同年同卷一一六二頁）

次ニ法令ニ於テ禁止セル事項ヲ目的トスル法律行爲ハ無效ナリ蓋法令カ或ル事項ヲ禁止セル所以ハ卽チ其事項ノ發生ヲ認容セサルモノナルヲ以テ直接又ハ間接ニ其事項ノ發生ヲ目的トスル行爲ノ無效タルコト言ヲ俟タサレハナリ而シテ法令カ或ル事項ヲ禁止スル方式ニ種々ノ差別アリ例ヘハ或ル行爲ハ之ヲ爲スコトヲ得スト規定セルモノアリ或ハ或ル行爲ヲ爲スコトヲ要スト規定シ反面ニ於テ其行爲ヲ爲サヽルコトヲ禁スルモノアリ又或ハ

刑法ノ如ク一定ノ行爲ヲ爲ス者又ハ爲サヽル者ニ對シ刑罰ノ制裁ヲ付シテ其行爲ヲ爲シ又ハ爲サヽルコトヲ禁止スルモノアリ

然リト雖モ茲ニ所謂法令ニ禁止セル事項トハ强行的法規又ハ公益的法規ニ違反スル事項ノミノ謂ヒニシテ任意的又ハ解釋的ノ法規ニ反スル事項ヲ包含スルモノニ非ス蓋任意的又ハ解釋的法規ハ當事者カ別段ノ意思ヲ表示セス又ハ之ヲ有セサリシモノト認ムヘキ場合ニ適用スヘク之ニ適從スルト否トハ當事者ノ任意ニシテ之ニ適從セサルモ法令ノ禁止ニ違反シタルモノニ非サレハナリ之ニ反シテ强行的又ハ公益的法規ハ公ノ秩序ニ關スルモノニシテ當事者ノ意思如何ニ拘ハラス當然强行セラルルモノナルヲ以テ斯ル法規ニ違反スル事項ハ卽チ法令ノ禁止シタル事項ニ屬スルモノトス是レ民法第九十一條ノ規定スル所ニシテ卽チ法律行爲ノ當事者カ法令中ノ公ノ秩序ニ關セサル規定ニ異ナリタル意思ヲ表示シタルトキハ其意思ニ從フトアルモノ是ナリ

右(イ)(ロ)ニ揭ケタルハ法律行爲ノ目的ニ關スル一般要件ニシテ如何ナル法

律行爲ト雖モ其目的トスル事項ハ可能ニシテ且適法ナルコトヲ要ス然レトモ法律行爲ノ目的ト其緣由トハ之ヲ區別セサル可カラス凡ソ吾人カ各種ノ法律行爲ヲ爲スニハ必スヤ其行爲ヲ爲スニ至リタル或ル理由ノ存在スルコト必然ナリ例ヘハ他ノ必要品ヲ買入レンカ爲メ或物ヲ賣却シ商業ヲ營ムカ爲メニ金錢ヲ借入ルルカ如キ虛榮ヲ誇ランカ爲メニ美服ヲ買入ルルカ如キ渴餓ヲ醫サムカ爲メニ飮食物ヲ買入ルルカ如シ法律行爲ノ緣由トハ卽チ是等ノ慾望ニシテ法律行爲ヲ爲スニ至リタル理由ヲ謂フニ外ナラス從テ法律行爲ノ緣由ハ實ニ千差萬別ナレトモ多クハ當事者ノ內心ニ伏在シ法律行爲其物ノ性質ニ依リテ直ニ之ヲ判別スルコトヲ得ルモノニ非ス例ヘハ茲ニ或刀劍ノ賣買ヲ申込ミタル者アリトセンニ其意思表示ヲ爲スニ至リタル理由ニ付テハ或ハ人ヲ殺害スルノ用ニ供セントシ或ハ骨董トシテ愛翫セントスルニ在ルヘシト雖モ其賣買ノ意思表示ノミニ依リテハ買主カ如何ナル理由ニ因リ其法律行爲ヲ爲スニ至リタルヤヲ知ルコト能ハサルヲ以テ縱令一定ノ緣由存在セサルカ又ハ其緣由ニ錯誤アルモ之カ爲メニ法律行爲ノ成立ヲ

妨ケサルヲ原則トス例ヘハ某者ニ贈與スル爲メ或物ヲ買入レタル場合ニ於テ其者既ニ死亡スルモ其賣買ハ無效トナラサルカ如シ又法律行爲ノ目的ハ公ノ秩序又ハ善良ノ風俗ニ反セサルコトヲ要スルハ既ニ述ヘタルカ如シト雖モ縁由ノ不法ナルカ爲メニ法律行爲其モノハ決シテ無效トナルモノニ非サルナリ例ヘハ人ヲ殺害スル爲メニ兇器ヲ購買シ淫賣ヲ爲スカ爲メニ房屋ヲ賃借スル行爲ノ如キ是ナリ然レトモ其縁由ノ實行ヲ以テ法律行爲ノ内容卽チ條件ト爲シタルトキハ此限ニ在ラス換言スレハ法律行爲ヲ爲スニ至リタル理由ノ實行ヲ以テ其法律行爲ノ效力ノ發生又ハ消滅ニ繫ラシメタルトキハ其條件ハ法律行爲ノ一要素トナルヲ以テ民法ノ條件ニ關スル規定ニ依リ其效力ヲ論定セサル可カラス例ヘハ不法ノ條件ヲ附シ又ハ不法行爲ヲ爲ササルコトヲ以テ條件トシタル法律行爲（民一三二）及ヒ不能ノ停止條件ヲ附シタル法律行爲ハ無效トナリ不能ノ解除條件ヲ附シタル法律行爲ハ無條件トナル（民一三三）カ如シ

二、意思表示ノ要件

我民法ニ於ケル法律行爲ノ實質ハ意思表示ナルコト既ニ述ヘタルカ如シ而シテ意思表示ハ外界ニ於ケル意思ノ發現ニシテ意思カ外界ニ現ハルルコトニ因リテ始メテ法律行爲カ成立スルモノナルカ故ニ意思表示ニハ必ス意思ト表示ノ一致アルコトヲ必要トス意思アルモ表示ナケレハ人心内部ノ作用ニ止マリ法律行爲ヲ成立セス又意思ナクシテ單ニ表示ノミ存在スルノ謂ハレナク又意思ト表示ノ一致セサルトキハ其眞意ニハ表示ナク表示セラレタル事項ニ付テハ意思ナキヲ以テ同シク法律行爲ヲ成立セサルコト勿論ナリ以下意思表示ノ要件ヲ説明セム

（イ）　意思アルコトヲ要ス

法律行爲ハ意思表示ニシテ意思ハ法律行爲ノ基礎ナルカ故ニ意思能力ヲ有セサル者ハ法律行爲ヲ爲スコトヲ得ス意思ナキ者カ或動作ヲ爲スモ之レ只動作ニ過キスシテ固ヨリ行爲ニ非ス例ヘハ嬰兒瘋癲者又ハ泥醉者ノ或動作ノ如シ

法律行爲カ有效ニ成立スルニハ其行爲者ニ意思アルコトヲ要スルカ故ニ

他人ノ代理資格ヲ冒稱シテ或法律行爲ヲ爲スモ其他人卽チ本人ニ對シテ當然其效力ヲ及ホスモノニ非ス蓋其本人ニ於テ該法律行爲ヲ爲スノ意思ヲ有セサレハナリ但自稱代理人ノ行爲ト雖モ後日本人ニ於テ其法律行爲ヲ追認シタルトキハ卽チ本人カ其意思ヲ有スルニ至リタルモノナルヲ以テ有效ノ行爲トナルニ過キス(民一一三)

(ロ)　表示アルコトヲ要ス

意思ハ其表示アルニ因リテ始メテ法律上ノ效力ヲ生シ法律行爲ハ意思ノ表示ニ因リテ成立スルモノナリ而シテ其表示ノ方法ニ付テハ明示默示ノ別アルコト及ヒ其表示ノ方法ニ付テハ何等ノ方式ナキヲ一般ノ原則トスルコトハ既ニ述ヘタルカ如シ(本款第一參照)

然レトモ其表示ハ任意ナルコトヲ要シ他人ノ詐欺又ハ强迫ニ因リ不任意ニ爲シタル意思表示ハ行爲者ニ於テ之ヲ取消スコトヲ得ルモノトス(民九六)

(ハ)　意思ト表示トノ一致アルコトヲ要ス

意思表示トハ一定ノ意思ヲ表示スルノ謂ヒナルヲ以テ意思ト表示トカ一致

セサルトキハ固ヨリ意思表示アリト謂フヘカラス何トナレハ其眞意ニハ表示ナク表示セラレタル意思ハ其眞意ニ非サレハナリ故ニ斯ル場合ニ於テハ全然其意思表示ヲ無效トナスヘキカ如シト雖モ我民法ニ於テハ實際上ノ便宜ヲ計リ取引ノ安全ヲ保スル爲メ特ニ適當ナル規定ヲ設ケタリ卽チ左ノ如シ

(1) 行爲者カ相手方ニ對シ其眞意ヲ隱蔽シ故意ニ眞意ニ非サル意思表示ヲ爲シタル場合(心裡留保) 例ヘハ甲者カ乙者ニ對シ自己ニ或物ヲ貸與スレハ金千圓ヲ與フヘキコトヲ約シタルニ甲者ハ實際其金錢ヲ與フルノ意思ナキ場合ノ如シ斯ル場合ニ於テ其相手方ハ行爲者ノ表示シタル意思ヲ眞實ノ意思ト認ムヘキハ相當ニシテ若シ其意思表示ヲ無效トスルトキハ相手方ハ不慮ノ損失ヲ蒙ルヘキヲ以テ民法ハ斯ル意思表示ハ有效ナリトシ若シ相手方カ行爲者ノ眞意ヲ知リ又ハ之ヲ知ルコトヲ得ヘカリシトキハ其意思表示ハ當然無效ナルモノトセリ(民九三)

(2) 行爲者カ相手方ト通シテ眞意ニ非サル意思ヲ表示シタル場合(虛僞ノ意

思表示）　卽チ相手方ト通謀シテ爲シタル假裝ノ意思表示ナリ例ヘハ債務者カ債權者ヨリ其財產ヲ差押ヘラレントスルニ際シ之ヲ免レンカ爲メ表面上或財產ヲ他人ニ讓渡ス如キ或ハ選擧資格ヲ得ンカ爲メ名義上ニ於テノミ他人ノ土地ヲ讓受クル如キ其他登記料ヲ減納センカ爲メ賣買ノ代金額ヲ減少シテ證書ニ記載スル如キ何レモ多ク實際ニ行ハルル虛僞ノ意思表示ナリトス虛僞ノ意思表示ハ相手方トノ共同行爲ニシテ相手方ニ不測ノ損失ヲ蒙ラシムルノ虞ナキカ故ニ民法ハ之ヲ無效トセリ然レトモ此無效ヲ以テ何人ニモ對抗シ得ルモノトセハ善意ノ第三者ヲ害スルノ結果ヲ生スルコト上述心裡留保ノ場合ト同一ナルヲ以テ虛僞ノ意思表示ノ無效ハ之ヲ以テ善意ノ第三者ニ對抗スルコトヲ得サルモノトセリ（民九四、）例ヘハ前例ノ場合ニ於テ虛僞ノ讓受人ヨリ其財產ヲ善意ニテ讓受ケタル第三者ハ有效ニ其權利ヲ取得シ行爲者ハ之ニ對シ其假裝行爲ノ無效ヲ主張スルコトヲ得サルカ如シ

(3)　行爲者カ不一致ヲ知ラスシテ意思表示ヲ爲シタル場合（錯誤）

民法第九十五條ハ此錯誤ニ關シテ意思表示ハ法律行爲ノ要素ニ錯誤アルトキハ無效トスト規定スレトモ所謂法律行爲ノ要素ノ意義ニ付テハ學說紛々トシテ常ニ議論ノ絕エサル所ナリ余輩ハ或學者ノ說明スル如ク同條ニ所謂法律行爲ノ要素トハ其內容中ノ要部ノ意ニシテ畢竟表意者カ其要點ニ付キ有スル利益ノ輕重ニ依リ之ヲ決スルノ外ナク其利益カ意思表示ノ內容ニ關係シ若シ其點ニ於テ錯誤ナカリセハ普通ノ觀念ニ於テ意思表示ヲ爲ササリシモノト認ムヘキ場合ニ限リ法律行爲ノ要素ニ錯誤アリタルモノト解スルヲ相當ト認ム故ニ其錯誤カ法律行爲ノ無效ヲ惹起スルヤ否ヤ卽チ法律行爲ノ內容ニ關スル重要ナル錯誤ナリヤ否ヤハ固ヨリ裁判官ノ判斷ニ任スヘキコト勿論ナレトモ例ヘハ千弗ト記サント欲シテ千圓ト記シ賃借權ト言ハント欲シテ不圖地上權ト言ヒタル如キ又ハ千弗ト千圓トハ同一ナリト誤信シテ千弗ヲ千圓ト書シ地上權ト賃借權ト同一權利ナリト信シテ賃借權ト言フヘキヲ地上權ト言ヒタル如キハ重要ナル錯誤ノ一例ナリ

錯誤ハ表意者ニ重大ナル過失アリタルトキハ表意者自ラ其無效ヲ主張スルコトヲ得サルモノトス(民九五)蓋第三者ノ利益ヲ保護シ取引ノ安全ヲ確保セントノ法意ニ外ナラス

意思表示ハ前段ニ詳細說明シタル處ナルモ判例ヲ左ニ示スヘシ

(1) 債務者カ將ニ身代限ト爲ラントスルニ際シ其債權者ニ對シ無資力ナルコトヲ示シ債權ノ減損ヲ求ムル目的ヲ以テ名ヲ賣買ニ假裝シ其財產ヲ他人ノ所有名義ト爲シタル行爲ハ不法ナリ(大審三二年二卷四六頁)

(2) 債權者ハ債權發生ノ前後ヲ問ハス債務者カ虛僞ノ意思表示ニ因リ他人ヨリ物件ヲ取得シタル場合ニシテ其實他人ノ物件ナルニ拘ハラス善意ヲ以テ之ヲ差押ヘタルトキハ債權ノ辨濟ヲ受クル爲メ其物件ヲ競賣セシムル權利アリ(同、同年同卷五六頁)

(3) 承諾上地所ノ所有名義ヲ他人ニ移シタル者ハ第三者カ其他人ヲ眞ノ所有者ナリト信シテ有效ニ設定シタル抵當權ニ付キ自己ト其他人トノ間ニ於ケル意思表示ノ虛僞ナルコトヲ理由トシテ之カ無效ヲ主張スルヲ得ス

（同、同年九巻四八頁）

(4) 民法第九十六條第三項ニ所謂「善意ノ第三者」トハ詐欺ノ情ヲ知ラス善意ヲ以テ新タニ權利ヲ取得シタル者ヲ云フ故ニ詐欺ニ基因スル登記取消ノ爲メ第三番抵當權者カ自然ニ第一番抵當ノ順位ヲ得タルモノノ如キハ此「善意ノ第三者」中ニ包含セラルルモノニ非ス（同、同年六巻一七頁）

(5) 民法施行以前ニ於テハ他人ノ恐喝ニ因リ物品ヲ交付セシトキハ其恐喝ニ因ル意思表示ノ取消ヲ爲サヽルモ直チニ其物品ノ取戻ヲ請求スルコトハ裁判例ノ是認セシ所ナリ（同三三年五巻一五頁）

(6) 民法第九十五條ノ規定ハ錯誤ノ理由存セサルトキハ法律行爲成立スヘキ場合ニ限リ適用スヘキモノニシテ他ノ事由ニ依リテ其成立セサル場合ニ適用スヘキモノニ非ス（同、同年六巻一六一頁）

(7) 當事者ノ意思カ契約ノ目的ニ付キ錯誤アリタルトキハ民法第九十五條ノ法律行爲ノ要素ニ錯誤アリタルモノニ該當ス（同、三八年二巻七六三頁）

(8) 貸借契約ノ成立ニ關シ舊貸借關係ノ振替勘定ヲ爲ス意思ト單ニ新規現

金ヲ借受クヘキ意思トノ相違ハ契約ノ目的ノ錯誤ナリトス(同、三五年三卷七三頁)

(9) 協議上ノ離緣カ緣組當事者ノ意思表示ヲ缺キ又ハ當事者ノ一方ノ意思表示カ相手方ノ詐欺又ハ强迫ニ因リタルトキハ縱令戶籍吏ニ於テ其屆出ヲ受理スルモ該離緣ハ民法總則ニ依リ無效ニ屬シ又ハ取消シ得ヘキモノトス(同、三三年一一卷一四四頁)

(10) 表意者カ一定ノ意思ヲ表示シタルトキハ善意ナル第三者ハ其意思表示ヲ信シテ諸般ノ行爲ヲ爲スヘキハ當然ナレハ表意者ニ於テ後日ニ至リ自己ノ眞意ニ非サリシコト若クハ他ニ格段ナル特約アルコトヲ主張シテ其意思表示ノ效力ヲ左右スルコトヲ得ス(同、三六年一一卷一四八二頁)

(11) 正當ノ權利ナクシテ害惡ノ來ルコトヲ示シ他人ニ畏怖ノ念ヲ生セシメタルトキハ其權利ナキコトヲ知リ乍ラ故意ヲ以テシタルト將タ過失ニ依リ權利アリト誤信シタルニ基クトヲ問ハス民法第九十六條ノ强迫ニ該當スルモノトス(同、三七年一一卷六四五頁)

(12) 債務關係カ辨濟ニ因リ消滅シタル場合ニ於テハ縱令當事者カ當時舊債務關係ヲ復活セシムヘキ意思ノ表示ヲ爲スモ其行爲ハ新ナル債務關係ヲ發生スヘキ效力アルニ止マリ之カ爲メニ一旦消滅シタル債務關係ヲ復活セシムルコトヲ得ス(同、同年同卷一五二九頁)

(13) 虛僞ノ意思表示トハ當事者カ法律行爲ノ效力ヲ生セシムル意思ナクシテ徒ニ之ヲ表示スルノ謂ナリ(同、同年同卷一六九六頁)

(14) 契約ノ當事者間ニハ債權取立ノ委任關係ヲ生セシムヘキ意思ナルモ之ヲ表示スルニ債權讓渡ノ形式ヲ以テシタルトキハ表意者カ其眞意ニ非サルコトヲ知リテ意思表示ヲ爲シタルモノニ外ナラス從テ相手方カ其眞意ヲ知了セル以上ハ該債權讓渡ノ行爲ハ無效ナリトス(同、三八年一一卷三一六頁)

法律行爲ノ意義ニ付テハ前數項ニ於テ大略之カ說明ヲ爲シタレトモ尙一層之ヲ明瞭ナラシムルニハ殆ント民法商法ノ全部ヲ說明スルノ要アリ殊ニ代理、條件、期限、時效ノ如キ民法總則ノ規定ハ各種ノ法律行爲ニ共通ノ大原則ニシテ幾多ノ論議ヲ必要トスルモノ尠カラスト雖モ斯ル事項ハ民法ノ研究ニ屬シ本書ノ題目ヲ逸出スルコト甚シキヲ以テ玆ニ之ヲ省略スルコトトセリ詳細ハ民法ノ著書ニ付キ研究セラレンコトヲ望ム

第二款　私權ニ關スル事實

公證人ハ法律行爲ニ非サル事實ニ付テモ公正證書ヲ作成スルノ權限ヲ有スルコトハ既ニ述ヘタル如シト雖モ其事實ハ必ス私權ニ關スルモノニ限リ如何ナル場合ニ於テモ公權ニ關スル事實ニ付テハ證書ヲ作成スルコトヲ得サルナリ故ニ本款ニ於テハ私權ノ意義私權ノ分類及ヒ法律行爲以外ノ事實ニ付キ分說セントス

第一　私權ノ意義

私權トハ權利ノ一分類ニシテ公權ニ對スル語ナリ而シテ公法上ノ權利ヲ公權ト謂ヒ私法上ノ權利ヲ私權ト謂フモノニシテ公法私法ノ區別ニ付テハ既ニ第一章第二節ニ於テ說明シタル如クナルヲ以テ玆ニハ單ニ權利ノ意義ヲ明カニスルヲ以テ足レリトス

權利ナル語ハ殆ント法律上ニ於ケル普通語ニシテ何人モ容易ニ之ヲ口ニシテ毫

モ之ヲ怪マスト雖モ其本質ニ付テハ古來法律學上ニ於ケル大問題トシテ今ニ學說ノ一致セサル所ナリ其重ナル學說ヲ擧クレハ左ノ如シ

一、意思說　此說ニ依レハ權利ハ吾人カ法律ニ依リ認メラレタル意思ノ力ナリト謂フニ在リ

二、自由行爲說　此說ニ依レハ權利ハ法律ニ於テ許サレタル行爲ノ自由又ハ自由行爲ノ範圍ナリト謂フニ在リ

三、利益說　此說ニ依レハ法律ノ保護スル利益ナリト謂フニ在リ

四、持分說　此說ニ依レハ權利ハ生活資料ニ對スル吾人ノ持分ニシテ卽チ吾人カ生活ニ必要ナル物ニ對スル權利ナリトスルニ在リ

五、能力說　此說ニ依レハ權利ハ人格相互間ノ關係ニ於テ其一方カ他ノ一方ニ對シテ一定ノ利益ヲ享受スル法律上ノ能力ナリト謂フニ在リ

權利ノ本質ニ關スル學說ノ分岐セルコト略ホ上述ノ如クニシテ今尙學者カ互ニ之ヲ論難攻擊シツツアルヲ以テ固ヨリ通說トシテ其一ヲ指摘スルコト能ハスト雖モ凡ソ權利ハ法律ノ效果ニシテ法律又ハ法律ト同一ノ效力ヲ有スル慣習法ノ成立

以前ニ權利ナキコトハ自然法ヲ認メサル我國法ノ下ニ於テハ爭フヘカラサル一點ナリトス又權利ハ人ト人トノ關係ニシテ其一方ヨリ觀察シタルモノナルヲ以テ孤島無人ノ境ニ棲息スル者ニ對シテハ固ヨリ權利ノ觀念ヲ生セサルト同時ニ權利ノ一面ニハ必ス一定ノ義務者ノ存スルコトヲ必要トスルハ多數ノ學說ノ略ホ一致スル所ナリ故ニ法律ノ存在ト義務者ノ一面アルコトハ權利ノ本質ニ缺クヘカラサルモノトス換言スレハ權利ハ人ト人トノ關係ニシテ其一方カ他ノ一方ニ對シテ法律上一定ノ利益ヲ要求スルコトヲ得ヘキ能力ナリト謂フコトヲ得ヘシ然レトモ權利ニ對スル義務ハ其權利ノ種類ニ依リテ其體樣同シカラス卽チ債權ニ對スル債務ハ特定ノ人カ特定ノ人ニ對シ特定ノ給付ヲ爲スヘキ責ヲ負フモノナレトモ物權又ハ專用權ニ對スル義務ハ總テノ人カ其權利ヲ尊重シテ之ヲ侵害セサルノ消極的義務ナルコト是ナリ

第二　私權ノ分類

私權ハ之ヲ財產權及ヒ身分權ノ二ニ分類スルコトヲ得ルモノトス卽チ左ノ如シ

一、財產權

財產權ナル語ハ我民法中ニ於テ屢々用ヒラルル所ナレトモ(民一六三、一六七、二〇五、二六四、三六二、四二四、五五五、七一〇、七一一、等)其意義ニ關シテ特別ノ規定ナキヲ以テ學說必シモ一致セス普通ノ學說ニ依レハ財產權トハ金錢上ノ價格ヲ有スル權利卽チ金錢ニ評價スルコトヲ得ヘキモノヲ目的トスル權利ナリト謂フニ在レトモ我民法ニ於テハ債權ハ金錢ニ見積ルコトヲ得サルモノヲ以テ其目的トナスコトヲ得ルモノト規定セルニ依リ(民三九九、)此說ニ依レハ債權ハ必シモ財產權ニ屬セサルモノト謂ハサル可カラス然レトモ此論結ハ到底我民法上是認スルコト能ハサルモノニシテ債權ハ全部之ヲ財產權ニ屬スルモノト認ムルコト明カナリ(例ヘハ民二〇五、三六二、四二四、七一〇ノ如シ)故ニ或學者ハ財產權トハ各人カ處分スルコトヲ得ヘキ目的ヲ有スル權利ヲ謂フト定義シ金錢ニ見積ルコトヲ得サルモノヲ目的トスル債權ト雖モ尙之ヲ財產權ノ一種ト看做スニ至レリ

財產權ハ更ニ之ヲ物權、債權、專用權ノ三種ニ分類スルコトヲ得

(イ)　物權　物權トハ直接ニ物ノ上ニ行ハルル權利ヲ謂ヒ主トシテ民法第二編

ニ規定スルモノヲ謂フ

（ロ）　債權　債權トハ他人ヲシテ一定ノ行爲ヲ爲サシムルコトヲ得ルノ權利ヲ謂ヒ主トシテ民法第三編ノ規定スル所ノモノナリ

（ハ）　專用權　專用權トハ人ノ固有ノ技能ヨリ生スルモノニシテ又財產上ノ價値ヲ有シ他人ヲシテ同種ノ行爲ヲ爲スコトヲ得サラシムルノ權利ヲ謂フ例ヘハ著作權、特許權、商標權、意匠權ノ如キ是ナリ而シテ是等ノ權利ニ付テハ多ク他ノ特別法ヲ以テ規定セリ

二、身分權

身分權トハ權利者ノ身分上ノ位置ヨリ生スル權利ニシテ更ニ之ヲ人格權及ヒ親族權ノ二種ニ分類スルヲ得

（イ）　人格權　人格權トハ人ノ固有ノ性格ヨリ生スル權利ニシテ一箇人タル直接ノ結果トシテ保有スル所ノ權利ナリ卽チ生命、身體、名譽、自由、姓名等ノ權利之ニ屬ス

（ロ）　親族權　親族權トハ人ノ親族上ノ關係ヨリ生スル權利ニシテ戶主權、夫權、

親權及ヒ後見人ノ權利ノ如キ是ナリ

私權ハ以上ニ述ヘタル外絶對權（又ハ對世權）及ヒ相對權（又ハ對人權）ノ二種ニ分類スルコトヲ得絶對權トハ一般ノ人ニ對シ一定ノ地位又ハ狀態ヲ保全スル權利ヲ謂フモノニシテ卽チ何人ニ對シテモ之ヲ對抗シ又他人ヨリモ之ヲ侵害セラレサル權利ナリ右ニ述ヘタル物權、專用權及ヒ人格權ハ此部類ニ屬スルモノトス之ニ反シテ相對權トハ特定ノ人ニ對シテ格段ナル行爲又ハ不行爲ヲ要求スルノ權利ヲ謂フモノニシテ卽チ特定ノ人ニ對シテノミ對抗スルコトヲ得ルノ權利ナリ右ニ述ヘタル債權及ヒ親族權ハ卽チ此部類ニ屬スルモノトス要スルニ絶對權及ヒ相對權ノ區別ハ其權利ニ對スル受働的主體卽チ相手方ノ特定スルト否トニ依リ決セラルルモノトス而シテ此區別ハ主トシテ英米ノ學者カ之ヲ唱ヘタルモノニシテ歐洲大陸ノ學者殊ニ佛國ノ學者ハ從來物權ヲ解シテ物ニ對スル權利トナシ此權利ニ對シテハ法律上義務者ナキモノノ如ク觀察シ其權利ヲ以テ一般ノ人ニ對抗スルコトヲ得ルハ是レ物上權タル性質ヨリ生スル效果ニ過キサルモノトセリ然レトモ物權モ一種ノ權利タル以上ハ人ト人トノ關係ナラサルヘカラス卽チ其一方ニ義務者アリテ義務者ニ一定ノ行爲不行爲ヲ要求スルモノナルコトハ權利ノ本質トシテ必ス缺クヘカラサルモノナリ只物權、專用權又ハ人格權ノ如キ絕對權ハ一般ノ人ニ對抗シ得ルモノニシテ義務者ハ固ヨリ不特定ナレトモ債權又ハ親族權ノ如キ相對權ハ特定ノ人ニ對スル權利ニシテ義務者モ亦特定セル人ナルノ差異アルニ過キス

第三　法律行爲ニ非サル事實ノ意義

凡ソ事實ナル語ヲ廣義ニ解スルトキハ宇宙間ニ發生スル總テノ現象ヲ包含シ吾人日常ノ行動ハ勿論天變地異森羅萬象ニ至ルマテ自然界ノ出來事ハ皆是レ事實ニ非サルハナク之ヲ狹義ニ解スルトキハ是等無數ノ事實中特ニ權利ノ得喪又ハ變更ヲ來タスモノ卽チ法律上ノ事實ヲ意味スルモノトス而シテ法律上研究スヘキ事實ハ卽チ此狹義ノ事實ニ外ナラス

又法律上ノ事實ヲ大別シテ人ノ意思ニ基クモノト否ラサルモノトノ二種トナスコトヲ得人ノ意思ニ基ク事實ヲ行爲ト謂ヒ人ノ意思ニ基カサル事實ヲ最狹義ノ事實ト稱ス又人ノ意思ニ基ク事實卽チ行爲ヲ法律行爲及ヒ不法行爲トナスコトヲ得ヘシ卽チ之ヲ圖解スレハ左ノ如シ

- 事實
  - 法律上ノ事實
    - 人ノ意思ニ基ク事實
      - 法律行爲
      - 不法行爲
    - 人ノ意思ニ基カサル事實
  - 其他ノ事實
    - 人ノ意思ニ基ク事實
    - 人ノ意思ニ基カサル事實

以下右ノ區別ニ從ヒ法律上ノ事實ヲ略述セム

一、人ノ意思ニ基ク事實

（イ）法律行爲　法律行爲ニ付テハ既ニ前款ニ於テ詳述シタル如ク私法上ノ效果即チ私權ノ得喪變更ヲ生セシムルコトヲ目的トスル意思表示ヲ謂フモノトス

詳細ハ前款ノ說明ヲ參照スヘシ

（ロ）不法行爲　不法行爲トハ故意又ハ過失ニ因リ他人ノ權利ヲ侵害スルノ行爲ヲ謂フモノトス（民七〇九）而シテ茲ニ權利トハ財產上ノ權利ニ限ラス身體生命又ハ名譽ニ關スル一切ノ權利ヲ包含スルヲ以テ其權利侵害ノ事實ハ

實ニ千態萬樣ニシテ固ヨリ之ヲ枚擧スルコト能ハスト雖モ例ヘハ人ヲ傷害シ人ノ生命ヲ絕チ又人ノ名譽ヲ害スル行爲ノ如キハ總テ私權ニ關スル一ノ事實ナルコト言ヲ俟タス

二、人ノ意思ニ基カサル事實

人ノ意思ニ基カサル事實ニシテ法律上ノ事實タルモノ即チ私權ノ得喪變更ヲ來タスヘキ事實ハ極メテ多シ例ヘハ人ノ出生、死亡、物ノ添付、埋藏物ノ發見ノ如キハ人ノ意思ニ基クモノニ非スト雖モ私權ノ得喪變更ヲ生スル事實ナルコト明カナリ即チ人ノ出生ニ因リテ當然人格權又ハ親族權ヲ取得シ人ノ死亡ニ因リテ財產權ノ移轉ヲ生シ物ノ添付埋藏物ノ發見ニ因リ所有權ヲ取得スル如キ是レナリ其他或事實其物ハ單獨ニ權利ノ得喪又ハ變更ヲ來タスコトナシト雖モ通常他ノ事實ト連結シテ始メテ法律上ノ效果ヲ生スルモノアリ例ヘハ時ノ經過ノ如キ一定ノ時間權利ノ行使ナキトキハ其權利ハ法定期間ノ滿了即チ時效ニ因リテ消滅シ又ハ一定ノ時間占有ヲ繼續スルトキハ其時間ノ經過ニ因リテ或權利ヲ取得スルカ如シ公證人ハ法律行爲以外ノ私權ニ關スル事實ニ付キ公正證書ヲ作成スルノ權限ヲ有スルコト屢々述ヘタル如シ而シテ所謂私權ニ關スル事實トハ右ニ述ヘタル法律上ノ事實中法律行爲ヲ除外シタルモノ一切ヲ包含シ人ノ意思ニ基ク事實中不法行爲ハ勿論人ノ意思ニ基カサル總テノ事實ヲ意味シ當然私權ノ得喪又ハ變更ヲ生スヘキ事實ナルト他ノ事實ノ連結ニ因リテ間接ニ私權ノ得喪又ハ變更ヲ生スヘキ事實ナルトヲ問ハサルモノトス然レトモ本法第一條ニハ私權ニ關スル事實トアルヲ以テ公權ニ關スル事實例ヘハ單ニ法令ノ公布アリタルコト各種ノ公ナル議員ノ選擧アリタルコトノ如キ又ハ法律上ノ事實ニ非サル事實例ヘハ地震洪水ノアリタルコト人カ飲食歩行ヲ爲シタルコトノ如キ單純ナル事實ニ付テハ他ノ事實ノ連結ニ因リ間接ニ私法上ノ效力ヲ生スルモノニ非サル以上ハ公正證書ヲ作成スルノ權限ナキモノト謂ハサルヘカラス

法律行爲以外ノ私權ニ關スル事實ハ其種類極メテ多シト雖モ實際上頻出スル事實ニシテ公正證書ヲ作成スルノ必要アル場合ヲ例示スレハ左ノ如シ

一、不法行爲トナルヘキ事實

（イ）或者カ他人ノ動產、不動產ヲ橫奪シテ現ニ之ヲ占有スル事實ノ如キ
（ロ）或者カ他人ノ身體財產ヲ傷害シタル場合ニ於テ其傷害ノ形狀及ヒ程度ノ如キ

二、法律行爲又ハ不法行爲ニ非サル事實
（イ）人ノ出生、生存、死亡ノ如キ
（ロ）住所又ハ事務所設定、移轉ノ如キ
（ハ）物ノ形狀數量ノ如キ例ヘハ賣買、賃貸借又ハ使用貸借ノ目的物、運送物、寄託物ノ形狀、數量ノ如シ又非訟事件手續法ニ依ラサル財產目錄ノ調製ノ如シ
（ニ）議事ノ顚末　例ヘハ會社組合ノ總會又ハ親族會ノ議事ノ筆記卽チ議事錄ノ調製ノ如シ
（ホ）債務ノ履行、不履行ノ如キ　例ヘハ賣買、贈與各種ノ貸借ノ目的物ノ引渡ノ如キ又支拂拒絕ノ如シ但辨濟ノ性質ニ付テハ學說岐レ辨濟ヲ以テ法律行爲ナリト爲ス學者寡カラス讀者ノ硏究ヲ望ム

第三節　公正證書作成ノ手續

公正證書ノ作成ハ既ニ述ヘタル如ク公證人ノ職務權限中最モ重要ナルモノニシテ又實際上最モ多クノ適用アル事項ナリトス而シテ公正證書ハ前二節ニ於テ詳述シタル如ク特別ノ性質及ヒ效力ヲ有スルモノナルヲ以テ公正證書ノ作成ニ付テハ種々嚴格ナル手續ヲ履行スルコトヲ要シ其手續ヲ履行セスシテ作成シタル證書ハ縱令公證人ノ作成シタルモノト雖モ固ヨリ公正證書タルノ性質及ヒ效力ヲ有スルモノニ非ス故ニ本法ニ於テハ公證人カ證書ヲ作成スルニ付キ準據スヘキ詳細ナル手續規定ヲ揭ケ以テ公正證書ノ形式的要件ヲ明カニセリ本節ニ於テ說明セントスルハ卽チ其規定ニ外ナラス

又本節ニ於テ說明スル規定ハ普通法タルノ性質ヲ有シ特別ノ除外例ナキ限リハ他ノ法令ニ依リ公證人カ證書ヲ作成スル場合ニ付テモ亦當然其適用アルモノトス（五七）

第一款　證書ヲ作成スルコト能ハサル場合

公證人ハ法律行爲其他私權ニ關スル事實ニ付キ證書ヲ作成スルノ權限ヲ有スルモノナルヲ以テ法律行爲ニ付テハ勿論法律行爲以外ノ私權ニ關スル事實ニ付テハ囑託ニ因リ證書ヲ作成スルコトヲ得ルモノトス而シテ玆ニ法律行爲トハ前節ニ於テ詳述シタル如ク私法上ノ權利ノ發生消滅移轉變更ヲ生スルコトヲ目的トスル意思表示ヲ謂ヒ又法律行爲ニ非サル事實トハ常ニ私權ニ關スル事實ニ限ルモノナル思表示ヲ謂ヒ又法律行爲ニ非サル事實トハ常ニ私權ニ關スル事實ニ限ルモノナルヲ以テ公法上ノ權利ニ關スル意思表示又ハ事實ニ付テハ公證人ハ證書ヲ作成スルノ權限ヲ有スルモノニ非サルコト明カナリ

公證人ハ法律行爲其他私權ニ關スル事實ニ付キ證書ヲ作成スルノ權限ヲ有スルコト上述ノ如クニシテ當事者其他ノ關係人ヨリ斯ル事項ニ付キ證書ノ作成ヲ囑託セラレタルトキハ正當ノ理由アルニ非サレハ其囑託ヲ拒否スルコトヲ得ス（三）ト雖モ此原則ニ對シテハ數箇ノ例外アリテ其例外ノ場合ニ於テハ公證人ハ絕對ニ證書ヲ作成スルコトヲ得サルモノトス

公證人ハ左ノ場合ニ於テハ證書ヲ作成スルコトヲ得ス（二六、二七）

第一　法令ニ違反シタル事項

法令ニ違反シタル事項ハ固ヨリ法律ノ保護スル目的トナルモノニ非ス故ニ法令ニ違反シタル事項ヲ目的トスル法律行爲其他ノ事實ニ付テハ公證人ハ證書ヲ作成スルコトヲ得サルヤ言ヲ俟タス蓋國家カ公證人ナル特別機關ヲ設ケテ證書ノ作成ヲ擔任セシムルハ主トシテ私權保護ノ一方法ニ外ナラスシテ法令ニ違反シタル事項ハ固ヨリ法律ノ保護スルモノニ非サレハナリ

法令ニ違反シタル事項ヲ目的トスル法律行爲ハ多クノ場合ニ於テ無效ナルヲ以テ次項ニ述フル如ク無效ノ法律行爲ニ付キ證書ヲ作成スルコトヲ得サル場合ニ該當スヘシト雖モ法律行爲以外ノ私權ニ關スル事實トシテモ亦證書ヲ作成スルコトヲ得ルモノニ非ス又法令ニ違反シタル事項ヲ目的トスル法律行爲カ當然無效タラサル場合ニ於テモ其法律行爲ニ付キ證書ヲ作成スルコト能ハサルモノトス又茲ニ法令ニ違反シタル事項トハ强行的法規ニ違反シタル事項ニ限ルコト勿論ニシテ任意的法規ノ違反ヲ包含セス蓋强行的法規トハ公ノ秩序ニ關シ當事者ノ意思如何ニ拘ハラス其適用ヲ强行セラルルモノナレトモ任意的法規ハ當事者ノ意思ヲ解釋シタル規定ニシテ其適用ヲ受クルト否トハ當事者ノ自由ニ屬スレハナリ

囑託セラレタル事項カ法令ニ違反スルヤ否ヤハ公證人カ各箇ノ場合ニ於テ判斷スヘキモノニシテ茲ニ之ヲ網羅スルコト能ハサルハ勿論或ル法令ノ規定ニ違反セルコト明カナル場合ニ於テモ其法令カ公ノ秩序ニ關スル强行的規定ナルヤ否ヤハ箇々ノ事件ニ付キ公證人自身ノ判斷ニ依ルノ外ナシト雖モ法令ニ違反シタル事項トシテ爭ナキ事例ヲ擧クレハ例ヘハ信書ノ送達ヲ營業トスル契約(郵二)葉煙草ヲ讓渡スル契約(煙專三)保護鳥獸ノ賣買契約(狩二)保安林ヲ伐採スル契約(森林七、一九)華族世襲財產ノ讓渡、質入、書入契約(世襲財產法一三)政府ノ賣下ケサル阿片ノ賣買受授又ハ所有、所持(阿片三)勳章又ハ年金權ノ讓渡ノ如キ其他刑法上ノ犯罪トナルヘキ事項ノ如シ是等ノ事項ニ付テハ公證人ハ證書ヲ作成スルコト能ハサルヲ以テ其囑託ハ當然之ヲ拒絕セサルヘカラス

第二　無效ノ法律行爲

公證人ハ無效ノ法律行爲ニ付キ證書ヲ作成スルコトヲ得サルモノトス無效ノ法律行爲トハ法律行爲ノ一般又ハ特別ノ要素ヲ缺キタルモノヲ謂フ而シテ法律行爲ノ一般要素ニ付テハ既ニ前節ニ於テ詳述シタル如ク其目的ノ適法可能ナルコト意

思及ヒ表示アルコト意思ト表示ノ一致アルコトヲ要スルモノナルヲ以テ此一要素ヲ缺キタルトキハ其法律行爲ハ常ニ無效ナリ故ニ絕對的不能ノ事項ヲ目的トシ公ノ秩序又ハ善良ノ風俗ニ反スル事項ヲ目的トスル法律行爲又ハ虛僞若クハ錯誤ニ因ル法律行爲ノ如キハ全然無效ナレトモ相手方ノ詐欺又ハ强迫ニ因ル法律行爲ハ單ニ取消シ得ルニ止リ無效ニ非ス次ニ法律行爲ノ特別要素トハ各種ノ法律行爲ニ付キ論究スヘキ事項ニシテ玆ニ之ヲ枚擧スルニ遑アラスト雖モ賣買契約ニ於ケル代金賃貸借契約ニ於ケル賃料消費貸借ニ於ケル代換物ノ引渡ノ如キハ最モ顯著ナルモノトス從テ是等ノ特別要素ヲ缺キタル法律行爲ハ固ヨリ無效ナリ然レトモ賣買契約ニ於ケル買戾、賃貸借契約ニ於ケル敷金ノ如キハ其法律行爲ノ偶素トシテ特別ノ效力ヲ有スルニ止リ法律行爲ノ要素ニ非サルヲ以テ之ヲ缺キタルカ爲メ賣買契約又ハ賃貸借カ當然無效トナルモノニ非サルコト論ヲ俟タス其他法律行爲ノ無效ニ關シテハ尙說明ヲ要スルモノ尠カラスト雖モ既ニ前節ニ於テ法律行爲ノ要素ニ關シテ詳述シタルヲ以テ玆ニ再說セス

無效ノ法律行爲ハ法律上ニ於テハ初メヨリ其行爲ナカリシ場合ト同一ニシテ其行

爲ニ因リ私權ヲ得喪移轉又ハ變更スルノ效力ヲ生スルモノニ非ス從テ無效ノ法律行爲ニ付キ證書ヲ作成スルモ法律上何等ノ利益ナキコト明カナルヲ以テ公證人カ法律行爲ニ關スル證書ヲ作成スルニ當リテハ其法律行爲カ無效ナルヤ否ヤヲ判斷シ無效ナル法律行爲ニ付テハ其囑託ヲ拒ムヘキモノトス然レトモ公證人カ證書ヲ作成スルニ當リ法律行爲ノ無效ナルコト明カナラサル場合アリ即チ法律行爲ノ意思表示ニ關スル要素ニ欠缺アル場合ニシテ例ヘハ其當事者カ眞意ヲ留保シテ眞意ニ非サル意思ヲ表示シタルトキ相手方ト通シテ假裝ノ意思表示ヲ爲シタルトキ又ハ相手方ノ錯誤ニ因リテ意思表示ヲ爲シタルトキノ如シ是等ノ場合ニ於テ公證人カ其要素ノ欠缺ヲ知リタルトキハ其法律行爲ノ無效ナルコトヲ理由トシテ該囑託ヲ拒絕スヘキハ勿論ナレトモ是等ノ欠缺ヲ知ラサリシトキハ其囑託ニ基キ證書ヲ作成スルモ公證人カ懲戒其他ノ責ニ任スヘカラサルヤ論ナシ只後日ニ至リ斯ル要素ノ欠缺カ明カニナリタルトキハ其法律行爲ハ初メヨリ無效ニ歸スルヲ以テ其證書モ亦何等ノ效力ヲ有セサルニ至ルヘシ

第三　無能力ニ因リ取消シ得ヘキ法律行爲

無能力ニ因リ取消シ得ヘキ法律行爲ニ付テモ亦公證人ハ證書ヲ作成スルコトヲ得ス民法上取消シ得ヘキ行爲ト稱スルハ當然無效ノ行爲ニ非スシテ或原因ノ爲メニ後日ニ至リ取消スコトヲ得ヘキ瑕疵アル意思表示ヲ謂フモノトス換言スレハ取消シ得ヘキ行爲ハ其取消アル迄ハ全ク有效ノ行爲ニシテ完全ナル效力ヲ有スレトモ其行爲カ效力ヲ生シタル後ニ至リ取消權ヲ有スル者カ之ヲ取消シタルトキハ最初ヨリ無效ナリシモノト看做サルルニ過キス而シテ取消權ヲ有スル者カ取消權ヲ拋棄シテ其行爲ヲ追認シタルトキハ茲ニ全ク完全ナル行爲トナリ初メヨリ有效ナル行爲トナルモノトス之レ無效ノ行爲ト取消シ得ヘキ行爲トノ差異ニシテ通常學者カ無效ノ行爲ハ死者ノ如ク取消シ得ヘキ行爲ハ病者ノ如シト謂フ所以ナリ蓋無效ノ行爲ハ其後ニ如何ナル行爲カ附加スルモ初ヨリ有效ナル行爲トナルコトナシト雖モ取消シ得ヘキ行爲ハ其後取消ナル行爲ニ因リ無效トナリ又追認ナル行爲ニ因リ有效ナル行爲トナルモノトス(民一一九、一二一)

取消シ得ヘキ法律行爲ヲ大別シテ二種トナスコトヲ得無能力ニ因ルモノ及ヒ詐欺又ハ強迫ニ因ルモノ卽是ナリ而シテ詐欺又ハ強迫ニ因リ取消シ得ヘキ法律行爲ハ

外見上其原因ノ存在ヲ窺知スルコト能ハサルヲ以テ本法ニ於テハ其行爲ニ付キ證書ヲ作成スルコトヲ禁止セスト雖モ無能力ニ因リ取消シ得ヘキ行爲ニ付テハ其性質上容易ニ之ヲ知リ得ルモノナルヲ以テ其法律行爲ニ付テハ絶對ニ證書ヲ作成スルコトヲ得サルモノトセリ從テ詐欺又ハ强迫ニ因リ取消シ得ヘキ法律行爲ニ付テハ公證人カ當事者ノ陳述其他ノ事情ニ因リ其瑕疵ノ存在ヲ知リ得タル場合ト雖モ公證人ハ其行爲ニ付キ證書ヲ作成スルコトヲ得ルモノト解セサルヘカラス

法律行爲カ無能力ニ因リ取消シ得ヘキモノトナル場合ヲ列擧スレハ左ノ如シ

一、未成年者カ法定代理人ノ同意ヲ得スシテ爲シタル法律行爲（民四）

未成年者トハ滿二十歲ニ達セサル者ヲ謂ヒ未成年者カ自ラ法律行爲ヲ爲スニハ其法定代理人ノ同意ヲ得ルコトヲ要シ若シ其同意ヲ得スシテ爲シタル行爲ハ之ヲ取消スコトヲ得ルモノトス然レトモ未成年者カ全然意思能力ヲ有セサルトキ例ヘハ十歲以下ノ幼者ノ如キハ自ラ法律行爲ヲ爲スノ能力ナキモノナルヲ以テ其者ノ行爲ハ固ヨリ無效ナルコト論ヲ俟タス從テ斯ル未成年者カ法律行爲ヲ爲スノ必要アル場合ニ於テハ法定代理人カ代テ其行爲ヲ爲スヘキモ

ノトス
未成年者ノ法定代理人トハ親權者又ハ後見人ヲ指シ未成年者ニ親權ヲ行フ父又ハ母ナキ場合ニハ常ニ後見人ヲ必要トス而シテ親權ヲ行フ者カ未成年者ノ父ナルトキハ其親權者ハ第三者ノ干渉ヲ受クルコトナク任意ニ未成年者ヲ代表シ又ハ未成年者カ法律行爲ヲ爲スニ付キ同意ヲ與フルコトヲ得ヘシト雖モ繼父母、嫡母、養母又ハ實母カ親權ヲ行フ場合ニ於テ未成年ノ子ニ代リ民法第八百八十六條ニ掲クル行爲ヲ爲シ又ハ子ノ之ヲ爲スニ付キ同意ヲ與フルトキ及ヒ後見人カ被後見人タル未成年者ニ代ハリテ民法第九百二十九條ニ掲ケタル行爲ヲ爲シ又ハ未成年者ノ之ヲ爲スニ付キ同意ヲ與フルニハ孰レモ適法ニ招集セラレタル親族會ノ同意ヲ得ルコトヲ要スルモノトス但元本ノ領收ハ此限ニ在ラス之レ法定代理人ニ對スル特別授權ニシテ是等ノ法定代理人ハ親族會ナル特別機關ノ同意ヲ得ルニ非サレハ未成年者ヲ代表シ又ハ其行爲ニ同意ヲ與フルノ權限ヲ有セサルナリ
意思能力ヲ有スル未成年者例ヘハ十五六歳以上ノ者カ自ラ法律行爲ヲ爲スニ

ハ其法定代理人ノ同意ヲ得ルニ非サレハ其行爲ハ取消シ得ヘキモノタルコト上述ノ如シト雖モ此原則ニハ數箇ノ例外アリ卽チ左ノ行爲ハ未成年者カ單獨ニテ之ヲ爲スコトヲ得ルモノニシテ法定代理人ノ同意アルコトヲ要セサルナリ

（イ）單ニ權利ヲ得義務ヲ免ルヘキ行爲　例ヘハ未成年者カ負擔ナキ贈與ヲ受ケ又ハ債務ノ免除ヲ受クル行爲ノ如シ

（ロ）法定代理人カ目的ヲ定メテ處分ヲ許シタル財產ニ關シ其目的ノ範圍內ニ於ケル處分及ヒ目的ヲ定メスシテ處分ヲ許シタル財產ノ處分　例ヘハ親權者ヨリ學資トシテ支給セラレタル金錢ヲ以テ書籍其他ノ學校用品ヲ購フカ如キ又ハ親權者ヨリ目的ヲ定メスシテ支給セラレタル金錢ヲ以テ飮食ヲ爲スカ如シ

（ハ）一種又ハ數種ノ營業ヲ許サレタル場合ニ於テ其營業ニ關スル行爲　例ヘハ親權者ヨリ或商業ヲ營ムコトヲ許サレタル未成年者カ其商業ニ關シ他人ト取引ヲ爲スカ如シ

（二）身分上ノ行爲　例ヘハ婚姻、離婚、婚姻ノ取消ヲ爲ス如キ（民七六五、八〇九、七八〇）養子縁組、私生子認知又ハ遺言ヲ爲ス如シ（民八四三、八二八、一〇六一、一〇六二）

二、禁治產者ノ爲シタル法律行爲（民九）

禁治產者トハ心神喪失ノ狀況ニ在ルカ爲メ或人ノ請求ニ因リ裁判所ヨリ禁治產ノ宣告ヲ受ケタル者ヲ謂ヒ禁治產者ハ之ヲ後見ニ付シ其後見人ヲシテ禁治產者ノ法律行爲ヲ代理セシムルモノトス（民七、八）然レトモ後見人カ禁治產者ニ代リテ民法第九百二十九條ニ揭ケタル行爲ヲ爲スニハ合式ニ招集セラレタル親族會ノ同意ヲ得ルヲ要ス但元本ノ領收ハ此限ニ在ラス

禁治產者ノ自ラ爲シタル法律行爲ニシテ其當時全ク意思ヲ有セサリシコト明カナルトキハ嚮ニ述ヘタル如ク法律行爲ノ要素ヲ缺クヲ以テ其行爲ハ當然無效ナルコト言ヲ俟タスト雖モ禁治產者カ其本心ニ復シタルトキ卽チ意思ヲ有シテ爲シタル法律行爲ハ常ニ取消シ得ヘキモノトス

禁治產トハ文字ノ示ス如ク治產ノ禁ナルヲ以テ直接ニ財產權ニ關係ナキ行爲

ニ付テハ實際其意思ヲ缺カサル場合ニ限リ其行爲ハ有效ナリ換言スレハ禁治產者カ時々本心ニ復シタル場合ニ於テハ有效ニ左ノ行爲ヲ爲スコトヲ得ルモノトス

（イ）婚姻及ヒ其取消（民七七四、七七九）離婚（八一〇）
（ロ）私生子ノ認知（民八二八）
（ハ）養子緣組其取消及ヒ離緣（民八五二、八四七、八四）
（ニ）遺言（民一〇六二、九）

三、準禁治產者カ保佐人ノ同意ヲ得スシテ爲シタル法律行爲（民一二）

準禁治產者トハ精神又ハ身體ノ健全ヲ缺キ法律行爲ヲ爲スニ付テノ利害ヲ判斷スルニ十分ナル智能ヲ有セサル爲メ裁判所ヨリ準禁治產ノ宣告ヲ受ケタル者ヲ謂ヒ此宣告ヲ受クヘキ場合ハ心神耗弱者、聾者、啞者、盲者及ヒ浪費者ナリトス（民一一）而シテ準禁治產者ハ固ヨリ心神ヲ喪失セル者ニ非サルヲ以テ自ラ法律行爲ヲ爲スノ能力ヲ有スルヲ原則トスレトモ其利害ノ重大ナル法律行爲ヲ爲スニ付テハ保佐人ノ同意ヲ得ルコトヲ要シ其同意ヲ得スシテ爲シタル行爲

之ヲ取消スコトヲ得ルモノトス(民一二)從テ保佐人ハ準禁治産者ノ法定代理人ニ非ス之レ禁治産者ト異ナル一點ナリ

準禁治産者カ左ノ行爲ヲ爲スニハ保佐人ノ同意ヲ得ルコトヲ要スルモノトス(民一二)

(イ)元本ヲ領收シ又ハ之ヲ利用スルコト

(ロ)借財又ハ保證ヲ爲スコト　保證トハ借財ノ保證ニ限ラス總テノ保證ヲ包含ス

(ハ)不動産又ハ重要ナル動産ニ關スル權利ノ得喪ヲ目的トスル行爲ヲ爲スコト　例ヘハ賣買ヲ爲シ質權、抵當權ヲ設定スルカ如シ

(ニ)訴訟行爲ヲ爲スコト

(ホ)贈與、和解又ハ仲裁契約ヲ爲スコト　仲裁契約トハ裁判ニ依ラサル係爭關係ノ確定方法ナリ(民訴七八六、以下)

(ヘ)相續ヲ承認シ又ハ之ヲ拋棄スルコト

(ト)贈與又ハ遺贈ヲ拒絕シ又ハ負擔附ノ贈與若クハ遺贈ヲ受諾スルコト

（チ）新築、改築、增築又ハ大修繕ヲ爲スコト

（リ）民法第六〇二條ノ期間ヲ超ユル賃貸借ヲ爲スコト　即チ山林ノ樹木ノ栽植又ハ伐採ヲ目的トスル十年以上ノ賃貸借、五年以上ノ其他ノ土地ノ賃貸借、三年以上ノ建物ノ賃貸借、六箇月以上ノ動產ノ賃貸借ヲ謂フ

（ヌ）其他裁判所カ保佐人ノ同意ヲ要スト宣告シタル行爲

四、妻カ夫ノ許可ヲ受ケスシテ爲シタル法律行爲

妻カ左ニ揭ケタル法律行爲ヲ爲スニハ夫ノ許可ヲ受クルコトヲ要ス（民一四）

（イ）前項（イ）乃至（ヘ）ニ揚ケタル行爲ヲ爲スコト

（ロ）贈與若クハ遺贈ヲ受諾シ又ハ之ヲ拒絕スルコト　負擔附ト否トヲ問ハス

（ハ）身體ニ羈絆ヲ受クヘキ契約ヲ爲スコト　例ヘハ他人ノ雇人トナルカ如シ

以上ニ揭ケタル以外ノ法律行爲ヲ爲スニ付テハ妻ト雖モ獨立ノ能力ヲ有スルヲ以テ其法律行爲ノ有效ナルコト言ヲ俟タス又右ニ揭ケタル法律行爲ト雖モ左ノ一ニ該當スルトキハ夫ノ許可ヲ要セス單獨ニテ之ヲ爲スモ全然有效ニシ

テ固ヨリ其行爲ハ取消シ得ヘキモノニ非ス

（イ）妻カ一種及ハ數種ノ營業ヲ許サレタル場合ニ於テ其營業ニ關スル行爲ヲ爲スト キ（民一五）

（ロ）夫ノ生死分明ナラサルトキ

（ハ）夫カ妻ヲ遺棄シタルトキ

（ニ）夫カ禁治產者又ハ準禁治產者ナルトキ

（ホ）夫カ瘋癲ノ爲メ病院又ハ私宅ニ監置セラルルトキ

（ヘ）夫カ禁錮一年以上ノ刑ニ處セラレ其刑ノ執行中ニ在ルトキ

（ト）夫婦ノ利益相反スルトキ

以上一乃至四ニ揭ケタルハ法律行爲カ無能力ニ因リ取消シ得ヘキモノトナル場合ナリ故ニ斯ル行爲ニ付テハ公證人ハ證書ヲ作成スルコトヲ得サルハ論ナシト雖モ玆ニ多少ノ疑アルハ夫婦間ノ契約ナリ民法第七百九十二條ニ依レハ夫婦間ニ於テ爲シタル契約ハ婚姻中何時ニテモ夫婦ノ一方ヨリ之ヲ取消スコトヲ得ルモノトセルヲ以テ夫婦間ノ契約モ亦無能力ニ因リテ取消スコトヲ得

ヘキ行爲ノ一種ナリト論スル者ナキニ非ス然レトモ民法カ夫婦間ノ契約ヲ取消シ得ヘキモノトシタル所以ハ夫婦ハ往々ニシテ其愛情ニ溺レ又ハ其一方ノ權威ニ壓服セラレテ眞正ナル自由意思ヲ表示シ難キ場合アルヲ以テ特ニ之ヲ保護セントノ法意ニ外ナラスシテ夫婦ノ能力ニ制限ヲ加フルノ趣旨ニ非ス從テ本法ニ所謂無能力ニ因リ取消シ得ヘキ法律行爲中ニ包含セサルモノト謂フヘシ故ニ公證人ハ斯ル行爲ニ付テモ證書ヲ作成スルコトヲ得ルモノト解セサルヘカラス

又以上ニ掲ケタル無能力者カ公證人ニ對シ其能力ニ付キ虛僞ノ陳述ヲ爲シタルトキハ果シテ其法律行爲カ取消シ得ヘキモノナルヤ否ヤヲ知リ難キ場合アリ例ヘハ禁治產者、準禁治產者又ハ有夫ノ婦ナルコトヲ祕シタル場合ノ如シ斯ル場合ニ於テ公證人カ證書ヲ作成スルモ之カ爲メ何等ノ責任ヲ負フコトナキハ論ナシト雖モ後日ニ至リ無能力ニ因リテ取消シ得ヘキコト明確トナリタルトキハ其證書ハ最初ヨリ無效ニ歸スルハ勿論公證人ニ對シ虛僞ノ陳述ヲ爲シタル者ハ二年以下ノ懲役又ハ罰金ニ處セラルルコトアルヘシ（刑一五七）

第四　日本語ヲ用ヒサル證書

公證人ハ日本語ヲ用フル證書ニ非サレハ之ヲ作成スルコトヲ得ス(二七)故ニ公證人ハ自己カ外國語ヲ解スルト否トニ拘ハラス日本語ヲ用ヒサル證書ノ作成ヲ囑託セラレタルトキハ當然之ヲ拒絶セサル可カラス然レトモ此規定ハ日本ノ文字ヲ以テ證書ヲ記載スヘシトノ意ニシテ證書中全然外國語ヲ用フルコトヲ得サルノ法意ニ非ス外國語ト雖モ日本ノ文字ヲ以テ之ヲ表示スルコトヲ得ヘキトキハ勿論外國語ノ發音ヲ日本ノ文字ヲ以テ表示スルコトヲ得ヘキ場合ニ於テハ外國語ニ相當スル日本ノ文字ヲ以テ之ヲ證書中ニ記載スルコトヲ得ヘシ例ヘハ外國產ノ品目ヲ記載スルニ當リ日本ニ產スル同種ノ品目ヲ掲ケテ之ヲ表示シ又外國ノ地名人名ヲ記載スルニ當リ其發音ニ相當スル日本ノ文字ヲ以テ之ヲ表示スルカ如シ要スルニ公證人ハ日本語ヲ用ヒサル證書ヲ作成スルコトヲ得スト雖モ日本ノ文字ヲ以テ外國語ヲ表示スルコトヲ得ヘキ場合ニ於テハ證書中外國語ヲ混用スルコトヲ妨ケサルモノトス又日本ノ文字ヲ以テ署名スルコト能ハサル日本人又ハ外國人カ囑託人ナル場合ニ於テハ日本ノ文字ニ非サル文字ヲ以テ證書ニ署名スルコトヲ

得ルハ勿論ナリ何トナレハ囑託人又ハ代理人ノ署名ハ證書完成要件ナリト雖モ署名ハ其性質上署名者ノ自筆ヲ證明スルモノニシテ必シモ日本ノ文字ヲ以テスルコトヲ要セサレハナリ但證書ニ署名捺印スヘキ場合ト雖モ外國人ハ署名スルヲ以テ足リ捺印ノミヲ爲スヘキ場合ニ於テモ外國人ハ署名ヲ以テ捺印ニ代フルコトヲ得ルモノトス(三二年法律第五號)證書ニハ日本語ヲ以テ記載スヘキモノナルヲ以テ囑託人又ハ代理人カ日本語ヲ解セサル場合ニ於テハ公證人ハ通事ヲ立會ハシメ其通事ノ通譯ニ依リ囑託人又ハ代理人ノ陳述ヲ錄取スヘキコトハ後ニ詳述スルカ如シ

第二款　囑託人又ハ代理人ノ本人證明

公證人カ公正證書ヲ作成スルニハ當事者其他ノ關係人ノ囑託ニ因リ其囑託人又ハ代理人カ公證人ノ面前ニ於テ爲シタル陳述公證人ノ目擊シタル狀況其他自ラ實驗シタル事實ヲ錄取シ且其實驗ノ方法ヲ記載シテ之ヲ爲スコトヲ要シ(三五)囑託人又ハ其代理人ノ氏名ハ常ニ證書ニ記載スヘキモノナルヲ以テ公證人カ囑託人又ハ其代理人ノ氏名ヲ知リ且之ト面識アル場合ニ非サレハ證書ヲ作成スルコト能ハサルハ論ヲ俟タス何トナレハ公證人カ其名氏ヲ知ラス且之ト面識ナキ場合ニ於テハ

囑託人又ハ其代理人ノ主張スル氏名カ果シテ其本名ナルヤ否ヤ明カナラサルヲ以テ他人ノ氏名ヲ詐稱シテ其囑託ヲ爲スモノナルヤ否ヤヲ判別スルニ由ナク從テ公正證書ハ容易ニ之ヲ僞造スルコトヲ得ルニ至ルヲ以テナリ(二八ノ一、三一)然レトモ公證人ハ總テノ囑託人又ハ其代理人ノ氏名ヲ知リ且面識アルモノニ非サルハ勿論ナルヲ以テ公證人カ自己ノ氏名ヲ知ラス且面識ナキトキハ多數ノ囑託人又ハ其代理人ハ全ク公證人ニ對シ公正證書ノ作成ヲ囑託スルコト能ハサルニ至ルハ當然ナリトス故ニ本法ハ斯ル場合ニ於テ證書ノ作成ヲ囑託スルニハ下ニ述フル方法ニ依リ囑託人又ハ其代理人ヲシテ其人違ナキコトヲ證明セシムルコトヲ要スルモノトシ以テ公正證書ノ實質上ノ僞造ヲ豫防シ且曩ニ述ヘタル公正證書ノ效力ヲ鞏固ナラシメントセリ余輩カ茲ニ本人證明ト稱スルハ卽チ上記ノ證明ヲ指稱スルモノトス

前段ニ述ヘタル公證人カ囑託人又ハ其代理人ノ氏名ヲ知リ且之ト面識アリトノ意義ハ囑託人カ公證人ニ面識ナキモ公證人カ囑託人又ハ其代理人ノ氏名ヲ知リ且之ト面識アレハ有效ニ證書ヲ作成シ得ルモノト解ス之ト同旨ナル明治三十九年十月

大阪地方裁判所ノ判決ハ當ヲ得タルモノナリ

第一　本人證明ノ方法

公證人カ囑託人又ハ其代理人ノ氏名ヲ知ラス且之ト面識ナキトキハ公證人ハ左ノ方法ニ依リ其人違ナキコトヲ證明セシムルコトヲ要ス

一、囑託人又ハ其代理人ノ本籍地又ハ寄留地ノ市、區、町、村長ノ作成シタル印鑑證明書ヲ提出セシムルコト

卽チ囑託人又ハ其代理人ハ其本籍地又ハ寄留地ノ市、區、町、村長ニ對シ自己ノ所持スル實印ノ印影ト其市、區、町、村長所管ノ印鑑簿ノ印影ト對照シテ其同一ナルコトノ證明ヲ求メタル上其證明書ヲ公證人ニ提出スルコトヲ要スルモノニシテ公證人ハ其證明書ニ押捺セル囑託人又ハ其代理人ノ印影ト公證人ノ面前ニ於テ押捺スル印影トカ同一ナルトキハ其囑託人ニ人違ナキコトヲ認メ得ルモノトス

然レトモ公證人ハ右印鑑證明書ニ押捺セル印影ト囑託人又ハ其代理人ノ所持セル實印ノ印影トカ同一ナラストト認ムルトキ若クハ右印鑑證明書カ僞造、變造

ニシテ眞正ニ成立シタルモノニ非スト認ムルトキハ其囑託ヲ拒ムコトヲ得ルハ勿論ナリ何トナレハ囑託人又ハ其代理人ノ人違ナキコト即チ印鑑ノ同一ナルヤ否ヤ又ハ印鑑證明書カ果シテ市、區、町、村長ノ作成シタルモノナリヤ否ヤハ公證人カ自ラ判斷スヘキ事項ニシテ囑託人又ハ其代理人ノ陳述若クハ意見ニ羈束セラルルモノニ非サレハナリ

島嶼ノ如キ市町村制ヲ實施セサル地ニ在リテハ市町村長ノ職務ヲ行フ吏員ノ作成シタル印鑑證明書ヲ以テ人違ナキコトヲ證明ス(八五、)以下市、町村長ノ作成シタル印鑑證明書之ニ同シ同時ニ數通ノ證書ヲ作成スル場合ニ於テハ右印鑑證明書一通ヲ提出シタルトキハ如何此場合ニ於テハ受附番號ノ最モ少キ證書ニ其印鑑證明書ヲ連綴シ其他ノ證書ニハ何某カ本人證明ニ供シタル印鑑證明書ハ同時ニ數通ノ證書ヲ作成スル場合ナルニ依リ大正何年受附第何號事件ノ證書ニ之ヲ連綴シタル旨ノ書面ヲ作リテ之ニ連綴スヘキモノトス(公施細、一九)

以上ニ述ヘタル代理人トハ委任代理人タルト法定代理人タルトヲ問ハス公證人ニ對シ他人ノ爲メニ證書ノ作成ヲ囑託スル者ヲ總稱スルコト論ヲ俟タス從

テ國家ノ官吏又ハ府、縣、市、町、村ノ公吏ノ如キ公法人ノ代表者カ國家又ハ府、縣、市、町村ノ法定代理人トシテ證書作成ノ囑託ヲ爲ス場合ニ於テモ公證人カ其法定代理人ノ氏名ヲ知ラス且之ト面識ナキトキハ其代理人ハ公證人ニ對シ本人證明ヲ爲スノ要アリヤ否ヤハ解釋上多少ノ疑ナシトセス然レトモ官吏又ハ公吏カ國家其他公法人ノ代表者トシテ證書ノ作成ヲ囑託スル場合ニ於テハ一私人ト同シク全ク私法上ノ主體トシテ活動スルモノニシテ固ヨリ權力關係ニ於ケル公法上ノ主體トシテノ行爲ニ非サルヲ以テ特別ノ規定ナキ限リハ其官吏公吏モ亦公證人ニ對シ其人違ナキコトヲ證明スルノ義務アルモノト謂ハサル可カラス只官吏又ハ公吏ノ使用スル職印ニ付テハ市、區、町、村役場ニ其印鑑ナキヲ以テ印鑑證明書ニ依リ之カ證明ヲ爲スコト能ハス從テ官吏又ハ公吏カ職印ヲ使用シテ證書ヲ作成セント欲スルトキハ次項ニ述フル如ク證人二人ニ依リ其人違ナキコトヲ證明スルコトヲ得ヘシト雖モ其官吏又ハ公吏カ一私人トシテ所持スル實印ヲ使用シテ證書ヲ作成セント欲スルトキハ上述ノ如ク其本籍地又ハ寄留地ノ市、區、町、村長ノ作成シタル印鑑證明書ヲ提出シテ人違ナキコトヲ證明スルコトヲ得ヘシ但官吏公吏カ囑託人ナル場合ニ職印ヲ所持スルトキハ之ヲ押捺セル書面ヲ提出セシメテ證明ヲ爲サシムルコトヲ得（明治四十二年八月十日民刑局長回答）

右ニ述ヘタル印鑑證明書ノ提出ニ依ル證明ニ付テハ一ノ例外アリ即チ外國人カ囑託人又ハ其代理人トシテ證書ノ作成ヲ囑託スル場合是ナリ蓋外國人ハ通常實印ヲ使用スルノ慣習ナキヲ以テ帝國内ニ居住又ハ滯在スル外國人中實印ヲ使用セサル者多キハ明カニシテ是等ノ外國人カ證書ノ作成ヲ囑託セムトスル場合ニ於テハ右印鑑證明書ヲ以テ人違ナキコトヲ證明スルコト能ハサルハ勿論ナリ故ニ本法ハ一ノ特例ヲ設ケ囑託人又ハ其代理人ナルトキハ警察官吏又ハ帝國ニ駐在スル本國領事ノ證明書ヲ以テ印鑑證明書ニ代フルコトヲ得ルモノトセリ（二八ノ二但書）

右ノ場合ニ於ケル警察官吏又ハ本國領事ノ證明書トハ囑託人又ハ代理人ノ氏名及ヒ其本人タルコトヲ記載シタル證明書ノ謂ヒナルコト明カニシテ其本國領事ノ證明書ニ付テハ特ニ日本文タルコトヲ要スル旨ノ規定ナキヲ以テ該證明書ハ必シモ日本文タルコトヲ要セス其本國文ヲ以テ之ヲ記載スルモ可ナリ

ト雖モ此場合ニ於テハ日本文ヲ以テスル譯文ヲ添付スルコトヲ必要トス蓋前款第四ニ掲ケタル第二十七條ノ規定ハ公證人カ證書ヲ作成スヘキ場合ノ準則ニシテ其證書ニ附屬スヘキ書類ハ日本ノ文字タルコトヲ要セサレハナリ又外國人カ同時ニ數通ノ證書作成ヲ囑託スル場合ニ於テ右ノ證明書一通ヲ提出シタルトキハ前段印鑑證明書ニ關シテ述ヘタルト同一ノ手續ニ依ルコトヲ得ヘシ

二、公證人カ氏名ヲ知リ且面識アル證人二人ヲ供スルコト

公證人カ氏名ヲ知ラス且面識ナキ囑託人又ハ其代理人ハ前項ニ述ヘタル如ク市、區、町、村長ノ印鑑證明書ヲ提出シ又外國人ナルトキハ警察官吏又ハ帝國ニ駐在スル本國領事ノ證明書ヲ以テ其人違ナキコトヲ證明スルコトヲ得ヘシト雖モ多數ノ囑託人又ハ代理人中ニハ市、區役所又ハ町、村役場ニ其實印ノ印鑑届出サルモノアリ又其届出アリトスルモ本籍地又ハ寄留地以外ノ地ニ於テ證書ノ作成ヲ囑託セントスル場合ノ如キハ事實上印鑑證明書ヲ提出スルコト能ハス從テ此方法ノミナルトキハ證書ヲ作成スルコト能ハサル場合ヲ生スルハ明

カナリ故ニ本法ハ第二ノ證明方法トシテ囑託人又ハ代理人ハ公證人カ氏名ヲ知リ且面識アル證人二人ヲ供シ其者ノ供述ニ依リ自己ノ人違ナキコトヲ證明スルコトヲ得ルモノトシ以テ囑託人ノ利便ヲ圖リタリ此證明方法ハ最初政府案ニ於テ之ヲ認メサリシモノニシテ特ニ衆議院ニ於テ追加シタル一點ナリトス

以上ニ述ヘタル二人ノ證人ハ囑託人又ハ其代理人ニ於テ選定スルコトヲ要シ其選定ニ付キ公證人ハ毫モ容喙スルノ權限ナキハ勿論ナレトモ左ニ掲クル者ハ其證人タルコトヲ得サルモノトス(二八ノ五、三四ノ三)

(イ)未成年者

(ロ)禁錮以上ノ刑ニ處セラレタル者

但二年以下ノ禁錮ニ處セラレタル者ニシテ刑ノ執行ヲ終リ又ハ其執行ヲ受クルコトナキニ至リタルトキハ此限ニ在ラス

(ハ)破產又ハ家資分散ノ宣告ヲ受ケ復權セル者

(ニ)禁治產者及準禁治產者

（ホ）懲戒處分ニ因リ免官若クハ免職セラレタル者又ハ辯護士法ニ依リ除名セラレタル者ニシテ免官、免職又ハ除名後二年ヲ經過セサル者
（ヘ）自ラ署名スルコト能ハサル者
（ト）囑託事項ニ付キ利害ノ關係ヲ有スル者
（チ）囑託事項ニ付キ代理人若クハ輔佐人タル者又ハ代理人若クハ輔佐人タリシ者
（リ）公證人又ハ囑託人若クハ其代理人ノ配偶者、四親等內ノ親族、同居ノ戶主若クハ家族、法定代理人、保佐人、雇人又ハ同居人
（ヌ）公證人ノ筆生
右各號ノ意義ニ付テハ第二章第三章第一款、第四章第三節及ヒ本節第六款ノ說明ヲ看ルヘシ
以上（イ）ヨリ（ヌ）ニ揭ケタル者ハ常ニ證人トナルコトヲ得スト雖モ此他何等ノ制限ナキヲ以テ右ノ各號ノ一ニ該當セサル者ナル以上ハ男子タルト女子タルト又內國人タルト外國人タルトヲ問ハス其證人トナルコトヲ得ルモノトス而シ

テ囑託人又ハ其代理人カ選定シタル證人カ右ノ各號ニ該當セサルヤ否ヤハ公證人ニ於テ進ンテ調査スルノ職責ナキヲ以テ其證人ニ依リ公證人カ本人證明ヲ爲サシメ證書ヲ作成シタル後ニ至リ右ノ各號ニ該當スルコトヲ發見シ證書カ無效トナルモ公證人ハ懲戒處分ヲ受ケ又ハ損害賠償ノ責ニ任スヘキモノニ非サルヤ論ヲ俟タス囑託人又ハ其代理人ノ選定シタル右ノ證人二人カ公證人ニ對シ其人違ナキコトヲ證言シタルトキハ公證人ハ其證言ニ依リ證書ノ作成ヲ爲スコトヲ要スルハ勿論ナレトモ其證人ハ裁判所ニ於ケル證人ト異ナリ公證人ニ對シ虛僞ノ陳述ヲ爲スモ僞證罪ノ制裁ヲ受クルモノニ非ス但刑法第百五十七條ノ罪ニ問擬セラルルコトアルヘシ

以上ニ述ヘタル證人二人ニ依リ囑託人又ハ其代理人ノ人違ナキコトヲ證明シタル場合ニ於テ公證人カ其證人ノ證言ヲ信用セサルトキハ固ヨリ其囑託ヲ拒否スルコトヲ得ルモノトス蓋證人ノ證言カ虛僞ナルコト明白ナル場合ハ勿論種々ノ事情ニ依リ其證言ニ信ヲ措クコト能ハサル場合ニ於テハ未タ其證人ノ證言ニ依リ人違ナキコトヲ證明シタルモノト謂フヲ得サレハナリ從テ公證人

ハ自由ナル心證ニ依リ其證言ノ信憑方ヲ判斷スヘキモノト謂フヘシ此點ニ關シテハ本法中何等ノ規定ナシト雖モ右ノ如ク論定スルコトハ證明ノ性質上殆ント疑ヲ容ルルノ餘地ナシト信ス

第二　本人證明ノ追完

公證人カ囑託人又ハ其代理人ノ氏名ヲ知ラス又ハ之ト面識ナキトキハ前項ニ述ヘタル二箇ノ方法中其一ニ依リ人違ナキコトヲ證明シタル場合ニ非サレハ公證人ハ證書ヲ作成スルコト能ハサルモノニシテ公證人カ此證明ヲ爲サシメスシテ證書ヲ作成シタルトキハ其證書ハ公正證書タルノ效力ヲ有セサルコト言ヲ俟タスト雖モ本法ハ一ノ特例ヲ認メ此證明手續ヲ後日ニ讓リテ證書ヲ作成スルコトヲ得ル場合ヲ定メタリ

左ノ二要件ヲ具備スル場合ニ於テハ公證人ハ囑託人又ハ代理人ノ本人證明ヲ爲サシメスシテ直ニ證書ヲ作成スルコトヲ得ルモノトス(二八ノ三)

一、急迫ナル場合ナルコト

二、法律行爲ニ非サル事實ニ付キ證書作成スヘキ場合ナルコト急迫ナル場合ナルヤ否ヤハ固ヨリ公證人ノ認定ニ任スノ外ナシト雖モ後日ニ至リ其囑託カ急迫ナラサリシコト確定スルモ之カ爲メ證書カ無效トナルモノニ非サルヲ以テ公證人カ急迫ナル場合ナルヤ否ヤノ認定ヲ誤ルモ何等ノ實害ヲ生スルコトナカルヘシ又法律行爲ニ非サル事實ニ付キ證書ヲ作成スル場合ニ限ルヲ以テ法律行爲ニ關スル證書ヲ作成スル場合ニ於テハ如何ニ急迫ナル場合ト雖モ囑託人又ハ代理人ヲシテ印鑑證明書ヲ提出セシメ又ハ證人二人ニ依リテ其人違ナキコトヲ證明セシムルコトヲ要スルモノトス

右二箇ノ要件ヲ具備スル場合ニ於テ公證人カ直ニ證書ヲ作成シタルトキハ其作成後三日內ニ證書ノ作成ニ關スル規定ニ依リ新ニ印鑑證明書ヲ提出シ(囑託人又ハ其代理人カ外國人ナル時ハ警察官吏又ハ帝國ニ駐在スル本國領事ノ證明書ヲ以テ印鑑證明書ニ代フルコトヲ得)又ハ公證人カ氏名ヲ知リ且面識アル證人二人ヲ以テ其人違ナキコトヲ證明スルコトヲ要スルモノトス故ニ右ノ期間內ニ此手續ヲ履行セサルトキハ其證書ハ當然公正證書タルノ效力ヲ失フモノナレトモ其期間內ノ此證明手續ヲ履行シタルトキハ縱令其事件カ急迫ナル場合ニ非サリシコト明確トナ

ルモ之カ爲メニ其證書ハ效力ヲ妨ケラルルモノニ非ス(二八ノ三、四)

右ニ述ヘタル證明手續ノ追完即チ證書ヲ作成シタル後三日內ニ囑託人又ハ其代理人カ本人證明ノ手續ヲ爲スヘキ場合ニ於テハ證書ノ作成ニ關スル規定ニ依ルコトヲ要スルヲ以テ新ニ追完證書ヲ作成スヘキ者ニシテ其證書ハ獨立ノ性質ヲ有シ前ニ作成シタル證書ノ一部分ヲ爲スモノニ非ス故ニ其追完證書ヲ作成スルニ付テハ通常ノ公正證書ヲ作成スル場合ト全ク同一ノ手續ニ依ルヘキモノニシテ第二十九條以下ノ規定ハ大部分ハ追完證書ノ作成ニ適用セラルルモノトス但三日トハ初日ヲ算入セス(午前零時ヨリ始マルトキハ此限ニ在ラス)又三日目カ大祭日日曜其他ノ休日ニ當ルトキハ其翌日滿了スルモノトス(非訟一〇、民訴一六五、一六六、民一四〇、一四一、一四二)

以上本款ニ於テ說明シタル規定ハ公證人カ拒絕證書ヲ作成スル場合ニ適用ナキモノトス(五七)故ニ公證人ハ拒絕證書作成ノ囑託人又ハ其代理人ノ氏名ヲ知ラス且之ト面識ナキ場合ニ於テモ何等ノ證明手續ヲ履行スルノ要ナク直ニ其囑託ニ應シテ拒絕證書ヲ作成スルコトヲ得ルモノトス但拒絕證書以外ノ公正證書ヲ作成スル

場合ニ於テハ其證書ノ作成カ本法ノ規定ニノミ依ルヘキ場合ナルト他ノ法律ノ規定ニ依ルヘキ場合ナルトヲ問ハス等シク本人證明ノ手續ヲ履行スルノ要アルモノトス例ヘハ公證人カ遺言證書ヲ作成スル場合ノ如シ

第三欵　代理人ノ權限證明

公證人カ證書ヲ作成スルハ當事者其他ノ關係人ノ囑託ニ因ルヘキモノナルコト既ニ述ヘタル如シト雖モ其當事者其他ノ關係人カ自ラ公證人ノ面前ニ出頭セスシテ他人ニ對シ證書作成ノ囑託ヲ爲スコトヲ委任シ又ハ無能力者法人等ノ法定代理人カ其本人ニ代リテ證書ノ作成ヲ囑託スルコトアルハ明カナリ是等ノ場合ニ於テ公證人ハ其代理人ノ囑託ニ因リ證書ヲ作成スルコトヲ得ルハ勿論ナリト雖モ其代理人ノ權限ハ常ニ之ヲ證明セシムルコトヲ要スルモノトス(三二ノ一)

第一　權限證明ノ方法

代理人ニ依リ囑託セラレタル場合ニ於テ公證人カ證書ヲ作成スルニハ其代理人ノ權限ヲ證スヘキ證書ヲ提出セシメ以テ其權限ヲ證明セシムルコトヲ要スルモノトス故ニ代理權限ノ證明方法ハ常ニ代理證書ノ提出ニ依ルヘキモノニシテ如何ナ

ル場合ニ於テモ證人ニ依リ其權限ヲ證明スルコトヲ許サス而シテ代理權限ヲ證スヘキ證書ハ左ノ證書ノ一ニ該當スルコトヲ要スルモノトス

一、公正證書

玆ニ公正證書トハ廣義ニ於ケル公正證書ニシテ既ニ本章第一節ニ於テ說明シタル如ク官吏又ハ公吏カ其職務ニ關シ適法ニ作成シタル總テノ文書ヲ指稱スルモノニシテ公證人ノ作成シタル證書ハ勿論其他ノ官吏又ハ公吏ノ作成シタル證書ヲ包含ス故ニ代理人カ證書ノ作成ヲ囑託スル場合ニ於テハ公證人ノ作成シタル委任狀ヲ提出シテ其代理權限ヲ證明スルコトヲ得ヘク會社其他ノ法人ノ法定代理人又ハ無能力者ノ法定代理人タル親權者後見人カ證書ノ作成ヲ囑託スル場合ニ於テハ登記官吏ノ作成シタル會社又ハ法人登記簿ノ謄本（抄本）若クハ戶籍吏ノ作成シタル戶籍謄本（抄本）ヲ提出シテ其代理權限ヲ證明スルコトヲ得ヘク官吏又ハ公吏カ國家、府縣郡市區町村其他公法人ノ代表者トシテ證書ノ作成ヲ囑託スル場合ニ於テハ官吏又ハ公吏ノ作成シタル資格證明書ヲ提出シ又公法人ノ代表者タル官吏公吏カ其屬僚ニ公正證書作成ヲ委任スル場合ハ自ラ委任權限ノ證明書ヲ作リ之ヲ提出セシメテ其代理權限ヲ證明スルコトヲ得ヘシ是等ノ證書ハ孰レモ公正證書タル性質ヲ有スルモノナルヲ以テ他ノ證書ヲ提出スルノ要ナクシテ其代理權限ハ完全ニ證明セラルルモノトス但官吏公吏カ公法人ノ代表者タル證明ニ關シテハ別段ノ規定ナキヲ以テ其官吏公吏ハ自ラ職印ヲ用ヒテ其資格證明書ヲ作成シテ之ヲ提出スルモ不當ナリト論定スヘキニ非ス故ニ必スシモ上級官廳即チ監督官廳ノ證明書ヲ要セサルヘシ

二、認證ヲ受ケタル私署證書

私署證書ハ次章ニ至リテ詳述スル如ク通常其效力薄弱ニシテ他ノ證據ト伴フニ非サレハ完全ナル證據力ヲ有スルモノニ非サルヲ以テ代理人カ其代理權限ヲ證明スル爲メ私署證書タル代理證書卽チ委任者ノ作成シタル委任狀ヲ提出スルモ之レノミニ依リ其代理權限ヲ證明スルコトヲ得ルモノニ非ス然レトモ私署證書ノ認證ナルモノハ後ニモ述フル如ク官吏又ハ公吏カ私署證書ノ成立ヲ證明スルモノニシテ殆ント公正證書ト同一ノ效力ヲ有スルモノナルヲ以テ代理人カ公證人ニ對シ證書ノ作成ヲ囑託スル場合ニ於テ認證ヲ受ケタル私署

證書ヲ提出シタルトキハ其證書ノミニ依リ代理權限ヲ證明スルコトヲ得ヘキハ勿論ナリ

私署證書ニ認證ヲ與フルコトハ本法ニ於テ初メテ公證人ニ付與シタル職務權限ニ屬スルヲ以テ本法施行後ニ於テハ代理人ハ公證人ノ認證アル委任狀ヲ提出シテ其代理權限ヲ證明スルコト多カルヘシト雖モ第三十二條ニ所謂認證トハ公證人ノ認證ニ限ルヤ否ヤハ解釋上多少ノ疑問ナリトス然レトモ余輩ハ之ヲ廣義ニ解シ公證人ノ與ヘタル認證ニ限ラス他ノ法令ニ依リ私署證書ニ認證ヲ與フル權限ヲ有スル者ノ認證ハ總テ之ニ包含セラルルモノナリト解セント欲ス蓋公證人以外ノ官吏又ハ公吏カ私署證書ニ認證ヲ與ヘ以テ其私署證書ノ成立ヲ證明シタルトキハ公證人カ其認證ヲ與ヘタル場合ト同シク證書ノ眞正ナルコトニ付キ殆ント公正證書ト異ナラサル效力ヲ保有スルモノニシテ其證書ニ依リ完全ニ代理權限ヲ證明スルコトヲ得レハナリ故ニ現今實際ニ行ハルル在監人ノ委任狀ノ如キ在監人自ラ他人ニ代理權限ヲ付與スル旨ノ委任狀ヲ作成シ其名下ニ拇印ヲ爲シタル私署證書ニ對シ典獄又ハ擔當ノ看守長カ其目

前ニ於テ證書ヲ作成シタルコト又ハ拇印ヲ押捺シタルコトヲ證明シタルトキハ其委任狀ハ官吏ノ認證ヲ受ケタルモノト認ムルコトヲ妨ケサルヘシ然レトモ司獄官カ在監人ノ署名ニ認證ヲ與フルコトヲ得ルヤ否ヤニ付テハ議論ナキニ非ス此點ニ付テハ讀者ノ研究ヲ望ム

三、認證ヲ受ケサル私署證書及ヒ印鑑證明書

代理權限ヲ證スル證書カ私署證書ニシテ認證ヲ受ケサルモノナルトキハ右ニ述ヘタル如ク形式上ノ證據力ヲ保有スルモノニ非サルヲ以テ果シテ其證書カ眞ニ署名者ノ作成シタルモノナルヤ否ヤヲ知ルニ由ナシ從テ他人ノ代理人トシテ公證人ノ面前ニ出頭シタル者カ眞ニ其代理權限ヲ有スルコトヲ認ムルノ證トナスニ足ラス故ニ本法ニ於テハ代理人ノ權限證明書カ認證ヲ受ケサル私署證書ナルトキハ其署名者ノ本籍地又ハ寄留地ノ市、區、町、村長ノ作成シタル印鑑證明書ヲ以テ其證書ノ眞正ナルコトヲ證明セシムルコトヲ要スルモノトセリ但其署名者カ外國人ナルトキハ證書ノ眞正ナルコトヲ記載セル警察官吏又ハ帝國ニ駐在スル本國領事ノ證明書ヲ以テ印鑑證明書ニ代フルコトヲ得ルモ

ノトス(三二ノ二)、尙警察官吏又ハ領事ノ證明書ニ關シテハ前款第一、本人證明ニ關スル說明ヲ看ルヘシ

市、町、村長ト稱スルハ之ヲ置カサル地ニ在リテハ其職務ヲ行フ吏員ナルコト前款ニ於テ述ヘタルカ如シ以下市、町、村長ノ證明書之ト同一ナリ

代理人ニ依リ證書ノ作成ヲ囑託スル場合ニ於テハ以上ニ揭ケタル權限證明書ヲ提出シテ其代理權限ヲ證明スルノ要アリト雖モ其證明ノ日附ニ付テハ何等ノ制限規定ナキヲ以テ其證明書ノ日附カ證書ノ作成ヲ囑託スル日ト同一ナルコトヲ要セサルハ論ヲ俟タスト雖モ其代理人ノ權限ノ有無ハ固ヨリ公證人カ自由ニ判斷スヘキ事項ニ屬スルヲ以テ其證明書ノ日附ト證書作成ノ日トノ間ニ甚シキ懸隔アルトキハ更ニ他ノ證書ヲ提出セシメ其代理權限ヲ證明セシムルコトヲ得ヘシ例ヘハ代理人カ數年又ハ數十年以前ノ日附ニ係ル代理委任狀ヲ提出シテ或契約證書ノ作成ヲ囑託スル場合ノ如シ

代理權限ヲ證スヘキ證書ノ作成ニ關シテハ何等ノ方式ナキヲ以テ苟クモ右ニ揭ケタル三箇ノ證書ナル以上ハ其內容ノ記載方如何ニ拘ハラス權限證明ノ用ニ供ス

ル事ヲ得ヘシト雖モ其證書ハ必ス代理人カ囑託スル事項ニ付テノ權限ヲ記載シタルモノナルコトヲ要スルハ論ヲ俟タス而シテ法定代理人ノ權限ハ法令ニ規定セラルルヲ以テ其法定代理人ナルコトノ證明書ハ同時ニ代理權限ヲ證スル證書ニ該當スレトモ委任代理ニ依ル代理人ノ權限ハ其委任ニ因リテ定マルモノナルヲ以テ委任狀ハ單ニ代理ヲ委任シタル旨ノ記載アルヲ以テ足レリトセス必ス其委任事項ノ範圍ヲ網羅セサルヘカラス要スルニ公證人ハ民法、商法其他ノ法令ニ從ヒ代理權限ノ範圍ヲ判定スヘキモノニシテ委任狀其他ノ代理證書ニ依リ代理人ノ權限ヲ認ムルコト能ハサルトキハ公證人ハ其囑託ヲ拒ムヘキモノトス例ヘハ單ニ消費貸借契約證書ノ作成ヲ囑託スル權限ノミヲ有スル代理人ノ囑託ニ因リ證書ヲ作成スル場合ニ於テ直ニ强制執行ヲ爲シ得ル旨ノ特約ヲ記載スルコト能ハサルカ如シ

親權ヲ行フ母又ハ後見人カ子若クハ被後見人ニ代リテ民法第八百八十六條第九百二十九條ニ揭ケタル行爲ヲ爲シ又ハ子被後見人ノ之ヲ爲スコトニ同意スルニハ親族會ノ同意ヲ要スルハ勿論ニシテ是レ法定代理人ニ對スル特別授權ナルコトハ本節第一款ニ於テ述ヘタルカ如シ故ニ代理權限ノ證明中ニハ親族會ノ同意ヲ要ス

ル事項ニ付テハ其同意アリタルコトヲ包含セサルヘカラス

以上ニ掲ケタル代理權限證明ニ關スル規定ハ拒絶證書作成ノ場合ニ適用ナキコト(五七)及ヒ代理人カ同時ニ數通ノ證書作成ヲ囑託スル場合ニ於テ其權限證明書カ一通ナルトキ又委任狀數通ナルモ印鑑證明書一通ナルトキハ如何ノ問題ハ前款ニ說明シタル、本人證明ノ場合ト同一ナルヲ以テ該說明ヲ參照スヘシ

第二　代理又ハ其方式ノ追完

無權代理人ノ爲シタル行爲ハ本人ニ於テ之ヲ追認スルニ非サレハ本人ニ對シテ其效力ヲ生スルモノニ非サルコトハ民法ノ明定スル所ナリ故ニ他人ノ代理權限ナキ者カ其代理人ナリト詐稱シテ本人ノ爲メニ或法律行爲ヲ爲シ又ハ公證人ニ囑託シテ證書ヲ作成スルモ其本人ト稱セラレタル者ニ對シ何等ノ效力ヲ生スルモノニ非ス換言スレハ其行爲ハ總テ本人ト稱セラレタル者ノ行爲トナルノ效力ヲ生セサルモノトス之レ公證人カ代理人ニ依リ證書ノ作成ヲ囑託セラレタル場合ニ於テハ前項ニ說明シタル如ク其代理權限ヲ證明セシムルノ必要アル所以ナリ

故ニ公證人カ代理人ニ依リ證書ノ作成ヲ囑託セラレタル場合ニ於テ代理人カ其

権限ヲ有セサルコトヲ知リナカラ證書ヲ作成シ又ハ前項ニ述ヘタル方法ニ依リ其代理權限ヲ證明セシメタル後證書ヲ作成スルモ其證明書カ僞造又ハ變造ナリシ場合ノ如キ(代理ノ欠缺)又ハ實際上代理人カ其權限ヲ有スルモ前項ニ述ヘタル方法ニ依リ代理權限ヲ證明セシメスシテ證書ヲ作成シタル場合例ヘハ認證ヲ受ケサル私署證書ノミヲ提出シテ代理權限ヲ證明シタルニ公證人カ故意又ハ過失ニ因リ署名者ノ印鑑證明書ヲ提出セシメサル場合ノ如キ(代理方式ノ欠缺)孰レモ其證書ハ無效ニシテ本人ニ對シ何等ノ效力ヲ生スルモノニアラス(民一一三、一一八)然レトモ代理權限ヲ有セサル者ノ爲シタル行爲ト雖モ後日本人ニ於テ之ニ代理上ノ效力ヲ生セシメント欲スルトキハ其行爲ヲ有效ナラシムルモ之カ爲メ何人ニモ損害ヲ生セシムルコトナク殊ニ相手方ノ利益ヲ保護スルノ結果ヲ生スルコト勿論ナルヲ以テ本法ニ於テハ公證人カ代理人ノ囑託ニ因リ證書ヲ作成シタル場合ニ於テ代理又ハ其方式ノ欠缺アリタルトキト雖モ後日ニ至リ證書作成ニ關スル規定ニ依リ其欠缺ヲ追完シタルトキハ證書ハ其欠缺アリタルカ爲メ效力ヲ妨ケラルルコトナキモノトセリ(三二ノ三)卽チ其證書ハ最初ヨリ有效ノモノトナリ代理權限ヲ有スル者ノ囑託ニ因リ適法ニ其權限ヲ證明セシメタル上作成シタル證書ト同一ノ效力ヲ生スルモノニシテ追完ヲ爲シタル時ヨリ其效力ヲ生ストノ謂ニアラス(民一一六)又代理又ハ方式ノ追完ヲ爲スヘキ期間ニ付テハ何等ノ制限ナキヲ以テ證書作成後如何ニ長キ期間ヲ經過スルモ尙有效ニ其追完ヲ爲スコトヲ得ヘシト雖モ代理ノ欠缺卽チ代理權限ナキ者カ他人ノ代理人トシテ爲シタル法律行爲ハ其相手方カ相當ノ期間ヲ定メテ其期間內ニ追認ヲ爲スヤ否ヤヲ確答スヘキ旨ヲ本人ニ催告シ若シ本人カ其期間內ニ確答ヲ爲サヽルトキハ追認ヲ拒絕シタルモノト看做サルヽヲ以テ(民一一四、一一八)其追認ノ拒絕後ニ至リテハ證書ノ作成ニ關スル代理ノ欠缺ヲ追完スルコト能ハサルニ至ルヘシ

以上ニ述ヘタル代理又ハ其方式ノ欠缺ハ證書ノ作成ニ關スル規定ニ依リ之ヲ爲スコトヲ要シ證書ノ作成ニ關スル規定トハ本法第四章ノ規定ヲ指稱スルモノナルヲ以テ其規定ニ從ヒ追完ニ付キ新ニ追完證書ヲ作成スルコトヲ要シ其追完證書ハ獨立ノ證書ニシテ前ニ作リタル證書ノ一部分ヲ爲スモノニ非ス但追完證書作成ノ場合ハ本人ト曩キノ代理人トカ囑託人トナレハ足リ相手方ノ參加ヲ要セサルナリ

第四款　第三者ノ許可又ハ同意ノ證明

凡ソ吾人カ法律行爲ヲ爲スニ付テハ各獨立ノ自由ヲ有シ第三者ノ干渉ヲ受ケサルヲ原則トス然レトモ此原則ニハ數多ノ例外アリテ或特別ノ身分ヲ有スル者又ハ能力ノ完全ナラサル者カ法律行爲ヲ爲スヘキ場合ニ於テ特ニ法律カ第三者ノ許可又ハ同意ヲ得ルコトヲ要スルモノトシ其許可又ハ同意ヲ得スシテ爲シタル行爲ハ之ヲ取消スコトヲ得ルモノトセリ例ヘハ未成年者、準禁治産者及ヒ妻カ法律行爲ヲ爲スニハ親權者、後見人、保佐人又ハ夫ノ同意若クハ許可ヲ必要トスルカ如シ（民四乃至六、一一、一二、一四乃至一八）親權ヲ行フ母又ハ後見人カ未成年者若クハ被後見人ニ代ハリテ或行爲ヲ爲シ又ハ是等ノ者カ之ヲ爲スコトニ同意スルニハ親族會ノ同意ヲ得ルコトヲ要シ又府、縣、郡、市、區、町、村等ノ公法人ノ代表者カ特定ノ法律行爲ヲ爲スニ付テハ府、縣、郡、市、區、町、村會ノ決議ヲ經ルコトヲ要シ此親族會又ハ府、縣、市、區、町、村會ノ同意又ハ決議ハ法定代理人ニ對スル一ノ特別授權ニ外ナラサルモ不動産登記法第三十五條第四號ト同シク第三者ノ許可又ハ同意ニ包含スルモノト解スヘシ

第三者ノ許可又ハ同意ヲ得スシテ爲シタル行爲ハ多クハ取消シ得ヘキ瑕疵アル

モノトナリ又取消シ得ヘキ行爲トナラサルモノハ全然無效ノ行爲トナルヘシ而シテ公證人ハ無效ノ法律行爲及ヒ無能力ニ因リテ取消スコトヲ得ヘキ法律行爲ニ付テハ證書ヲ作成スルコト能ハサルヲ以テ(二六、本節第一款參照)本法ニ於テハ第三者ノ許可又ハ同意ヲ要スヘキ法律行爲ニ付キ證書ノ作成ヲ囑託セラレタルトキハ公證人ハ其囑託人ヲシテ第三者ノ許可又ハ同意アリタルコトヲ證明セシムルコトヲ要スルモノトセリ(三三ノ一)

第一　許可又ハ同意ノ證明方法

第三者ノ許可又ハ同意アリタルコトヲ證明スルニハ前款ニ述ヘタル代理權限ノ證明方法ト同シク左ノ證書ノ一ヲ提出スルコトヲ要スルモノトス

一、公正證書

二、認證ヲ受ケタル私署證書

三、認證ヲ受ケサル私署證書及ヒ其署名者ノ本籍地又ハ寄留地ノ市、區、町、村、長ノ作成シタル印鑑證明書但其署名者外國人ナルトキハ警察官吏又ハ帝國ニ駐在スル本國領事ノ證明書ヲ以テ印鑑證明書ニ代フルコトヲ得右各證書ノ意義及ヒ同時ニ數通ノ證書ヲ作成スヘキ場合ニ於ケル證明方法等ニ關シテハ前款ノ說明ヲ參照スヘシ而シテ明治四十二年九月十四日民刑局長ノ回答ニ依レハ第三者ノ許可又ハ同意ノ證明中ニハ其第三者ノ資格ノ證明ヲモ包含スルヲ以テ囑託人カ第三者ノ資格證明書ヲ提出セサルトキハ公證人ハ其囑託ヲ拒ムコトヲ得ヘシト言ヘリ蓋至當ノ見解ト謂フヘシ

第二　許可又ハ同意ノ追完

第三者ノ許可又ハ同意ヲ要スヘキ法律行爲ニ付キ其許可又ハ同意ナキトキハ多クノ場合ニ於テ取消シ得ヘキモノトナルコトハ既ニ述ヘタルカ如シト雖モ取消シ得ヘキ行爲ハ無效ノ行爲ト異ナリ取消權ヲ有スルモノカ追認ヲ爲シタルトキハ其行爲ハ初ヨリ有效トナルヲ以テ（民一二二）其行爲ノ性質ハ全ク無權代理人ノ行爲ト同一ナリ故ニ公證人カ第三者ノ許可又ハ同意ヲ要スヘキ法律行爲ニ付キ其許可又ハ同意ナキニ拘ハラス證書ヲ作成シ又ハ其許可又ハ同意アリタルモ前項ニ述ヘタル證書ニ依リ許可又ハ同意ノ事實ヲ證明セシメスシテ證書ヲ作成シタル場合ニ於テハ代理又ハ其方式ノ欠缺ノ場合ト同シク後日ニ至リテ證書作成ニ關スル規定ニ

依リ許可又ハ同意ノ欠缺ヲ追完シ又ハ其證明ノ方式ノ欠缺ヲ追完スルコトヲ得ルモノトス而シテ其追完アリタルトキハ證書ハ初ヨリ有效トナリ右ノ欠缺アリタルカ爲メ其效力ヲ妨ケラルルコトナキモノトス(三三ノ二)但追完證書作成ノ場合ハ前款ニ於テ述ヘタルカ如ク本人ト第三者トカ囑託人トナリ相手方ノ參加ヲ要セス右ニ述ヘタル追完ノ時期ニ付テハ何等ノ制限ナキヲ以テ證書作成後如何ナル時ニ至ルモ有效ニ其追完ヲ爲シ得ルモノト謂ハサル可カラス然レトモ其法律行爲カ一旦取消サレタルトキハ初メヨリ無效トナルヲ以テ(民一二一)其取消後ニ於テハ追完スルコト能ハサルニ至ルハ論ヲ俟タス其他追完ニ關シテハ前款ニ説明シタル代理又ハ其方法ノ欠缺追完ヲ參照スヘシ

第五款　通事ノ立會

公證人カ證書ヲ作成スルニハ其聽取シタル陳述、其目擊シタル狀況其他自ラ實驗シタル事實ヲ錄取シ且其實驗ノ方法ヲ記載シテ之ヲ爲スコトヲ要スルモノナルヲ以テ(三五)囑託人又ハ代理人カ日本語ヲ解セサル場合又ハ言語ヲ發スルコト能ハサル者ニシテ文字ヲ解セサル場合ニ於テハ證書ヲ作成スルコト能ハサルニ至ルヘシ蓋公證人其他證書作成ノ關係人カ日本語ニ非サル總テノ他國語ニ通スルコトハ到底不能ナルヲ以テ囑託人又ハ代理人カ日本語ヲ解セサルトキハ其囑託事項ヲ解スルニ由ナク又囑託人又ハ其代理人カ言語ヲ發スルコト能ハサル場合ニ於テ日本ノ文字ヲ解スルトキハ筆談ノ方法ニ依リ囑託事項ヲ理解スルコトヲ得ヘシト雖モ全然文字ヲ解セサルトキハ筆談ノ方法ニ依ルコト能ハス從ツテ證書ヲ作成スルコト能ハサレハナリ故ニ本法ハ斯ル場合ニ於テ證書ヲ作成スルニハ必ス通事ヲ立會ハシムルコトヲ要スルモノトセリ(二九、三一)

第一　通事ヲ立會ハシムヘキ場合

證書ノ作成ニ付キ通事ヲ立會ハシムヘキ場合ハ左ノ如シ

一、囑託人又ハ代理人カ日本語ヲ解セサル場合

故ニ囑託人又ハ代理人カ必シモ外國人ナルコトヲ要セス日本人ナル場合ト雖モ外國ニ於テ生育シタルモノ又ハ日本ニ歸化シタル者ノ內ニハ日本語ヲ解セサル者尠カラス此等ノ場合ニ於テハ常ニ通事ヲ立會ハシムルコトヲ要ス

囑託人又ハ代理人カ日本語ヲ解セサルヤ否ヤハ公證人カ證書ヲ作成スヘキ階

箇ノ場合ニ於テ自ラ之ヲ判斷スルノ外ナシト雖モ公證人ニ對シ囑託人又ハ代理人ハ日本語ヲ以テ囑託事項ヲ陳述スルコトヲ要スルモノナルヲ以テ全然日本語ヲ解セサル場合ニ於テハ勿論縱令幾分ノ日本語ヲ解スルモ囑託事項ヲ完全ニ陳述スルコト能ハサル場合ニ於テハ通事ヲ立會ハシムルコトヲ要スト謂ハサルヘカラス

二、囑託人又ハ代理人カ聾者ニシテ文字ヲ解セサル場合

故ニ其囑託人又ハ代理人カ聾者ナルトキハ日本ノ言語ヲ發スルコトヲ得ルト否トヲ問ハス日本ノ文字ヲ解セサルトキハ常ニ通事ヲ立會ハシムルコトヲ要スルモノトス蓋聾者ト雖モ言語ヲ發スルコトヲ得ル者多キヲ以テ公證人ニ對シ自ラ囑託事項ヲ陳述スルコトヲ得ヘキニ依リ縱令日本ノ文字ヲ解セサルモ通事ノ立會ヲ必要トセサルカ如シト雖モ實際上公證人カ證書ヲ作成スルニ當リテハ公證人ノ言語カ囑託人又ハ代理人ニ通スルコトヲ要スルハ勿論公證人カ作成シタル證書ハ之ヲ讀聞カセ又ハ閲覽セシムルコトヲ必要トスルヲ以テ

（三九）囑託人又ハ代理人カ聾者ニシテ且日本ノ文字ヲ解セサルトキハ日本ノ言

語ヲ發スルコトヲ得ルト否トニ拘ハラス通事ノ立會ヲ必要トスルハ論ヲ俟タサレハナリ
囑託人又ハ代理人カ聾者ナルヤ否ヤ又文字ヲ解スルヤ否ヤハ公證人ノ判斷ニ依リテ之ヲ決定スルノ外ナシト雖モ普通以上ノ高聲ヲ以テスレハ談話ノ通シ得ル者又ハ普通ノ假名交リノ漢字ヲ解シ得ル者ナルトキハ事實上公證人カ證書ヲ作成スルコト不能ニ非サルヲ以テ斯ル程度ニ於テハ之ヲ聾者ニアラス又ハ文字ヲ解シ得ル者ト認ムルコトヲ得ヘシ

三、囑託人又ハ代理人カ啞者ニシテ文字ヲ解セサル場合

故ニ啞者ナルモ文字ヲ解スルトキハ通事ノ立會ヲ要セス蓋公證人ハ筆談ノ方法ニ依リ其囑託事項ヲ理解スルコトヲ得ヘキヲ以テナリ文字ヲ解スルヤ否ヤハ前段ニ述ヘタル如ク公證人カ各箇ノ事件ニ付キ判斷スルノ外ナシ

四、囑託人又ハ代理人カ言語ヲ發スルコト能ハサル者ニシテ文字ヲ解セサル場合

言語ヲ發スルコト能ハサル者トハ其原因ノ如何ヲ問ハス總テ言語ヲ以テ思想

ヲ發表スルコト能ハサルモノヲ包含シ發音機能ノ永久不治ノ障害ニ因ルト一時ノ障害ニ因ルトヲ區別セス又文字ヲ解セストノ程度ハ事實問題ニシテ各場合ニ於テ判定ノ外ナキコト上述ノ如シ

第二　通事ノ選定

通事ハ囑託人又ハ代理人ニ於テ之ヲ選定スルコトヲ要ス(三二四)ルモノニシテ公證人ニ於テ選定スルコトヲ得ルモノニアラス而シテ通事ハ立會人ト異ナリ其資格ニ付テ何等ノ制限ナキヲ以テ囑託人又ハ其代理人ハ最モ能ク自己ノ意思ノ媒介ヲ爲スニ適當ナル者ヲ自由ニ選定スルコトヲ得ルモノニシテ自己ノ親族、家族、又ハ雇人ナルト未成年者ナルト其他囑託事項ニ密接ナル利害關係ヲ有スル者ナルト又公證人カ氏名ヲ知ラス且面識ナキ者ナルト否トニ拘ハラス證書ノ趣旨ヲ通譯シ得ルモノタル以上ハ通事タルコトヲ得ルモノトス(三二九)然レトモ通事ハ囑託人又ハ代理人ト公證人トノ間ニ立チテ意思ノ媒介ヲ爲ス者ニシテ囑託事項ヲ公證人ニ傳ヘ又公證人ノ作リタル證書ノ趣旨ヲ囑託人又ハ代理人ニ通譯スル者ナルヲ以テ日本語ヲ解セサル者又ハ聾者、啞者、其他言語ヲ發セサル者ノ如キハ通事タルコトヲ得サルハ

論ヲ俟タス但立會人ハ通事ヲ兼ヌルコトヲ得ルモノトス（二二四）

通事ノ員數ニ付テハ何等ノ規定ナキヲ以テ常ニ一人ノ通事ノ立會ヲ以テ足レルコト論ヲ俟タスト雖モ二人以上ノ通事ノ立會ヲ許サザル法意ナルヤ否ヤハ解釋上多少ノ疑アリ余輩ノ解スル所ニ依レハ二人以上ノ通事ノ立會ハ必スシモ不法ナリト謂フニ非スト雖モ上述ノ如ク通事ハ囑託人又ハ代理人ノ意思ヲ公證人ニ傳ヘ又ハ公證人ノ作成シタル證書ノ趣旨ヲ囑託人又ハ其代理人ニ通譯スルモノナルヲ以テ同時ニ同一事項ヲ二人以上ニテ通譯スルコトハ事實上不能ニ屬スルノミナラス各別ニ同一事項ヲ通譯スルコトヲ得ルモノトスルモ數人ノ通譯カ各自其意味ヲ異ニスルトキハ其孰レヲ採用スヘキヤヲ知ルニ由ナク從テ有效ナル意思ノ媒介ヲ爲スコト能ハサルニ至ルヘキヲ以テ通事ハ一人ナルヲ可トスヘキナリ

第六款　立會人ノ立會

舊法ニ於テハ公證人カ證書ヲ作成スルニ付キ總テノ場合ニ立會人ノ立會ヲ必要トシ立會人ナクシテ作リタル證書ハ公正ノ效ナキモノト規定シタルモ元來立會人ナル者ハ單ニ公證人ノ職務執行ノ正當ナルコトヲ監守スルニ過キスシテ固ヨリ積

極的ノ職務ヲ有スルモノニ非サルヲ以テ總テノ事件ニ立會人ノ立會ヲ必要トスルハ全ク無益ノ形式タルニ止リテ何等ノ實效ナキノミナラス立會人ハ法律上祕密恪守ノ義務ナキ爲メ囑託事件ノ祕密ヲ漏泄スルノ嫌ヒアリ故ニ本法ニ於テハ原則トシテ立會人ノ立會ヲ要セサルモノトシ以テ公證人及ヒ囑託人ノ爲メニ無益ナル手數ヲ省略スルコトヲ得ルモノトセリ是レ本法ノ改正シタル重ナル一點ニシテ洵ニ至當ナル改正ト謂フヘシ然レトモ囑託人又ハ代理人カ盲者ナル場合又ハ文字ヲ解セサル場合ニ於テハ自ラ證書ノ趣旨ヲ知ルコト能ハサルヲ以テ公證人カ故意又ハ過失ニ因リ證書ニ虛僞ノ記載ヲ爲スモ之ヲ觀破スルニ由ナク從テ後日ニ至リ其證書ノ內容ニ付キ論爭ヲ生スルコトナキヲ保セス又其他ノ場合ト雖モ事件ノ性質ニ依リテハ囑託人又ハ代理人ニ於テ立會人ノ立會ヲ希望スルコトアルヘシ是等ノ場合ニ於テハ例外トシテ立會人ヲ立會ハシムルコトハ公證人ノ職務執行ヲ嚴正ニシ同時ニ公正證書ノ信用ヲ增進スルノ效果アルヘキコト言ヲ俟タス故ニ例外トシテ立會人ヲ立會ハシムヘキ場合ヲ認メタリ

第一　立會人ヲ立會ハシムヘキ場合

左ノ場合ニ於テ公證人カ證書ヲ作成スルニハ立會人ヲ立會ハシムルコトヲ要ス

(三〇、三一)

一、囑託人又ハ其代理人カ盲者ナル場合

盲者トハ視覺ヲ喪失シタル者ヲ謂ヒ深ク論究スルノ要ナシ

二、囑託人又ハ其代理人カ文字ヲ解セサル場合

實際上公證人カ自ラ判斷スルノ外ナキヲ以テ其程度ニ付テハ多少ノ疑惑ヲ生スルコトナキヲ保セス蓋絕對ニ文字ヲ解セサル場合ニ於テハ固ヨリ論ナシト雖モ僅ニ文字ヲ解スル者ト深ク文字ヲ解スル者トハ常ニ程度ノ差異ニシテ如何ナル程度ニ依リ之ヲ區別スヘキヤニ付テハ明確ナル標準ヲ擧クルコト能ハサルヲ以テナリ然レトモ囑託人又ハ代理人カ文字ヲ解セサル爲メ立會人ノ立會ヲ必要トシタル所以ハ右ニ述ヘタル如ク自ラ證書ヲ通讀シテ之ヲ理解スルノ能力ナキカ爲メナルヲ以テ其證書ニ使用スル文字ヲ解スルコト能ハサル場合ニ於テハ常ニ立會人ヲ必要トスヘク若シ證書ノ文字ヲ通讀スルコト能ハサル以上ハ其者カ縱令僅ニ文字ヲ解シ得ルトキ例ヘハ單ニ自己ノ氏名ヲ署シ得

ルトキ又ハ假名文字ノミヲ解スルトキノ如キ場合ニ於テハ茲ニ所謂文字ヲ解スル者ト認ムルコト能ハサルヘシ

故ニ囑託人又ハ代理人カ證書ニ記載スル文字ヲ解スル以上ハ自ラ署名スルコト能ハサル場合ニ於テモ立會人ノ立會ヲ要スルモノニアラス例ヘハ兩手ノ不具又ハ疾患ノ爲メ自ラ筆ヲ執ルコト能ハサル者ノ如シ是等ノ場合ニ於テハ公證人ハ其旨ヲ證書ニ記載シ之ニ捺印スルヲ以テ足レリトス(三九ノ四)然レトモ此論定ニハ異論アリ卽チ第三十九條四項ニハ列席者ニシテ署名スルコト能ハサル者アルトキハ證書ニ其旨ヲ記載シテ公證人及ヒ立會人之ニ捺印スルコトヲ要ストアルヲ以テ囑託人又ハ其代理人カ自ラ署名スルコト能ハサル場合ニ於テハ其者カ文字ヲ解スルト否トニ拘ハラス立會人ノ立會ヲ要スト謂フニ在レトモ立會人ヲ立會ハシムヘキ場合ハ第三十條ノ明定スル所ニシテ同條ニ依レハ單ニ文字ヲ解セサル場合トアリテ署名ノ不能ヲ要件トセス唯署名スルコト能ハサル者ハ通常文字ヲ解セサルコトノ多キヲ以テ立會人ノ立會ヲ要スルニ依リ第三十九條ニ於テハ其通常ノ場合ヲ想像シテ立會人ノ捺印ヲ要スト規

定シタルモノト解スヘク文字ヲ解スル者カ自署スルコト能ハサル場合ニ於テモ尚立會人ノ立會ヲ必要トスルノ法意ニ非スト解セサルヘカラス

囑託人又ハ其代理人カ日本語ヲ解セス又ハ聾者啞者其他言語ヲ發スルコト能ハサル者ニシテ文字ヲ解セサル場合ニ於テハ前款ニ述ヘタル如ク證書ノ作成ニ付キ通事ノ立會ヲ必要トスルト同時ニ立會人ノ立會ヲ要スルコト論ヲ俟タス此場合ニ於テハ其立會人ハ通事ヲ兼ヌルコトヲ得ヘク(三四)又通事ハ第三十四條掲記ノ缺格ナキ限リハ立會人ヲ兼ヌルコトヲ得ルモノトス

三、囑託人又ハ其代理人カ立會人ノ立會ヲ請求シタル場合

此場合ニ於テハ公證人ハ必ス立會人ヲ立會ハシムルコトヲ要シ囑託人又ハ其代理人ハ通事ヲ立會ハシムヘキ場合ナルト否トニ拘ハラス自由ニ立會人ノ立會ヲ請求スルコトヲ得ルモノトス又此請求ヲ爲スコトハ囑託人又ハ其代理人ノ有スル一ノ權利ナルヲ以テ囑託人カ二人以上アル場合ニ於テ其一人カ立會人ノ立會ニ反對シタルトキト雖モ他ノ囑託人ハ自由ニ其請求ヲ爲スコトヲ得ヘシ

立會人ハ一人ニ限ルヤ否ヤハ本法ノ明文上明ラカナラス或ハ民法第千六十九條第千七十條ノ如ク特ニ二人以上ノ立會ヲ必要トセサルヲ以テ立會人ハ一人ニ限ルト論スルモノアレトモ本法ニ於テ特ニ其員數ヲ規定セサルハ全ク囑託人又ハ其代理人ノ意思ニ任セタルモノニシテ一人ニテ可ナルハ勿論同時ニ數人ノ立會人ヲ立會ハシムルコトヲ許スノ法意ナリト解セサルヘカラス蓋立會人ノ立會ヲ必要トスル所以ハ其證書作成ヲ嚴正ナラシムルニ外ナラサルヲ以テ毫モ二人以上ノ立會ヲ禁スルノ理由ナケレハナリ

以上三箇ノ場合ニ於テハ必ス立會人ノ立會ヲ要シ其立會ナクシテ作成シタル證書ハ固ヨリ公正ノ效力ナキモノナレトモ公證人カ拒絶證書ヲ作成スル場合ニ於テハ立會ヲ要セサルモノトス(五七)

第二　立會人ノ選定

立會人ハ總テノ場合ニ於テ囑託人又ハ其代理人カ選定スルコトヲ要スルモノニシテ公證人ニ於テ其選定ニ干渉スルコトヲ得ルルノニ非ス從テ囑託人又ハ其代理人ニ於テ立會人ヲ選定シタルトキハ必ス其立會人ヲシテ證書ノ作成ニ立會ハシム

ルコトヲ要スト雖モ次ニ掲クル缺格者ヲ選定シタルトキハ公證人ハ證書ノ作成ヲ拒ムヘキコト勿論ナリ

左ニ掲クル者ハ立會人タルコトヲ得ス(三一四)

一、未成年者

未成年者トハ滿二十歳ニ滿タサル者ヲ謂フ(民三、外國人カ立會人トナル場合ニ於テ其者カ未成年者ナルヤ否ヤヲ決定スルニハ法律行爲ヲ爲スノ能力ニ關スル國際私法ノ原則ニ從フヘキモノトス蓋立會人トナルコトハ固ヨリ法律行爲ニ非スト雖モ自ラ法律行爲ヲ爲スノ能力ナキ者ハ又立會人トナルノ能力ナキモノト認メ本法ニ於テ未成年者ハ立會人タルコトヲ得スト規定シタルモノナルヲ以テ其外國人カ未成年者ナルヤ否ヤヲ判定スルニハ法律行爲ヲ爲スノ能力ニ關スル國際私法ノ原則ニ準據スヘキコト言ヲ俟タサレハナリ故ニ外國人カ未成年者ナルヤ否ヤハ其本國法ニ依リ之ヲ定ムヘク又外國人カ其本國法ニ依レハ未成年者タルヘキトキト雖モ日本ノ法律ニ依レハ成年者タルヘキトキハ之ヲ成年者ト看做スヘキモノトス(法例三)

而シテ成年ノ年齢ニ付テハ各國ノ規定固ヨリ同一ナラスト雖モ概ネ二十歳以上ヲ以テ成年期トナスモノ多シ例ヘハ獨逸普通法、西班牙、丁抹、諾威、葡萄牙ハ二十五歳、普魯西、澳太利、匈牙利ハ二十四歳、和蘭ハ二十三歳、佛蘭西、白耳義、英吉利、北米合衆國、獨逸現行法、索遜、ババリヤ、露西亞ハ二十一歳、瑞西ハ二十歳ヲ以テ成年期トナスカ如シ故ニ二十歳以上ノ者ト雖モ其本國法ニ依レハ未成年者タル者多シ然レトモ右ニ掲ケタル法例第三條第二項ニ依リ本法ニ於テハ成年者ト看做サルルヲ以テ立會人トナルコトヲ得ヘシ

二、禁錮以上ノ刑ニ處セラレタル者但二年以下ノ禁錮ニ處セラレ其刑ノ執行ヲ終ハリ又ハ其執行ヲ受クルコトナキニ至リタル者ハ此限ニ在ラス

三、破産又ハ家資分散ノ宣告ヲ受ケ復權セサル者

四、禁治產者及ヒ準禁治產者

五、懲戒ノ處分ニ因リ免官又ハ免職セラレタル者又ハ辯護士法ニ依リ除名セラレタル者ニシテ免官、免職又ハ除名後二年ヲ經過セサル者

以上二至乃五ノ意義ニ付テハ第一章第三節第一款ノ説明ヲ看ルヘシ

六、自ラ署名スルコト能ハサル者

立會人ハ證書ノ文字ヲ解スルコトヲ要スルハ其性質上明カナリ故ニ自ラ署名スルコト能ハサル者ハ立會人トナルコトヲ得サルハ殆ント論ヲ俟タス

七、囑託事項ニ付キ利害ノ關係ヲ有スル者

八、囑託事項ニ付キ代理人若クハ輔佐人タル者又ハ代理人若クハ輔佐人タリシ者

九、公證人又ハ囑託人若クハ其代理人ノ配偶者、四親等内ノ親族、同居ノ戶主若クハ家族、法定代理人、保佐人、雇人又ハ同居人

以上七乃至九ノ意義ニ付テハ第四章第三節ノ說明ヲ看ルヘシ

十、公證人ノ筆生

公證人ノ筆生トハ第四章第四節ニ說明シタル如ク公證人ノ執務ヲ補助スルコトヲ目的トスル雇傭契約ニ因リ公證人ノ職務上ノ勞務ニ服スル者ニシテ公證人ニ對シ一種ノ服從的關係ヲ有スルモノナルヲ以テ公證人ノ執務ノ嚴正ヲ監守スヘキ立會人タラシムルコトヲ得サルハ論ヲ俟タス

以上一乃至十ニ揭ケタル者ハ公證人カ證書ヲ作成スルニ付キ立會人トナルコトヲ得サルモノナレトモ此以外ニ何等ノ制限ナキヲ以テ公證人カ氏名ヲ知ラス且面識ナキモノナルト否トヲ問ハサルハ勿論日本人ナルト外國人ナルト又男子ナルト女子ナルトニ拘ハラス立會人トナルコトヲ妨ケサルモノトス

右ニ揭ケタル資格ノ有無ハ其立會人ヲ選定スヘキ囑託人又ハ代理人ニ於テ調査スヘキモノナルヲ以テ公證人ハ進ンテ其資格ノ欠缺ナキヤ否ヤヲ調査スルノ責ナシ從テ公證人ハ囑託人又ハ代理人ノ選定シタル立會人カ右ノ缺格者ナルコトヲ知ラスシテ證書ノ作成ニ立會ハシメタルトキハ後日ニ至リ其立會人カ缺格者ナルコトヲ發見シ之カ爲メ其證書ガ效力ヲ失フコトアルモ公證人ニ於テハ固ヨリ何等ノ責ヲ負フヘキモノニ非サルハ勿論ナリ

囑託人又ハ其代理人カ自己ノ人違ナキコトヲ證明スル爲メ證人二人ヲ供スルコトヲ得ルハ既ニ本節第二款ニ於テ說明シタルカ如シ而シテ其證人ハ立會人ヲ兼ヌルコトヲ得ルヤ否ヤハ何等ノ規定ナキヲ以テ多少ノ異論アルヲ免レサルヘシト雖モ右ノ證人ト立會人トハ全ク其證明ノ目的ヲ異ニシ證人ハ單ニ囑託人又ハ其代理

人ノ人違ナキコトヲ證明シ立會人ハ公證人ノ執務ノ公正ナルコトヲ證明スルモノナルカ故ニ其證人ヲシテ同時ニ立會人ヲ兼ネシムルモ何等ノ弊害ナク却テ囑託人又ハ代理人ノ爲メニ大ニ便利ナルヲ以テ右ノ證人ハ立會人ヲ兼ヌルコトヲ得ルモノト論定スルヲ相當トス然レトモ本法ハ立會人カ通事ヲ兼ヌルコトヲ得ル旨ヲ明言シ(三二四、)タルニ拘ハラス立會人カ證人ヲ兼ヌルコトヲ得ル旨ノ規定ナキヲ以テ寧ロ反對ニ解釋スル者多カルヘシト信ス

第七款　證書ノ本旨

證書ノ本旨ハ固ヨリ證書ノ要部ナルヲ以テ之ヲ記載スルニハ最モ簡明ニシテ要領ヲ遺脱セサルコトニ努メサルヘカラス蓋證書ノ本旨ニシテ曖昧不明瞭ナルトキハ本法カ數多ノ規定ヲ設ケテ證書ノ公正ヲ期待シタル目的ハ全ク水泡ニ歸シ一般ニ公正證書ノ信用ヲ失墜スルニ至ルヘキハ論ヲ俟タサレハナリ而シテ公證人カ證書ヲ作成スルニ付テハ法律行爲ナルト其他ノ私權ニ關スル事實ナルヲ問ハス法令ニ違反シタル事項、無效ノ法律行爲及ヒ無能力ニ因リテ取消スコトヲ得ヘキ法律行爲ニ付テハ之ヲ證書ニ掲クルコトヲ得サルモノナルヲ以テ(二六)公證人カ證書ノ本

旨ヲ記載スルニ當リテハ能ク其事項カ適法ナルヤ否ヤヲ考究シ以テ證書ノ本旨ノ記載トシテ毫末ノ遺漏ナキコトヲ期セサルヘカラス

證書ノ本旨ハ上述ノ如ク極メテ重要ナルヲ以テ本法ニ於テハ特ニ其記載スヘキ標準ヲ例示的ニ掲ケタリ即チ公證人カ證書ヲ作成スルニハ其聽取シタル陳述其目擊シタル狀況其他自ラ實驗シタル事實ヲ錄取シ且其實驗ノ方法ヲ記載シテ之ヲ爲スコトヲ要スルモノトス(三五)以下之ヲ分説セム

第一　聽取シタル陳述ノ錄取並ニ實驗ノ方法ノ記載

公證人ノ聽取シタル陳述トハ證書ノ本旨トシテ囑託人又ハ其代理人其他ノ者カ公證人ノ面前ニ於テ爲シタル陳述ヲ謂ヒ法律行爲タル意思表示ハ勿論法律行爲ニ非サル事實ノ陳述ヲ總稱スルモノトス例ヘハ囑託人二人カ消費貸借契約ヲ爲ス旨ヲ陳述シタル如キ又囑託人ノ一人カ相手方ニ對シ給料ヲ支拂フコトヲ約シ他ノ一方カ相手方ノ勞務ニ服スルコトヲ約スル旨ノ陳述ヲ爲シタル如キ又或ハ公證人カ或會社ノ株主總會ニ臨ミタル場合ニ於テ各株主ノ爲シタル陳述ノ如キ苟モ公證人ノ面前ニ於テ囑託人、代理人其他ノ者ノ爲シタル陳述ニシテ公證人カ直接ニ聽取シタルモノハ總テ之ヲ錄取スルコトヲ要シ又實驗ノ方法ノ記載トハ斯々ノ陳述ヲ聽取シタリト云フカ如キ類ニシテ右陳述ノ外其實驗ノ方法ヲ證書ニ記載スルコトヲ要スルモノトス

公證人カ證書ニ錄取スルコトヲ得ヘキ陳述ハ必ス公證人ノ面前ニ於ケル陳述ニシテ且公證人カ直接ニ聽取シタルコトヲ要スルヲ以テ公證人カ他人ヨリ傳聞シタル陳述ハ之ヲ錄取スルコト能ハス例ヘハ甲者カ公證人ノ面前ニ出頭シ乙者カ丙者ニ對シ或陳述ヲ爲シタル旨ヲ陳述スルカ如シ斯ル場合ニ於テ其甲者ノ陳述カ乙者ノ代理人トシテ爲シタルモノナルトキハ之ヲ甲者ノ陳述トシテ證書ニ錄取スルコトヲ得ルハ勿論ナレトモ乙者自身ノ陳述トシテ之ヲ錄取スルコト能ハサルナリ

然レトモ公證人ノ面前ニ於ケル陳述ハ必シモ口頭ヲ以テスルコトヲ要セサルヲ以テ豫メ其陳述スヘキ事項ヲ書面ニ認メ之ヲ公證人ノ面前ニ提出シテ陳述ニ代フルコトヲ得ヘク或ハ筆談ノ方法ニ依リ其陳述ヲ爲スコトヲ得ヘシ故ニ言語ヲ發スルコト能ハサル者カ文字ヲ解スルトキハ筆談ノ方法ニ依リ囑託事項ヲ陳述スルコトヲ得ルヲ以テ通事ノ立會ヲ要セサルコト既ニ述ヘタルカ如シ

第二　目擊シタル狀況其他自ラ實驗シタル事實ノ錄取並ニ實驗ノ方法ノ記載

公證人ノ目擊シタル狀況其他自ラ實驗シタル事實トハ公證人カ其囑託事項ニ關シ自己ノ視覺ニ映シタル總テノ狀況ヲ總稱スルモノナルヲ以テ囑託人又ハ其代理人ノ行爲ナルト其他ノ人ノ行爲ナルト又人ニ關スル狀況ナルト物ニ關スル狀況ナルトヲ問ハス總テ之ヲ證書ニ錄取スルコトヲ要ス又自ラ實驗シタル事實トハ公證人カ自ラ山林內ノ立木ノ員數ヲ計算シ又ハ度量衡ヲ用ヒテ物ノ數量ヲ量定シ若クハ土地ノ坪數ヲ測量シタル如キ事實ヲ指稱スルモノナルヲ以テ斯ル場合ニハ其事實ヲ證書ニ錄取スルコトヲ要ス實驗ノ方法トハ何々ヲ目擊シタリ又ハ自ラ何々ヲ計算シタリト謂フノ意ニシテ其目擊シタリ自ラ計算シ又ハ量定シタリトノ旨ヲ記載セサルヘカラス

法律行爲ヲ爲シタリトノ事實ハ一ノ狀況ナレトモ通常法律行爲ハ意思表示ノミニ因リ完成スルヲ以テ其意思表示ハ前項ニ揭ケタル如ク聽取シタル陳述トシテ之ヲ錄取スルコトヲ得ヘク公證人ハ之ヲ目擊スルコト能ハサレトモ法律行爲ノ完成

條件トシテ意思表示ノ外當事者ノ行爲ヲ必要トスル場合ニ於テ公證人カ其行爲ヲ目擊シタルトキハ其狀況ヲ證書ノ本旨ニ記載スルコトヲ要スルハ勿論ナリ例ヘハ消費貸借契約證書ヲ作成スル場合ニ於テ當事者カ其貸借契約ヲ締結スルノ意思表示卽チ公證人ノ聽取シタル陳述ヲ錄取スル外貸主カ借主ニ對シ或紙幣又ハ銀貨何枚ヲ引渡シタルコト卽チ公證人ノ目擊シタル狀況ヲ錄取スヘキカ如シ又當事者ノ意思表示ノミニ因リテ完成スル法律行爲ニ付テモ其履行ニ關スル事實ニ付テハ公證人カ其目擊シタル狀況ヲ錄取スヘキ場合尠カラス例ヘハ賣主カ賣買ノ目的物ヲ買主ニ引渡シタル狀況又ハ賃貸借契約ニ於ケル借主カ敷金ヲ貸主ニ交付シタル事實ノ如シ

公證人カ目擊シタル狀況ヲ證書ニ記載スルコトヲ要スルハ法律行爲ノ證書ヲ作成スル場合ニ於テモ其適用多カルヘシト雖モ法律行爲以外ノ事實ニ關スル證書ヲ作成スル場合ニ於テハ一層其適用多キコトハ論ヲ俟タス例ヘハ人ノ出生、生存、死亡ノ如キ立木ノ數量形狀ノ如キ其他公證人カ自ラ立木ノ員數ヲ計算シ又ハ代替物ノ數量ヲ量定シテ之ヲ證書ニ錄取スヘキ場合ノ如キハ最モ頻繁ナルヘシ第五章第二

節第二款參照）

玆ニ注意スヘキハ本法第三十五條ニハ目擊シタル狀況トアルヲ以テ前段ニ例示セル消費貸借ノ場合ニ貸主カ借主ニ對シ金何圓ヲ交付シタルコトヲ目擊スト記載スルトキハ其狀況ヲ揭記セサルヲ以テ不法ナリヤ否ヤノ點ナリ然レトモ同條ハ例示的規定ト解釋スヘキニ依リ右ノ記載ヲ以テ不充分ナリト謂フヲ得ス蓋貸主カ如何ナル鞄ノ中ヨリ紙幣ヲ卓上ニ併列シ借主ハ如何ナル形狀ニ依リテ之ヲ受取リ自己ノ嚢中ニ收メタリト記載スルノ實用ナケレハナリ單ニ當事者ハ當職ノ面前ニ於テ本件ノ借金ヲ受授セリ又ハ當職ハ當事者カ貸借金ヲ受授シタルヲ見タリト記載スレハ其要領ヲ得タリト謂フヘキナリ

第八款　證書ノ方式

公正證書ノ方式モ亦證書作成ノ必要條件ニシテ若シ其方式ニ欠缺アルトキハ證書ハ當然無效トナリ公正ノ效力ヲ保有スルコト能ハサルモノナルヲ以テ公證人カ證書ヲ作成スルニ當リテハ能ク其方式ノ記載ニ遺漏ナキコトヲ注意セサル可カラス本法ハ第三十六條以下ニ於テ其法式ヲ明定セリ卽チ左ノ如シ

第一　證書ニ記載スヘキ方式

公證人ノ作成スル證書ニハ其本旨ノ外左ノ事項ヲ記載スルコトヲ要ス(三六)

一、證書ノ番號

舊法ニ依ル證書ノ番號ト繼續スルヤ否ヤハ疑ナキニ非ス舊法ニ依ル證書番號ハ公正證書ノ外拒絶證書、認證、祕密證書ニ依ル遺言等ヲ混同セリト雖モ本法ニ依ル番號ハ公正證書ノ外他ノ事件ヲ交ヘサルヲ以テ新ニ番號ヲ起スヲ相當トス實際上ノ便宜ニ鑑ミ施行細則中ニ規定セラルルニ至ルヘシ

二、囑託人ノ住所職業氏名及ヒ年齡若シ法人ナルトキハ其名稱及ヒ事務所

囑託人多數ナルトキト雖モ其囑託人全部ニ付キ此事項ヲ記載スルコトヲ要スルモノニシテ何某外何人ト略記スルコトヲ得ス又年齡ハ明治三十五年法律第五十號ニ依リ日ヲ以テ計算スヘキモノナルヲ以テ出生ノ日ヨリ證書作成ノ當日ニ至ルマテノ年月日數ヲ證書ニ記載スルコトヲ要シ月ニ滿タサル日數ト雖モ之ヲ除棄スルコトヲ得サルモノトス若シ囑託人ニ於テ出生ノ日ヲ知ラス又ハ不分明ナルトキハ日ノ不明ナル旨ヲ記載スルヲ相當トス例ヘハ何歲何箇月

日不詳ト記載スヘキカ如シ然レトモ出生ノ年月日明カナルトキハ其年月日ヲ記載シテ年齢ノ記載ニ代フルコトヲ得ヘシ(明治三十六年五月民刑局長回答)舊法ハ族稱卽チ華士族平民ヲ記載スルヲ要シタルモ本法ニ於テハ之ヲ記載スヘキコトヲ命セス

三、代理人ニ依リ囑託セラレタルトキハ其旨及ヒ代理人ノ權限ヲ證スヘキ證書ヲ提出セシメ其權限ヲ證明セシメタルコト並ニ其代理人ノ住所、職業、氏名及ヒ年齢　卽チ代理權限ヲ證スル爲メ提出セシメタル證書ハコレヲ明示スルコトヲ要スルヲ以テ例ヘハ公證人某ノ作成シタル某ノ委任狀ヲ提出シタル旨マタハ何某ノ委任狀ヲ提出シタル旨ヲ明記スルコトヲ要スルカ如シ(本節第三款參照)

玆ニ所謂代理人トハ法定代理人ナルト委任代理人ナルトヲ問ハサルモノナルヲ以テ府、縣、郡、市、區、町、村其他ノ公私法人ノ代表者ヨリ囑託セラレタル場合ニ於テモ其代表者ノ住所、職業、氏名及ヒ年齢ヲ記載スルコトヲ要スルモノトス年齢ノ記載方前號ト同シ公法人ノ代表者タル官公吏ニ關シテハ異論多シト雖モ住所及ヒ年齢ハ之ヲ記載スルノ要ナク單ニ其職務及ヒ氏名ヲ記載スレハ足ルモノト解スルヲ至當トス民刑局長モ亦斯ク解セリ(明治四十二年九月六日民刑局長回答)

四、囑託人又ハ其代理人ノ氏名ヲ知リ且之ト面識アルトキハ其旨公證人カ囑託人又ハ其代理人ノ氏名ヲ知リ且之ト面識アルトキハ其公正證書カ最モ確實ナル眞價ヲ有スル場合ナルヲ以テ之ヲ證書ニ記載スヘキコトハ當然ナリ

五、第三者ノ許可又ハ同意アリタルコトヲ證スヘキ證書ヲ提出セシメ其許可又ハ同意ヲ證明セシメタルトキハ其旨及ヒ其事由並ニ其第三者ノ住所、職業、氏名及ヒ年齢若シ法人ナルトキハ其名稱及ヒ事務所

或人カ法律行爲ヲ爲スニ付キ第三者ノ許可又ハ同意ヲ必要トスル場合アルコト及ヒ其法律行爲ニ付キ證書ヲ作成スルニハ第三者ノ許可又ハ同意アリタルコトヲ證明セシムルノ要アルコトハ既ニ本節第四款ニ於テ詳説シタルカ如シ故ニ本號ノ規定ハ未成年者カ法定代理人、準禁治産者カ保佐人ノ同意、妻カ夫ノ許可ヲ得テ法律行爲ヲ爲ス如キ場合ニ適用アリ而シテ其證明ノ方法ニ付テハ

前掲代理權限ノ證明ノ場合ト全然同一ナリ(本節第一款第三參照)
未成年者ノ親權ヲ行フ母又ハ後見人カ(禁治産者モ亦同シ)子又ハ被後見人ヲ代表シテ法律行爲ヲ爲シ子又ハ被後見人カ之ヲ爲スニ付キ同意スルニハ親族會ノ同意ヲ必要トシ府、縣、郡、市、區、町、村等ノ代表者カ法律行爲ヲ爲スニハ府、縣、郡、市、區、町、村會ノ決議ヲ必要トス而シテ民刑局長ノ回答ニ依レハ是等ノ同意又ハ決議モ亦所謂第三者ノ許可又ハ同意中ニ包含スルモノト解シ其親族會員又ハ府、縣、郡、市、區、町、村會議員ノ住所、職業、氏名、年齡等ヲ證書ニ記載スルノ要アルモノトセリ(明治四十二年八月二十一日民刑局長回答)

六、市、區、町、村長ノ作成シタル印鑑證明書又ハ警察官吏若クハ領事ノ證明書ヲ提出セシメ人違ナキコト又ハ證書ノ眞正ナルコトヲ證明セシメタルトキハ其旨及ヒ其事由

公證人カ囑託人又ハ其代理人ノ氏名ヲ知ラス且之ト面識ナキトキハ市、區、町、村長ノ印鑑證明書ヲ提出セシメ又是等ノ者カ外國人ナルトキハ警察官吏又ハ帝國ニ駐在スル本國領事ノ證明書ヲ以テ印鑑證明書ニ代ヘテ其人違ナキコトヲ

證明セシムルコトヲ要スルハ第二十八條、第三十一條ノ規定スル所ナリ又代理人カ認證ヲ受ケサル私署證書ヲ以テ代理權限ヲ證明シタルトキ及ヒ第三者ノ許可又ハ同意ヲ要スル法律行爲ニ付キ囑託人カ認證ヲ受ケサル私署證書ヲ以テ其許可又ハ同意アリタルコトヲ證明シタルトキハ孰レモ市、區、町、村長ノ作成シタル印鑑證明書ヲ提出セシメ代理證書又ハ許可若クハ同意證書ノ眞正ナルコトヲ證明セシムルコトヲ要シ其證書ノ署名者カ外國人ナルトキハ警察官吏又ハ本國領事ノ證明書ヲ以テ印鑑證明書ニ代フルコトヲ得ルハ第三十二條及ヒ第三十三條ノ規定スル所ナリ本號ハ斯ル場合ニ於テ記載スヘキ事項ナリ（本節第二、三、四款參照）

未成年者ノ法定代理人カ未成年者ヲ代表シテ法律行爲ヲ爲シ又ハ未成年者ノ之ヲ爲スニ同意ヲ與フルニハ親族會ノ同意ヲ必要トスル場合アルコト及ヒ親族會ノ同意ハ所謂第三者ノ同意ニ非スシテ一ノ特別授權ナルコトハ屢々述ヘタリ故ニ此場合ニ於ケル親族會ノ同意書ハ法定代理人ノ代理證書又ハ同意書ノ一部ヲ爲スモノナルヲ以テ親族會ノ決議錄カ私署證書ナルトキハ右ノ規定

ニ依リ市、區、町、村長ノ作成シタル印鑑證明書又ハ警察官吏若クハ帝國ニ駐在スル本國領事ノ證明書ヲ提出シテ決議錄ノ眞正ナルコトヲ證明セシメサルヘカラス從テ本號ノ規定ニ依リ其事由ヲ證書ニ記載スルコトヲ要スルモノトス

七、氏名ヲ知リ且面識アル證人ニ依リ人違ナキコトヲ證明セシメタルトキハ其旨及ヒ其事由並ニ其證人ノ住所、職業、氏名及ヒ年齡

公證人カ囑託人又ハ其代理人ノ氏名ヲ知ラス且之ト面識ナキトキハ前號ニ述ヘタル方法ニ依リ其人違ナキコトヲ證明セシムルコトヲ要スルモ此方法ノ外公證人カ氏名ヲ知リ且之ト面識アル證人二人ニ依リテモ其人違ナキコトヲ證明セシメ得ルコトハ既ニ述ヘタリ本號ハ此場合ニ於ケル記載事項ナリ年齡ノ記載方ハ第一號ニ述ヘタルカ如シ(本節第二款第一參照)

八、急迫ナル場合ニ於テ人違ナキコトヲ證明セシメサリシトキハ其旨

公證人カ法律行爲ニ非サル事實ニ付キ證書ヲ作成スルトキ囑託人又ハ其代理人ノ氏名ヲ知ラス且面識ナキトキト雖モ急迫ナル場合ニ於テハ人違ナキコトノ證明ヲ省略スルコトヲ得ルハ既ニ本節第二款第二ニ述ヘタルカ如シ本號ハ其

場合ノ記載事項ナリトス

九、通事又ハ立會人ヲ立會ハシメタルトキハ其旨及ヒ事由並ニ其通事又ハ立會人ノ住所、職業、氏名年齡

通事又ハ立會人ヲ立會ハシムヘキ場合ハ第二十九條第三十條ノ規定スル所ニシテ既ニ本節第五、六款ニ於テ說明シタル如シ本號ハ其場合ニ於ケル記載事項ナリ

十、作成ノ年月日及ヒ其場所

本號ハ公正證書記載事項中尤モ重要ナルモノニシテ如何ナル國ノ法制ト雖モ作成ノ年月日及ヒ場所ヲ要件ニ數ヘサルモノナシ故ニ取扱上尤モ注意シ誤記遺脫ナキヲ期スヘシ

第二　證書ノ用語及ヒ文字ノ挿入、削除

一、證書ノ用語(三七)

公證人カ證書ヲ作成スルニハ普通平易ノ語ヲ用キ字畫ヲ明瞭ナラシムルコトヲ要スルモノトス蓋難澁ナル用語ト曖昧ナル文字トハ遂ニ證書ノ意味ヲ解ス

ルコト能ハサラシメ又ハ誤解ヲ生スルコトアルヲ以テナリ但字畫明瞭トハ楷書ヲ以テ記載スヘシトノ意義ニ非ス普通ノ階、行、草書中孰レノ字體ヲ用キルモ隨意ナリ唯字畫明瞭ニシテ通讀シ易カラシムヘシトノ法意ニ解ス

接續スヘキ字行ニ空白アルトキハ墨線ヲ以テ之ヲ接續セシムヘキモノトス蓋後日ニ至リ濫リニ加筆スルコトヲ豫防スルノ法意ニ外ナラス接續スヘキ字行トアルヲ以テ一行中ノ文字ト文字トノ間ニ存スル空白ヲ包含セス故ニ其空白ニハ墨線ヲ引クノ要ナシ

數量、年月日及ヒ番號ヲ記載スルニハ壹貳參拾ノ字ヲ用ユヘシ數量、年月日及ヒ番號ニ限レルヲ以テ其他ノ部分ニ付キ數字ヲ用ユヘキ場合ニ於テハ一二三十ノ文字ヲ用フルコトヲ妨ケサルモノトス例ヘハ番地ノ記載ノ如シ

舊法ノ肆伍陸漆捌玖陌阡萬ノ文字ヲ廢シタルハ頗ル便利トスル所ニシテ且之ヲ廢シタル結果毫モ改竄ノ恐レアルコトナシ蓋舊法ハ佛國法ノ譯文的規定ニシテ同國法ニ依レハ數量、年月日ハ文字ヲ以テ記シ數字ヲ用キルヲ得ストアリシヲ本邦ニ其儘採用シタルハ宜シキヲ得サリシナリ(舊法三一、佛一三)

二、文字ノ挿入削除（三八）

證書ノ文字ハ之ヲ改竄スルコトヲ得サルモノトス然レトモ公證人カ證書ヲ作成スルニ當リテモ絕對ニ脫字又ハ誤字ナキヲ保セサルヲ以テ是等ノ場合ニ於テハ以下ノ規定ニ依リ文字ノ挿入又ハ削除ヲ爲スコトヲ得ルモノトシ此規定ニ違反シタル挿入削除ハ其效力ヲ有セサルモノトセリ

（イ）文字ノ挿入

證書ニ文字ヲ挿入スルトキハ其文字及ヒ其箇所ヲ欄外又ハ末尾ノ餘白ニ記載シ公證人、囑託人又ハ其代理人及ヒ立會人之ニ捺印スルコトヲ要ス

（ロ）文字ノ削除

證書ノ文字ヲ削除スルトキハ其文字ハ尙明カニ讀得ヘキ爲メ字體ヲ存シ削除シタル字數及ヒ箇所ヲ欄外又ハ末尾ノ餘白ニ記載シ公證人囑託人又ハ其代理人及ヒ立會人之ニ捺印スルコトヲ要ス故ニ右（イ）（ロ）ノ場合モ證人又ハ通事ノ捺印ヲ要セス

尙挿入削除ノ規定ハ舊法ニ比シ大ニ改良セラレタルコト知ルヘシ舊法ニ依レ

ハ明治四拾貳年壹月壹日ト記載スヘキヲ明治四拾壹年壹月壹日ト誤記シタルトキハ明治四拾壹年壹月壹日ヲ明治四拾貳年壹月壹日ト改正スト記載セサルヘカラス何トナレハ明治四拾貳年壹月壹日ハ連續詞ニシテ一語ヲ爲スモノナルカ故ニ斯クセサレハ改正ノ意義ニ副ハサルヤ明カナリ本法ニ依レハ單ニ本行拾ノ下壹ヲ削除シ貳ヲ挿入ト記セハ足レリト雖モ挿入削除即チ加フル取ルノ二ヲ認メタルカ故ニ壹ヲ貳ト訂正スト記スルカ如キハ固ヨリ完全ナラス

第三　證書ノ朗讀閲覽及ヒ連綴

一、證書ノ朗讀又ハ閲覽（三九ノ一、二）

公證人ハ其作成シタル證書ヲ列席者即チ囑託人又ハ其代理人、證人、通事及ヒ立會人ニ讀聞カセ又ハ閲覽セシメテ囑託人又ハ其代理人ノ承認ヲ得且其旨ヲ證書ニ記載スルコトヲ要スルモノニシテ又通事ヲ立會ハシメタル場合ニ於テハ右讀聞カセ又ハ閲覽ノ外通事ヲシテ證書ノ趣旨ヲ通譯セシメ且其旨ヲ證書ニ記載スルコトヲ要スルモノトス而シテ公證人カ證書ニ以上ノ記載ヲ爲シタルトキハ公證人及ヒ列席者ハ各自證書ニ署名捺印スルコトヲ要ス又列席者ニシ

テ署名スルコト能ハサル者アルトキハ其旨ヲ證書ニ記載シ公證人及ヒ立會人之ニ捺印スルコトヲ要スルモノトス

公證人ノ署名ニ付テハ第二十三條第六十五條第七十條ニ其方式ノ規定アリト雖モ列席者ノ署名ニ付テハ何等ノ方式ナキヲ以テ單ニ氏名ヲ自署スルヲ以テ足レリトス

二、證書ノ連綴(三九ノ五、六)

公證人ノ作成シタル證書カ數葉ニ渉ルトキハ公證人囑託人又ハ其代理人及ヒ立會人ハ每葉ノ綴目ニ契印ヲ爲スコトヲ要スルモノトス蓋證書ノ改綴又ハ散逸ヲ豫防スルノ法意ニ外ナラス而シテ斯ノ如ク證書ニ契印スヘキモノヲ限定セルヲ以テ證人又ハ通事ノ契印ヲ必要トセサルモノト解セサルヘカラス玆ニ注意スヘキハ舊法第三十五條ノ綴目ト本法ノ綴目ト意義ヲ異スルコト之レナリ每葉ノ綴目トアルヲ以テ紙ト紙トノ合セ目ヲ指スモノトス

證書カ公證人、囑託人若クハ其代理人又ハ立會人ノ契印ニ依リ其全部ノ連綴明白ナル場合ニ於テハ每葉ニ其契印ナキモ之カ爲メ其效力ヲ妨ケラルルコトナ

シ故ニ囑託人カ多數ニシテ其全部カ每葉ニ契印スルコト能ハサルカ如キ場合ニ於テハ其一部ノ者カ每葉ニ契印スルヲ以テ足レリトス

第四　添附書面ノ連綴

公證人カ證書ヲ作成スルニ當リ他ノ書面ヲ引用スルコトハ非常ニ便利ニシテ之ニ因リテ多クノ手數ヲ省略スルコトヲ得ルハ明カナリ故ニ本法ニ於テハ公證人ノ作成スル證書ニ他ノ證書ヲ引用スルコトヲ認メ左ノ要件ヲ具備スルトキハ其引用シタル證書ハ公證人ノ作成シタル證書ノ一部ト看做スモノトセリ(四〇)添附書面ノ重ナルモノハ例ヘハ賣買、贈與又ハ質、抵當物ノ目錄、私署證書ニ依ル法律行爲ノ變更消滅(延期、辨濟、更改)ノ如シ

一、引用シタル證書ハ公證人ノ作成シタル證書ニ添附スルコトヲ要ス

二、公證人、囑託人又ハ其代理人及ヒ立會人カ公證人ノ作成シタル證書ト添附書面トノ綴目ニ契印ヲ爲スコトヲ要ス

三、添附書面ハ必スシモ日本ノ文字ヲ以テ記載シタルモノナルコトヲ要セス(二七)

四、添附書面ハ普通平易ノ語ヲ用ヰ且字畫ノ明瞭ナルモノニシテ其書面中接續スヘキ字行ニ空白アルトキハ墨線ヲ以テ之ヲ接續シ數量、年月日及ヒ番號ノ記載ニハ壹貳參拾ノ文字ヲ用ヰルコトヲ要ス(三七)

五、添附書面ノ文字ハ改竄セサルコトヲ要ス若シ其書面中文字ノ挿入アルトキハ其文字及ヒ其箇所ヲ欄外又ハ末尾ノ餘白ニ記載シ公證人、囑託人又ハ其代理人及ヒ立會人之ニ捺印スルコトヲ要シ又其書面中文字ノ削除アルトキハ削除シタル字數及ヒ箇所ヲ欄外又ハ末尾ノ餘白ニ記載シ公證人、囑託人又ハ其代理人及ヒ立會人之ニ捺印スルコトヲ要ス是等ノ法則ニ違反シテ爲シタル挿入削除ハ其效力ヲ有セサルモノトス(三八)

六、公證人ハ其添附書面ヲ列席者ニ讀聞カセ又ハ閲覽セシメ囑託人又ハ其代理人ノ承認ヲ得且其旨ヲ添附書面ニ記載スルコトヲ要シ又通事ヲ立會ハシメタルトキハ以上ノ外通事ヲシテ其書面ノ趣旨ヲ通譯セシメ且其旨ヲ添附書面ニ記載スルコトヲ要ス

右ノ記載ヲ爲シタルトキハ公證人及ヒ列席者各自證書ニ署名捺印スルコトヲ

要ス若シ列席者ニシテ署名スルコト能ハサル者アルトキハ其旨ヲ添附書面ニ記載シ公證人及ヒ立會人之ニ捺印スルコトヲ要ス(三九ノ一、二、三、四)但證書ノ前ニ連綴スルトキハ添附書面ニ特ニ右ノ記載及ヒ署名捺印スルヲ要セサルヘシ

七、添附書面カ數葉ニ渉ルトキハ公證人囑託人又ハ其代理人及ヒ立會人ハ毎葉ノ綴目ニ契印ヲ爲スコトヲ要ス但其書面ハ公證人、囑託人又ハ其代理人及ヒ立會人ノ契印ニ依リ其全部ノ連綴明白ナル場合ニ於テハ其毎葉ニ公證人、囑託人又ハ其代理人及ヒ立會人全員ノ契印ナキ爲メ其效力ヲ妨ケラルルコトナキモノトス(三九ノ五、六)

以上ノ各要件ヲ具備スルトキハ其添附書面ハ一私人ノ作成シタル私署證書ナルト官公吏ノ作成シタル公正證書ナルトヲ問ハス總テ公證人ノ作成シタル證書ノ一部ト看做サルルモノトス

第五　附屬書類ノ連綴

附屬書類トハ公證人ノ作成シタル證書ニ連綴スヘキモノニシテ其書類ヲ列擧スレハ左ノ如シ

一、代理權限ヲ證スヘキ證書（三二一）
代理權限ヲ證スヘキ證書ニハ官公吏ノ作成シタル公正證書ナルコトアリ認證ヲ受ケタル私署證書ナルコトアリ又認證ヲ受ケサル私署證書ナルコトアリ是等ノ詳細ハ既ニ本節第三款ニ於テ說明シタル如シ

二、市、區、町、村長警察官吏又ハ領事ノ證明書（二八、三二、三三）
證明書ニ囑託人又ハ其代理人ノ印鑑證明書ナルコトアリ本人證明書ナルコトアリ又證書ノ眞正ノ證明書ナルコトアルハ既ニ本節第二、三款ニ於テ說明シタル所ナリ

三、第三者ノ許可又ハ同意ヲ證スヘキ證書（三二）
第三者ノ許可又ハ同意ヲ證スヘキ場合ハ既ニ本節第四款ニ於テ說明セリ

四、其他ノ附屬書類
例ヘハ圖面又ハ地主カ作成シタル貸地證明書ノ如シ
以上ノ各證書ハ附屬書類トシテ之ヲ公證人ノ作成シタル證書ニ連綴スヘキモノニシテ此場合ニ於テハ公證人囑託人又ハ其代理人及ヒ立會人ハ證書ト其附屬書類

トノ綴目及ヒ附屬書類相互ノ綴目ニ契印ヲ爲スヘキモノトス附屬書類ノ連綴ニ付テハ證書及ヒ添附書面ノ連綴ニ關スル第三十九條第六項ノ如キ規定ナシト雖モ公證人囑託人又ハ其代理人及ヒ立會人ノ契印ニ依リ證書ト附屬書類及ヒ附屬書類相互ノ全部ノ連綴明白ナル場合ニ於テハ公證人、囑託人又ハ其代理人及ヒ立會人ノ全員カ毎葉ニ契印ヲ爲ササルカ爲メ其連綴ハ無效トナルモノニ非スト解セサル可カラス何トナレハ證書及ヒ添附書面ノ連綴ニ關シテ右ノ如キ明文アル以上ハ之ト同一ノ關係ニ於ケル附屬書類ノ連綴ニ付キ反對ノ明文ナキ限リハ之ヲ無效トスルノ法意ニ非サルコト明カナレハナリ

第六　印紙ノ貼用

公證人ハ囑託人ヲシテ證書ノ原本ニ印紙ヲ貼用セシムヘキモノニシテ印紙ヲ貼用スヘキ場合及其數額ハ印紙稅法ニ依ルヘキモノトス(四三)本條ハ印紙貼用義務者ヲ定メタルモノニシテ囑託人數人アルトキハ之ヲ平等ニ分擔スヘク又代理人ニ依リ囑託シタル場合ニ於テモ囑託人ニ於テ印紙ヲ貼用スルノ義務アルコト勿論ナリ印紙稅法ノ解釋ニ付キ見解ヲ異ニシ取扱區々ニ渉ルモノ尠ナカラサルハ屢々質

際ニ見ルヽ處ナルヲ以テ特ニ注意スヘキ點ヲ擧クレハ左ノ如シ

一、賃貸借

賃貸借料年千圓ニシテ存續期間十年ナルトキハ印紙稅法第二條ニ依リ千圓ニ對スル萬分ノ五卽チ五十錢ヲ貼用スヘシト謂フ說ト千圓ヲ十年ニ積算シ一萬分ノ五卽チ五圓ヲ貼用スヘシト謂フ說トアリ余輩ハ右兩說トモニ左袒スルヲ得ス第二條ニハ證書ニ關シテハ一通每ニ其記載金高五圓以上ノモノニ限リ記載金高一萬分ノ五ノ割合ヲ以テ印紙稅ヲ納ムヘシ(云々)トアリ其次ノ第四條ニ至リ左ニ揭クル證書帳簿ニ關シテハ證書ハ一通每ニ(中略)下ニ定ムル所ノ印紙稅ヲ納ムヘシトアリテ其條下ニ賃貸借ヲ列擧シタルヨリ觀レハ第四條ハ第二條ノ例外規定ト解スヘキハ當然ナリ從テ斯ル證書ニハ非常特別法ニ依リ加貼シテ三錢ヲ貼用スレハ足ルモノトス若シ然ラサレハ同條下ニ列擧セル委任狀、送リ狀、受取書、商品切手等ハ渾テ金額ニ應シテ納稅セサルヘカラスシテ第四條ハ全ク其適用ナキニ終ルヘキナリ

二、債權讓渡

讓渡シタル債權額ノ萬分ノ五ノ印紙税ヲ納ムヘシト謂フ者アレトモ讓渡スヘキ債權金高ノ表示ヲ以テ證書ノ記載金高ト謂フハ非ナリ債權額ノミニシテ對價(代金又ハ報酬)ノ記載ナキトキハ即金高記載ナキ證書タルヲ失ハス若シ對價ノ記載アル場合ハ對價ニ準シタル印紙税ヲ納ムルハ勿論ナリト雖モ否ラサル場合ハ三錢ノ印紙ヲ貼用スヘキモノトス

三、金錢消費貸借ノ私署證書ノ外ニ公正證書ヲ作成スル場合

本問ノ場合ハ追認、承認ト看做シ第四條ニ依リ三錢ノ印紙税ヲ納ムヘシト謂フ者多シ此見解ハ非ナリ題目ノ場合ハ民法ノ追認、承認ニ該當セス又一ノ法律行爲ニ付キ私署證書ヲ作リ更ニ公正證書ヲ作ルハ隨意ニシテ一箇ノ法律行爲ニ關シ二箇ノ證書アルヲ妨ケサルヲ以テ第二條ニ依リ一通毎ニ金額ニ應シ印紙税ヲ納ムヘキハ勿論ナリ只論者ハ私署證書ノ記載事項又ハ私署證書ヲ公正證書ヲ以テ追認シ若クハ强制執行ヲ承認スルモノナルヲ以テ追認又ハ承認ニ依ル印紙税ヲ納ムヘシト謂フニ在リト雖モ民法ノ追認、承認ノ意義ヲ了解セハ本問ハ容易ニ之ヲ氷解スルヲ得ヘシ

四、市、區、町、村其他ノ公共團體カ一私人又ハ銀行ヨリ借入金ニ付キ公正證書ヲ作成スル場合

本問ノ場合ハ第五條ニ該當セス從テ印紙税ヲ納ムルコトヲ要スルカ如キモ一私人ト公共團體間ノ法律行爲ニ付キ公正證書ヲ作成スルモノニシテ公法人カ借主ト爲リ片務契約ノ債務者タルモノナルカ故ニ其證書ハ同條ニ所謂官廳又ハ公署ヨリ發スル證書若クハ官廳又ハ公署ニ職ヲ奉スル者ノ職務上發スル證書ニ該當スルモノト解スルヲ相當トス故ニ第二條ニ依ル印紙税ヲ納ムルノ要ナキモノト謂フヘシ

五、印紙ノ消印

公正證書ニ貼用シタル印紙ト雖モ證書ノ紙面ト印紙ノ彩紋トニカケテ判明ニ消印スヘキハ勿論ナリ而シテ印紙納税義務者ハ囑託人ナルカ故ニ囑託人ノ印章ヲ以テ消印スヘキモノニシテ片務契約ニ在リテハ其債務者、雙務契約ニ在リテハ其當事者雙方又ハ是等ノ者ノ代理人ヲシテ之カ消印ヲ爲サシムヘキモノトス（明治四十二年七月二十一日及ヒ同月三十日民刑局長回答）尚函館以外ノ控訴院管内公證人監督手續ニモ

同旨ノ規定アリ

第九款　證書原簿ノ記入

公證人ハ證書原簿ヲ調製シ記入前其所屬地方裁判所長ノ契印ヲ請フヘキモノニシテ地方裁判所長ハ其枚數ヲ表紙ノ裏面ニ記載シ職氏名ヲ署シ職印ヲ押捺シ毎葉ノ綴目ニ職印ヲ以テ契印ヲ爲スヘキモノトス(四五)

公證人カ前款ニ述ヘタル方式ニ依リ證書ヲ作成シタルトキハ其作成毎ニ進行ノ順序ヲ逐ヒ證書原簿ニ左ノ事項ヲ記入セサルヘカラス(四六)

一、證書ノ番號及ヒ種類

二、囑託人ノ住所及ヒ氏名若クハ法人ナルトキハ其名稱及ヒ事務所

三、作成ノ年月日

證書原簿ノ記入ニ付テハ證書ノ作成ニ關スル第三十七條第三十八條ノ規定カ準用セラルルモノトス故ニ證書原簿ニ記入スルニハ普通平易ノ語ヲ用ヒ字畫ノ明瞭ナルコトヲ要シ又接續スヘキ字行ニ空白アルトキハ墨線ヲ以テ之ヲ接續セシムヘク數量年月日及ヒ番號ノ記載ニ付テハ壹貳參拾ノ文字ヲ用ウヘキモノトス(三七)又

證書原簿ノ文字ハ之ヲ改竄スルコトヲ得サルモノニシテ若シ文字ヲ挿入スルトキハ其文字及ヒ其箇所ヲ欄外又ハ末尾ノ餘白ニ記載シ公證人之ニ捺印スルコトヲ要シ又文字ヲ削除スルトキハ其文字ハ尙明ニ讀得ヘキ爲メ字體ヲ存シ削除シタル字數及ヒ箇所ヲ欄外又ハ末尾ノ餘白ニ記載シ公證人之ニ捺印スルコトヲ要スルモノトス(三八)

第三十八條ニ依レハ證書ノ文字ヲ挿入又ハ削除スルトキハ公證人ノ外囑託人又ハ其代理人及ヒ立會人ノ捺印ヲ要ストアレトモ此規定ヲ證書原簿ノ記入ニ準用スルニ當リテハ公證人以外ノ者ノ捺印ヲ要セサルモノト解セサルヘカラス蓋證書ノ作成ニ付テハ常ニ公證人ノ外囑託人又ハ其代理人及ヒ立會人ノ署名捺印ヲ要スルモノナルヲ以テ(三九ノ三)其證書ノ文字ヲ挿入削除シタル場合ニ於テモ是等ノ者ノ捺印ヲ必要トスルハ當然ナレトモ證書原簿ノ記入ハ公證人ノ内部ニ於ケル職務ニシテ囑託人其他ノ者ニ何等ノ關係ヲ有セサルモノナルヲ以テ其文字ノ挿入削除ニ付テノミ囑託人又ハ其代理人及ヒ立會人ノ捺印ヲ必要トスルノ理由ナケレハナリ

以上ニ説明シタル證書原簿ノ記入ハ公證人カ證書ノ作成ヲ記入スヘキ帳簿ニ關

シ法令ニ別段ノ定アル場合ニ其適用ナキモノトス故ニ例ヘハ拒絶證書ノ作成ニ關スル場合ノ如シ(商五一七)又祕密證書ニ依ル遺言ハ公證人カ證書ヲ作ルモノニアラサルヲ以テ特ニ命令ヲ以テ記入スヘキ帳簿ヲ調製セシムルニ至ルヘシ(民一〇七〇)

第十款　證書原本ノ閲覽

公證人ノ作成シタル證書ノ原本ハ公證人カ其役場ニ於テ保管スヘキモノナルヲ以テ其證書ニ付キ或關係ヲ有スル者ハ其役場ニ就キ證書原本ノ閲覽ヲ請求スルコトヲ得ルモノトス(四四)

以下證書原本ノ閲覽ニ關スル規定ヲ分說セム

第一　原本ノ閲覽ヲ請求シ得ル者

左ニ掲クル者ニ非サレハ證書原本ノ閲覽ヲ請求スルコトヲ得サルモノトス

一、囑託人　囑託人ノ意義ニ付テハ既ニ述ヘタリ(第四章第三節第二參照)又一證書ニ付キ囑託人多數アル場合ト雖モ其一人ヨリ原本ノ閲覽ヲ請求スルコトヲ得ルハ論ヲ俟タス

二、囑託人ノ承繼人　承繼人トハ囑託人ノ權利又ハ義務ヲ承繼シタル者ヲ總

稱シ一般承繼人ナルト特定承繼人ナルトヲ問ハサルモノトス故ニ囑託人ノ家督又ハ遺產ヲ相續シタル者ハ勿論囑託人ヨリ其證書ニ表示セラルル權利ヲ讓受ケタル者又ハ更改ニ因リ其債務ヲ承繼シタル者ノ如キハ茲ニ所謂承繼人ナリトス

三、證書ノ趣旨ニ付キ法律上利害關係ヲ有スル者

證書ノ趣旨ニ付キ法律上利害關係ヲ有スル者トハ例ヘハ消費貸借證書ノ保證人、債務者ニ非サル抵當權設定者、詐害行爲ヲ求メ得ル債權者(民四二四)物ノ存在スル事實證明ノ證書ニ付キ共有者、株主總會ノ決議錄ニ付キ株主、生存(民三二)等法律上直ニ其證書ノ趣旨ニ付キ利害關係ヲ有スル者ヲ謂フ

四、右一、二、三ニ揭ケタル者ノ代理人　卽チ閱覽ヲ請求スルノ代理權限ヲ有スル者ノ謂ヒニシテ法定代理人ナルト委任代理人ナルトヲ問ハスト雖モ單ニ證書ノ作成ニノミ關スル代理人ハ當然閱覽ヲ請求スルコトヲ得ルモノニ非ス

第二　原本閱覽請求者ノ證明

公證人ニ對シ證書原本ノ閱覽ヲ請求スル者ハ種々ナル證明ヲ爲スノ要アリ卽チ

左ノ如シ

一、本人證明

囑託人其承繼人又ハ證書ノ趣旨ニ付キ法律上利害關係ヲ有スル者及ヒ是等ノ者ノ代理人ハ證書原本ノ閲覽ヲ請求スルコトヲ得ルモノナルヲ以テ公證人カ其閲覽請求者ノ氏名ヲ知リ且之ト面識アルトキハ直ニ其請求ヲ許容スヘキコト勿論ナレトモ公證人カ其氏名ヲ知ラス且之ト面識ナキトキハ公證人ノ面前ニ出頭シタル者カ果シテ其請求者本人ナルヤ否ヤヲ知リ難キヲ以テ公證人ハ請求者ニ對シ其人違ナキコトヲ證明セシメサル可カラス而シテ其證明ノ方法ニ付テハ公證人カ證書ヲ作成スル場合ト同一ニシテ(二八ノ二)既ニ本節第二款ニ於テ詳説シタル所ナレトモ之ヲ略記スレハ左ノ如シ

(イ)　閲覽請求者ノ本籍地若クハ寄留地ノ市、區、町、村長ノ作成シタル印鑑證明書ヲ提出セシメ其所持スル實印ノ印影ト對照スルコト但其請求者カ外國人ナルトキハ警察官吏又ハ帝國ニ駐在スル本國領事ノ人違ナキ旨ノ證明書ヲ以テ印鑑證明書ニ代フルコトヲ得

(ロ)公證人カ氏名ヲ知リ且面識アル證人二人ニ依リ其人違ナキコトヲ證明セシムルコト但第三十四條第三項ニ掲ケタル者ハ其證人トナルコトヲ得ス

右(イ)(ロ)ノ證明方法中請求者ノ選擇ニ依リ其一方法ヲ以テ人違ナキコトヲ證明セシムレニ足ルハ勿論ナリ

二、囑託人ノ承繼人ノ證明

囑託人ノ承繼人カ證書原本ノ閲覽ヲ請求スル場合ニ於テハ公證人ハ其請求者ヲシテ承繼人タルコトヲ證スヘキ證書ヲ提出セシメ以テ其承繼人タルコトヲ證明セシムヘキモノトス而シテ其證明ハ代理人ニ依リ證書ノ作成ヲ囑託スル場合ニ於ケル代理權限ノ證明方法ト同一ニシテ之ヲ略記スレハ左ノ如シ(本節第三款參照)

(イ)公正證書　公證人ノ作成シタル證書ニ限ラス他ノ官吏又ハ公吏ノ作成シタル證書ヲ含ム例ヘハ戸籍吏ノ作成シタル戸籍謄本ヲ提出シテ家督相續人又ハ遺產相續人タルコトヲ證明スルカ如シ

(ロ)認證ヲ受ケタル私署證書　例ヘハ公證人ノ認證シタル債權讓渡證書ノ

如シ

（ハ）認證ヲ受ケサル私署證書ナルトキハ其證書ノ外署名者ノ本籍地又ハ寄留地ノ市、區、町、村長ノ作成シタル印鑑證明書ヲ提出スルコト但其署名者カ外國人ナルトキハ警察官吏又ハ帝國ニ駐在スル本國領事ノ證明書ヲ以テ印鑑證明書ニ代フルコトヲ得

右三箇ノ方法中請求者ニ於テ其一箇ヲ選擇スルコトヲ得ルモノトス

三、利害關係人ノ證明

證書ノ趣旨ニ付キ法律上利害關係ヲ有スル者ガ證書原本ノ閲覧ヲ請求スルニハ其事實ヲ證明スルコトヲ要ス其證明方法ハ本法中ニ之ヲ規定セサルモ其證明方法ハ必ス書面ニ依ル證據ヲ以テセサルヘカラス其書面ハ私署證書ナルト公正證書ナルトヲ問ハス公證人ハ自己ノ心證ニ依リ利害關係ノ有無ヲ判斷スルモノトス

四、代理人ノ權限證明

囑託人、其承繼人又ハ證書ノ趣旨ニ付キ法律上利害關係ヲ有スル者ハ代理人ヲ

シテ證書原本ノ閲覧ヲ爲サシムルコトヲ得ルハ論ヲ俟タス從テ是等ノ者ノ代理人カ原本ノ閲覽ヲ請求シタルトキハ公證人ハ其代理權限ヲ證明セシムルコトヲ要スルモノトス其證明方法ハ代理人ニ依リ證書ノ作成ヲ囑託スル場合ト全然同一ニシテ既ニ本節第三款ニ於テ詳述シタルノミナラス右二ニ掲ケタル承繼人ノ證明方法ト全ク差異ナキヲ以テ茲ニ之ヲ省略セリ

第三　檢事ノ原本閲覽

檢事ハ何時ニテモ證書ノ原本ノ閲覽ヲ請求スルコトヲ得ルモノトス(四四ノ五)蓋檢事ハ捜査事件ノ爲メニ證書原本ノ閲覽ヲ必要トスル場合アルハ勿論ナリト雖モ證書ノ原本ハ檢事ノ囑託又ハ命令ニ因ルモ公證人ノ役場外ニ持出スコトヲ得サルヲ以テ(二五)檢事ハ自ラ公證人ノ役場ニ臨ミテ證書原本ヲ閲覽スルコトヲ得ルモノトセリ故ニ檢事ハ原本ノ閲覽ヲ請求スルコトヲ得トノ規定ハ第二十五條ノ例外ニ非スト解スヘシ

檢事ハ證書原本ノ閲覽ヲ請求スルコトヲ得レトモ附屬書類及ヒ帳簿ノ閲覽ヲ求ムルノ權ナシ此點ハ先ニ述ヘタル監督官ノ檢閲ト異ナル一點ナリトス(七七)但添附

書面ハ證書原本ノ一部ナルヲ以テ檢事ハ其閲覽ヲ請求スルコトヲ得ルハ勿論ナリ

第十一款　證書正本ノ交付

公證人ノ作成シタル證書ニ付キ或關係ヲ有スル者ハ其證書ノ正本ノ交付ヲ請求スルヲ得ルモノトス以下正本交付ニ關スル規定ヲ分說セム

第一　正本ノ交付ヲ請求スルコトヲ得ル者

左ニ掲クル者ハ公證人ニ對シ證書ノ正本ノ交付ヲ請求スルコトヲ得ルモノトス

一、囑託人
二、囑託人ノ承繼人
三、囑託人又ハ其承繼人ノ代理人

右ノ意義ニ付テハ前款第一ニ說明シタル所ト全ク同一ナリ參照セヨ

證書ノ趣旨ニ付キ法律上利害關係ヲ有スル者ハ前款ニ述ヘタル如ク證書原本ノ閲覽ヲ求ムルコトヲ得(四四)レトモ證書ノ正本ノ交付ヲ請求スルコトヲ得ルモノニアラス蓋證書ノ正本ハ多クハ强制執行ノ爲メ其必要アルモノニシテ囑託人又

(四七)

ハ其承繼人以外ノ者ニ交付スルノ必要ナキヲ以テナリ但證書ノ趣旨ニ付キ利害關係ヲ有スル者ハ證書ノ謄本ノ交付ヲ請求スルコトヲ得ルモノトス(五一)

第二　正本交付請求者ノ證明

囑託人又ハ其承繼人及ヒ其代理人ハ公證人ニ對シ證書ノ正本交付ヲ請求スルコトヲ得レトモ公證人ハ其請求者ノ氏名ヲ知リ且面識アル場合ニ非サレハ其請求ニ應スルコト能ハス故ニ公證人カ其請求者ノ氏名ヲ知ラス且之ト面識ナキトキハ其人違ナキコトヲ證明セシムルノ要アリ又囑託人ノ承繼人又ハ代理人ヨリ正本交付ノ請求アリタル場合ニ於テハ公證人ハ其請求者ヲシテ承繼人タルコト又ハ代理權限ヲ有スルコトヲ證明セシムルノ必要アルコト勿論ナリ是レ第四十七條ノ規定アル所以ニシテ其證明ノ方法ニ關シテハ前款第二ニ掲ケタル原本閲覽請求者ノ證明ト全ク同一ナルヲ以テ茲ニ之ヲ再述セス(四七ノ二)但公正證書作成ヲ囑託スル權限ヲ有スル代理人カ原本作成ト同時ニ正本交付ノ請求ヲ爲ス場合ニ特ニ代理權限ヲ證明スルヲ要セス

第三　正本ノ種類及ヒ方式

一、正本ノ種類

證書ノ正本ニ二種アリ普通ノ正本及ヒ抄錄正本是ナリ而シテ普通ノ正本ハ證書原本ノ全部ヲ復寫スルモノナルヲ以テ公證人ノ自ラ作成シタル證書及ヒ之ニ引用シテ添附シタル書面ハ全部之ヲ正本ニ記載スルコトヲ要スルハ勿論ナレトモ證書ニ連綴セル附屬書類ニ付テハ正本ニ記載スルコトヲ得ルモノニ非ス蓋添附書面ハ證書ノ一部ト看做サルルモノナレトモ附屬書類ハ證書ノ一部ニ非サルヲ以テナリ(四〇)但附屬書類ニ付テモ謄本ヲ作成スルコトヲ得ルハ後ニ述フルカ如シ(五一)

次ニ抄錄正本トハ數事件ヲ列記スル證書又ハ數人各自ニ關係ヲ異ニスル證書中有用ノ部分及ヒ證書ノ方式ニ關スル記載ヲ抄錄シテ作成シタル正本ヲ謂フ故ニ抄錄正本ノ交付ヲ請求スル者ハ其有用ノ部分ヲ指摘スルコトヲ要スルハ勿論ナリ又證書ノ方式ニ關スル記載トハ第三十六條第三十九條ノ規定ニ依ル記載事項ヲ指稱スルモノトス(四九)

二、正本ニ記載スヘキ方式

証書ノ正本及ヒ抄録正本ニハ左ノ事項ヲ記載スルコトヲ要ス（四八、四九）

（イ）証書ノ全文　抄録正本ナルトキハ証書中有用ノ部分及ヒ証書ノ方式ニ関スル記載

（ロ）正本タルコト　抄録正本ナルトキハ其旨

（ハ）交付ヲ請求シタル者ノ氏名

（ニ）作成ノ年月日及ヒ場所

以上ノ記載ヲ為シタル上公証人ハ其正本ニ署名捺印スルコトヲ要ス其署名ノ方式ハ第二十三条ニ依ルヘキモノニシテ公証人ノ代理者、兼務者、後任者及ヒ書類ノ引継ヲ命セラレタル公証人カ正本ヲ作成スル場合ニ於ケル署名ニ付テハ第六十五条二項第七十条一項二項第七十一条二項ノ規定スル所ナリ（第四章第四節参照）

右各項ノ記載及ヒ公証人ノ署名捺印ヲ缺如スルモノハ証書ノ正本タル効力ヲ有セサルモノトス

三、正本ノ連綴用語及ヒ挿入、削除

公證人カ證書ノ正本ヲ作成スル場合ニ於テ其正本カ數葉ニ渉ルトキハ公證人ハ毎葉ノ綴目ニ契印ヲ爲スヘク又正本ニハ普通平易ノ語ヲ用ヒ字畫ヲ明瞭ナラシメ其接續スヘキ字行ニ空白アルトキハ墨線ヲ以テ之ヲ接續セシムヘク數量、年月日及ヒ番號ヲ記載スルニハ壹貳參拾ノ字ヲ用フヘキモノトス（五六、三七、）又公證人カ證書ノ正本ヲ作成スルニ當リテハ文字ヲ改竄スルコトヲ得サルモノニシテ若シ正本ニ文字ヲ插入、削除スルトキハ證書作成ノ場合ト同シク一定ノ記載ヲ爲シ公證人之ニ捺印スルコトヲ要ス（五六、三八、）正本ノ文字ヲ插入又ハ削除シタル場合ニ於テ囑託人又ハ其代理人及ヒ立會人ノ捺印ヲ必要トセサルコトハ殆ント言ヲ俟タサル所ナリ

第四　正本交付ノ手續

證書ノ正本ハ囑託人又ハ其承繼人ノ請求ニ依リ公證人之ヲ交付スヘキモノナルヲ以テ正本交付ノ請求アリタルトキハ公證人ハ先ツ其請求者ヲシテ右第二ニ揭ケタル證明ヲ爲サシメ直ニ正本ヲ作成シテ交付スヘキモノニシテ其他ニ何等ノ手續ヲ要セス只公證人カ其請求ニ基キ正本ヲ交付シタルトキハ其原本ノ末尾ニ囑託人

又ハ其承繼人何某ノ爲メニ正本ヲ交付シタル旨及ヒ其交付ノ年月日ヲ記載シ之ニ署名捺印スルコトヲ要スルモノトス(五〇)抄錄正本モ亦正本ノ一種ナルヲ以テ抄錄正本ヲ付與シタル場合ニ於テモ同一ノ手續ニ依ラサルヘカラス署名ノ方式ニ付テハ第四章第四節ヲ參照スヘシ

本法ニ於テ正式謄本、抄錄正式謄本ヲ廢シタルハ固ヨリ當然ナリ蓋正本ハ法律上原本ニ代ヘテ原本ト同一ノ效用ヲ爲スヘキ一ノ謄本ニシテ舊法ニ依ル正式謄本ト異ナルコトナキモノナレハ正本ト正式謄本トノ區別ヲ爲スノ必要アルコトナケレハナリ(民訴三四九、同草三九九)

第十二款　證書又ハ附屬書類謄本ノ交付

公證人ノ作成シタル證書及ヒ其附屬書類ハ公證人ニ於テ保存スルモノナルヲ以テ其證書ニ付キ或關係ヲ有スル者ハ必要ニ應シテ公證人ニ對シ證書又ハ附屬書類ノ謄本交付ヲ請求スルコトヲ得ルモノトス以下謄本ニ關スル規定ヲ分說セム

第一　謄本ノ交付ヲ請求シ得ル者

左ニ掲クル者ハ證書又ハ附屬書類ノ謄本ノ交付ヲ請求スルコトヲ得ルモノトス

(五一)
一、囑託人
二、囑託人ノ承繼人
三、證書ノ趣旨ニ付キ法律上利害關係ヲ有スル者
四、右一、二、三ニ掲ケタル者ノ代理人
以上各號ノ意義ハ既ニ本節第十款第一ニ於テ說明シタル所ナリ

第二　謄本請求者ノ證明

前項ニ揭ケタル者ハ公證人ニ對シ證書又ハ附屬書類ノ謄本ノ交付ヲ請求スルコトヲ得レトモ其請求者ハ一定ノ方法ニ依リ人違ナキコト及ヒ其資格ヲ證明セサル可カラス而シテ其證明ノ方法ニ付テハ本節第十款ニ揭ケタル原本閱覽請求者ノ證明方法ト全ク同一ナルヲ以テ其說明ヲ參照スヘシ(五一ノ二)

第三　謄本ノ種類及ヒ方式

一、謄本ノ種類
謄本ニモ正本ト同シク普通ノ謄本ト抄錄謄本ノ二種アリ普通ノ謄本ハ證書又

ハ附屬書類ノ全部ヲ復寫シタルモノニシテ抄錄謄本トハ其一部ヲ復寫シタルモノトス而シテ抄錄正本ニハ前款ニ述ヘタル如ク其有用ナル部分及ヒ證書ノ方式ニ關スル記載ヲ抄錄スルコトヲ要スレトモ抄錄謄本ニハ必要ナル部分ノミヲ抄錄スレハ足リ證書方式ニ關スル記載ヲ必ス抄錄スルノ要アルモノニ非ス又證書ノ附屬書類ニ付テハ正本ヲ作成スルコト能ハサルモ謄本ハ之ヲ作成スルコトヲ得ルヲ以テ其請求者ハ附屬書類中有用ナル一部分ヲ指摘シテ其謄本ノ交付ヲ請求スルコトヲ得ヘシ(五三)

二　謄本ニ記載スヘキ方式

證書又ハ附屬書類ノ謄本及ヒ抄錄謄本ニハ左ノ事項ヲ記載スルコトヲ要ス(五二、五三、五四)

(イ)　證書又ハ附屬書類ノ全文　抄錄謄本ナルトキハ其抄錄部分

但添附書面ハ證書ノ一部ト看做サルルヲ以テ添附書面ノ謄本ハ即チ證書ノ謄本ナリ(四〇)

(ロ)　謄本タルコト　抄錄謄本ナルトキハ其旨

（ハ）　作成ノ年月日及ヒ場所

右ノ記載ヲ爲シタルトキハ公證人カ其謄本ニ署名捺印スルコトヲ要スルモノニシテ其署名ノ方式ニ付テハ第四章第四節ニ掲ケタル如シ

三、　謄本ノ連綴用語及ヒ挿入、削除

公證人カ證書又ハ附屬書類ノ謄本ヲ作成スル場合ニ於テ其謄本カ數葉ニ渉ルトキハ公證人ハ毎葉ノ綴目ニ契印ヲ爲スヘキモノトス（五六）又謄本ニ記載スヘキ用語、字行ノ接續文字ノ改竄挿入削除等ニ付テハ證書ノ作成ニ關スル第三十七條第三十八條ノ規定カ準用セラルルモノニシテ前款ニ述ヘタル正本ノ作成ノ場合ト全然同一ナリ

或法律ニ於テハ認證謄本（原本ト相違ナキコトヲ附記シタル謄本）ト單純ナル謄本トヲ區別スルアリ而シテ本法ハ別段ノ規定ヲ爲ササルモ公證人ハ利害關係人ノ求メニ依リ孰レノ謄本ヲモ付與シ得ヘキモノトス

第四　謄本ノ代作

證書作成ノ囑託人其承繼人又ハ證書ノ趣旨ニ付法律上利害關係ヲ有スル者ノ公

證人ニ對シ證書又ハ附屬書類ノ謄本ノ交付ヲ請求スルコトヲ得ルハ上述セル如シト雖モ是等ノ者ハ公證人ノ保存スル證書又ハ附屬書類ノ原本ヲ閲覽シテ自ラ謄本ニ記載スヘキ事項ヲ記載シ公證人ノ署印捺印ノミヲ求ムルコトヲ得ルモノトス而シテ公證人カ其請求ニ基キ請求者ノ作成シタル謄本ニ署名捺印シタルトキハ其謄本ハ公證人カ自ラ之ヲ作成シタルト同一ノ效力ヲ有スルモノトス(五五)而シテ其謄本カ數葉ニ涉ルトキハ公證人ハ每葉ニ契印ヲ爲スコトヲ要シ其他謄本ニ記載スヘキ用語、字行ノ接續、文字ノ改竄挿入、削除等全然前項第三ニ揭ケタルト同一ノ法則ニ從フヘキモノトス(五六)

第六章　私署證書ノ認證

公證人ハ當事者其他ノ關係人ノ囑託ニ因リ私署證書ニ認證ヲ與フルノ權限ヲ有スルコトハ屢述タル如シ本節ニ於テハ私署證書ノ意義效力及ヒ認證ノ意義效力トニ分チテ之ヲ說明セム

第一節　私署證書ノ意義及ヒ效力

第一款　私署證書ノ意義

私署證書トハ公正證書ニ對スル語ニシテ證書ノ一分類ナルコトハ既ニ述ヘタリ故ニ私署證書ノ意義ヲ明カナラシムルニハ公正證書ノ意義ヲ論定スルノ必要アリ而シテ公正證書トハ既ニ說明シタル如ク官吏又ハ公吏カ其權限內ノ事項ニ關シ適法ノ方式ヲ履行シテ作成シタル文書ナルヲ以テ私署證書ハ其以外ノ文書卽チ官吏又ハ公吏ノ介入ナクシテ一私人ノ作成シタル文書ヲ謂フモノトス然レトモ公正證書以外ノ文書ハ總テ私署證書ナリト謂フヲ得ス苟モ證書トシテ效力ヲ有スルニハ

其作成者ノ署名又ハ捺印アリテ作成者ノ何人ナルヤヲ知ルニ足ルモノナラサル可カラス蓋公正證書及ヒ私署證書ノ區別ハ其作成者ノ資格ニ因ルモノナルヲ以テ作成者ノ何人ナルヤヲ知ルコト能ハサル文書ハ法律上證書トシテ效力ヲ有スルモノニアラサレハナリ此點ニ關シテハ特ニ明文ヲ掲ケタル立法例ナキニ非ス例ヘハ獨逸民事訴訟法ニ於テハ「私署證書ハ發行人之ニ署名シ(中略)タルトキハ證書中ニ包含セル陳述カ發行人ヨリ出テタルコトニ付キ完全ナル證據ヲ成ス」ト規定シ我舊民法ニ於テハ「私署證書ハ之ヲ以テ對抗セラルル者ニ不利ナル事實ノ陳述又ハ追認ヲ記載シ且其署名及ヒ印章又ハ其一アルトキハ署名者捺印者ノ裁判外ノ自白即チ證書ヲ爲スモノトス右ト同一ノ條件ヲ有スル書狀ハ私署證書ト同一ノ證據力ヲ有ス」ト規定シ又我民事訴訟法草按ニ依レハ「私書ハ當事者ノ署名及ヒ捺印アルトキ又ハ裁判所若クハ公證人ノ認證アルトキニ限リ當事者カ書面ニ掲ケタル陳述ヲ爲シタルコトニ付キ完全ナル證據力ヲ有ス」ト規定シ作成者ノ署名又ハ捺印ヲ以テ證書カ效力ヲ保有スルノ要素トナセルコト明カナリ從テ作成者ノ署名又ハ捺印ナキ文書ニ付テハ其文書ニ依リ直ニ作成者ノ何人ナルヤヲ知ルコト能ハサルヲ以テ更ニ他ノ

證據ニ依リテ其作成者ヲ證明スルコトヲ要シ其證明確實ナルニアラサレハ何等ノ證據力ヲ保有スルモノニ非サルコト言ヲ俟タス

其他私署證書ト公正證書トノ異同ニ付テハ既ニ公正證書ノ意義ヲ説明スルニ當詳説シタル所ナルヲ以テ茲ニ之ヲ再説セス（前節第一款參照）

第二款　私署證書ノ效力

私署證書ト雖モ公正證書ト同シク書證ノ一種ニシテ法律上一定ノ證據力ヲ有スルモノトス而シテ證書ノ效力トハ卽チ證書ノ證據力ヲ指稱スルモノニシテ證書ノ證據力ハ更ニ之ヲ實質上ノ效力及ヒ形式上ノ效力ノ二種ニ分類スルコトヲ得ヘシ

第一　實質上ノ效力

私署證書ノ實質上ノ效力トハ其證書ノ證明セントスル事項ノ眞正ナルコトヲ認識セシムルノ效力ヲ謂ヒ證書ノ實質上ノ效力ニ付テハ公正證書ト私署證書トノ間ニ差異ナキヲ原則トス卽チ證書ニ記載セラレタル事項カ眞實ナルヤ否ヤハ全ク裁判官ノ自由ナル心證ニ依リテ判斷スヘキ事項ニ屬シ其證書カ公正證書ナルト私署證書ナルトニ依リ其證據力ノ程度ニ差異ナキモノトス（民訴二一七）之レ公正證書ノ

效力ヲ論スルニ當リテ詳説シタル所ナルヲ以テ玆ニ之ヲ再説セス（前節第一款參照）然レトモ私署證書ノ實質上ノ效力ニ付テハ公正證書ノ效力トノ間ニ多少ノ差異ナキニ非ス之ヲ摘記スレハ左ノ如シ

一、私署證書ハ其日附ニ付キ完全ナル證據力ヲ有セス　民法施行法第四條ニ依レハ證書ハ確定日附アルニ非サレハ第三者ニ對シ其作成ノ日ニ付キ完全ナル證據力ヲ有セサルモノニシテ私署證書ハ登記所又ハ公證人役場ニ於テ其證書ニ日附アル印章ヲ押捺シタルトキハ其印章ノ日、私署證書ノ署名者中ニ死亡シタルモノアルトキハ其死亡ノ日、確定日附アル證書中ニ私署證書ヲ引用シタルトキ其證書ノ日附及ヒ官廳又ハ公署ニ於テ私署證書ニ或事項ヲ記入シ之ニ日附ヲ記載シタルトキハ其日附ヲ以テ確定日附アリト認メラルルモノナルヲ以テ（民施五、）是等ノ確定日附ナキ私署證書ハ第三者ニ對シ其作成ノ日附ニ付キ實質上ノ證據力ヲ有セサルモノトス從テ其日附ニ付キ爭ヲ生シタルトキハ他ノ證據方法ニ依リ其日附ヲ證明スルノ必要ヲ生ス之ニ反シテ公正證書ハ當然確定日附アルコト先ニ述ヘタリ蓋私署證書ハ公正證書ト異ナリ一私人ノ作成シタルモノナルヲ以テ或ハ日附ヲ逆記シ又ハ後日之ヲ記入スルコトヲ得ルモノニシテ自由ニ其日附ヲ記載スルコトヲ得ヘク從テ其證書ノ日附ニ於テ眞實ニ作成セラレタルモノト認定スルコトヲ得サレハナリ

二、一私人ノ證明書ハ實質上ノ證據力ヲ有セス　之レ亦公正證書ト異ナル一點ナリトス官吏又ハ公吏カ其管掌セル事項ニ關シ一私人ニ對シテ或事項ノ證明ヲ爲シタルトキハ其證明書ハ公正證書トシテ確實ナル證據力ヲ有スルコト既ニ述ヘタルカ如シト雖モ一私人ハ常ニ他人ニ對シ或事項ヲ證明スルノ職責ヲ有スルモノニ非サルノミナラス凡ソ一私人ハ裁判所ニ於テ係爭事實ニ付キ證人トシテ陳述ヲ爲スノ義務アルモノナルヲ以テ一私人ノ係爭事實ニ對スル書面上ノ證言卽チ證明書ハ實質上ノ證據力ヲ有セサルモノト謂ハサルヘカラス若シ否ラスシテ係爭事實ニ關スル第三者ノ證明書カ訴訟上ニ於テ實質上ノ證據力ヲ有スルモノトセハ民事訴訟法ニ於テ人證ニ關シ煩雜ナル規定ヲ設ケタル旨趣ハ全ク之ヲ沒却スルニ至ラン此理論ハ大審院ニ於テモ是認スル所ニシテ屢々同院ノ判示スル所ナリ（大審三八、一、一九、判決及ヒ四〇、一一、一三、判決

三、又公證人ノ作成シタル公正證書ニシテ或條件ヲ完備スルモノハ確定判決ト同シク強制執行ノ債務名義トナルノ效力ヲ有スルコト曩ニ述ヘタル如シト雖モ私署證書ハ如何ナル場合ニ於テモ斯ル效力ヲ有スルモノニ非サルナリ

第二　形式上ノ效力

證書ノ形式上ノ效力トハ證書ニ署名シタル者カ眞實ニ作成シタルモノト認メラルル效力ヲ謂フモノニシテ此效力ハ公正證書ト私署證書トノ間ニ重大ナル差異アル點ナリトス

既ニ述ヘタル如ク公正證書ハ其方式ニ於テ缺點ナキ以上ハ當然其證書ニ署名スル官吏又ハ公吏カ自ラ作成シタルモノト認メラルルノ效力ヲ有シ其證書ヲ僞造又ハ變造ナリト主張スルモノハ却テ其事實ヲ立證スルノ責ヲ負フモノナレトモ私署證書ハ全ク之ニ反シテ毫モ形式上ノ效力ヲ有スルモノニアラス換言スレハ私署證書ハ常ニ眞正ニ成立シタルモノト認メラルルノ效力ヲ有セサルモノトス故ニ訴訟上ニ於テ私署證書ヲ證據トシテ提出スル當事者ハ同時ニ其私署證書カ署名者ニ於テ眞正ニ作成セラレタルモノナルコトヲ證明セサル可カラス我民事訴訟法ニ於テ

ハ相手方カ私署證書ノ成立ヲ是認セサルトキハ裁判所ハ擧證者ノ申立ニ因リ檢眞ヲ爲スコトヲ得ルモノトシ私署證書ノ檢眞ハ總テノ證據方法及ヒ其署名者ノ手跡又ハ印章ノ對照ニ依リテ之ヲ爲シ其結果ニ付キ裁判所ハ該證書カ眞正ニ成立シタルモノナリヤ否ヤノ裁判ヲ爲スヘキモノトセリ而シテ此裁判ニ因リ眞正ニ成立シタリト認メラレタル私署證書ハ始メテ形式上ノ效力ヲ有スルニ至ルモノナルヲ以テ檢眞ヲ經タル私署證書ヲ進ンテ僞造又ハ變造ナリト主張スル者ハ公正證書ニ對シ僞造又ハ變造ノ申立ヲ爲ス場合ト同シク更ニ裁判所ニ對シ眞否確定ノ申立ヲ爲シ其僞造又ハ變造ナルコトヲ立證セサル可カラス(民訴三五一、三五二、三五三)

右ニ述ヘタル私署證書ノ檢眞ハ其成立ノ眞實ナルコトヲ立證スルノ一方法ナレトモ此方法ハ訴訟ノ相手方ノ署名捺印アル證書卽チ擧證者ニ於テ其相手方カ作成シタルモノト主張スル證書ニ限リ許サルルモノナルコトハ夙ニ學說判例ノ一致スル所ナルヲ以テ其訴訟ニ於ケル第三者又ハ相手方ノ前主カ作成シタルモノナリト主張スル私署證書ノ成立ヲ相手方カ認メサル場合ニ於テハ檢眞ノ方法ニ依リテ其證書ノ成立ヲ立證スルコト能ハス故ニ一般ノ原則ニ依リ總テノ證據方法例ヘハ人

證又ハ他ノ書證ニ依リテ之カ證明ヲ爲サヽル可カラス現今裁判所ニ於ケル實例トシテハ第三者又ハ相手方ノ前主カ作成シタル私署證書ノ成立ヲ相手方ニ於テ是認セサルトキハ擧證者ハ署名者ノ本籍地市區役所又ハ町村役場ヨリ其印鑑ノ取寄ヲ裁判所ニ申請シタル上其同印ナルコトヲ證明シ又ハ確實ナル署名者ノ手跡ヲ提出シテ其私署證書ト同一筆跡ナルコトヲ證明スルノ方法カ最モ多ク行ハルルカ如シ

民事訴訟法草案ニ於テハ主トシテ獨逸民事訴訟法ニ準據シ私書ノ眞正ナルコトハ之ヲ證スルコトヲ要ス但相手方カ其眞正ナルコトヲ認メタルトキハ此限ニ在ラス又私署ノ眞否ハ一般ノ證據方法ニ依ルノ外筆跡又ハ印影ノ對照ニ依リテ之ヲ證スルコトヲ得ト規定シ又其對照ノ結果ニ付テハ裁判所ハ自由ナル心證ニ依リテ判斷ヲ爲スヘキモノトシ(民訴草四〇二乃至四〇六)現行法ノ如ク檢眞ナル制度ヲ認メサルヲ以テ私署證書ハ其相手方カ作成シタルモノナルト第三者カ作成シタルモノナルトニ依リ其成立ヲ證明スルノ方法ニ區別ヲ認メス然レトモ私署證書ハ當然形式上ノ效力ヲ有スルモノニ非サルコトハ現行法ト全ク同一ナリ

第二節　認證ノ意義及ヒ效力

第一款　認證ノ意義

私署證書ノ認證トハ公證人カ私署證書ノ成立ヲ確保スル爲メ之ニ干與スル方法ニシテ換言スレハ私署證書ニ形式上ノ效力ヲ付與スル爲メ公證人カ之ニ或附記ヲ爲スヘキ公證ノ一方法ニ外ナラス既ニ本章第一節ニ於テ述ヘタル如ク單純ナル事項ニ付テハ當事者カ自ラ證書ヲ作成シ公證人カ之ニ或附記ヲ爲スノミヲ以テ其私署證書ノ成立ヲ確保スルコトヲ得ルモノトセハ實際上極メテ便宜ナルヘキヲ以テ特ニ本法ハ公證人ノ職務權限ヲ擴張シ私署證書ニ認證ヲ與フルノ權限ヲ認メタリ

私署證書ノ認證ハ公證人カ私署證書中ニ或事項ヲ附記スルニ因リ成立スルモノナルヲ以テ其認證文ノ記載ハ公正證書ノ性質ヲ有スルコト論ヲ俟タスト雖モ其私署證書ハ認證ヲ受ケタルカ爲メ變シテ公正證書トナルモノニ非ス換言スレハ私署證書其物ハ公證人カ認證文ヲ附記スル爲メ其性質ヲ變スルモノニ非サルナリ又認證ハ公證人カ私署證書ヲ作成スルノ方法ニ非スシテ既ニ完成シタル私署證書ニ對

シ公證人カ特別ノ附記ヲ爲スニ過キス故ニ公證人カ認證ヲ與フルニハ私署證書カ一私人ノ手ニ於テ既ニ完全ニ作成セラレタルコトヲ必要トシ將來ニ於テ作成セラルヘキ私署證書ニ對シ豫メ認證ヲ與フルコトヲ得ルモノニ非ス

又後ニ述フルカ如ク公證人ハ法令ニ違反シタル事項、無效ノ法律行爲及ヒ無能力ニ依リ取消スコトヲ得ヘキ法律行爲ニ關スル私署證書及ヒ日本語ヲ用ヒサル私署證書ニ對シテハ認證ヲ與フルコトヲ得サルヲ以テ(六〇、二六、二七)公證人カ私署證書ニ認證ヲ與フルニ當リテハ其證書ノ內容ヲ熟讀シテ是等ノ禁令ニ該當セサルヤ否ヤヲ判斷セサル可カラス

公證人カ私署證書ニ認證ヲ與フヘキ場合三アリ曰ク當事者カ公證人ノ面前ニ於テ其私署證書ノ署名若クハ捺印シタルトキ曰ク當事者カ公證人ノ面前ニ於テ其私署證書ノ署名若クハ捺印ヲ自認シタルトキ曰ク私署證書ノ原本ト其謄本トヲ對照シテ符合スルコトヲ認メタルトキ即チ是レナリ而シテ是等ノ場合ニ於テハ孰レモ其認證ノ方法ヲ私署證書ニ記載スルコトヲ要シ尚認證ヲ與フヘキ私署證書ニハ登簿番號、認證ノ年月日及ヒ其場所ヲ記載シ公證人及ヒ立會人之ニ署名捺印シ且其證

書ト認證簿トニ契印ヲ爲スコトヲ要スルモノトス(五八、五九)

第二欵　認證ノ效力

私署證書ノ認證ノ效力ハ其認證文ノ效力ト認證ヲ受ケタル私署證書ノ效力トニ分チテ説明スルヲ便トス

第一　認證文ノ效力

認證文ハ公證人カ其職務權限内ニ於テ法定ノ方式ヲ履行シ私署證書ニ附記スル方法ニ依リ作成シタル文書ナルヲ以テ其性質ハ一種ノ公正證書ニシテ認證ヲ與ヘタル私署證書ヲ離レテ獨立ノ效力ヲ有スルモノトス蓋前段ニ述ヘタル如ク私署證書ニ對シテ認證ハ單ニ私署證書ノ成立ヲ確保スル方法ニ過キスシテ之カ爲メ其私署證書カ變シテ公正證書トナリ又公證人カ一私人ニ代ハリテ私署證書ヲ作成スルモノニ非ス卽チ私署證書其物ト認證文ノ記載トハ全ク別箇ノ證書ニシテ各々獨立ノ性質ヲ有スル者ナレハナリ而シテ其效力ハ曩ニ詳述シタル公正證書ノ效力ト全然同一ナルヲ以テ又之ヲ實質上ノ效力ト形式上ノ效力トニ分類スルコトヲ得ヘシ

一、認證文ノ實質上ノ效力

認證文ノ實質上ノ效力ハ他ノ公正證書ト同シク完全ナル證據力ヲ有シ其認證文ニ記載セラレタル事項卽チ當事者カ公證人ノ面前ニ於テ其私署證書ニ署名又ハ捺印シタル旨ノ事實若クハ其私署證書ノ署名又ハ捺印ヲ自認シタル旨ノ事實或ハ其私署證書ノ謄本カ原本ト符合スル旨ノ事實ニ付テハ完全ニ公正ノ效力ヲ有スルヲ以テ裁判官ト雖モ其效力ニ羈束セラルルモノニシテ濫ニ斯ル事實ヲ否定スルコトヲ得ルモノニアラス然レトモ公正證書カ實質上ノ效力ヲ有スルハ公證人ノ證言事項ニ止マリ公證人ノ判斷事項ニ及ハサルヲ以テ後日ニ至リ公證人ノ面前ニ出頭シテ私署證書ニ署名捺印シ又ハ其署名捺印ヲ自認シタル者カ本人ニ非サリシコトヲ發見シタルトキ或ハ公證人カ私署證書ノ謄本ニ認證ヲ與ヘタルトキ其原本カ僞造ニシテ眞正ノ原本ニ非サルコトヲ發見シタルカ如キ場合ニ於テハ當然其認證ハ無效ニシテ何等ノ效力ヲ有スルモノニ非ス換言スレハ公證人ノ面前ニ於テ署名捺印シ又ハ署名捺印ヲ自認シタル者カ其本人ナリヤ否ヤ及ヒ私署證書ノ謄本ト對照スヘキ原本カ眞正ノ原本ナリヤ否ヤノ事項ハ公證人ノ判斷ニ屬スル事項ニシテ其證言事項ニ非ス故ニ後

日ニ至リテ他ノ證據ニ依リ公證人ノ右判斷カ誤リナリシコト明確トナリタルトキハ固ヨリ認證ハ無效ナルヲ以テ其認證文ノ記載モ亦實質上ノ效力ヲ保有スルモノニ非サルナリ（前節第一款說明參照）

二、認證文ノ形式上ノ效力

認證文ノ形式上ノ效力モ亦公正證書ノ效力ト異ナラス卽チ訴訟上何人ニ對シテモ當然眞正ニ作成セラレタルモノナリトノ認定ヲ受クヘキ效力ヲ有シ其認證文カ僞造又ハ變造ナリトノ裁判アル迄ハ何人ト雖モ其成立ヲ否定スルコトヲ得ルモノニ非ス而シテ認證文ハ公正證書ノ一種トシテ斯ル形式上ノ效力ヲ有スルモノナルヲ以テ其擧證者ハ特ニ認證文ノ記載カ公證人ニ依リテ適法ニ成立シタルモノナリトノ事實ヲ證明スルノ必要ナク却テ其認證文ヲ僞造又ハ變造ナリト主張スル者ニ於テ之カ證明ヲ爲スノ責アルモノトス其他形式上ノ效力ニ關シテモ既ニ公正證書ノ效力ヲ說クニ當リテ詳細ニ說明シタルヲ以テ茲ニ之ヲ再ヒセス（前節第一款參照）

第二　認證ヲ受ケタル私署證書ノ效力

屢々述ヘタル如ク私署證書ハ公證人カ之ニ認證ヲ與フルコトニ因リテ公正證書ノ性質ヲ取得スルモノニ非スト雖モ其證書ノ效力ニ付テハ單純ナル私署證書ノ效力ト同一ナラス之レ寧ロ認證ノ特質ニシテ認證ハ私署證書ニ一種ノ效力ヲ付與スルモノトス以下例ニ依リ實質上ノ效力ト形式上ノ效力トニ分說セム

一、認證ヲ受ケタル私署證書ノ實質上ノ效力

私署證書ハ公證人ノ認證ヲ受ケタルカ爲メニ特ニ實質上ノ效力ヲ增加スルモノニ非ス其性質ハ依然私署證書ナルヲ以テ既ニ述ヘタル如ク單純ナル私署證書ト同一ノ效力ヲ有スルニ過キス即チ裁判官ハ自由ナル心證ニ依リテ其私署證書ニ記載セラレタル事項ノ眞實ナルヤ否ヤヲ判斷スヘク其記載事項ニ付キ裁判官ヲ覊束スルノ效力ヲ有スルモノニ非サルコト論ヲ俟タス(前款私署證書ノ效力參照)

只認證ヲ受ケタル私署證書ト單純ノ私署證書トノ實質上ノ效力ノ異ナル點ハ前者ハ其證書ニ確定日附アルニ拘ハラス後者ニ其確定日附ナキニ在リ即チ私署證書ニ公證人カ認證ヲ與ヘタルトキハ民法施行法第五條第五號ノ規定ニ依

リ其認證ノ日附ハ確定日附ナルヲ以テ其日附ニ於テ作成セラレタリトノ事實ニ付テハ完全ナル證據力ヲ有シ何人ト雖モ其日附以後ニ作成シタルモノナリトノ事實ヲ主張スルコトヲ得ス故ニ法律上確定日附アル證書ヲ必要トスル法律行爲ヲ爲ストキ例ヘハ權利質ノ設定、債權讓渡ノ通知又ハ承諾(民四六七、三六四)隱居者又ハ入夫、婚姻ヲ爲ス女戶主ノ財產留保(民九八八)ニ付テモ行爲者カ自ラ是等ノ證書ヲ作成シ其私署證書ニ認證ヲ受クルヲ以テ足レリトス此點ニ於テハ其私署證書ハ全ク公正證書ト同一ノ效力ヲ有スルモノト謂フヘシ然レトモ認證アル私署證書ハ其性質公證人ノ作成シタル公正證書ニ非サルヲ以テ其證書ニ記載セラレタル事項カ強制執行ノ債務名義アル內容ヲ有スル場合ニ於テモ固ヨリ強制執行力ヲ有スルモノニ非ス(民訴五五九)

二、認證ヲ受ケタル私署證書ノ形式上ノ效力

私署證書ハ當然形式上ノ效力ヲ有セサルモノナルヲ以テ私署證書ヲ以テ或事項ヲ證明セント欲スル者ハ先ツ其證書カ署名者ニ於テ眞正ニ作成シタリトノ事實ヲ證明スルノ要アリ故ニ若シ擧證者カ此證明ヲ爲ササル場合ニ於テハ其

證書ハ何等ノ證據力ヲ保有セサルコト既ニ前款私署證書ノ效力ノ部ニテ詳説シタル所ナリ而シテ私署證書ハ公證人ノ認證ヲ受ケタル場合ニ於テモ單純ナル私署證書ト同一ナル形式上ノ效力ヲ有スルニ過キサレトモ私署證書ニ認證ヲ與フヘキ場合ニ於テハ其署名者カ公證人ノ面前ニ於テ署名捺印ヲ爲シ又ハ其署名捺印ヲ自認シタリトノ事實或ハ其謄本カ原本ト同一ナリトノ事實ニ付キ公證人ノ證言ヲ記載シタル認證文ハ公正證書ノ性質ヲ有シ完全ニ形式上ノ效力ヲ有スルヲ以テ其結果トシテ證認ヲ受ケタル私署證書モ亦眞正ニ成立シタルモノト認メラルルノ效力ヲ保有スルニ至ルモノトス之レ固ヨリ私署證書ノ本來ノ效力ニ非スシテ公正證書ノ效力カ私署證書ニ及ホスノ效果ニ外ナラサルナリ換言スレハ其私署證書ハ本來ノ性質トシテハ形式上ノ效果ヲ有セサルヲ以テ訴訟上之ヲ證明ノ具ニ供スル場合ニ於テハ相手方ノ否認ニ因リ當然其效力ヲ失ヒ擧證者ハ更ニ進ンテ其私署證書カ眞正ニ成立シタルコトヲ證明スルノ責ヲ負フモノナレトモ若シ其證書ニ公證人ノ認證アルトキハ其認證文ニ形式上ノ效力アル結果トシテ認證文ニ依リ直ニ其證書カ眞正ニ成立シタル

コトヲ證明シ得ルヲ以テ特ニ他ノ方法ニ依リ其成立ヲ證明スルノ必要ナキニ至ルモノトス

然レトモ其認證文カ無效ニシテ公正證書トシテ形式上ノ效力ヲ有セサルニ至リタルトキハ之ヲ以テ其私署證書ノ成立ヲ證明スルコト能ハサルヲ以テ特ニ他ノ方法ニ依リテ其成立ヲ證明スルニ非サレハ私署證書ハ遂ニ何等ノ證據力ヲ有スルコトナクシテ終ハルモノトス

之ヲ要スルニ以上ニ述ヘタル效力ハ認證ノ特質ニシテ私署證書ノ成立ヲ確保スルノ結果ヲ生スルモノナレトモ認證ヲ受ケタルカ爲メ特ニ私署證書ニ斯ル形式上ノ效力ヲ生スルモノト解スルハ誤リナリ斯ノ如ク解スル爲メ其論結ニハ何等ノ影響ヲ及ホスコトナシト雖モ理論上認證文ノ效力ト認證ヲ受ケタル私署證書ノ效力トハ常ニ之ヲ分離シテ觀察セサル可カラス

第三節　私署證書認證ノ手續

私署證書ノ認證ハ前節ニ述ヘタル如ク私署證書ニ公正ノ效力ヲ付與スルト同一

ノ効果ヲ生シ其形式上ノ効力トシテハ殆ント公正證書ト異ラサルヲ以テ公證人カ私署證書ニ認證ヲ與フルニハ證書ヲ作成スル場合ト同シク嚴格ナル種々ノ手續ヲ履践スルコトヲ要スルモノトス以下之ニ關スル本法第五章ノ規定ヲ説明セント欲ス

第一款　認證ヲ與フヘカラサル場合

公證人ハ當事者其他ノ關係人ノ囑託ニ因リ私署證書ニ認證ヲ與フルノ權限ヲ有シ正當ノ理由アルニアラサレハ此囑託ヲ拒ムコトヲ得サルモノナレトモ左ニ掲クル私署證書ニハ常ニ認證ヲ與フルコトヲ得サルモノトス(六〇、二六、二七)

第一　法令ニ違反シタル事項ヲ記載シタル私署證書

第二　無效ノ法律行爲ニ關スル私署證書

第三　無能力ニ因リ取消スコトヲ得ヘキ法律行爲ニ關スル私署證書

第四　日本語ヲ用ヒサル私署證書

以上ノ各意義ニ付テハ前章第三節第一款ニ於テ詳記シタル所ナルヲ以テ玆ニ之ヲ省略ス而シテ右ニ掲ケタル私署證書ノ認證ハ法ノ禁スル所ナルヲ以テ公證人ハ

斯ル證書ニ認證ノ囑託アルモ當然之ヲ拒否スヘキハ勿論ナリ但右ニ掲ケタル以外ノ私署證書ニ付テハ其證書カ法律行爲ニ關スルモノナルト單ニ事實ニ關スルモノナルトヲ問ハス認證ヲ與フルコトヲ得ルモノトス

第二款　囑託人又ハ代理人ノ本人證明

公證人カ私署證書ニ認證ヲ與フルニハ當事者カ其面前ニ於テ證書ニ署名若クハ捺印シタルトキ又ハ證書ノ署名若クハ捺印ヲ自認シタルトキ其旨ヲ記載シテ之ヲ爲スコトヲ要シ又私署證書ノ謄本カ原本ト符合スルコトヲ認メタルトキ其旨ヲ記載シテ之ヲ爲スコトヲ要スルモノナルヲ以テ(五八)公證人カ囑託人又ハ其代理人ノ氏名ヲ知ラス且之ト面識ナキトキハ其者ノ主張スル氏名カ果シテ其本名ナルヤ否ヤヲ知ルニ由ナク從テ其自署又ハ自認ヲ記載スルコト能ハサルハ明カナリ故ニ本法ニ於テハ公證人カ證書ヲ作成スルトキト同シク私署證書ニ認證ヲ與フル場合ニモ囑託人又ハ其代理人ノ氏名ヲ知リ且之ト面識アルコトヲ要スルモノトセリ(六〇、二八ノ一、三一)

然レトモ公證人ハ總テノ人ノ氏名ヲ知リ且面識アルコト能ハサルハ勿論囑託人

又ハ其代理人ハ總テ公證人ニ知己アルコトヲ期シ難キヲ以テ若シ特別ノ規定ナキトキハ公證人カ自ラ氏名ヲ知ラス且自己ト面識ナキトキハ絶對ニ私署證書ノ認證ヲ囑託スルコト能ハサルニ至ルヘシ故ニ本法ハ斯ル場合ニ於テ私署證書ノ認證ヲ囑託スルニハ左ノ方法ニ依リ囑託人又ハ其代理人ヲシテ其人違ナキコトヲ證明セシムルコトヲ要スルモノトセリ(六〇、二八、三一)

第一　本人證明ノ方法

公證人カ囑託人又ハ其代理人ノ氏名ヲ知ラス又ハ之ト面識ナキトキハ其本籍地若クハ寄留地ノ市、區、町、村長ノ作成シタル印鑑證明書ヲ提出セシメ又ハ公證人カ氏名ヲ知リ且面識アル證人二人ニ依リ其人違ナキコトヲ證明セシムルコトヲ要スルモノトス但囑託人又ハ其代理人カ外國人ナルトキハ警察官吏又ハ帝國ニ駐在スル本國領事ノ證明書ヲ以テ印鑑證明書ニ代フルコトヲ得ヘク又第三十四條第三項ニ掲ケタル者ハ其證人トナルコトヲ得サルモノトス

第二　本人證明ノ追完

公證人カ囑託人又ハ其代理人ノ氏名ヲ知ラス且之ト面識ナキ場合ニ於テハ前項

ニ掲ケタル方法ニ依リ其人違ナキコトヲ證明セシムルニ非サレハ私署證書ニ認證ヲ與フルコト能ハサルモノニシテ此手續ヲ履行セスシテ與ヘタル認證ハ固ヨリ認證ノ效力ヲ有スルモノニ非スト雖モ左ニ掲クル二箇ノ要件ヲ具備スルトキハ其證明手續ヲ後日ニ讓リテ私署證書ニ認證ヲ與フルコトヲ得ルモノトス二箇ノ要件トハ卽チ左ノ如シ

一　急迫ナル場合ナルコト

二、法律行爲ニ非サル事實ニ關スル私署證書ニ認證ヲ與フヘキ場合ナルコト

急迫ナル場合ナルヤ否ヤハ固ヨリ公證人カ箇々ノ事件ニ付キ之ヲ判斷スルノ外ナシト雖モ多ク適用アルヘキ場合ハ其私署證書ノ署名者カ疾病其他ノ原因ニ因リ死ニ瀕スル場合ノ如キ其一例ナリ

右二箇ノ要件ヲ具備スル場合ニ於テハ其認證ヲ與ヘタル後三日內ニ證書ノ作成ニ關スル規定ニ依リ前項ニ掲ケタル方法ニ從ヒ其人違ナキコトノ證明ヲ爲スコトヲ要スルモノニシテ其證明ヲ爲シタルトキハ後日ニ至リ急迫ナル場合ニ非サリシコト分明スルモ之カ爲メ其認證ノ效力ヲ妨ケラルルコトナシ

以上第一、第二ニ揭ケタル本人證明ノ方法及ヒ其追完ニ付テハ證書作成ニ關スル場合ト全然同一ナルヲ以テ玆ニハ其規定ヲ詳記セス故ニ前章第三節第二款ノ説明ヲ參照スヘシ

第三款　代理人ノ權限證明

公證人カ私署證書ニ認證ヲ與フルハ當事者ノ囑託ニ因ルヘキモノナルコトハ既ニ述ヘタルカ如シト雖モ其當事者ハ自ラ公證人ノ面前ニ出頭シテ其囑託ヲ爲スコトヲ要スルモノニアラス他人ニ委任シテ其認證ノ囑託ヲ爲サシムルコトヲ得ヘク又法定代理人カ其本人ニ代ハリテ認證ノ囑託ヲ爲スコトヲ得ルモノトス但法定代理人カ本人ニ代ハリテ認證ノ囑託ヲ爲ス場合ハ實際上其適用多カラサルヘシ何トナレハ會社其他法人ノ代理人カ私署證書ニ署名スルニハ通常自己ノ氏名ヲ署スヘキモノナルヲ以テ自ラ囑託人トナリテ其署名若クハ捺印ヲ自認スルコトヲ得ヘケレハナリ委任代理人ヲシテ公證人ニ對シ認證ノ囑託ヲ爲スコトヲ得トノ見解ニ付テハ異論アリ論者曰ク認證ハ公證人ノ面前ニ於テ私署證書ニ署名又ハ捺印シ若クハ署名捺印ヲ自認シタルコトヲ確保スルモノナレハ其性質上遺言ノ如ク必ス本人

ナルコトヲ要ス然レトモ委任代理人ニ依ル認證ニ關シテハ公證人ノ前ニ於テ署名又ハ捺印シタルコトハ論者ト見解ヲ同フスルモ署名又ハ捺印自認ノ認證ニ關シテハ第六十條カ代理ニ關スル規定ヲ準用セルノミナラス民事訴訟上私署證書ノ認否ハ代理人ニ於テモ之ヲ爲シ得ルヲ以テ若シ本法ニ於テ之ヲ許サストセハ公正證書ニ依ル遺言ノ如キ特別ノ規定ナカルヘカラス

代理人カ囑託人ニ代ハリテ私署證書ノ認證ヲ囑託シタルトキハ公證人ハ左ノ方法ニ依リ其代理權限ヲ證明セシムルコトヲ要スルモノトス

第一　權限證明ノ方法

代理人ニ依リテ囑託セラレタル場合ニ於テ公證人カ私署證書ニ認證ヲ與フルニハ其代理權限ヲ證スヘキ證書ヲ提出セシメ以テ其權限ヲ證明セシムルコトヲ要ス（六〇、三二）而シテ代理權限ヲ證明スル爲メ提出スル證書ハ左ノ證書中ノ一ニ該當スルコトヲ要スルモノトス

一、公正證書　必シモ公證人ノ作成シタル證書ニ限ラス官吏又ハ公吏カ其職務權限內ニ於テ作成シタル總テノ公正證書ヲ意味ス

二、認證ヲ受ケタル私署證書　必シモ公證人ノ認證シタルモノニ限ラス官吏公吏カ其職務權内ニ於テ署名又ハ捺印ノ眞正ナルコトヲ證明シタルモノヲ總稱ス

三　認證ヲ受ケタル私署證書及ヒ印鑑證明書　茲ニ印鑑證明書トハ其私署證書ノ署名者ノ本籍地又ハ寄留地ノ市區町村長ノ作成シタルモノナルコトヲ要ス但其署名者カ外國人ナルトキハ證書ノ眞正ナルコトヲ記載セル警察官吏又ハ帝國ニ駐在スル本國領事ノ證明書ヲ以テ印鑑證明書ニ代フルコトヲ得ルモノトス

第二　代理又ハ其方式ノ追完

公證人カ代理人ト稱スル者ノ囑託ニ因リ私署證書ニ認證ヲ與ヘタル場合ニ於テ其者カ代理權限ナキトキ又ハ實際代理權限アルモ前揭ノ證書ニ依リテ其代理權限ヲ證明セシメサリシトキハ其認證ハ固ヨリ無效ナリトス然レトモ後日ニ至リ證書作成ニ關スル規定ニ依リテ其代理權限又ハ其證明ノ方式ヲ追完シタルトキハ其認證ヲ爲ス當時代理又ハ其方式ニ欠缺アルモ之カ爲メ認證ノ效力ヲ妨ケラ

ルルコトナシ

以上第一、第二ニ掲ケタル事項ハ證書作成ノ場合ニ於ケルト全ク同一ニシテ既ニ前章第三節第三款ニ於テ詳述シタル所ナルヲ以テ茲ニ之ヲ詳説セス

第四款　第三者ノ許可又ハ同意ノ證明

第三者ノ許可又ハ同意ヲ必要トスル法律行爲ニ關スル私署證書ニ認證ヲ與フルニハ其許可又ハ同意アリタルコトヲ證スヘキ證書ヲ提出セシメ其許可又ハ同意アリタルコトヲ證明セシムルコトヲ要スルモノトス(六〇、三三)蓋第三者ノ許可又ハ同意ヲ要スル法律行爲カ其許可又ハ同意ナクシテ爲シタルモノナルトキハ通常取消シ得ヘキ行爲トナルモノニシテ既ニ本節第一款ニ掲ケタル如ク無效又ハ取消シ得ヘキ法律行爲ニ關スル私署證書ニ付テハ認證ヲ與フルコト能ハサルモノナルヲ以テ斯ル法律行爲ニ關スル私署證書ニ認證ヲ與フルニハ其許可又ハ同意アリタルコトヲ證明セシムルノ必要アルコト勿論ナレハナリ私署證書ノ謄本ニ認證ヲ與フル場合ニ於テモ其私署證書カ第三者ノ許可又ハ同意ヲ必要トスル法律行爲ニ關スルモノナルトキハ其許可又ハ同意アリタルコトヲ證明セシムルコトヲ要スルヤ否ヤハ

解釋上多少ノ疑ナシトセス蓋私署證書ノ謄本ニ認證ヲ與フルハ後ニ述フル如ク公證人カ謄本ト原本トヲ對照シ其符合スルコトヲ認メタル場合ニ其旨ヲ記載シテ之ヲ爲スモノナルヲ以テ其證書カ第三者ノ許可又ハ同意ヲ必要トスル法律行爲ニ關スルモノニシテ其許可又ハ同意ヲ得サルカ爲メ取消シ得ヘキモノトスルモ之レ其謄本ノ干知スル所ニ非ス謄本ノ認證ハ單ニ其謄本カ原本ト同一ナルコトヲ認證スルニ過キサルヲ以テ斯ル場合ニ於テハ其許可又ハ同意ヲ得タルコトヲ證明セシムルノ必要ナケレハナリ然レトモ第六十條ニ於テハ明カニ第三十三條ノ全部ヲ準用シ特ニ謄本認證ノ場合ニ限リ其準用ヲ除外シタリト認ムヘキ餘地ナキヲ以テ解釋上謄本ニ認證ヲ與フル場合ニ於テモ尙第三者ノ許可又ハ同意ヲ得タルコトヲ證明セシムルコトヲ要スルモノト論スル者アリ

以上ニ述ヘタル第三者ノ許可又ハ同意ノ證明方法及ヒ許可又ハ同意ノ欠缺及ヒ其證明ノ方式ノ欠缺アリタル場合ニ於ケル追完ニ關シテハ前款ニ揭ケタル代理權限ノ證明方法及ヒ其追完ニ關スル規定ト全然同一ナルヲ以テ前款ノ說明ヲ參照セヨ

第五款　通事ノ立會

公證人カ私署證書ニ認證ヲ與フルニハ當事者カ其面前ニ出頭シ證書ニ署名若クハ捺印シタルトキ又ハ既ニ爲サレタル證書ノ署名若クハ捺印ヲ自認シタル場合ニ於テ之ヲ爲スヘキモノナルヲ以テ囑託人又ハ其代理人カ日本語ヲ解セス又ハ言語ヲ發スルコト能ハサル者ニシテ文字ヲ解セサルトキハ公證人ハ其認證ヲ爲スコト能ハサルハ明カナリ故ニ本法ニ於テハ證書作成ノ場合ト同シク斯ル場合ニ於テハ通事ヲ立會ハシメ以テ其通譯ヲ爲サシムルコトヲ要スルモノトセリ(六〇、二九)

第一　通事ヲ立會ハシムヘキ場合

左ノ場合ニ於テ私署證書ニ認證ヲ與フルニハ通事ヲ立會ハシムルコトヲ要ス

一、囑託人又ハ其代理人カ日本語ヲ解セサル場合
二、囑託人又ハ其代理人カ聾者ニシテ且文字ヲ解セサル場合
三、囑託人又ハ其代理人カ啞者ニシテ且文字ヲ解セサル場合
四、囑託人又ハ其代理人カ言語ヲ發スルコト能ハサル者ニシテ且文字ヲ解セサル場合

第二　通事ノ選定

通事ハ囑託人又ハ其代理人ニ於テ之ヲ選定スルコトヲ要スルモノトス(六〇、三四、)而シテ其通事タル者ノ資格ニ付テハ何等ノ制限ナキヲ以テ囑託人又ハ其代理人ハ自由ニ自己ノ意思ヲ媒介スルニ適當ナル者ヲ選定スルコトヲ得ヘク公證人ハ其選定ニ對シ毫モ容喙スルノ權限ナキヤ勿論ナリ

以上第一、第二ニ揭ケタル事項ニ付テハ既ニ前章第三節第五款ニ於テ說明シタルヲ以テ就テ看ルヘシ

第六款　立會人ノ立會

公證人カ私署證書ニ認證ヲ與フル場合ニ於テモ證書ヲ作成スル場合ト同シク立會人ノ立會ヲ必要トスルコトアリ而シテ公證人カ立會人ヲ立會ハシメタルトキハ立會人ハ公證人ト共ニ其認證ヲ與フヘキ證書ニ署名捺印シ且證書ト認證簿トニ契印ヲ爲スコトヲ要スルモノトス(五九、)

第一　立會人ヲ立會ハシムヘキ場合

左ノ場合ニ於テハ公證人カ私署證書ニ認證ヲ與フルニハ立會人ヲ立會ハシムル

コトヲ要スルモノトス(六〇、三〇、三一、)
一、囑託人又ハ其代理人カ盲者ナル場合
二、囑託人又ハ其代理人カ文字ヲ解セサル場合
三、囑託人又ハ其代理人カ立會人ノ立會ヲ請求シタル場合

第二　立會人ノ選定

立會人ハ總テノ場合ニ於テ囑託人又ハ其代理人カ任意ニ選定スヘキモノニシテ公證人ニ於テ其選定ニ干渉スルコト能ハサルハ勿論ナリ故ニ立會人ノ立會ヲ必要トスル場合ニ於テ囑託人又ハ其代理人カ立會人ヲ選定セサルトキハ公證人ハ其囑託ヲ拒ムコトヲ得ヘシ

立會人ノ選定ハ囑託人又ハ其代理人ノ自由ナレトモ第三十四條第三項ニ掲クル者ハ如何ナル場合ト雖モ立會人トナル資格ナキモノトス但通事ハ立會人ヲ兼ヌルコトヲ得

以上第一、第二、ニ掲ケタル事項ニ付テハ既ニ前章第三節第六款ニ於テ詳述シタルヲ以テ玆ニハ只其要項ヲ摘記スルニ止メタリ

第七款　認證文

公證人カ私署證書ニ認證ヲ與フルニハ其私署證書ニ認證文ヲ記載スルコトヲ要スルモノニシテ認證文ニハ左ノ事項ノ記載ヲ要スルモノトス(五八)

第一　署名又ハ捺印ノ認證文

當事者カ公證人ノ面前ニ於テ私署證書ニ署名若クハ捺印シタルトキ又ハ證書ノ署名若クハ捺印ヲ自認シタルトキハ其旨ヲ證書ニ記載シテ認證ヲ爲スコトヲ要スルモノトス故ニ認證文ニ斯ル記載ヲ爲スニハ當事者本人又ハ法定代理人カ公證人ノ面前ニ於テ自ラ證書ニ署名若クハ捺印ヲ爲シ又ハ當事者又ハ法定代理人若クハ其委任代理人カ既ニ爲シアル證書ノ署名若クハ捺印カ自己ノ署名若クハ捺印ニ相違ナキコトヲ自認シタルコトヲ必要トスルハ勿論ナレトモ必シモ其當事者本人カ自ラ公證人ノ面前ニ出頭スルコトヲ要スルモノニ非スシテ代理人ニ依リテモ其認證ヲ囑託スルコトヲ得ルモノトス蓋其證書ニ署名スルコトハ當事者自身ノ行爲ヲ必要トスルハ其性質上明カナルヲ以テ代理人ヲシテ公證人ノ面前ニ出頭セシメ以テ自己ノ署名ヲ爲サシムルコト能ハサルハ論ナシト雖モ其當事者カ自ラ署名若ク

ハ捺印シタル私署證書ヲ代理人ヲシテ公證人ノ面前ニ持參セシメ以テ其署名捺印ノ自認ニ依ル認證ヲ囑託スルコトヲ得ルハ第六十條カ代理人ニ依ル囑託ニ關スル第三十二條ノ規定ヲ準用シタルニ徵スルモ殆ント疑ナキ點ナリトス從テ代理人ニ依リ認證ヲ囑託セラレタル場合ニ於テ其代理人カ私署證書中當事者ノ署名又ハ捺印ヲ自認シタルトキハ公證人ハ當事者何某ノ代理人何某カ其當事者ノ署名又ハ捺印ヲ自認シタル旨ノ記載ヲ爲スコトヲ要スルモノトス又私署證書ノ當事者又ハ其代理人カ其署名捺印ノ雙方ヲ自認シタルトキハ公證人ハ認證文中其旨ノ記載ヲ爲スヘキコト言ヲ俟タス

第二　謄本ノ認證文

公證人カ私署證書ノ謄本ニ認證ヲ與フルニハ其謄本ノ外原本ヲ提出セシメタル上之ヲ對照シテ其符合スルコトヲ認メタルトキ其旨ヲ謄本ニ記載シテ之ヲ爲スコトヲ要ス而シテ謄本ニ認證ヲ與フルハ其原本カ私署證書ニ限ルヲ以テ公正證書ノ謄本ニハ認證ヲ與フルコト能ハス蓋公正證書ノ謄本ハ其原本ヲ作成シタル官公吏ニ非サレハ作成スルコトヲ得サルモノニシテ一私人カ之ヲ複寫スルモ其謄本タル

性質ヲ保有スルモノニ非サレハナリ本法第五十五條ニ依レハ證書ノ謄本ヲ請求スル者ハ之ニ記載スヘキ事項ヲ自ラ記載シ公證人ノ署名捺印ノミヲ請求スルコトヲ得ルモノナレトモ此手續ハ公證人カ謄本ヲ作成スヘキ場合ニ於ケル一ノ略式ニシテ固ヨリ公正證書謄本ノ認證ニ非サルナリ

又私署證書ノ謄本ナル以上ハ其證書カ本法第二十六條第二十七條ニ該當セサル限リハ既ニ公證人ノ認證ヲ受ケタル私署證書ナルト否トニ拘ラス其謄本ニ認證ヲ與フルコトヲ得ルモノトス何トナレハ私署證書ハ公證人ノ認證ヲ受クルカ爲メ公正證書タルノ性質ヲ取得スルモノニ非サルコトハ既ニ前節第二款ニ於テ詳述シタルカ如クナルヲ以テナリ

第三　證書ノ訂正其他ノ狀況ノ記載

私署證書ニ認證ヲ與フヘキ場合ハ以上第一、第二ニ掲ケタル如クニシテ認證文ニ記載スヘキ事項モ亦右ニ述ヘタルカ如シト雖モ認證ヲ與フヘキ私署證書ニ文字ノ挿入、削除、改竄、欄外ノ記載其他ノ訂正アルトキ又ハ破損若クハ外見上著シキ疑フヘキ點アルトキハ其狀況ヲ認證文ニ記載スルコトヲ要ス(五八ノ三)此記載ハ公證人カ私署證書ノ原本ニ認證ヲ與フヘキ場合ハ勿論其謄本ニ認證ヲ爲スヘキ場合ニ於テモ適用アルモノニシテ此場合ニ於テハ上記ノ挿入、削除、破損其他ノ狀況カ其原本ニ存スルトキハ勿論謄本自體ニ存スルトキト雖モ挿入、削除、破損其他ノ狀況ヲ謄本ニ記載スルコトヲ要スルモノトス蓋認證文中是等ノ記載ヲ必要トシタル所以ハ私署證書ノ認證ハ殆ント公正證書ト同一ノ效力ヲ保有スルモノナルヲ以テ認證後ニ至リテ其證書ノ文字ヲ挿入削除シ又ハ證書ノ狀況ヲ變更スルコトハ嚴ニ之ヲ豫防スルノ必要アルヲ以テナリ從テ以上ノ記載ナキトキハ其證書ノ訂正破損其他ノ狀況ハ公證人カ認證ヲ爲シタル後ニ至リテ生シタルモノト看做サレ其點ニ付テハ認證ノ效力ヲ及ホササルノ結果ヲ生スヘキハ論ヲ俟タス

第八款　認證ノ方式

私署證書ノ認證ニ付テモ亦種々ナル方式ノ規定アリテ此方式ニ適合セサルトキハ縱令公證人カ實際認證ヲ與ヘタルモノナルコト明白ナル場合ト雖モ其認證ハ何等ノ效力ヲ有スルモノニ非ス故ニ以下説述スル其方式ニ關スル事項ハ公證人カ認證ヲ與フル場合ニ必ス遺脱セサルコトヲ要スル緊要ノ點ナリトス

第一　證書ニ記載スヘキ方式

公證人カ私署證書ニ認證ヲ與フルニハ左ノ事項ヲ記載スルコトヲ要スルモノトス（五八五九、）

一、證認文

私署證書ノ認證ニ認證文ノ記載ヲ要スルハ殆ント論ナシ而シテ認證文ニ記載スヘキ事項ハ前款第一乃至第三ニ掲ケタルカ如シ（五八、）

二、登簿番號

公證人カ認證ヲ與フルトキハ認證簿ニ登録スヘキコト後ニ述フル如シ登簿番號トハ其認證簿ノ順次番號ヲ指稱スルモノトス（六二、）

三、認證ノ年月日場所

第二　公證人立會人ノ署名捺印及ヒ契印

公證人カ私署證書ニ前掲ノ方式ヲ記載シタルトキハ公證人及ヒ立會人ハ其證書ニ署名捺印シ且其證書ト認證簿トニ契印ヲ爲スコトヲ要ス（五九、）公證人ノ署名ノ方式ニ付テハ既ニ第四章第四節ニ於テ詳述シタル所ナリ又立會人ノ署名ニ付テハ何等ノ方式ナキヲ以テ自己ノ氏名ヲ自署スレハ足ルコト勿論ナリ(但立會人ヲ立會ハシメタル場合ニ立會人ヲシテ署名捺印セシムヘシトノ說ニ異論アリ)以上ハ公證人カ私署證書ニ認證ヲ與フヘキ場合ニ立會人ノ立會アリタルコトヲ前提トスルモノナルヲ以テ若シ其立會ナクシテ認證ヲ與フヘキトキハ公證人一人ノ署名捺印及ヒ契印ノミニテ足レルコト論ナシ又證書作成ノ場合ニ於ケル如ク公證人カ以上ノ記載ヲ爲スモ之ヲ列席者ニ讀聞カセ又ハ閱覽セシメテ其承諾ヲ得ルコト通事ニ通譯セシムルコト及ヒ列席者ニ署名捺印セシムルコトヲ要セサルナリ(三九ノ一、四)

第三　認證ノ用語及ヒ訂正

公證人カ私署證書ニ認證ヲ與フルニハ右第一ニ揭ケタル如ク認證文其他ノ事項ヲ其證書ニ記載スルコトヲ要シ其記載ヲ爲スニ付テハ證書作成ノ場合ト同シク普通平易ノ語ヲ用ヒ接續スヘキ字行ニ空白アルトキハ墨線ヲ以テ之ヲ接續セシメ又數量、年月日及ヒ番號ノ記載ニハ壹貳參拾ノ文字ヲ用フヘキモノトス(六〇、三七)

又以上ノ記載ヲ爲ス場合ニ於テ公證人ハ其文字ヲ故竄スルコトヲ得ス若シ文字ヲ挿入スルトキハ其文字及ヒ箇所ヲ欄外又ハ末尾ノ餘白ニ記載シ又其文字ヲ削除

スルトキハ其文字ハ尙明カニ讀ミ得ヘキ爲メ字體ヲ存シ削除シタル字數及ヒ箇所ヲ欄外又ハ末尾ノ餘白ニ記載シ且公證人及ヒ立會人ハ其挿入削除ノ記載ニ捺印スルコトヲ要スルモノトス而シテ此規定ニ反シテ爲シタル文字ノ改竄、挿入、削除ハ其效ナキモノトス(六〇、三八)證書作成ノ場合ニ關スル第三十八條ニ依レハ文字ノ挿入削除ニハ公證人及ヒ立會人ノ外囑託人又ハ其代理人ノ捺印ヲ必要トスレトモ認證文ノ記載ニ關スル文字ノ訂正ニ付テハ公證人及ヒ立會人ノ捺印ノミヲ以テ足レルコト論ヲ俟タス何トナレハ認證ニ關スル記載ニ付テハ囑託人又ハ其代理人ハ毫モ之ニ干與スヘキモノニアラサレハナリ

又認證ヲ與フヘキ私署證書中ノ文字ノ改竄、挿入、削除其他ノ訂正ニ付テハ其狀況ヲ認證文中ニ記載スヘキコトハ前款第三ニ述ヘタル如シ

第四　證書ノ連綴

認證ヲ與フヘキ私署證書カ數葉ニ渉ルトキ又ハ其私署證書ニ餘白ナキ爲メ公證人カ別紙ヲ添付シテ認證文其他ノ記載ヲ爲シタルトキハ公證人及ヒ立會人ハ其證書相互間又ハ證書ト別紙トノ間ノ綴目ニ每葉契印ヲ爲スコトヲ要ス(六〇、三九ノ五

而シテ此規定ハ公證人カ認證ヲ爲スニ付キ立會人ヲ立會ハシメタルコトヲ前提トスルモノナルヲ以テ若シ立會人ノ立會ナキトキハ公證人ノミノ契印ヲ以テ足レルコト勿論ナリ又立會人ノ立會アリタル場合ニ於テモ公證人又ハ立會人中孰レカノ契印ニ依リ其全部ノ連綴明白ナルトキハ毎葉ノ綴目ニ其兩者ノ契印ナキ場合ト雖モ其認證ハ效力ヲ妨ケラルルコトナキモノトス(六〇、三九ノ六、)第三十九條第五項第六項ニ依レハ公證人及ヒ立會人ノ外囑託人又ハ其代理人ノ契印ヲ要スレトモ認證ノ場合ニ於テハ公證人及ヒ立會人ノ契印ノミニテ可ナルコト前項ニ於テ一言シタルカ如シ

第九款　認證簿ノ記載

公證人ハ認證簿ヲ調製シ記入前其所屬地方裁判所長ノ契印ヲ請フヘキモノニシテ地方裁判所長ハ其枚數ヲ表紙ノ裏面ニ記載シ職氏名ヲ署シ職印ヲ押捺シ毎葉ノ綴目ニ職印ヲ以テ契印ヲ爲スヘキモノトス之レ證書原簿ノ調製ト全ク同一ナリ(六一、四五、)

公證人カ前款ノ方式ニ依リ私署證書ニ認證ヲ與ヘタルトキハ其都度進行ノ順序

ヲ逐ヒ認證簿ニ左ノ事項ヲ記載セサル可カラス(六二)

一、登簿番號

二、囑託人ノ住所及ヒ氏名若シ法人ナルトキハ其名稱及ヒ事務所

三、證書ノ種類及ヒ署名捺印者　例ヘハ消費貸借、賃貸借、賣買證書等證書ノ表題ヲ記載スヘシ若シ證書ニ表題ナキトキハ内容ノ記載ニ依リ證書ノ種類ヲ判斷シテ記載スヘシ

四、認證ノ方法　例ヘハ署名捺印、署名捺印ノ自認又ハ謄本ノ認證ノ如シ

五、立會人ノ住所及ヒ氏名

六、認證ノ年月日

認證簿ノ記載ニ付テモ第三十七條及ヒ第三十八條カ準用セラルルヲ以テ其用語字行ノ接續、數字及ヒ文字ノ訂正ニ付テハ證書作成ノ場合ト同一ナリ而シテ此點ニ付テハ既ニ屢々之ヲ説明シタルヲ以テ玆ニ之ヲ再説セス(前章第八款第二、第九款照

第七章　他ノ法律ニ依ル職務

公證人ハ本法ニ依リ證書ヲ作成シ又私署證書ニ認證ヲ與フルノ職務權限ヲ有スルモノニシテ其職務ニ關シテハ前數章ニ於テ之ヲ說明シタリ然ルニ公證人ノ職務ハ本法ノ規定スルモノニ止マラス民法、商法、民事訴訟法、非訟事件手續法等他ノ法律ニ於テ公證人ノ職務ニ屬セシメタルモノ尠カラス本章ニ於テハ主トシテ其職務ニ關スル他ノ法律ノ規定ヲ論究セントス

而シテ破產法草案ニ依レハ破產宣告アリタルトキハ破產管財人ハ公證人ヲシテ破產財團ニ屬スル財產ニ封印ヲ爲サシムルコトヲ得ルモノニシテ此場合ニ於テハ公證人ハ調書ヲ作ルコトヲ要シ又破產管財人カ破產財團ニ屬スル財產ノ總目錄ヲ作成スル場合ニハ公證人其他ノ者ノ立會ヲ要ストアルヲ以テ（破草一七九、一八〇、一八二）同法カ公布施行セラルヽトキハ公證人ノ職務ハ更ニ一層ノ廣キヲ加フルモノト云フヘシ

第一節　遺言證書ノ作成

遺言證書ノ作成ハ民法ノ規定ニ依リ公證人ノ職務ニ屬セシメタルモノニシテ以下ニ説明スルハ民法中遺言ニ關スル規定ニ外ナラス民(一〇六〇、以下)

第一款　遺言證書ノ意義

遺言證書トハ其名ノ示ス如ク遺言者ノ遺言ヲ證明スル證書ニシテ之ヲ分類スルトキハ自筆證書公正證書及ヒ祕密證書並ニ特別方式ニ依ル遺言證書ノ數種アリト雖モ公證人ノ職務ニ屬スルモノハ公正證書及ヒ祕密證書ノ二種ニ外ナラス而シテ公證人カ適式ニ從ヒ遺言ヲ記載シタル公正證書ハ卽チ純然タル公正證書ノ性質ヲ有スルモノニシテ公證人カ本法ニ依リ作成スヘキ他ノ證書ト毫モ其性質ヲ異ニスルモノニ非ス(第五章第一節第一欵參照)又祕密證書トハ後ニ述フル如ク遺言者カ遺言證書(卽チ私署證書)ヲ作成シ之ヲ封シテ公證人及ヒ證人ノ面前ニ提出シタル場合ニ公證人カ其封紙ニ遺言者ノ申述卽チ遺言者カ自己ノ遺言ナル旨及ヒ其筆者ノ氏名住所ノ申述ヲ記載スルモノナルヲ以テ(民一〇七〇)公證人カ其封紙ニ記載シタル部分ハ公正證書タルノ性質ヲ有スルコト論ヲ俟タスト雖モ遺言證書其物ハ固ヨリ私署證書ニシテ公證人カ其封紙ニ記載ヲ爲シタルカ爲メ公正證書タルノ性質ヲ保

有スルモノニ非ス而シテ私署證書ノ意義ニ付テハ前章ノ説明ヲ參照スヘシ(前章第一節第一款)

遺言證書ノ意義ニ付テハ既ニ述ヘタル公正證書及ヒ私署證書ノ意義ト全然同一ニシテ茲ニ之ヲ反覆スルノ要ナシト雖モ遺言其物ニ關シテハ特ニ論究スルコトヲ要スル規定尠シトセス然レトモ遺言ニ關スル規定ハ全ク民法ニ屬シ本書ノ題目ヲ逸スルコト甚シキヲ以テ茲ニハ其大略ヲ摘示スルニ止メント欲ス

第一　遺言ノ意義

遺言ハ表意者ノ死亡後ニ效力ヲ生セシムルコトヲ目的トスル一方的法律行爲ニシテ一定ノ方式ヲ必要トスルモノナリ之ヲ分説スレハ左ノ如シ

一、遺言ハ法律行爲ナリ　法律行爲ノ意義ニ付テハ既ニ第五章第二節第一款ニ於テ詳述シタル如ク私法上ノ效力ヲ生セシムルコトヲ目的トスル意思表示ナルヲ以テ遺言モ亦一ノ法律行爲ナルコト言ヲ俟タス故ニ法律行爲ニ非サル遺言ハ民法上ノ所謂遺言ニ非ス例ヘハ家族ノ不品行ヲ戒ムル遺言ノ如シ而シテ一般ニ法律行爲ハ遺言ノ目的トスルコトヲ得レトモ遺言ノ性質上或法律行爲ハ遺言ノ目的トナスコト能ハサルモノアリ例ヘハ手形行爲ノ如シ遺言ハ法律行爲ナルヲ以テ法律行爲ニ關スル民法ノ通則カ適用セラルルコト勿論ナリ之ヲ列擧スレハ大略左ノ如シ

（イ）公ノ秩序又ハ善良ノ風俗ニ反スルコトヲ目的トスル遺言ハ無效トス（民九〇）

（ロ）絕對的不能ノ事項ヲ目的トスル遺言ハ無效トス

（ハ）遺言者ノ意思ト其表示シタル遺言トノ一致アルコトヲ要ス故ニ遺言カ法律行爲ノ要素ニ錯誤アルトキハ無效トス（民九五）然レトモ遺言者カ眞意ニ非サルコトヲ知リテ爲シタル遺言ハ其效力ヲ妨ケラルルモノニ非ス（民九三）

（ニ）遺言者ハ遺言ニ條件又ハ期限ヲ附スルコトヲ得（民一〇八七）但遺言ノ性質上條件又ハ期限ヲ附スルコト能ハサルモノアリ例ヘハ家督相續人指定ノ遺言ノ如シ

二、遺言ハ表意者ノ死亡後ニ效力ヲ生スルコトヲ目的トスル法律行爲ナリ（民一〇八七）故ニ一旦遺言ヲ爲シタル後ト雖モ表意者ハ之カ爲メ何等ノ拘束ヲ受クルコトナキモノニシテ更ニ之ト抵觸スル遺言ヲ爲シ又ハ其遺言ヲ取消スコトヲ得ヘシ(民一一二四、一一二五、)又遺言ハ死後ニ效力ヲ生スルモノナルヲ以テ二人以上ノ意思ノ合致ニ因リテ效力ヲ生スル法律行爲ニ付テハ遺言ヲ爲スコトヲ得ス例ヘハ遺言ニ依リテ契約ノ申込ヲ爲シ又ハ承諾ヲ爲スカ如シ但養子縁組ハ養親トナルヘキ者ト養子トナルヘキ者トノ意思ノ合致ヲ必要トスレトモ例外トシテ養親トナルヘキ者ハ遺言ニ依リテモ其意思ヲ表示スルコトヲ得ルモノトス(民八四八、)

又生前ニ於テノミ效力ヲ生スヘキ事項ハ之ヲ遺言ノ目的トナスコトヲ得ス例ヘハ分家ヲ爲シ又ハ相續ノ承認ヲ爲スカ如シ

三、遺言ハ一方的法律行爲ナリ　卽チ遺言ハ遺言ヲ受クル者ニ對シ之ヲ表示スルコトヲ要セス又遺言ヲ受クル者ノ承諾ヲ得ルコトヲモ要セス表意者カ法定ノ方式ニ從ヒテ其意思ヲ表示シタルトキハ遺言ハ直ニ成立シ其意思表示ハ表意者ノ死亡又ハ其死亡後ニ於ケル停止條件ノ成就ニ因リテ其目的タル私法上ノ效力ヲ發生スル一方行爲ナリトス故ニ双方行爲ニ依ルコトヲ要スル事項ハ特別ノ規定アル場合ノ外遺言ノ目的トナスコトヲ得ス民法第千六十四條ニ遺言者ハ包括又ハ特定ノ名義ヲ以テ其財産ノ全部又ハ一部ヲ處分スルコトヲ得トアルハ即チ其例外ニ屬スル規定ナリ

四、遺言ハ要式行爲ナリ　遺言ハ民法ニ定メタル方式ニ從フニ非サレハ之ヲ爲スコトヲ得ス（民一〇六〇）而シテ其方式ニハ普通方式特別方式ノ二種アリ即チ民法千六十七條以下ノ規定スルモノ是ナリ故ニ此方式ニ從ハサル遺言ハ無效ニシテ法律上何等ノ效力ヲ生スルモノニ非ラス

第二　遺言ノ要件

前項ニ述ヘタル如ク遺言ハ一ノ法律行爲ナルヲ以テ遺言ノ有效ナルカ爲メニハ法律行爲ニ關スル一般ノ要素ヲ具備スルコトヲ要スト雖モ特ニ遺言ニノミ必要ナル特別ノ要件尠ナシトセス而シテ法律行爲ノ一般要素ニ付テハ既ニ詳論シタル所ナルヲ以テ玆ニハ遺言ニ特有ノ要件ノミヲ説明スヘシ（第五章第二節第一款參照）

一、遺言ハ其性質上適法ナルカ又ハ別段ノ規定アル事項ヲ目的トスルコトヲ要ス

遺言ハ生前行爲ノ目的トナシ得ヘキ事項ハ一般ニ其目的トナスコトヲ得ルヲ原則トスレトモ遺言ノ性質上其目的トナスコトヲ得サルモノ尠ナシトセス卽チ遺言ハ遺言者ノ死亡後ニ效力ヲ生スル一方行爲ナル結果雙方行爲ヲ要スル事項又ハ二人以上ノ意思ノ合致ニ因リテ效力ヲ生スヘキ事項ハ特別ノ規定アル場合ノ外遺言ノ目的トナスコトヲ得サルハ前項ニ述ヘタル如シ

民法中特ニ明文ヲ以テ遺言ノ目的トナスコトヲ許シタル事項ヲ列擧スレハ左ノ如シ

（イ）遺言者ハ包括又ハ特定ノ名義ヲ以テ其財產ノ全部又ハ一部ヲ處分スルコトヲ得但遺留分ニ關スル規定ニ違反スルコトヲ得ス（民一〇六四、一一三〇以下）

（ロ）私生子ノ認知（民八二九）

（ハ）養子緣組ノ意思表示（八四八）

（ニ）後見人ノ指定（民九〇一）

（ホ）後見監督人ノ指定（民九一〇）

（ヘ）親族會員ノ選定（民九四五）
（ト）推定家督相續人廢除（民九七六）
（チ）推定家督相續人廢除ノ取消（民九七七）
（リ）家督相續人ノ指定又ハ其取消（民九八一）
（ヌ）遺產相續人ノ廢除及ヒ取消民一〇〇〇、九七六）
（ル）共同遺產相續人ノ相續分（民一〇〇六）
（ヲ）遺產ノ分割（民一〇一〇、一〇一一、一〇一六）
（ワ）遺言執行者ノ指定（民一一〇八）
之ヲ要スルニ遺言者カ生前行爲ヲ以テ爲シ得ル事項ハ遺言ニ依リ之ヲ爲スコトヲ得ルヲ原則トスルモ遺言ノ性質上其目的トスルニ適スルコトヲ要シ又ハ特別ノ規定アル事項ニ非サレハ遺言ノ目的トナスコトヲ得サルモノトス
二、遺言ハ民法ニ定メタル方式ニ從ヒテ爲スコトヲ要ス（民一〇六〇）即チ遺言ハ要式行爲ナル結果ニシテ既ニ上段ニ述ヘタル如シ
三、遺言ハ二人以上同一ノ證書ヲ以テ爲サヽルコトヲ要ス（民一〇七五）

共同遺言ハ各國ノ立法例ニ於テモ等シク之ヲ禁スル所ニシテ我民法ニ於テモ之ヲ許サス蓋二人以上同一ノ證書ヲ以テ遺言ヲ爲シタルトキハ其遺言ハ二人以上ノ意思ノ一致ニ因リ爲サレタルモノナルヲ以テ其遺言ノ取消モ亦其二人以上ノ意思ノ一致アルコトヲ要スルニ至ルハ勿論ナリ然レトモ遺言ハ其性質上遺言者ノ單獨ノ意思ニ因リ自由ニ之ヲ取消スコトヲ得ルモノナルヲ以テ共同遺言ハ全ク此性質ニ反スル結果ヲ生スレハナリ但共同遺言ノ禁止ハ二人以上同一ノ證書ヲ以テ爲スコトヲ禁止シタルモノナルヲ以テ一人ノ遺言者カ數個ノ事項ヲ遺言シ又ハ數人ニ對スル事項ノ遺言ヲ爲スニ當リ同一ノ證書ニ依ルコトヲ妨ケサルハ勿論ナリ

四、遺言ハ遺言者カ其能力ヲ有スルコトヲ要ス（民一〇六三）

遺言ハ人ノ死亡後ニ於テ效力ヲ生スヘキ法律行爲卽チ一ノ意思表示ナルヲ以テ各人ノ自由意思ノ發動ナルコトヲ要スルハ論ヲ俟タス故ニ苟モ意思能力ヲ有スル以上ハ未成年者、禁治產者、準禁治產者又ハ妻ト雖モ單獨ニテ遺言ヲ爲スノ能力ヲ有シ他人ノ許可又ハ同意ヲ必要トスルモノニ非ス（民一〇六二）然レトモ遺言ハ遺言者ノ自由意思ノ發動タルコトヲ要スル結果トシテ意思能力ヲ缺クモノ又ハ他ノ勢力ニ厭セラレ自由ナル意思ヲ表示スルコト能ハサル狀態ニ在ル者ハ遺言ヲ爲スコトヲ得サルモノトス之ヲ遺言ノ無能力者ト稱スルナリ即チ左ノ如シ

（イ）年齡幼稚ナル者　人ハ一定ノ年齡ニ達スル迄ハ意識不完全ニシテ物ノ判斷力モ亦完備スルモノニ非ス故ニ民法ハ一般ノ法律行爲ニ付テハ滿二十歲ヲ以テ成年トシ未成年者ハ之ヲ無能力者トナシ法定代理人ノ同意ヲ得ルニ非サレハ完全ナル法律行爲ヲ爲スノ能力ヲ有セサルモノトナセリ然トモ實際二十歲以下ノ者ニシテ意識完備シ判斷力ヲ有スル者尠カラサルヲ以テ民法ニ於テハ滿十五年ニ達シタル者ハ自由ニ遺言ヲ爲スコトヲ得ト規定セルカ（民一〇六一）故ニ十五年ニ達セサル者ハ單獨ニテ遺言ヲ爲スコトヲ得サルノミナラス法定代理人ノ同意ヲ得ルモ遺言ヲ爲スコトヲ得サルモノトス蓋法定代理人ノ同意ニ關スル民法第四條ハ遺言ニ其適用ナキコト上述ノ如クナレハナリ（民一〇六二）

(ロ)　心神ニ異狀アル者　心神ニ異狀アル者ハ固ヨリ完全ナル意識ヲ有セサルヲ以テ眞正ナル其意思ヲ表示スルコトヲ得サルハ全ク意思能力ナキ嬰兒ト同一ナリ故ニ斯ル無意識者カ遺言ヲ爲スコト能サルハ勿論ナリト雖モ遺言ヲ爲ス當時ニ於テ完全ナル意思ヲ有スル以上ハ其遺言ヲ無效トスルノ理由ナキヲ以テ禁治產者ト雖モ其心神回復中ニ於テハ有效ニ遺言ヲ爲スコトヲ得ヘシ但禁治產者カ遺言ヲ爲ス場合ニ於テハ果シテ其心神カ回復シタルヤ否ヤニ疑アルヲ以テ醫師二人以上ノ立會ヲ要スルモノトセリ(民一〇七三

(ハ)　被後見人　被後見人カ後見ノ計算終了前ニ後見人又ハ其配偶者若クハ直系卑屬ノ利益トナルヘキ遺言ヲ爲シタル時ハ其遺言ハ無效トス(民一〇六六蓋被後見人ハ通常後見人ノ監督ノ下ニ在リ自ラ後見人ノ勢力ニ壓セラルル者ナルヲ以テ被後見人カ後見人ニ對シ遺言ヲ爲スコトヲ得ルモノトセハ後見人ハ自己ノ勢力ヲ利用シテ暗ニ被後見人ノ意思ヲ強制シ其眞意ニ非サル遺言ヲ爲サシムルコトナシトセス故ニ被後見人ハ後見人ニ對シ遺言ヲ爲スコトヲ得サルハ勿論後見人ト同一ノ利益狀態ニ在ル其配偶者又ハ直系卑

屬ノ爲メニモ遺言ヲ爲スコトヲ得サルモノトスルノ要アリ但此規定ハ例外規定ナルヲ以テ之ヲ嚴格ニ解釋スヘク從テ左ノ場合ニハ被後見人ト雖モ有效ニ遺言ヲ爲スコトヲ得ルモノト謂ハサルヘカラス

甲、後見ノ計算終了後ナルトキ

乙、後見人、其配偶者及ヒ直系卑屬以外ノ者ニ遺言ヲ爲ストキ

丙、後見人、其配偶者及ヒ直系卑屬ノ利益トナラサル遺言ヲ爲ストキ

又右ニ述ヘタル被後見人ノ遺言ハ次ノ場合ニハ無效ニ非ス卽チ遺言者ノ直系血族、配偶者又ハ兄弟姉妹カ後見人タル場合是ナリ蓋是等ノ者ハ被後見人ニ對シ十分ノ愛情ヲ有スルコト通例ニシテ被後見人ノ眞意ヲ壓シテ自己ノ利益ヲ企圖スルカ如キ憂ナシト認ムヘキヲ以テナリ故ニ後見人カ被後見人ノ直系血族、配偶者又ハ兄弟姉妹ナルトキハ被後見人ハ其後見人ノ利益ト爲ルヘキ遺言ヲ爲スコトヲ得ルモノトス

五、受遺者カ遺言ヲ受クルノ資格アルコトヲ要ス

受遺者トハ遺贈ヲ受クル者ハ勿論遺言ヲ受クル者一切ヲ包含シ遺贈トハ遺言

ニ依リ特定ノ人ニ對シ財産權ノ供與ヲ目的トスル無償行爲ヲ謂フモノトス而シテ受遺者タルニハ左ノ資格アルコトヲ要ス(一〇六五)

（イ）遺言ノ效力ヲ生スル當時ニ於テ受遺者カ存在スルコトヲ要ス　故ニ遺言カ效力ヲ生スル時ニ於テ受遺者カ死亡シタルトキハ其遺言ハ固ヨリ效力ヲ生スル者ノニ非スト雖モ其當時ニ於テ孕マレタル胎兒ハ遺言ニ付テハ既ニ生レタルモノト看做サルルモノトス(民九六八)

（ロ）民法第九百六十九條ニ列擧シタル者ニ該當セサルコトヲ要ス　故ニ同條ニ列記シタル者ハ遺言カ其效力ヲ生スルニ至ルモ受遺者トナルコトヲ得ルモノニ非ス

外國人カ遺言ヲ爲ス場合ニ於テ其遺言ノ成立及ヒ效力其他遺言者ノ能力ニ付テハ其成立ノ當時ニ於ケル遺言者ノ本國法ニ依ルモノトス故ニ公證人カ外國人ノ囑託ニ因リ遺言證書ヲ作成スル場合ニ於テハ其本國法ヲ調査シ遺言ノ要件等ヲ判斷セサルヘカラス但其方式ニ付テハ行爲地法ニ依ルコトヲ妨ケサルヲ以テ日本ニ於テ遺言ヲ爲ストキハ我民法ノ規定ニ依ルコトヲ得ヘシ(法例二六(二))

公證人カ外國人ノ囑託ヲ受ケ遺言證書ヲ作成スル場合ハ遺言ノ成立及ヒ效力其他能力ニ關シ帝國ニ駐在スル本國領事ヲシテ本國法ヲ證明セシメ又ハ外務大臣ニ稟申シ若クハ大學教授ニ委囑シテ外國法ヲ調査シ囑託ニ應スヘキモノトス

第三　遺言ノ取消

遺言者ハ何時ニテモ遺言ノ方式ニ從ヒテ其遺言ノ全部又ハ一部ヲ取消スコトヲ得ルモノニシテ遺言者ト雖モ其遺言ノ取消權ヲ拋棄スルコトヲ得サルナリ(民一一二四一一二八叄照)屢々述ヘタル如ク遺言ハ遺言者ノ自由意思ノ發動ニ基クコトヲ要シ遺言ヲ爲スト否トハ其者ノ自由ナルノミナラス一旦遺言ヲ爲シタル後ト雖モ遺言ハ其者ノ死後ニ於テ初メテ效力ヲ生スルモノナルヲ以テ其未タ效力ヲ生セサル以前ニ於テハ自由ニ之ヲ取消スコトヲ得ヘキハ論ヲ俟タサレハナリ

遺言者カ遺言ヲ取消ス方法ニ二種アリ明示ノ取消及ヒ默示ノ取消卽チ是ナリ

一、明示ノ取消

明示ノ取消トハ遺言者カ明ニ其遺言ヲ取消スコトノ意思表示ニシテ其意思ヲ表示スル方法ハ遺言ノ方式ニ從フコトヲ要スルモノトス蓋遺言ヲ爲スニ付キ

一定ノ方式ヲ必要トスル以上ハ其取消ニモ亦一定ノ方式ヲ必要トスルハ當然ナレハナリ然レトモ其取消ノ方式ハ只遺言ノ方式ニ從フコトヲ要スルノミニシテ其遺言ヲ爲シタル方式ト同一ナルコトヲ要セサルヲ以テ祕密證書ニ依リ爲シタル遺言ヲ公正證書ヲ以テ取消スコトヲ得ヘク又公正證書ニ依リテ爲シタル遺言ヲ自筆證書ニ依リテ取消スコトヲ得ヘシ

二、默示ノ取消

默示ノ取消トハ遺言者カ明カニ取消ノ意思表示ヲ爲サヽルモ其遺言ヲ爲シタル後ニ於ケル或ル特定ノ行爲ニ因リ其遺言ヲ取消スノ意思明カナル場合ヲ謂フモノトス故ニ默示ノ取消ハ其特定ノ行爲ニ因リテ直ニ取消サルルモノニシテ其取消ニ付キ何等ノ方式ヲ必要トスルモノニ非ス而シテ左ノ場合ニ於テハ遺言ハ當然取消サレタルモノト看做ス（民一一二五、一一二六）

（イ）遺言者カ前ノ遺言ト牴觸スル遺言ヲ爲シタルトキ
（ロ）遺言者カ其遺言後之ト牴觸スル生前行爲又ハ法律行爲ヲ爲シタルトキ
（ハ）遺言者カ故意ニ遺言書ヲ毀滅シタルトキ

(ニ) 遺言者カ故意ニ遺贈ノ目的物ヲ毀滅シタルトキ
以上ニ掲ケタル明示又ハ默示ノ取消アリタルトキハ遺言ハ當然其效力ヲ失フモノニシテ其遺言ニ依リ利益ヲ受クヘカリシ者ノ存スル場合ニ於テモ其者ノ承諾ヲ要スルモノニ非ス只遺言ノ取消ニ付キ疑アルハ其取消行爲ヲ遺言者カ更ニ取消シタルトキ又ハ法律上瑕疵アリタル爲メ其取消行爲カ法律上效力ヲ生セサル場合ニ於テ前ノ遺言カ當然回復スルヤ否ヤノ點是ナリ此點ニ付テハ大ニ論究スヘキ價値アリト雖モ本書ノ範圍ニ屬セサルヲ以テ之ヲ民法ノ研究ニ讓リ茲ニ詳論スルコトヲ避ケタリ

又外國人カ既ニ爲シタル遺言ヲ取消ス場合ニ付テモ其取消ヲ爲ス當時ニ於ケル遺言者ノ本國法ニ依ルモノトス(法例二六、(三))

第二款　遺言證書ノ效力

遺言證書ニハ自筆證書公正證書及ヒ祕密證書其他特別方式ニ依ル遺言證書ノ數種アルコトハ既ニ述ヘタル如シ而シテ自筆證書及ヒ祕密證書ノ二種ハ遺言者カ自ラ作成スルモノナレハ其證書ハ私署證書タルノ性質ヲ有スルヲ以テ普通ノ私署證

書ト同一ノ效力ヲ有シ又公正證書ニ依リ遺言ヲ爲シタル場合ニハ其證書ハ公證人ノ作成シタル他ノ證書ト同シク公正證書タルノ性質ヲ有スルモノナレハ普通ノ公正證書ト同一ノ效力ヲ有スルコト論ヲ俟タス

公正證書及ヒ私署證書ノ效力ハ既ニ第五章第一節第二款及ヒ第六章第一節第二款ニ於テ詳論シタルヲ以テ茲ニ再說スルノ要ナシ而シテ遺言ハ前款ニ於テ述ヘタル如ク單ニ意示表示ノミニ依リ其目的タル效力ヲ生スルモノニ非ス換言スレハ遺言其者ハ適式ノ證書ヲ作成スルト同時ニ其效力ヲ生スレトモ其遺言ノ目的タル意思表示ハ遺言者ノ死亡其他條件ノ成就ニ因リテ其效力ヲ生スルモノトス從テ遺言證書ハ其作成ト同時ニ公正證書又ハ私署證書タルノ性質及ヒ效力ヲ有スルハ勿論ナレトモ其證書ヲ有效ニ活用スルニ至ルハ遺言カ效力ヲ生シタル場合ナリト謂フヘシ蓋遺言ハ遺言者ノ死亡前ニ在リテハ其目的タル效力ヲ生セサルハ勿論遺言者ニ於テ何時ニテモ之ヲ取消スコトヲ得ルモノナルヲ以テ遺言者ノ死亡ニ至ルマテハ遺言ノ目的トスル意思表示カ果シテ效力ヲ生スルヤ否ヤ未確定ノ狀態ニ在ルモノナレハ遺言カ效力ヲ生セサルニ先チテ遺言證書ノミ獨リ實質上ノ效力ヲ生スル

ノ理ナケレハナリ故ニ遺言證書カ實質上ノ效力ヲ生スルニハ遺言カ效力ヲ生シタルコトヲ前提トスルヲ以テ遺言證書ノ效力發生時期ヲ明カニスルニハ遺言ノ效力ヲ生スル時期ヲ説述スルヲ以テ捷徑トス

遺言カ遺言者ノ死亡ニ至ル迄ノ間ニ於テ取消サルルコトナク且其目的タル事項カ效力ヲ生セサルニ至ラサルトキハ遺言者ノ死亡ト同時ニ其效力ヲ生シ其以後ニ在リテハ別段ノ規定アル場合ヲ除ク外(民一一二九)何人ト雖モ之ヲ取消スコトヲ得サルモノトス遺言ノ目的タル事項カ效力ヲ生セサルニ至リタルトキトハ例ヘハ家督相續人指定ノ遺言ヲ爲シタル後遺言者ノ死亡前ニ被指定者カ死亡シ又ハ遺言者ニ法定ノ推定家督相續人タル直系卑屬アルニ至リタルトキノ如キヲ謂ヒ斯ル場合ニハ遺言ハ遂ニ其效力ヲ生スルノ時期ナクシテ終ハルコト論ヲ俟タス

遺言ノ效力ヲ生スル時期即チ遺言ノ目的タル事項ノ效力ヲ生スル時期ヲ分説スレハ左ノ如シ

第一　遺言ニ條件又ハ期限ヲ附セサル場合

遺言ニ條件又ハ期限ヲ附セサルトキハ其遺言ハ遺言者ノ死亡ノ時ヨリ其效力ヲ

生スルモノトス(民一〇八七)此點ニ付テハ既ニ上述シタル如シ

第二　遺言ニ停止條件ヲ附シタル場合

遺言ニ停止條件ヲ附シタル場合ニ於テ其條件カ遺言者ノ死亡前ニ成就シタルトキハ無條件ノ遺言ト全ク同一ニシテ遺言者ノ死亡ト同時ニ其效力ヲ生ス之ニ反シテ其停止條件カ遺言者ノ死亡前ニ成就セサルトキハ其遺言ハ遺言者ノ死亡ト同時ニ停止條件附法律行爲タルコト確定スルヲ以テ其條件ノ成否未定ノ間ニ於テハ民法第百二十八條乃至第百三十條ノ適用アルコト明カニシテ其後條件カ成就シタルトキハ其成就ノ時ヨリ遺言カ效力ヲ生スルモノトス(民一〇八七ノ二)

然レトモ遺言ニ停止條件ヲ附シタル場合ニ於テ其條件カ遺言者ノ死亡後ニ成就シタル時ハ遺言ハ條件成就ノ時ヨリ其效力ヲ生ストノ規定ハ公ノ秩序ニ關スル規定ニ非サルヲ以テ遺言者ハ遺言中ニ於テ其條件成就ノ效果ヲ其成就以前ニ遡ラシムルノ意思ヲ表示スルコトヲ得ヘク此場合ニ於テハ遺言者ノ特別意思ニ從フヘキモノナレトモ(民一一二七ノ三)遺言ハ遺言者ノ死後處分ヲ以テ其目的トナスカ故ニ遺言者ハ停止條件成就ノ效果ヲ其死亡以前ニ遡ラシムルコトヲ得サルハ論ヲ俟タス

第三　遺言ニ解除條件ヲ附シタル場合

遺言者カ遺言ニ解除條件ヲ附シタル場合ニ於テ其條件カ遺言者ノ死亡前ニ成就シタルトキハ遺言ハ其目的タル效力ヲ生セサルニ至ルモノトス蓋解除條件附法律行爲ハ條件成就ノ時ヨリ其效力ヲ失フモノナレハナリ(民一二七ノ二)之ニ反シテ其解除條件カ遺言者ノ死亡前ニ成就セサリシトキハ其遺言ハ遺言者カ死亡ノ時ヨリ其效力ヲ生スルモノニシテ其後ニ至リ條件カ成就シタルトキハ遺言ハ其條件成就ノ時ヨリ其效力ヲ失フモノトス但遺言者カ條件成就ノ效果ヲ其以前ニ遡ラシムル意思ヲ表示シタルトキハ其意思ニ從フヘキコト上述ノ如シ(民一二七ノ三)

第四　遺言ニ始期ヲ附シタル場合

遺言者カ遺言ニ始期ヲ附シタルトキハ遺言者ノ死亡ト同時ニ其遺言ハ效力ヲ生スルコト勿論ナリ而シテ其始期カ遺言者ノ死亡前ニ到來シタルトキハ遺言者ノ死亡ノ時ヨリ其目的タル處分ノ履行ヲ請求スルコトヲ得ルモ遺言者ノ死亡後ニ始期カ到來シタル時ハ其始期カ到來スルマテ之カ請求ヲ爲スコトヲ得サルモノトス(民一三五ノ一)

第五　遺言ニ終期ヲ附シタル場合

遺言者カ遺言ニ終期ヲ附シタル場合ニ於テ遺言者ノ死亡前ニ期限カ到來シタルトキハ遺言ハ之カ爲メ其效力ヲ生セサルニ至ルモノトス之ニ反シテ其期限カ遺言者ノ死亡前ニ到來セサルトキハ遺言ハ遺言者ノ死亡ノ時ヨリ其目的タル效力ヲ生シ其效力ハ爾後期限ノ到來シタル時ニ於テ消滅スルモノトス(民一三五ノ二)

以上第二乃至第五ニ揭ケタル條件又ハ期限ノ效力ハ性質上條件又ハ期限ヲ附スルコト能ハサル遺言ニ其適用ナキコト勿論ナリ例ヘハ家督相續人指定又ハ私生子認知ノ遺言ノ如キハ其性質上條件又ハ期限ヲ附スルコト能ハサルヲ以テ遺言ニ條件又ハ期限ヲ附シタルトキハ其遺言ハ當然無效ナリトス

又遺言證書ハ其公正證書ナルト否トニ依リ遺言ノ執行ニ關シ重要ナル差異アリ卽チ遺言書ノ保管者ハ相續ノ開始ヲ知リタルトキ又ハ保管者ナキ場合ニ於テ相續人カ遺言書ヲ發見シタルトキハ遲滯ナク之ヲ裁判所ニ提出シテ其檢認ヲ請求スルコトヲ要シ此手續ヲ怠リ其檢認ヲ經スシテ遺言ヲ執行シタルトキハ二百圓以下ノ過料ニ處セラルルモノナレトモ(民一一〇六、一一〇七)公正證書ニ依ル遺言ニハ右ノ

規定ハ其適用ナキモノナルヲ以テ遺言執行者ハ斯ル檢認ノ手續ヲ要セス直ニ其公正證書ニ依リ遺言ノ執行ヲ爲スコトヲ得ルモノトス

又外國人ノ遺言ノ效力ニ付テハ遺言ノ成立シタル當時ニ於ケル遺言者ノ本國法ニ依ルモノトス(法例二六ノ一)

第三款　遺言證書作成ノ手續

公證人カ遺言證書ヲ作成スルニ付テモ亦證書作成ニ關スル本法ノ規定ニ從ヒ同一ノ手續ヲ履踐スルコトヲ要スルハ言ヲ俟タス故ニ公證人カ遺言證書ヲ作成スルニハ既ニ身元保證金ヲ納付シ及ヒ印鑑ヲ提出シ其他正當ニ職務ヲ執行スルノ權限ヲ有スルコトヲ要スルハ勿論其遺言證書ハ法令ニ違反セサルコト無效ナラサルコト日本語ヲ以テスルコトヲ要シ又囑託人ノ本人證明ヲ爲サシメ證書作成ノ方式ニ關スル記載ヲ爲シ遺言證書ノ用語、文字、挿入、削除及ヒ證書、添付書面、附屬書類ノ連綴並ニ公證人ノ署名ニ關シテハ全然公證人カ他ノ證書ヲ作成スル場合ト同一ノ法則ニ從ハサルヘカラス故ニ是等ノ諸點ニ付テハ第五章第三節ノ說明ヲ參照スヘシ

然レトモ遺言ノ性質上又ハ特別ノ規定ニ依リ本法ノ證書作成ニ關スル規定中遺

言證書ノ作成ニ適用スルコト能ハサルモノ尠カラス例ヘハ本人證明ノ追完代理人ニ依ル囑託通事又ハ立會人ノ立會第三者ノ許可又ハ同意其他法人ニ關スル規定ノ如キハ遺言ノ性質上遺言證書作成ノ場合ニ其適用ナク又公證人ノ職務執行ノ場所ニ關スル第十八條ノ規定ハ特別ノ規定ニ依リ遺言證書ノ作成ニ適用セサル如キ是ナリ(五七、)

以下遺言證書ノ作成ニ關スル特別ノ手續ヲ分說セム

第一　遺言證書ノ方式

一、公正證書ニ依ル遺言

公正證書ニ依リテ遺言ヲ爲スニハ左ノ方式ニ從フコトヲ要ス(民一〇六九、)ルモノトス

(イ)　證人二人以上ノ立會アルコト

公證人カ他ノ公正證書ヲ作成スル場合ニ於テハ囑託人カ盲者ナル場合又ハ文字ヲ解セサル場合若クハ囑託人ヨリ特別ノ請求アリタル場合ニ於テノミ立會人ヲ立會ハシムルコトヲ要スルモノナレトモ公證人カ遺言證書ヲ作成

スル場合ニ於テハ是等ノ事由ナキトキト雖モ必ス二人以上ノ證人ヲ立會ハシムルコトヲ要スルモノトス而シテ玆ニ所謂證人ト本法ノ規定スル立會人トハ全ク同一ノ性質ヲ有スルモノナルヲ以テ遺言者カ盲者ナル場合又ハ文字ヲ解セサル場合ニ於テモ證人二人以上ノ外別ニ立會人ノ立會ヲ必要トスルモノニ非ス又此證人ハ公證人カ氏名ヲ知リ且面識アルコトヲ要セサルハ勿論ナリトス

然レトモ公證人カ遺言者ノ氏名ヲ知ラス且面識ナキトキハ其本籍地若クハ寄留地ノ市區町村長ノ作成シタル印鑑證明書ヲ提出セシメ又ハ公證人カ氏名ヲ知リ且之ト面識アル證人二人ニ依リ其人違ナキコトヲ證明セシムルノ要アルヲ以テ(二八)斯ル場合ニ於テ遺言者カ證人二人ニ依リ其證明ヲナシタル場合ニ於テモ更ニ遺言ニ付テノ證人二人以上ヲ立會ハシムルコトヲ要スルハ論ヲ俟タス但人違ナキコトノ證人ハ遺言ニ付テノ證人ヲ兼ヌルコトヲ得ヘシト雖モ人違ナキコトノ證人ハ本法第三十四條第三項ニ掲クル資格ヲ有スルコトヲ要シ遺言ニ付テノ證人ハ民法第千七十四條列記ノ資格ヲ要ス

ルヲ以テ此兩證人ヲ兼ヌルニハ本法及民法ノ定ムル各資格ヲ有スルコトヲ要スルハ多言ヲ須ヒスシテ明カナリ遺言ニ付テノ證人資格ハ下ニ述フヘシ

(ロ)　遺言者カ遺言ノ趣旨ヲ公證人ニ口授スルコト

公證人カ公正證書ヲ作ルニハ其聽取シタル陳述其目擊シタル狀況其他自ラ實驗シタル事實ヲ錄取シ且其實驗ノ方法ヲ記載シテ爲スコトヲ要スルモノナレトモ(三五、)公證人カ遺言證書ヲ作成スル場合ニ於テハ遺言者カ遺言ノ趣旨ヲ公證人ニ口授スルコトヲ要シ次ニ述フル如ク公證人ハ其口授ヲ筆記シテ遺言證書ノ本旨トナスヘキモノトス故ニ遺言者ハ口授以外ノ方法ニ依リテ其意思ヲ發表スルコト能ハサルヲ以テ遺言者カ日本語ヲ解セサルトキ又ハ言語ヲ發スルコト能ハサルトキハ其者カ文字ヲ解スルト否トニ拘ハラス公正證書ニ依リテ遺言ヲ爲スコトヲ得サルモノト謂ハサル可カラス言語ヲ發スルコト能ハサル者カ祕密證書ニ依リテ遺言ヲ爲ス場合ニ付テハ特別規定アリ(民一〇七二、)後ニ述フヘシ余ノ見解ハ右ニ述フルカ如シト雖モ日本語ヲ解セサルトキハ通事ニ依リ遺言證書ヲ作成スルヲ妨ケスト謂フ者アリ說

ノ當否ハ讀者ノ研究ニ任ス

(ハ)公證人カ遺言者ノ口述ヲ筆記シ之ヲ遺言者及ヒ證人ニ讀聞カスコト卽チ公證人カ遺言者ノ口授スル遺言ノ趣旨ヲ其證書ニ記載スヘキモノナレトモ遺言者ハ豫メ遺言ノ文言ヲ作リ公證人ヲシテ之ヲ書取ラシムルコトヲ要セサルヲ以テ公證人ハ遺言者ノ口授スル趣旨ニ從ヒ自ラ文章ヲ作リテ證書ニ記載スルコトヲ得ヘシ而シテ羅馬法等ニ於テハ遺言ニ用ユヘキ文言ハ法律上一定セラレタルモ我民法ニ於テハ近世ノ立法例ニ倣ヒ其文言ニ何等ノ制限ヲ爲サヽルヲ以テ公證人ハ自由ナル文章ヲ以テ遺言證書ヲ作成スルコトヲ得ヘシト雖モ本法ノ通則ニ從ヒ普通平易ノ語ヲ用キ字畫ヲ明瞭ナラシメサル可カラス(三七)又公證人カ遺言者ノ口授ヲ筆記シ云々トアルカ故ニ筆生ヲシテ遺言證書ヲ筆記セシムルコトヲ得サルヘク畢竟本法第二十四條ノ適用ナキモノト解ス

公證人カ遺言者ノ口述ヲ筆記シタルトキハ之ヲ遺言者及ヒ證人ニ讀聞カスコトヲ要ス之レ他ノ證書作成ノ場合(三九)ト殆ント同一ナレトモ讀聞セニ代

ヘテ閲覽セシムルコトヲ得ス之レ普通ノ公正證書ト異ナル一點ナリトス又遺言者及ヒ證人ト言ヒテ廣ク列席者ト言ハサルヲ以テ禁治產者ノ遺言ニ醫師ヲ立會ハシメタル場合ニ於テモ其醫師ニ之ヲ讀聞カスノ要ナシト謂ハサルヘカラス又讀聞スコトアルヲ以テ縱令日本語ヲ解スル者ト雖モ聞取ルコトヲ得サル聾者ノ囑託ニ依リ遺言證書ヲ作成スルヲ得サルヘシ又通事ノ立會ハ右（ロ）ニ於テ述ヘタルカ如ク公證人カ遺言證書ヲ作成スル場合ニ適用ナキモノトス

（二）遺言者及ヒ證人カ筆記ノ正確ナルコトヲ承認シタル後各自之ニ署名捺印スルコト但遺言者カ署名スルコト能ハサルトキハ公證人其事由ヲ附記シテ署名ニ代フルコトヲ得

此方式モ亦公證人カ他ノ證書ヲ作成スル場合ト殆ント同一ナリ（三九ノ三、四）唯玆ニハ遺言者ノ署名不能ノ場合ニ於ケル代署ノミヲ規定シ證人カ署名スルコト能ハサル場合ニ及ハサルヲ以テ自署スルコト能ハサル者ハ證人トナルコトヲ得サルヤ否ヤニ付テハ多少ノ異論アルカ如シ論者曰ク本法第三十九條第四項ニ於テハ列席者ニシテ署名スルコト能ハサル者アルトキハ其旨ヲ證書ニ記載シ云々トアレトモ自ラ署名スルコト能ハサル者ハ立會人トナルノ資格ナキヲ以テ(三四、)同條項ニ所謂列席者中ニハ立會人ヲ包含セサルコト論ナシト雖モ民法ハ舊法ノ下ニ於テ制定セラレタルモノニシテ舊法ニ依レハ廣ク關係人中署名スルコト能ハサルモノアルトキハ代署ヲ許ス旨ヲ規定シ又自署ノ能力ヲ立會人ノ資格中ニ加ヘサルヲ以テ(舊法三四、二九、)立會人ト同一ノ性質ヲ有スル遺言ノ證人モ亦自ラ署名スルコトヲ得ルモノニ限ラスト然レトモ遺言證書ノ署名捺印ニ關スル民法ノ右規定ハ全然舊法ノ例外ヲ爲スモノニシテ又其後身タル本法ノ例外規定ナルヲ以テ遺言ノ證人ハ自署スルコトヲ得ル者ニ限ルヤ否ヤハ一ニ民法ノ規定ニ從テ之ヲ決セサルヘカラス而シテ右ニ掲ケタル民法第千六十九條第四號ニ於テハ特ニ遺言者ノ署名不能ノミヲ規定シテ證人ノ署名不能ニ言及セサル點ヨリ考フレハ自ラ署名スルコト能ハサル者ハ其證人トナルノ資格ナシトノ法意ナリト解スルヲ相當トス蓋自署スルコト能ハサル者ハ總テ公正證書ニ依リ遺言ヲ爲スコトヲ得ストスルハ固ヨリ不當ナルコト論ナシト雖トモ證人ハ一定資格アル者ノ中ヨリ二人ヲ選ヘハ足レルカ故ニ特ニ自署スルコト能ハサル者ヲ選フノ必要ナケレハナリ（梅博士民法要義同條參照）

（ホ）公證人カ其證書ハ前四號ニ掲ケタル方式ニ從ヒテ作リタルモノナル旨ヲ附記シテ署名捺印スルコト

卽チ公證人ハ右（イ）乃至（ニ）ニ掲ケタル方式ニ從ヒテ作リタル旨ヲ遺言證書ニ附記スルコトヲ要スルモノニシテ此點ハ公證人カ他ノ證書ヲ作成スル場合ト同一ナラス卽チ本法第三十九條第一項ニ所謂公證人ハ證書ヲ列席者ニ讀聞カセ又ハ閲覽セシメ囑託人ノ承認ヲ得タル旨ヲ證書ニ記載スヘシトノ規定ニ對スル一ノ例外ナリトス

公證人ノ署名ニ付テハ本法ノ通則ニ從フヘキモノナルコト言ヲ俟タス故ニ第四章第四節ノ說明ヲ看ルヘシ

（ヘ）禁治產者カ本心ニ復シタル時ニ於テ遺言ヲ爲ス場合ニ於テハ其遺言ニ立會ヒタル醫師ハ遺言者カ遺言ヲ爲ス時ニ於テ心神喪失ノ狀況ニ在ラサリシ

旨ヲ遺言證書ニ附記シテ之ニ署名捺印スルコトヲ要スルモノトス(民一〇七三)

以上ニ掲ケタル外本法ノ通則ニ從ヒ遺言證書ニ適用アルモノハ其方式ヲ記載セサルヘカラス卽チ證書ノ番號囑託人證人ノ住所、職業、氏名、年齡、囑託人ノ氏名ヲ知リ且之ト面識アルトキハ其旨、市區町村長ノ作成シタル印鑑證明書又ハ警察官吏若クハ領事ノ證明書ヲ提出セシメ人違ナキコトヲ證明セシメタルトキハ其旨及ヒ其事由、氏名ヲ知リ且面識アル證人ニ依リ人違ナキコトヲ證明セシメタルトキハ其旨及ヒ其事由及ヒ證人ノ住所、職業、氏名、年齡、遺言ニ付テノ證人ノ住所、職業、氏名、年齡、證書作成ノ年月日及ヒ場所ノ記載ヲ爲スコトヲ要スルモノトス(三六)

二、祕密證書ニ依ル遺言

祕密證書トハ自筆證書ト同シク遺言者ノ自ラ作リタル證書ニシテ自筆證書ト異ナルハ遺言者カ其全文ヲ自書スルコトヲ要セサルニ在リ而シテ遺言者カ其全文ヲ自書シタルニ拘ハラス祕密證書ノ方式ニ依ラントスルトキハ之ニ依

ルコトヲ得ヘキモノニシテ此場合ニ於テ若シ祕密證書ノ方式ニ缺點アルトキハ自筆證書トシテ其效力ヲ有スルモノトス（民一〇七一）

祕密證書ニ依リテ遺言ヲ爲スニハ左ノ方式ニ從フコトヲ要ス（民一〇七〇）

（イ）遺言者カ其證書ニ署名捺印スルコト

（ロ）遺言者カ其證書ヲ封シ證書ニ用ヒタル印章ヲ以テ之ニ封印スルコト

（ハ）遺言者ハ公證人一人及ヒ證人二人以上ノ前ニ封書ヲ提出シテ自己ノ遺言ナル旨及ヒ其筆者ノ氏名住所ヲ申述スルコト

遺言者カ其證書ノ全文ヲ自書シタルトキハ其旨ヲ申述スレハ足ルコト勿論ナリ

（ニ）公證人カ其證書提出ノ日附及ヒ遺言者ノ申述ヲ封紙ニ記載シタル後遺言者及ヒ證人ト共ニ之ニ署名捺印スルコト但此記載ハ公證人自ラ爲スヲ要シ筆生ヲシテ記載セシムルヲ得サルハ遺言證書作成ノ場合ト同一ナリ

言語ヲ發スルコト能ハサル者カ祕密證書ニ依リテ遺言ヲ爲ス場合ニ於テハ其者ハ公證人及ヒ證人ノ前ニ於テ其證書ハ自己ノ遺言書ナル旨竝ニ其筆者

ノ氏名住所ヲ封紙ニ自書シテ前項ノ申述ニ代フルコトヲ得此場合ニ於テハ公證人ハ其方式ヲ践ミタル旨ヲ封紙ニ記載シテ申述ノ記載ニ代フルコトヲ要スルモノトス(民一〇七二)

(ホ)　禁治産者カ本心ニ復シタル時ニ於テ遺言ヲ爲ス場合ニ於テハ其遺言ニ立會ヒタル醫師ハ遺言者カ遺言ヲ爲ストキニ於テ心神喪失ノ状況ニ在ラサリシ旨ヲ祕密書ノ封紙ニ記載シ署名捺印スルコトヲ要ス(一〇七三)

遺言ノ方式ニ付テハ右ニ述ヘタル公正證書及ヒ祕密證書ノ外自筆證書ニ關シ民法中重要ナル規定アリト雖トモ公證人ノ職務權限ニ全ク關係ナキヲ以テ本書ニ於テハ之ヲ説明セス

又外國人カ遺言ヲ爲ス場合ニ於テ其成立及ヒ效力其他能力ニ付テハ遺言者ノ本國法ニ依ルヲ原則トスレトモ其遺言ノ方式ニ付テハ行爲地法ニ依ルコトヲ妨ケサルヲ以テ日本ニ於テ遺言ヲ爲ス場合ニ於テハ以上ニ述ヘタル我民法ノ方式ニ從フコトヲ得ルモノトス(法例二六(三))

第二　醫師ノ立會

公正證書及ヒ祕密證書ニ依リテ遺言ヲ爲ス場合ニ於テハ前段ニ說明シタル如ク常ニ證人二人ノ立會ヲ要スルモノニシテ此以外ニ立會人ノ立會ヲ必要トスルモノニ非サルコト勿論ナリト雖モ禁治產者ハ本心ニ復シタル時ニ於テ遺言ヲ爲スニハ醫師二人以上ノ立會アルコトヲ要スルモノトス（民一〇七三）蓋禁治產者カ心神喪失ノ狀況ニ在ル間ニ於テハ固ヨリ遺言ヲ爲スコト能ハスト雖モ一時本心ニ復シタルトキハ其間ニ於テ有效ニ遺言ヲ爲スコトヲ得ルハ既ニ述ヘタル如シ然レトモ禁治產者カ果シテ本心ニ復シタルヤ否ヤハ到底公證人ニ於テ之ヲ判別スルコト能ハサルヲ以テ特ニ二人以上ノ醫師ヲシテ其遺言ニ立會ハシメ以テ其遺言者カ果シテ本心ニ復シタルヤ否ヤヲ判斷セシムルモノトセリ而シテ其醫師カ禁治產者ノ本心ニ復シタルコトヲ認メタルトキハ其遺言ハ初メテ有效トナルモノナルヲ以テ其醫師ハ遺言證書ニ遺言者カ遺言ヲ爲ス當時ニ於テ心神喪失ノ狀況ニ在ラサリシ旨ヲ附記シ之ニ署名捺印スルモノトス又醫師ノ資格ニ付テハ次ニ述フヘシ

第三　證人及ヒ立會醫師ノ資格

以上ニ述ヘタル遺言ノ證人及ヒ立會醫師ハ原則トシテ何人ニテモ可ナリト雖モ

左ニ揭クルモノハ其證人及ヒ立會醫師トナルコトヲ得サルモノトス
一、未成年者　第五章第三節第六款ノ說明ヲ看ヨ
二、禁治產者、準禁治產者　第二章第三節第一款ノ說明ヲ看ヨ
三、剝奪公權者及ヒ停止公權者
剝奪公權者トハ新刑法ニ依リ死刑、無期又ハ六年以上ノ懲役若クハ禁錮ニ處セラレタル者及ヒ舊刑法ノ重罪ノ刑ニ處セラレタル者ニシテ復權ヲ得サル者ヲ謂ヒ停止公權者トハ新刑法ニ依リ六年未滿ノ懲役又ハ禁錮ニ處セラレタル者及ヒ舊刑法ノ禁錮ノ刑ニ處セラレタル者ニシテ其刑ノ執行ヲ終ハリ又ハ其執行ヲ受クルコトナキニ至ルマテノ間ニ在ル者ヲ謂フ(刑施三四、三六)
四、遺言者ノ配偶者
五、遺言者ノ推定相續人、受遺者及ヒ其配偶者並ニ直系血族
推定相續人トハ法定ノ推定相續人ノミナラス被相續人ノ指定シタル相續人其他法律ノ順位ニ於テ當然相續人タルヘキ地位ニ在ル者ヲ總稱ス而シテ家督相續人ナルト遺產相續人ナルトヲ問ハサルモノトス

六、公證人ト家ヲ同シクスル者及ヒ公證人ノ直系血族、竝ニ筆生、雇人
　公證人ト家ヲ同シクスル者トハ公證人カ戶主ナル場合ニ於テハ其家族全體又ハ公證人カ家族ナル場合ニ於テハ其戶主及ヒ其家ノ家族全體ヲ指稱スルモノトス
以上一乃至六ニ該當セサル以上ハ男子ナルト婦女ナルト又日本人ナルト外國人ナルトヲ問ハス證人前ヒ立會醫師タルコトヲ得ヘシト雖モ孰レモ自ラ署名スルコトヲ得ル者ナラサルヘカラス此點ニ付テハ本款第一、一ノ(ニ)ヲ看ルヘシ
贈與者ノ死亡ニ因リテ效力ヲ生スヘキ贈與契約ハ遺言ノ方式ニ依ルヘキモノナルヤ(民五五四)如何民刑局ハ消極說ヲ採リ梅博士ハ之ニ反シテ遺言ノ方式ニ依ルハ勿論ナリト論ス其當否ハ讀者ノ硏究ニ任ス

第二節　財產目錄ノ調製

公證人ハ法律行爲以外ノ私權ニ關スル事實ニ付キ公正證書ヲ作成スルノ權限ヲ有スルヲ以テ當事者ノ囑託ニ因リ或ル財產ノ狀態其他種類、數量ノミニ關スル證書

ヲ作成スルコトヲ得ヘク従テ總テノ場合ニ於テ財産目錄ヲ調製スルノ權限ヲ有スルコト明カナリ之レ公證人カ本法ニ依リテ有スル普通ノ權限ニシテ既ニ第五章第二節第二款ニ於テ詳説シタル所ナリ

然レトモ公證人ハ特別ノ規定ニ依リ特定ノ場合ニ於テ財産目錄ヲ調製スルノ權限ヲ有スルコトアリ卽チ非訟事件手續法ノ規定ニ依リ不在者其他ノ財産ニ付キ目錄ヲ調製スル場合是ナリ而シテ本節ニ於テ説明スルハ其財産目錄ノ調製ニ外ナラサルモノトス

第一款　財産目錄ノ意義及ヒ效力

公證人カ非訟事件手續法ノ規定ニ從ヒ調製シタル財産目錄ハ一種ノ公正證書タル性質ヲ有スルモノニシテ公證人ノ作成シタル他ノ證書ト其意義及ヒ效力ヲ異ニスルモノニ非ス故ニ此點ニ付テハ既ニ第五章第一節ニ於テ詳論シタルヲ以テ玆ニ之ヲ再説スルノ要ナシト雖モ非訟事件手續法ニ依リ公證人カ財産目錄ヲ調製スヘキ場合ハ極メテ多數ナルヲ以テ本款ニ於テハ公證人カ財産目錄ヲ調製スヘキ各場合ヲ列擧シ以テ其種類ヲ明カニセムトス

公證人カ非訟事件手續法ニ依リ財産目錄ヲ調製スヘキ場合ハ左ノ如シ

第一　不在者ノ財産ニ付テノ目錄調製

公證人カ不在者ノ財産ニ付キ目錄ヲ調製スヘキ場合ニ二箇アリ

一、裁判所ノ命令ニ因リ調製スヘキ場合

從來ノ居所又ハ住所ヲ去リタル不在者カ財産ヲ有スル場合ニ於テ裁判所カ必要ト認ムルトキハ其財産ニ封印ヲ命シ其財産ハ保管者ヲ選任シテ保管セシムヘキモノナレトモ不在者カ自ラ其財産ヲ管理スルコトヲ得ルニ至リタルトキ不在者カ後日ニ至リ管理人ヲ置キタルトキ又ハ不在者ノ死亡カ分明トナリ若クハ失踪ノ宣告アリタルトキハ孰レモ財産管理ノ原因タル事由カ消滅シタルモノナルヲ以テ是等ノ場合ニ於テハ裁判所ハ其財産ノ封印ヲ除去スルコトヲ要スルハ勿論斯ノ如ク財産管理ノ原因タル事由カ消滅セサルトキト雖モ其封印ノ必要カ消滅シタルトキハ速ニ其封印ヲ除去スルコトヲ要スルモノトス蓋財産ノ封印ハ徒ニ其利用ヲ妨ケ却テ不在者又ハ利害關係人ノ利益ヲ害スルコト鮮少ナラサルノミナラス遂ニ公益ヲモ害スルニ至レハナリ(非訟五一)

而シテ財産ノ封印ヲ除去シタルトキハ保管者ノ任務ハ之ニ因リテ消滅シ保管者ハ其財産ヲ不在者本人、其選任シタル管理人又ハ相續人等ニ引渡スヘキ義務アルヲ以テ其財産ノ品目數量等ニ付テハ正確ナル財産目錄ヲ調製スルノ要アルハ勿論ナリ故ニ斯ル場合ニ於テハ裁判所ハ書記又ハ公證人ヲシテ直ニ其財産目錄ヲ調製セシムヘキモノトセリ(非訟五三ノ二)公證人カ裁判所ノ命令ニ依リ財産目錄ヲ調製スヘキ場合トハ卽チ之ヲ指稱スルモノトス

二、管理人ノ囑託ニ因リ調製スヘキ場合

不在者カ其財產ノ管理人ヲ置カサリシトキ又ハ管理人ヲ置キタルモ其管理人ノ權限カ消滅シタルトキ若クハ其不在者ノ生死カ分明ナラサルニ至リタルトキハ裁判所ハ利害關係人又ハ檢事ノ請求ニ因リ其財產ノ管理人ヲ選任スルコトヲ得ヘク裁判所ノ選任シタル管理人ハ其管理スヘキ財產ノ目錄ヲ調製スルコトヲ要スルモノナレトモ裁判所ニ於テ必要アリト認ムルトキハ公證人ヲシテ財產目錄ヲ調製セシムヘキ旨ヲ其管理人ニ命スルコトヲ得ルモノトス(非訟五六ノ一、二)蓋民法ノ規定ニ依レハ不在者ノ財產管理人ハ自ラ財產目錄ヲ調製

スルヲ本則トスレトモ管理人ハ往々ニシテ法律思想ニ乏シキ爲メ適法且正確ナル目錄ヲ調製スルノ能力ヲ有セサルコトアリ又縱令其能力アルモ種々ナル事情ニ因リ故意ニ正當ナル目錄ヲ調製セサルヘキ虞アルコトアリ故ニ斯ル場合ニ於テハ適當ナル技能ト信用トヲ有スル公證人ヲシテ其目錄ヲ調製セシムヘキモノトスルハ極メテ相當ナレハナリ

管理人カ裁判所ヨリ以上ノ命令ヲ受ケタルトキハ直ニ公證人ニ對シ目錄ノ調製ヲ囑託スヘキモノニシテ裁判所ニ於テ公證人ニ其調製ヲ命スヘキモノニ非サルハ論ヲ俟タス

第二　法定代理人カ管理權ナキ財產ニ付テノ目錄調製

法定代理人カ財產ノ管理權ヲ有セサル場合ニ二アリ即チ左ノ如シ

一、親權者カ子ノ財產ニ付キ管理權ヲ有セル場合

贈與又ハ遺贈ニ因リ無償ニテ子ニ財產ヲ與フル第三者カ親權ヲ行フ父又ハ母ヲシテ之ヲ管理セシメサル意思ヲ表示シタルトキハ其財產ハ父又ハ母ノ管理ニ屬セサルモノトス（民八九二ノ一、蓋親權ニ服スル子ノ財產ハ其親權ヲ行フ父

又ハ母ニ於テ管理スヘキモノナレトモ第三者カ無償ニテ子ニ財產ヲ與フルニ當リ親權者ヲシテ之ヲ管理セシムルコトヲ欲セサルコトアルヘキヲ以テ民法ハ斯ル場合ニ於テハ第三者ニ特別ノ意思ヲ表示スルコトヲ許シ且其財產ノ管理者ヲ指定スルコトヲ得ルモノトセリ而シテ其第三者カ財產ノ管理者ヲ指定セサリシトキ又ハ第三者カ之ヲ指定シタルトキト雖モ其管理者ノ權限カ消滅シ又ハ之ヲ改任スル必要アル場合ニ於テ第三者カ更ニ管理者ヲ指定セサルトキハ裁判所ハ子、其親族又ハ檢事ノ請求ニ因リ其管理者ヲ選任スヘキモノトス(民八九二ノ二〔三〕)

二、後見人カ被後見人ノ財產ニ付キ管理權ヲ有セサル場合

前項ニ揭ケタル規定ハ後見ニ準用セラルルモノナルヲ以テ(民九三六、八九二〔〕)贈與又ハ遺贈ニ因リ被後見人ニ財產ヲ與ヘタル第三者カ後見人ヲシテ之ヲ管理セシメサル意思ヲ表示シタルトキハ其財產ハ後見人ノ管理ニ屬セサルモノニシテ其第三者ハ適當ナル管理者ヲ指定スルコトヲ得ヘク若シ第三者カ其指定ヲ爲ササルトキハ裁判所ニ於テ之カ選任ヲ爲スコトハ右ニ述ヘタル子ノ財產

ニ付キ親權者カ管理權ナキ場合ト全然同一ナリ

右一、二ノ場合ニ於テ其財產ノ管理ニ付テハ前揭第一ニ述ヘタル不在者ノ財產管理ニ關スル規定カ準用セラルルモノナルヲ以テ（非認六八、六三、六四、）公證人ハ封印除去ノ場合ニ於テ裁判所ノ命令ニ因リ又ハ其第三者ノ指定シタル管理者若クハ裁判所ノ選任シタル管理者ノ囑託ニ因リ其財產ニ付キ目錄ヲ調製スヘキモノトス

第三　相續財產ニ付テノ目錄調製

公證人カ相續財產ニ付キ目錄ヲ調製スヘキ場合モ亦左ノ數箇ニ分類スルコトヲ得ヘシ

一、相續人カ相續ノ承認又ハ拋棄ヲ爲ス前ニ於テ相續財產ノ保存處分ヲ爲シタル場合

相續人カ相續ノ承認又ハ拋棄ヲ爲ス以前ニ於テハ相續財產ハ畢竟何人ノ所有ニ歸スルカ又ハ相續人カ單純承認ヲ爲スカ限定承認ヲ爲スカ未タ不定ニシテ殊ニ限定承認ノ場合ニ於テハ其相續財產ハ相續債權者ノ唯一ノ擔保タルヘキモノナルヲ以テ其財產ノ管理ニ付テハ最モ注意ヲ要スルハ論ヲ俟タス故ニ民

法ニ於テハ相續人ヲシテ其管理ヲ爲サシムルモノトシタルモ相續人カ適當ナル管理ヲ爲サス又ハ之ヲ爲シ難キ事情アルトキハ裁判所ハ利害關係人又ハ檢事ノ請求ニ因リ何時ニテモ相續財産ノ保存ニ必要ナル處分ヲ命スルコトヲ得ルモノトシ裁判所ハ其保存處分ノ一トシテ適當ナル管理人ヲ命スルコトヲ得ルモノトセリ而シテ此管理人ニハ不在者ノ管理人ニ關スル規定カ準用セラルルモノトス(民一〇二一)

裁判所カ相續財産ニ付キ右ノ保存處分ヲ爲シタルトキ及ヒ管理人ヲ選定シタルトキハ前掲第一ニ掲ケタル不在者ノ財産管理ト同一ノ規定ニ依リ公證人ハ其財産ニ付キ目錄ヲ調製スヘキモノトス(非認六八、六五)

二、相續人カ相續ノ限定承認又ハ拋棄ヲ爲シタル後ニ於テ相續財産ノ保存處分ヲ爲シタル場合

相續人カ相續ノ限定承認ヲ爲シタル場合ニ於テハ相續債權者及ヒ受遺者ハ相續財産ノ限度內ニ於テノミ辨濟ヲ受クヘキモノナルニヨリ其相續人ハ相當ノ注意ヲ以テ相續財産ヲ管理スルコトヲ要シ(民一〇二八)又相續人カ相續ノ拋棄

ヲ爲シタル場合ニ於テハ次順位ノ相續人ノ有ニ歸スヘキモノナルヲ以テ其抛棄者ハ次順位ノ相續人カ相續財産ノ管理ヲ始ムルコトヲ得ルマテ自己ノ財産ニ於ケルト同一ノ注意ヲ以テ其財産ノ管理ヲ繼續スルコトヲ要スルモノトス(民一〇四〇)而シテ是等ノ場合ニ於テハ前項ニ掲クル相續人カ相續ノ承認又ハ抛棄ヲ爲ササル以前ニ於ケルト同一ノ理由ニ依リ民法ハ右千二十一條第二項第三項ヲ準用シタルヲ以テ裁判所ハ其相續財産ノ保存ニ必要ナル處分ヲ爲スコトヲ得ヘク其處分ノ一方法トシテ適當ナル管理人ヲ選任スルコトヲ得ヘキハ明カナリ

右ノ場合ニ於テ公證人ハ財産目録ヲ調製スルコトヲ得ルヤ否ヤハ解釋上多少ノ疑アリ卽チ非訟事件手續法第六十八條ニ於テハ第三十九條乃至第六十二條ノ規定ヲ前五條ニ掲ケタル事件ニ之ヲ準用スト規定シ其第六十五條ニ於テハ民法千二十一條第二項第三項ノ相續財産ノ管理又ハ保存ニ關スル事件ハ云々ト規定シテ民法第千二十八條第二項及ヒ第千四十條第二項ノ文詞ナキヲ以テ右ニ掲ケタル相續人カ相續ノ限定承認ヲ爲シ又ハ其抛棄ヲ爲シタル後ニ於ケ

ル相續財產ノ保存處分ノ場合ニハ非訟事件手續法第三十九條乃至第六十二條ノ規定ハ之ヲ準用スルコト能ハス從テ同法條ニ依リ公證人ニ付與セラレタル財產目錄調製ノ權限ハ此保存處分ノ場合ニ及ハサルモノト解釋スルコトヲ得ルカ如シ然レトモ民法第千二十八條及ヒ第千四十條ハ明カニ其第千二十一條第二項第三項ヲ準用スルヲ以テ此場合モ亦非訟事件手續法第六十五條ニ所謂「民法第千二十一條第二項第三項ノ相續財產ノ管理又ハ保存ニ關スル事件」中ニ包含スルモノト解釋スルヲ相當トス何トナレハ若シ之ヲ反對ニ解センカ民法第千二十八條第千四十條ノ準用ニ依ル相續財產ノ管理及ヒ保存ニ關スル事件ニ付テハ全ク其管轄裁判所及ヒ其手續ノ規定ヲ缺クニ至ルヘケレハナリ故ニ以上ニ掲ケタル相續人カ限定承認又ハ拋棄ヲ爲シタル後ニ於テ裁判所カ相續財產ノ保存處分ヲ爲シタル場合ニ於テモ前掲第一ニ掲ケタル不在者ノ財產管理ニ關スル規定ノ準用ニ依リ公證人ハ相續財產ノ目錄ヲ調製スルコトヲ得ルモノト謂ハサルヘカラス

三、相續人ノ分明ナラサル場合

相續人カ分明ナラサル場合ニ於テハ相續財産ハ一ノ法人トナルモノニシテ裁判所ハ利害關係人又ハ檢事ノ請求ニ因リ其相續財産ノ管理人ヲ選定スルコトヲ要シ其管理人ニハ不在者ノ財産管理人ニ關スル規定カ準用セラルルモノトス(民一〇五一乃至一〇五三)

而シテ此場合ニ於テモ前掲第一ニ掲ケタル不在者ノ財産ニ對スルト同一ノ規定ニ依リ公證人ハ其相續財産ニ付キ目錄ヲ調製スヘキモノトス(非訟六八、六五)

四、相續財産分離ノ請求アリタル場合

相續債權者又ハ受遺者ハ相續開始ノ時ヨリ三箇月内ニ相續人ノ財産中ヨリ相續財産ヲ分離センコトヲ裁判所ニ請求スルコトヲ得ヘク其財産分離ノ請求アリタルトキハ裁判所ハ相續財産ノ管理ニ付キ必要ナル處分ヲ命スルコトヲ得ルモノトス(民一〇四一、一〇四三)故ニ裁判所ハ其管理ニ適當ナル處分トシテ例ヘハ其財産ニ封印ヲ命シ目錄ノ調製ヲ命シ損毀シ易キ物ノ賣却ヲ命シ又ハ更ニ管理人ヲ選任スルノ決定ヲ爲スコトヲ得ヘシ而シテ此處分ノ一トシテ裁判所カ管理人ヲ選任シタルトキハ其管理人ニハ不在者ノ財産管理人ニ關スル規

定カ準用セラルルモノトス(本款第一參照)

裁判所カ右ノ處分ヲ爲シタル場合ニ於テハ公證人ハ本款第一ニ述ヘタル場合ト同シク其相續財產ニ付キ目錄ヲ調製スヘキモノトス(非訟六八、六七)

右ノ場合ニ於テ公證人カ財產目錄ヲ調製スルコトヲ得ルハ全ク疑ナシト雖モ民法千五十條ニ依リ相續人ノ債權者ヨリ財產分離ノ請求アリタル場合ニ於テモ公證人ニ此權限アリヤ否ヤニ付テハ多少ノ疑ナシトセス何トナレハ非訟事件手續法第六十七條ニ於テハ單ニ民法第千四十三條ノ相續財產ノ管理ニ關スル事件云々ト規定シ其第千五十條ノ場合ニ及ハサルヲ以テナリ然レトモ民法千五十條第二項ハ同第千四十三條ヲ全部準用シ其相續財產ノ管理ニ付テハ全ク同一ニシテ只其財產分離カ一ハ相續債權者又ハ受遺者ノ請求ニ因リ一ハ相續人ノ債權者ノ請求ニ因ルノ區別アルニ過キス故ニ余輩ハ前掲二ニ於テ論シタルト同一ノ理由ニ依リ非訟事件手續法第六十七條中ニハ民法第千五十條第二項ノ相續財產ノ管理ニ關スル事件ヲモ包含スルモノト解シ其場合ニ於テモ公證人ハ財產目錄ヲ調製スルノ權限アルモノト斷言セムト欲ス

第四　遺產ニ付テノ目錄調製

公證人カ遺產ニ付キ目錄ヲ調製スヘキ場合モ亦之ヲ二個ニ分類スルヲ便トス

一、推定家督相續人廢除又ハ其取消ノ場合

推定ノ家督相續人廢除又ハ其取消ノ請求アリタル後其裁判確定前ニ相續カ開始シタルトキ又ハ推定家督相續人廢除ノ遺言アリタルトキハ裁判所ハ親族、利害關係人又ハ檢事ノ請求ニ因リ遺產ノ管理ニ付キ必要ナル處分ヲ命スルコトヲ得ルモノナルヲ以テ（民九七八）、裁判所ハ其管理ニ必要ト認ムル種々ナル處分例ヘハ封印ヲ命シ、目錄ノ調製ヲ命シ、又ハ管理人ノ選任ヲ命スヘキコト前數項ニ述ヘタル場合ト全ク同一ナリ而シテ裁判所カ其管理人ヲ選任シタルトキハ本欵第一ニ掲ケタル不在者ノ財產管理人ニ關スル規定カ準用セラルルモノトス此點ニ付テモ前數項ノ管理人ト同一ナルヲ以テ公證人ハ不在者ノ財產ニ付キ目錄ヲ調製スル場合ト同一ノ規定ニ依リ其遺產ニ付キ目錄ヲ調製スルコトヲ得ルモノトス（非訟六八六、六）

二、推定遺產相續人廢除又ハ其取消ノ場合

推定遺産相續人ノ廢除又ハ其取消ノ請求アリタル後其裁判確定前ニ相續カ開始シタルトキハ裁判所ハ親族、利害關係人又ハ檢事ノ請求ニ因リ遺産ノ管理ニ付キ必要ナル處分ヲ命スルコトヲ得ルモノトス此點ニ付テハ右ニ掲ケタル推定家督相續人廢除又ハ其取消ノ場合ニ於ケル遺産ノ管理ト全ク同一ナリ（民一〇〇〇、九七八）

右ノ場合ニ於テモ公證人ハ其遺産ニ付キ財産目録ヲ調製スルコトヲ得ルヤ否ヤハ疑問ナリ何トナレハ非訟事件手續法第六十六條ニ於テハ民法第九百七十八條ノ遺産ノ管理ニ關スル事件ト明言シテ第千條ニ依ル遺産ノ管理ヲ包含セサル如ク解シ得ルヲ以テナリ然レトモ遺産ノ管理ニ付テハ家督相續タルト遺産相續タルトニ依リ其手續ヲ區別スルノ謂ハレナキヲ以テ余輩ハ前掲第三ノ二ニ説明シタルト同一ノ理由ニ依リ公證人ハ遺産相續人廢除又ハ其取消ノ場合ニ於テモ尚不在者ノ財産ニ付キ目録ヲ調製スル場合ト同シク其財産目録ヲ調製スルノ權限アルモノト言ハントス

第二款　財産目録調製ノ手續

公證人カ財產目錄ヲ調製スルニ付テハ其性質上本法ノ證書作成ニ關スル規定ヲ適用スルコト能ハス蓋公證人カ其目錄ヲ調製スルニハ公證人カ目擊シタル狀況ノミヲ記載スヘキモノナルヲ以テ裁判所ノ命令ニ因ル場合ハ勿論管理人ノ囑託ニ因ル場合ト雖モ其者ノ陳述ヲ錄取スルモノニ非スシテ只正確ナル財產ノ目錄ヲ調製スルヲ以テ足レリトス故ニ其囑託人ノ本人證明、代理權限ノ證明、通事、立會人ノ立會、第三者ノ許可又ハ同意ノ證明ニ關スル本法ノ規定ノ如キ孰レモ之ニ適用スルノ要ナキコト明カナリ故ニ公證人カ不在者其他ノ財產管理人ノ囑託又ハ裁判所ノ命令ニ因リ前款ニ述ヘタル各種ノ財產ニ付キ其目錄ヲ調製スル場合ニ於テハ直ニ其財產ノ所在ニ就キ目錄ヲ調製スレハ足リ其前提トシテ何等ノ手續ヲ履踐スルコトヲ要スルモノニ非ス然レトモ第五十七條ハ遺言證書及ヒ拒絕證書ノ作成ニ付キ特ニ本法中或ル條項ノ除外例ヲ設ケタルニ拘ハラス財產目錄ニ關シテハ除外ナキヲ以テ本法ノ規定カ全然適用セラルルモノナリトノ異論アリ其當否ハ讀者ノ研究ヲ望ム然レトモ其目錄ノ調製ニ付テハ一定ノ方式ニ從フヘキ外閱覽又ハ謄本交付ニ付キ特別ノ規定アリ卽チ左ノ如シ(非訟五六ノ三、五五、五七、)

第一　目錄ニ記載スヘキ方式

一、調製ノ場所、年月日及ヒ其事由

二、申立人ノ氏名、住所

申立人トハ不在者ノ管理人ノ囑託ニ因リ目錄ヲ調製スル場合ニ於テハ其管理人ノ選任ヲ裁判所ニ申立テタル利害關係人又ハ檢事ヲ指シ又封印除去ノ場合ニ於テ裁判所ノ命令ニ因リ目錄ヲ調製スル場合ニ於テハ其封印ノ除去ヲ裁判所ニ申立テタル利害關係人、管理人又ハ檢事ヲ指スモノトス（民二五、二六、非訟五一）又檢事カ申立人ナルトキハ其所屬裁判所ヲ記載シテ住所ニ代フルコトヲ得ヘシ

三、不動產ノ表示

三、動產ノ種類及ヒ數量

五、債權及ヒ債務ノ表示

卽チ債權ト債務トノ區別其種類、態樣、目的、範圍、發生日附、債務者又ハ債權者ノ氏名住所辨濟期等ヲ記載スヘキカ如シ

六、帳簿證書其他ノ書類

即チ書類ノ種類、冊數又ハ通數等ヲ記載スヘキカ如シ財産目錄ニハ以上ノ外公文書タルノ性質上作成ノ年月日及ヒ場所ヲ記載スヘキハ勿論ニシテ且非訟事件手續法ハ目錄調製ニ付キ利害關係人ノ參加ヲ認メタルカ故ニ列席者アル場合ハ列席者ニ讀聞カセ又ハ閲覽セシメ列席者ノ承認ヲ得且其旨ヲ目錄ニ記載スルノ手續ヲ爲スハ適當ノコトナルヘシ

第二　公證人及ヒ立會人ノ署名捺印

公證人ノ署名ノ方式ハ公證人カ證書ヲ作成スヘキ場合ニ關スル一般ノ通則ニ從フ故ニ第四章第四節ノ説明ヲ看ルヘシ

立會人トハ公證人カ目錄ヲ調製スルニ付キ特ニ立會人ヲ選定シ其者ヲ立會ハシムルコトヲ要スルモノニ非スシテ利害關係人、管理人又ハ檢事カ其調製ニ立會ヒタル場合ニ於ケル其立會人ヲ指稱スルモノトス故ニ是等ノ者カ目錄調製ニ立會ハサルトキハ公證人ノミノ署名捺印ヲ以テ足レルコト勿論ナリ(非訟五六ノ三、五五ノ三、四六ノ二、)又子又ハ被後見人ノ財産ニ付キ親權者又ハ後見人カ管理權ナキ場合ニ於テ其財産及ヒ遺産ニ付キ目錄ヲ調製スヘキトキハ其親族モ亦立會人タルコトヲ得ル

モノトス(民八八九二、九三六、九七八、一〇〇〇、非訟六八)

非訟事件手續法ニ依ル財産目錄ハ本法ニ依ル證書ト其性質ヲ異ニスルカ故ニ命令ニ依リ特別ノ帳簿ヲ調製シ拒絶證書ヲ拒絶證書簿ニ記入スルカ如ク之ヲ記載スルコトトナルヘク從テ其番號ハ本法實施ノ日ヨリ財産目錄ニ付キ新タナル號ヲ起スヘキモノト信ス若シ特別ノ命令ナキトキハ公證原簿ニ記入シ且番號ハ公證原簿ノ追號ニ依ルヘキモノトス(四六ノ三)

第三　財産目錄ノ數

財産目錄ハ以上ノ方式ニ依リ公證人カ其二通ヲ調製シ其一通ハ管理人之ヲ保管シ他ノ一通ハ裁判所ニ提出スルコトヲ要スルモノトス(非訟五六ノ三、五五ノ二、六八、)蓋財産目錄ハ管理人カ其職務ヲ執行スルニ付キ必要缺クヘカラサルモノナルヲ以テ管理人ヲシテ其一通ヲ保管セシムヘキハ當然ナレハナリ但不在者ノ死亡カ分明トナリ又ハ失踪ノ宣告アリタル爲メ封印ヲ除去スル場合ニ於テ公證人カ財産目錄ヲ作成シタルトキハ管理人ノ權限ハ當然消滅シ其財産ハ相續人ニ引渡スヘキモノナレハ管理人ノ手ニ在リタル目錄ノ一通ハ其相續人ニ於テ保管スヘキコト言ヲ俟

タス故ニ孰レノ場合ニ於テモ公證人ハ其目錄ヲ保存スヘキモノニ非ス

第四　財產目錄ノ閱覽及ヒ謄本ノ交付

利害關係人ハ財產目錄ノ閱覽ヲ申請シ又ハ手數料ヲ納付シテ其謄本ノ交付ヲ申請スルコトヲ得ヘク又檢事ハ財產目錄ヲ閱覽スルコトヲ得ルモノトス(非訟五七、六八)而シテ財產目錄ハ裁判所ニ於テ保管スヘキモノニシテ公證人ノ手裡ニ存スルモノニ非サルヲ以テ其閱覽又ハ謄本ノ交付ヲ求ムル者ハ裁判所ニ對シテ其請求ヲ爲スヘキコト勿論ナリ

謄本交付ノ手數料ハ謄本一枚ニ付金十錢ノ割合ニシテ收入印紙ヲ申請書ニ貼附シテ之ヲ納ムヘキモノトス(三二、司法省令三四號)

第三節　拒絶證書ノ作成

拒絶證書ノ作成ハ商法ノ規定ニ依リ公證人ノ職務ニ屬セシメタルモノニシテ其作成ニ關シ商法中特別ノ規定尠カラス本節ニ於テハ拒絶證書ニ關スル特別ノ規定ヲ說述スヘシ

第一款　拒絶證書ノ意義及ヒ效力

拒絶證書トハ手形上ノ權利ヲ保全シ又ハ之ヲ行使スルニ必要ナル要式證書ニシテ其保全又ハ行使ニ必要ナル行爲ヲ爲シタル事實ヲ證明スル唯一ノ證書ナリ換言スレハ手形ノ所持人カ其請求權ヲ執行スルニハ必ス拒絶證書ノ作成ヲ前提條件トシ此條件ヲ具備セサレハ其請求權ヲ行フコトヲ得サルモノトス而シテ拒絶證書ハ唯一ノ證明方法ナルヲ以テ他ノ證據ニ依リテ手形上ノ權利ノ保全又ハ行使ニ必要ナル行爲ヲ爲シタル事實ヲ證明スルコト能ハサルハ論ヲ俟タス

拒絶證書ハ執達吏又ハ公證人ノ作成スヘキモノナレハ他ノ者ニ於テ之ヲ作成スルモ其效ナキハ勿論ナリ從テ拒絶證書ノ性質ハ常ニ公正證書ナルヲ以テ公證人カ作成シタル他ノ證書ト同シク其成立ニ付キ完全ナル證據力ヲ有スルモノトス（第五章第一節參照）

拒絶證書ヲ作成スヘキ場合ハ法律上一定スルモノニシテ其種類ノ如何ニ依リ種々ナル效用ヲ有スルモノトス以下之ヲ分說セム

第一　引受拒絶證書

引受拒絶證書ハ爲替手形ノ單純ナル引受ヲ爲サヽル場合ニ於テ作成スヘキモノニシテ卽チ其手形ノ所持人カ前者ニ對シ擔保請求ヲ爲スニハ必ス此拒絶證書ノ作成ヲ要シ全部ノ引受拒絶タルト一部ノ引受拒絶タルトヲ問ハサルナリ(商四七五、)又豫備支拂人カ參加引受ヲ拒ミタルトキハ此證書ニ其旨ヲ記載スルコトヲ要シ(商五〇〇、)又參加引受アリタルトキハ豫備支拂人カ之ヲ爲シタルト其他ノ者カ之ヲ爲シタルトヲ問ハス其旨ヲ拒絶證書ニ記載セサルヘカラス(商五〇四)

引受拒絶證書ヲ作成スルニハ爲替手形ノ引受拒絶アリタル場合ニ限リ約束手形及ヒ小切手ニハ其適用ナシ何トナレハ約束手形及ヒ小切手ニハ引受拒絶ニ因ル擔保請求ナルモノナケレハナリ

第二　引受呈示日附拒絶證書

引受呈示日附拒絶證書ハ一覽後定期拂ノ爲替手形ニ於テ支拂人カ引受ヲ爲シナカラ其日附ヲ記載スルコトヲ拒ミタル場合ニ於テ作成スヘキモノトス(商四六七、)

一覽後定期拂ノ爲替手形ノ所持人カ右ノ拒絶證書ヲ作成セシメタルトキハ其作成ノ日ヲ以テ呈示ノ日ト看做シ支拂期日ヲ確定スルコトヲ得ルモノナレトモ所持

人カ此拒絶證書ヲ作成セシメサリシトキハ其前者ニ對スル手形上ノ權利ヲ失フモノトス但所持人ハ此證書ヲ作成セシメサル場合ト雖モ引受人ニ對スル權利ヲ失フモノニ非サルハ勿論ニシテ此場合ニ於テハ其手形ノ呈示期間ノ末日ヲ以テ呈示ノ日ト看做サルルモノトス

第三　擔保拒絶證書

擔保拒絶證書ハ引受拒絶證書ニ類似シ爲替手形ノ引受人カ破產ノ宣告ヲ受ケタル場合ニ所持人カ之ニ對シテ擔保ノ請求ヲ爲シタルモ引受人カ之ヲ供セサリシトキニ作成セシムル拒絶證書ニシテ其所持人カ前者ニ對シ擔保請求權ヲ行使スルニ付キ必要アルモノナリ而シテ手形ニ豫備支拂人アルトキハ豫メ其者ニ對シ引受ヲ求ムルコトヲ得ヘク豫備支拂人カ其引受ヲ拒絶シタルトキハ此證書ニ其旨ヲ記載スルコトヲ要スルモノトス（商四八〇五〇〇）

第四　支拂拒絶證書

支拂拒絶證書ハ爲替手形及ヒ約束手形ノ支拂人又ハ支拂擔當者若クハ小切手ノ支拂人カ單純ナル支拂ヲ爲ササル場合ニ於テ作成セシムヘキ證書ニシテ所持人カ

其前者ニ對スル償還請求權ノ行使及ヒ保全ニ必要ナルヲ以テ(商四八七、四九〇、五二九、五三七、)所持人カ此證書ヲ作成セシメサルトキハ前者ニ對スル償還請求權ヲ失フモノトス又參加引受人又ハ豫備支拂人カ參加支拂ヲ拒絶シタルトキハ此證書ニ其旨ヲ記載スルコトヲ要シ參加支拂アリタルトキハ參加引受人又ハ豫備支拂人ノ之ヲ爲シタルト其他ノ者カ之ヲ爲シタルトヲ問ハス此證書ニ其旨ヲ記載スルコトヲ要スルモノトス(五〇八、五一二、)

爲替手形又ハ約束手形ノ所持人カ支拂拒絶證書ヲ作ラシメサリシトキト雖モ其作成ヲ免除シタル者ニ對シテハ手形上ノ權利ヲ失フコトナシ然レトモ拒絶證書作成ノ免除ハ單ニ拒絶證書ノミニ依ル立證方法ノ制限ヲ解キタルニ止リ支拂ノ爲メニスル呈示又ハ其立證責任ヲ免除スルモノニ非サルヲ以テ所持人ハ總テノ場合ニ於テ拒絶證書ヲ作成セシムルコトヲ便トスルハ勿論ナリ而シテ拒絶證書作成ノ免除アリタル場合ト雖モ所持人カ拒絶證書ヲ作成セシメタルトキハ其免除者モ亦證書作成ノ費用ノ償還義務ヲ免カルルコトヲ得サルモノトス(商四八九、大審三六判決)

第五 複本ノ返還拒絶證書

複本ノ返還拒絶證書ハ爲替手形ノ所持人カ引受ヲ求ムル爲メニ送付シタル一通ノ爲替手形ヲ受取リタル者ニ對シ返還ヲ請求シタルモ其者カ之ヲ返還セサル場合ニ於テ作成スルモノニシテ其前者ニ對シ擔保請求又ハ償還請求ヲ爲スニ必要ナルモノトス而シテ此證書ニハ引受ノ爲メニスル複本ノ送付先ヲ記載シタル複本ノ所持人カ其複本ニ依リテ引受又ハ支拂ヲ得ルコト能ハサリシ旨ヲ記載スルコトヲ要スルモノトス(商五二一)

第六　原本ノ返還拒絶證書

原本ノ返還拒絶證書ハ引受ヲ求ムル爲メ爲替手形ノ原本ノ送付先ヲ記載シタル謄本ノ所持人カ原本ノ受取人ヨリ其返還ヲ受クルコト能ハサル場合ニ於テ作成セシムルモノニシテ謄本ニ署名シタル裏書人ニ對スル擔保請求又ハ償還請求權行使ノ爲メニ必要ナルモノトス(商五二四)

第二款　拒絶證書作成ノ手續

拒絶證書ハ手形所持人ノ請求ニ因リ公證人又ハ執達吏ノ作成スヘキモノニシテ(商五一四)公證人カ之ヲ作成スヘキ場合ニ於テハ他ノ證書ヲ作成スル場合ト同シク

公證人ノ職務執行ニ關スル本法ノ規定ニ從フヘキモノナルコト勿論ナリ故ニ其拒絶證書ハ有效ナル手形ニ基クコトヲ要シ又證書作成ノ方式ニ關スル規定即チ證書ノ用語、文字、文字ノ挿入、削除及ヒ公證人ノ署名ニ關スル規定等拒絶證書ノ性質ニ反セサル事項ニ付テハ全然本法中證書作成ニ關スル規定ニ準據セサルヘカラス從テ是等ノ諸點ニ付テハ第五章第三節ノ說明ヲ看ルヘシ

然レトモ拒絶證書ノ性質上本法ノ規定ヲ適用スルコト能ハサルモノアリ例ヘハ證書ノ方式ニ關スル一部ノ規定ノ如シ又特別明文ヲ以テ拒絶證書ノ作成ニ適用セラレサルモノアリ卽チ囑託人又ハ代理人ノ本人證明、通事、及ヒ立會人ノ立會、代理人ニ依ル囑託、代理人ノ權限證明ニ關スル本法第二十八條乃至第三十二條ノ規定是ナリ(五七)從テ公證人カ拒絶證書ヲ作成スル場合ニ於テハ囑託人又ハ代理人ノ氏名ヲ知ラス又ハ之ト面識ナキトキト雖モ其本人タルコトノ證明ヲ爲サシムルノ要ナク囑託人又ハ代理人カ日本語ヲ解セス其他言語ヲ發スルコト能ハサルモノニシテ且文字ヲ解セサルトキト雖モ通事ヲ立會ハシムルノ要ナク囑託人又ハ代理人カ盲者ナルトキ、文字ヲ解セサルトキト雖モ立會人ヲ立會ハシムルノ要ナク又代理人ニ依

リ囑託セラレタル場合ト雖モ其代理權限ヲ證明セシムルノ要ナキモノトス又公證人カ拒絕證書ヲ作成スヘキ場所ニ關シテハ商法中別段ノ規定アルヲ以テ(商四四二、四九〇、)本法通則ノ規定ハ拒絕證書ノ作成ニ適用ナシ故ニ公證人ハ其役場ニ於テ拒絕證書ヲ作成スヘキモノニ非サルナリ(一八ノ二)

以下拒絕證書ノ作成手續ニ關スル特別ノ規定ヲ略述セム

第一　拒絕證書作成ノ場所

公證人ノ職務ハ其役場ニ於テ之ヲ行フヲ本則トスレトモ(一八)此規定ハ公證人カ拒絕證書ヲ作成スヘキ場合ニハ其適用ナキコト上述ノ如シ而シテ公證人カ拒絕證書ヲ作成スヘキ場所ニ關スル商法ノ規定ヲ揭クレハ左ノ如シ(商四四二)

一、利害關係人ノ營業所、住所、又ハ居所

手形ノ引受又ハ支拂ヲ求ムル爲メニスル呈示、拒絕證書ノ作成其他手形上ノ權利ノ行使又ハ保全ニ付キ利害關係人ニ對シテ爲スヘキ行爲ハ其營業所若シ營業所ナキトキハ其住所又ハ居所ニ於テ之ヲ爲スコトヲ要ス但其者ノ承諾アルトキハ他ノ場所ニ於テ之ヲ爲スコト妨ケサルモノトス(商四四二ノ一)

二、公證人ノ役場又ハ官署、公署
利害關係人ノ營業所、住所又ハ居所カ知レサルトキハ拒絶證書ヲ作ルヘキ公證人ハ其地ノ官署又ハ公署ニ問合ヲ爲スコトヲ要ス若シ問合ヲ爲スモ營業所、住所又ハ居所カ知レサルトキハ其役場又ハ官署若クハ公署ニ於テ拒絶證書ヲ作ルコトヲ得(商四四二ノ二)官署又ハ公署トハ實際上警察署又ハ市、區役所、町、村役場ナルコト多カルヘシ

三、手形ニ記載アル支拂ノ場所
右一、二ニ揭ケタルハ手形ニ支拂場所ノ記載ナキ場合ニ適用セラルヘキ規定ニシテ爲替手形及ヒ約束手形ノ振出人又ハ爲替手形ノ引受人カ支拂地ニ於ケル支拂ノ場所ヲ記載シタルトキハ其場所ニ於テ手形ヲ呈示シテ支拂ヲ求メサルヘカラス從テ此場合ニ於テ其支拂ヲ拒絶セラレタルトキハ其場所ニ於テ支拂拒絶證書ヲ作成スヘク(商四五四、四七三、五二一、九)其支拂場所ニ於テ支拂義務者ニ出會シタルト否トヲ問ハサルモノトス(大審三六年判決)又手形ノ所持人ヨリ支拂拒絶證書作成ノ請求ヲ受ケタル公證人ハ支拂義務者ニ對シ手形ヲ呈示シテ

支拂ヲ請求スルノ權限ヲ有スルコトハ勿論ニシテ夙ニ大審院判例ニ於テモ之ヲ是認セリ(大審三六年判決三五年判決)コサック著獨逸新商法論二卷六四頁以下)

第二　拒絕證書ノ方式

拒絕證書ニハ左ノ事項ヲ記載シ公證人之ニ署名捺印スルコトヲ要ス(商五一五、五二九、五三三七、)

一、爲替手形、約束手形及ヒ小切手、其謄本補箋ニ記載シタル事項

此事項ノ記載ハ手形其他ニ記載アル事項ヲ知ルコトヲ得レハ足リ必シモ手形其他ノ原狀ノ如ク之ヲ謄寫スルコトヲ要スルモノニ非ス(三二五年六月大審判決)蓋此記載ヲ要スルハ拒絕證書カ如何ナル手形ニ付キ作成セラレタルヤヲ明カナラシムルノ法意ニ外ナラサレハナリ

二、拒絕者及ヒ被拒絕者ノ氏名又ハ商號

拒絕者又ハ被拒絕者トハ手形上ノ權利ノ行使又ハ保全ニ必要ナル請求ヲ受ケテ之ヲ拒絕シタル者及ヒ其相手方ノ謂ヒナルヲ以テ代理人ニ依リテ其請求ヲ

爲シ又代理人ニ依リ之ヲ拒絶シタル場合ニ於テモ其本人ノ氏名又ハ商號ヲ記載スヘキモノトス

三、拒絶者ニ對シテ爲シタル請求ノ趣旨及ヒ拒絶者カ其請求ニ應セサリシコト又ハ拒絶者ニ面會スルコト能ハサリシ理由

請求ノ趣旨トハ例ヘハ引受、支拂、引受ノ爲メ送付シタル複本又ハ原本ノ返還請求ノ如キヲ謂フ拒絶者ニ面會スルコト能ハサル場合ニ於テハ之ニ對シテ請求ノ趣旨ヲ告クルニ由ナケレハ只拒絶者ニ面會スルコト能ハサリシ理由ヲ記載スレハ足リ敢テ請求ノ趣旨ヲ記載スルノ要ナカルヘシ(三七年八月大審判決又拒絶者カ其請求ニ應セサリシ場合ニ於テハ單ニ其旨ヲ記載スレハ足リ拒絶ノ理由ニ關スル陳述ヲ記載スルノ要ナシ殊ニ拒絶者ト被拒絶者トノ間ニ於ケル過去ノ行爲ノ如キ其一方ノ陳述ヲ錄取スヘキモノニアラス(三八年八月大審判決)

四、前號ノ請求ヲ爲シ又ハ爲スコト能ハサリシ地及ヒ年月日

此事項ノ記載ヲ必要トスル所以ハ前掲第一ニ述ヘタル如ク前號ノ請求ヲ爲ス

ヘキ地及ヒ其請求ヲ爲スヘキ時期ハ法律上一定セルヲ以テ其地及ヒ時期ハ手形行爲ノ效力ヲ判斷スルニ付キ重要ナル關係アルヲ以テナリ

五、拒絶者ノ營業所、住所又ハ居所カ知レサル場合ニ於テハ其地ノ官署又ハ公署ニ問合ヲ爲シタルコト(商四四二ノ二)

六、法定ノ場所外ニ於テ拒絶證書ヲ作ルトキハ拒絶者カ之ヲ承諾シタルコト

法定ノ場所トハ拒絶者ノ營業所若シ營業所ナキトキハ其住所又ハ居所ヲ指シ手形ニ支拂場所ノ記載アルトキハ其場所ヲ謂フ而シテ拒絶者ノ承諾アルトキハ他ノ場所ニ於テ拒絶證書ヲ作成シ得ルコトハ前掲第一ニ述ヘタル如シ(商四四二ノ一)

七、參加引受又ハ參加支拂アルトキハ參加ノ種類及ヒ參加人並ニ被參加人ノ氏名又ハ商號

參加引受又ハ參加支拂アルトキハ所持人ハ拒絶證書ニ參加引受又ハ參加支拂アリタルコトヲ記載セシムルコトヲ要スルハ既ニ前欵ニ於テ説明シタルカ如シ(商五〇四、五一二)而シテ參加引受又ハ參加支拂ハ商法第五百五條第五百六條

第五百八條第五百九條第五百十一條第五百十三條等ニ規定セル如ク他ノ者ニ對シ種々ナル權利關係ヲ生スルヲ以テ特ニ參加ノ種類及ヒ參加人被參加人ノ氏名又ハ商號ヲ明カニスルノ要アルハ論ナキナリ

右ニ述ヘタル事項ハ拒絶證書ノ要件ナレトモ其記載方ニ付テハ一定ノ方式ナキヲ以テ其證書ノ全部ヲ通覽シテ其要件タル事項ヲ知リ得ヘキ記載アレハ足レルコト勿論ナリ(三六年大審判決)又以上ニ掲ケタル事項ノ外本法第三十六條ニ從ヒ拒絶證書作成年月日及ヒ場所ノ記載ヲ要スルコト疑ナシトス只公證人ハ其證書ヲ列席者ニ讀聞カセ又ハ閲覽セシメ囑託人又ハ其代理人ノ承認ヲ得且其旨ヲ證書ニ記載シ又列席者ヲシテ署名捺印セシムルコトヲ要スト論スル者アレトモ(三九、)公證人カ拒絶證書ノ作成ヲ囑託セラレタル以上ハ如何ナル人ノ立會ヲモ要セス公證人カ單獨ニテ之ヲ作成スヘキモノナルヲ以テ假リニ囑託人又ハ其代理人カ證書作成ノ場所ニ居リタルトキト雖モ其證書ヲ讀聞カセ又ハ閲覽セシムルノ要ナク其署名又ハ捺印ヲ要セサルモノト謂ハサルヘカラス是レ本法第五十七條ニ於テ囑託人ノ本人證明、代理權限ノ證明、其他立會人ノ立會等ニ關スル本法ノ規定ヲ拒絶證書作成ノ場

合ニ適用セサル點ヨリ見ルモ明白ナル所ナリ

拒絶證書ハ公文書タルノ性質上以上記載ノ外番號ヲ掲クヘキハ勿論ニシテ本法實施ノトキヨリ新番號ヲ起スヘキモノトス何トナレハ本法實施前作成ニ係ル拒絶證書ハ拒絶證書簿ニ記入ノ外尙見出帳ニモ記入スルヲ要シタルヲ以テ見出帳ノ追番號ヲ附セルハ其取扱恰モ一致セルカ如シ而シテ第四十六條三項ハ帳簿ノ記入ニ付キ法令ニ別段ノ定メアル場合ヲ除外シタルニ依リ公證原簿ニ之ヲ記入スルヲ要セサルカ故ニ拒絶證書ノミニ付キ番號ヲ起スハ論ヲ俟タス

第三　拒絶證書ノ數

拒絶證書ハ一人ニ對シ手形上ノ請求ヲ爲ス場合ハ勿論數人ニ對シ手形上ノ請求ヲ爲スヘキトキト雖モ其請求ニ付キ一通ヲ作成スルヲ以テ足ルモノトス(商五一六、五二九)而シテ手形上ノ請求トハ手形上ノ權利ノ行使又ハ保全ニ必要ナル請求ノ謂ニシテ引受又ハ支拂ノ請求、參加引受、參加支拂ノ請求、引受ノ爲メニ送付シタル複本又ハ謄本ノ返還請求等皆之ニ屬スルハ勿論ナルモ擔保請求又ハ償還請求ハ所謂手形上ノ請求ニ非ス然レトモ數人ニ對シ擔保請求又ハ償還請求ヲ爲サントスル場合

ニ於テモ一通ノ拒絶證書ヲ以テ足レルコトハ疑ナキ所トス

第四　帳簿ノ記載及ヒ謄本ノ交付

公證人ハ手形所持人ノ請求ニ因リ以上ニ述ヘタル各種ノ拒絶證書ヲ作成シタル場合ト雖モ其證書ノ原本ヲ保存スルモノニアラスシテ只公證人ノ帳簿ニ其證書ノ全文ヲ記載スルコトヲ要スルモノトス又其拒絶證書ノ原本カ滅失シタル場合ニ於テハ利害關係人ハ公證人ニ對シ其謄本ノ交付ヲ請求スルコトヲ得ルモノナルヲ以テ利害關係人ヨリ其請求アリタルトキハ公證人ハ自己ノ帳簿ニ依リ其謄本ヲ作成シテ之ヲ交付セサルヘカラス而シテ其謄本ハ原本ト同一ノ效力ヲ有スルモノトス（商五一七、五二九、五三七）謄本ノ交付ヲ請求スルコトヲ得ル利害關係人トハ其手形ノ所持人、裏書人、振出人、保證人、參加引受人、參加支拂人等ヲ指稱スルモノトス

第四節　執行文ノ付與

執行文ヲ付與スル權限ハ民事訴訟法ニ於テ公證人ニ付與シタルモノニシテ公證人カ或證書ヲ作成シタル場合ニ於テ其證書ニ強制執行ヲ爲スノ效力ヲ付與スルノ

權限ニ外ナラス本節ニ於テハ此權限ニ關スル民事訴訟法ノ規定ヲ略述セム

第一欵　執行文ノ意義及ヒ效力

第一　執行文ノ意義

執行文ハ或債務名義カ執行力ヲ保有スルニ必要ナルモノニシテ强制執行ハ執行文ヲ附シタル判決正本、公正證書其他ノ債務名義ニ基キテ之ヲ爲スヘキモノトス(民訴五一六五六〇)換言スレハ强制執行ノ債務名義中執行命令、假差押、假處分命令ハ或例外ノ場合ノ外執行文ヲ附スルコトナクシテ直ニ强制執行ヲ爲スノ效力ヲ有スルモノナレトモ(民訴五六一、七四九、七五六)判決及ヒ公證人ノ作成シタル公正證書中或條件ヲ具備シタル債務名義ハ如何ナル場合ニ於テモ執行文ヲ附スルニ非サレハ之ニ基キ强制執行ヲ爲スコト能ハサルモノトス故ニ執行文ハ判決及ヒ公正證書等ニ基ク强制執行ノ形式的要件ナリト謂フヘシ

公證人ノ作成シタル公正證書ハ總テノ場合ニ於テ强制執行ノ債務名義タルノ效力ヲ有スルモノニ非スシテ其證書ハ左ノ條件ヲ具備スル場合ニ限ラルルモノトス(民訴五五九ノ五號)而シテ左ノ條件ヲ具備スル證書ハ確定シタル判決ト同シク債務

名義タルノ性質ヲ有スルモノトス

一、公證人カ權限内ニ於テ成規ノ方式ニ依リ作リタル證書ナルコトヲ要ス公證人ノ證書作成ニ關スル權限及ヒ其手續等ハ既ニ前數章ニ述ヘタル如シ故ニ公證人カ其權限ヲ越ヘテ作リタル證書又ハ權限内ニ於テ作リタル證書ト雖モ證書作成ノ方式ヲ缺キ又其手續ヲ履行セサルモノナルトキハ債務名義トナラス

二、其證書ハ一定ノ金額ノ支拂又ハ他ノ代替物若クハ有價證券ノ一定ノ數量ノ給付ヲ目的トスル請求ニ付キ作リタルモノナルコトヲ要ス

卽チ其給付ノ目的物カ一定ノ數量ナルコトヲ要スルヲ以テ其數量ヲ一定スルニ付テ他ノ者ノ意思表示又ハ計算ヲ要スルモノノ如キ證書ハ債務名義トナラス然レトモ其數量ハ證書ノ記載ニ依リ之ヲ一定シ得ヘキモノタルヲ以テ足リ必シモ其數量ヲ一定シテ記載スルコトヲ要スルモノニ非ス例ヘハ單ニ給付スヘキ金額ノ割合率及ヒ其期間ノミヲ記載シタルモノノ如シ

三、其證書ハ直ニ强制執行ヲ受クヘキ旨ヲ記載シタルモノナルコトヲ要ス

直ニ强制執行ヲ受クヘキ旨ノ記載トハ其證書中ニ債務者カ其證書ニ基キ直ニ强制執行ヲ受クルコトヲ承諾スル旨ノ意思表示ヲ爲シタルコトノ記載ヲ謂フモノトス故ニ證書作成後ニ至リ債務者カ此意思表示ヲ爲シタルトキハ勿論證書作成前ニ其意思表示ヲ爲シタルモ其證書中ニ其記載ナキトキハ債務名義トナルモノニ非ス

以上ノ要件ヲ具備スル證書ニ非サレハ債務名義トナラサルヲ以テ其證書ニ執行文ヲ附スルコト能ハサルハ勿論ナリ而シテ執行文ハ其證書正本ノ末尾ニ附記スヘキモノニシテ一定ノ方式ニ從ヒ之ヲ作成スヘキモノナルコトハ次款ニ至リテ詳述セム

第二　執行文ノ效力

執行文ハ右ニ述ヘタル如ク債務名義カ强制執行力ヲ保有スルニ必要ナル形式的條件ナルヲ以テ其形式上ヨリ觀察スレハ執行文ハ債務名義ニ執行力ヲ付與スルモノト謂フコトヲ得ヘシ故ニ公正證書ノ正本ニ執行文ヲ附記シタルトキハ債權者ハ其執行力アル正本ニ基キ債務者ノ有體動產、不動產、債權等一切ノ財產ニ對シ差押ヲ

爲シ又競賣ヲ爲スコトヲ得ルモノトス

而シテ執行力アル正本ノ效力ハ之ヲ付與シタル公證人ノ職務執行區域内ニ止マラス本邦内ノ總テノ地域ニ及フモノナルヲ以テ(民訴五六〇、五二五)債務者ノ財産カ帝國内ノ何レノ地ニ存在スルモ之ニ對シ强制執行ヲ爲スコトヲ得ヘシト雖モ債權者カ强制執行ニ著手スルニハ其證書ノ謄本ヲ既ニ債務者ニ送達シ又ハ同時ニ送達スルコトヲ要シ又證書ノ旨趣ニ從ヒ債務者ノ證明スヘキ事實ノ到來ヲ必要トスルトキ又ハ證書ニ表示シタル債權者ノ承繼人ノ爲メ、、ニ執行ヲ爲シ若クハ證書ニ表示シタル債務者ノ一般ノ承繼人ニ、對シ執行ヲ爲スヘキトキハ證書ノ外尚之ニ附記スル執行文ヲ强制執行ノ開始前又ハ同時ニ送達スルコトヲ要シ又若シ證明書ニ依リ執行文ヲ付與シタルトキハ其證書ノ謄本ヲ債務者ニ送達スルコトヲ要スルモノトス(民訴五六〇、五二八)是レ債務者ニ執行ヲ豫告スル手續ニシテ債務者ハ之ニ依リテ如何ナル債務名義ニ基キ强制執行ヲ受クヘキヤヲ熟知セシムルニ在リ

公正證書ハ判決ト同視スヘキニ依リ判決ノ如ク正本ヲ送達スヘキモノナリト謂フモノアレトモ民事訴訟法第百三十七條ニ依レハ「送達ハ送達スヘキ書類ノ正本又

ハ認證シタル謄本ヲ交付スヘキ規定アルトキハ正本又ハ謄本ノ交付ヲ以テ爲シ其他ノ場合ハ謄本ノ交付ヲ以テ爲ス」トアリ期日ニ付テノ呼出又ハ判決ノ送達ノ場合ハ特ニ規定アルヲ以テ正本ヲ以テスヘキモ公正證書ニ關シテハ別段ノ規定ナキニ依リ仝條一項末段ノ規定ニ從ヒ謄本ノ交付ヲ以テスヘキハ勿論ナリ

第二款　執行文付與ノ手續

公正證書ノ執行力アル正本ハ其證書ノ原本ヲ保存スル公證人之ヲ付與スヘキモノニシテ(民訴五六二)執行文付與ニ關シテハ種々ナル規定アリ以下之ヲ分説セム

第一　執行文ノ方式

執行文ハ證書正本ノ末尾ニ之ヲ附スヘキモノニシテ其文式ハ一定スレトモ之ニ記載スヘキ事項ハ各場合ニ依リ全然同一ナラス即チ左ノ如シ

一　普通ノ場合

普通ノ場合ニ於テ付與スル執行文ハ左ノ如ク記載スヘキモノトス(民訴五六〇、五一七)

「前記ノ正本ハ債務者某ニ對シ强制執行ノ爲メ債權者某ニ之ヲ付與ス」

此記載ハ執行文ノ骨髓ヲ爲スモノニシテ以下ニ述フル特別ノ場合ニ於テ他ノ事項ノ記載ヲ要スルトキト雖モ此記載ヲ缺クコト能ハサルモノトス

二　證書ノ執行カ條件ニ繫ル場合

證書ノ執行カ或條件ニ繫ル場合ニ於テハ債權者カ證明書ヲ以テ其條件ヲ履行シタルコトヲ證スルトキニ限リ執行文ヲ付與スルコトヲ得ルハ後ニ述フル如シ(民訴五六〇、五一八、)此場合ニ於テハ其證明ヲ爲サシメタルコトヲ執行文ニ記載スヘキモノトス(民訴五六〇、五二〇、)

三、證書ニ表示シタル債權者ノ承繼人ノ爲メニ又ハ債務者ノ一般承繼人ニ對シ付與スヘキ場合

此場合ニ於テハ其承繼カ證書自體ニ依リ明白ナルトキ又ハ證明書ヲ以テ之ヲ證スルトキニ限リ執行文ヲ付與スヘキモノトス此場合ニ於テハ承繼ノ明白ナルコト又ハ證明書ヲ以テ承繼ノ事實ヲ證明セシメタル旨ヲ執行文ニ記載セサルヘカラス(民訴五六〇、五一九、五二〇、)茲ニ注意スヘキハ民事訴訟法第五百十九條ニ依レハ「債權者ノ承繼人ノ爲ニ又ハ債務者ノ一般承繼人ニ對シ云々」トアル

ヲ以テ債權者ノ承繼人ノ爲ニ執行力アル正本ヲ付與スル場合ハ其承繼人カ一般承繼人タルト特別承繼人タルトヲ問ハスト雖モ債務者ノ承繼人ニ對スル場合ハ一般ノ承繼人ニ限リ特別ノ承繼人ヲ包含セサルコト是ナリ故ニ債務者ノ特別ノ承繼人ニ對シテハ强制執行ヲ爲スコト能ハサルモノト謂フヘシ但一般承繼人トハ家督相續又ハ遺產相續等ニ因リ他人ノ權利義務ヲ包括シテ承繼スル者ヲ謂ヒ特別承繼人トハ賣買贈與又ハ讓渡等ニ因リ特定ノ權利又ハ義務ヲ承繼スル者ヲ謂フ

四、數通又ハ再度執行文ヲ付與スヘキ場合

債權者カ執行力アル正本ノ數通ヲ求メ又ハ前ニ付與シタル正本ヲ返還セスシテ更ニ同一證書ノ正本ヲ求ムル場合ニ於テ數通ノ正本ヲ付與シ又ハ更ニ之ヲ付與スヘキトキハ其旨ヲ執行文ニ明記セサルヘカラス(民訴五六〇、五二二、公證人カ數通又ハ再度ノ執行文ヲ付與スヘキトキハ區裁判所ノ命令ヲ受クヘキモノナレトモ其命令アリタルコトハ執行文ニ記載スルノ要ナキモノトス(民訴五六二、五六〇、五二二三)

以上述ヘタル總テノ場合ニ於テ公證人ノ付與スル執行文ニハ作成ノ年月日及ヒ場所ヲ記載シ公證人カ署名捺印スルコトヲ要ス（民訴五六〇、五一七、）署名ノ方式ニ付テハ第四章第四節ノ説明ヲ參照スヘシ

第二　執行文付與ノ證明手續

執行力アル正本ハ債權者又ハ其承繼人ノ請求アリタル場合ニ付與スヘキモノニシテ其請求ハ書面又ハ口頭ヲ以テスルコトヲ得ルハ勿論（民訴五六〇、五一六、）代理人ニ依リテ之ヲ求ムルコトヲ得ヘシ而シテ普通ノ場合ニ於テハ公證人ハ其請求ニ基キ直ニ之ヲ付與スルコトヲ得ヘキモ左ノ場合ニ於テハ其請求者ヲシテ特種ノ事實ヲ證明セシムルコトヲ要スルモノトス

一、證書ノ執行カ或條件ニ繫ル場合

即チ證書ノ執行カ或條件ニ繫ル場合ニ於テハ債權者カ證明書ヲ以テ其條件ノ履行ヲ證明シタルトキニ限リ其證書ノ執行力アル正本ヲ付與スヘキモノトス（民訴五六〇、五一八、）但其證明書ハ必シモ公正證書又ハ認證アル私署證書タルコトヲ要セサルヲ以テ單純ナル私署證書ヲ提出シタルトキト雖モ公證人ニ於テ

其事實ヲ認メ得ル以上ハ執行文ヲ付與スルコトヲ得ヘシ
證書ノ執行カ條件ニ繫ル場合トハ其證書ノ旨趣ニ從ヒ債權者カ債務者ニ對シ反對給付ノ義務又ハ行爲ヲ爲スノ義務ヲ負フトキ若クハ其執行カ停止條件ニ繫ル場合ノ如キ執行力ノ發生スル基礎トナルヘキ條件ヲ總稱スルモノトス其二三ヲ例示スレハ債務者カ債權者ニ對シ或金額ノ月賦返濟ヲ爲スヘキ契約ニ於テ其月賦ノ支拂ヲ怠リタルトキハ殘額全部ヲ一時ニ辨濟スヘキ特約アル場合ノ如キ又債權者カ金時計一箇ヲ引渡シタルトキハ債務者ハ金百圓ヲ支拂フヘシトノ契約ノ如キ若クハ第三者カ死亡シタルトキハ債務者カ債權者ニ金千圓ヲ贈與スヘシトノ契約ノ如キ孰レモ玆ニ所謂條件ニ繫ル場合ナリトス

二、證書ニ示シタル債權者又ハ債務者ニ承繼アル場合

證書ニ表示シタル債權者ノ承繼人ノ爲メニ執行文ヲ付與シ又ハ債務者ノ一般承繼人ニ對スル執行ノ爲メニ執行文ヲ付與スルニハ其承繼カ公證人ニ於テ明白ナルトキ又ハ證明書ヲ以テ之ヲ證明シタルコトヲ要ス承繼人ノ意義ニ付テハ前段ニ說明シタルカ如シ(民訴五六〇、五一九、)

右一二ノ場合及ヒ債權者カ同時ニ執行力アル正本ノ數通ヲ求ムル場合ニ於テ裁判所書記カ判決ノ執行力アル正本ヲ付與スルニハ裁判長ノ命令アルコトヲ要スレトモ(民訴五二〇、五二二(三))公證人ハ裁判所書記ト異リ強制執行ヲ爲シ得ヘキ債務名義ヲ作成スルノ權限ヲ有スルモノナルヲ以テ自ラ斯ル事項ノ判斷ヲ爲スコトヲ得ヘク從テ此場合ニ於テモ裁判所又ハ裁判長ノ命令ヲ受クルコトヲ要セス公證人ハ獨斷ヲ以テ執行文付與ノ請求ヲ許否スルコトヲ得ルモノトス

三、數通又ハ再度執行文ヲ付與スヘキ場合

債權者カ執行力アル正本ノ數通ヲ求メ又ハ前ニ付與シタル正本ヲ返還セスシテ更ニ同一證書ノ正本ヲ求ムルトキハ公證人ハ職務上ノ住所地ヲ管轄スル區裁判所ノ命令アルトキニ限リ之ヲ付與スヘキモノトス此場合ニ於テ區裁判所ハ書面又ハ口頭ヲ以テ債務者ヲ審訊スルコトヲ得ヘク若シ區裁判所カ相手方ヲ審訊セサルトキハ正本ノ數通ヲ付與シ又ハ更ニ正本ヲ付與シタル旨ヲ相手方ニ通知セサルヘカラス(民訴五六二、五二二(三))

民事訴訟法第五百六十二條第二項ニ依レハ更ニ執行文付與ニ付テノ裁判トア

リテ同時ニ數通ノ執行力アル正本付與ノ場合ヲ規定セサルヲ以テ此場合ニハ公證人ハ裁判所ノ命令ヲ受クルコトナク獨斷ニテ數通ヲ付與スルコトヲ得ヘシト論スル者アリト雖モ數通ヲ付與スヘキ場合ニ於テモ再度下付ノ場合ト區別スルノ理由ナキヲ以テ之ヲ同視スヘシトノ通說ニ從ヒ余輩ハ上述ノ如ク二箇ノ場合ニ付キ同第五百二十三條ニ準據スヘキモノト論定セリ

第三　證書原本ノ附記

公證人カ執行力アル正本ヲ付與スルトキハ其付與前ニ自己ノ保存スル證書ノ原本ニ債權者又ハ債務者ノ爲メニ之ヲ付與スル旨及ヒ之ヲ付與シタル日時ヲ記載セサルヘカラス(民訴五六〇、五二四、)此場合ニ於テ公證人ハ本法第五十條ノ適用ニ依リ證書ノ原本ニ署名捺印スルコトヲ要ストノ說アリ

第四　執行文付與ニ對スル異議

執行文ノ付與ニ對シ債務者ニ異議アルトキハ公證人カ職務上ノ住所ヲ有スル地ヲ管轄スル區裁判所ニ其異議ヲ申立ツルコトヲ得而シテ此異議アリタルトキハ裁判所ハ其裁判前假處分ヲ爲スコトヲ得ヘク殊ニ保證ヲ立テシメ若クハ之ヲ立テシ

メスシテ强制執行ヲ一時停止シ又ハ保證ヲ立テシメテ强制執行ヲ續行スヘキヲ命スルコトヲ得ルモノトス（民訴五六二、五二二）

右ハ所謂形式上ノ異議卽チ執行文ノ效力排除ヲ目的トスル債務者ノ不服申立ノ方法ニ外ナラス若シ債務者カ其實體上ノ權利ヲ爭フトキハ第一審ノ受訴裁判所ニ對シ請求ニ關スル異議ノ訴ヲ提起スルコトヲ得ヘシ（民訴五四五）

第五　執行文付與ノ訴

證書ノ趣旨ニ從ヒ其執行カ條件ニ繫ル場合及ヒ證書ニ表示シタル債權者又ハ債務者ニ承繼アル場合ニ於テ執行文ノ付與ヲ請求スル債權者ハ其條件ヲ履行シタルコト又ハ證明書ヲ以テ其承繼ヲ證明スルノ必要アルコト旣ニ上述セル如シ然ルニ債權者カ是等ノ證明ヲ爲スコト能ハサルトキハ其證書ニ基キ債務者ノ普通裁判籍又ハ民事訴訟法第十七條ニ依レル管轄裁判所ニ對シ執行文付與ノ訴ヲ起スコトヲ得ルモノトス（民訴五六〇、五二一）此場合ニ於テ裁判所ハ通常ノ手續ニ從ヒ債務者ヲ呼出シ口頭辯論ヲ經テ執行文付與ノ許否ヲ決スルモノトス

第五節　確定日附

私署證書ニ確定日附ヲ附スルコトハ民法施行法ニ依リ公證人ノ職務ニ屬セシメタルモノトス以下之ニ關スル同法ノ規定ヲ略記セム

第一欵　確定日附ノ意義及ヒ效力

凡ソ證書ハ確定日附アルニ非サレハ第三者ニ對シ其作成ノ日ニ付キ完全ナル證據力ヲ有セサルモノトス(民施四)又或法律行爲ニ付テハ確定日附アル證書ノ存在ヲ必要トスルコトアリ例ヘハ指名債權ノ讓渡又ハ權利質設定ニ關スル債務者ヘノ通知又ハ債務者ノ承諾ハ確定日附アル證書ヲ以テスルニ非サレハ之ヲ以テ債務者以外ノ第三者ニ對抗スルコトヲ得サルカ如キ(民四六七、三六四)隱居者及ヒ入夫婚姻ヲ爲ス女戸主ハ確定日附アル證書ニ依ルニ非サレハ其財産ノ留保ヲ爲スコト能ハサルカ如シ(民九八八)故ニ是等ノ法律行爲ニ付テハ確定日附アル證書ハ極メテ重要ナル效用ヲ爲スコト論ナク又其他ノ證書ト雖モ當事者ノ能力ニ關シ時效ノ起算又ハ中斷ニ關シ其他種々ナル原因ニ關シテハ其日附最モ緊要ナル場合ナキニ非ス然ルニ私署證書ノ如キハ往々ニシテ虚僞ノ日附ヲ記載スルコトアルヲ以テ其私署證書ノ日附ニ證據力ヲ與フルニハ特ニ官吏又ハ公吏ヲシテ之ニ干與セシムルヲ相當トス之レ公證人又ハ他ノ官吏ニ私署證書ノ確定日附ヲ附スルノ權限ヲ認メタル所以ナリ

證書ハ左ノ場合ニ限リ確定日附アルモノトス(民施五)

第一　公正證書ノ場合

公正證書ナルトキハ其日附ヲ以テ確定日附アルモノトス茲ニ公正證書トハ官吏公吏ノ作成シタル適法ナル證書ヲ總稱シ必シモ公證人ノ作成シタル證書ニ限ルモノニ非ス

第二　私署證書ノ場合

一、登記所又ハ公證人ノ役場ニ於テ私署證書ニ日附アル印章ヲ押捺シタルトキハ其印章ノ日附ヲ以テ確定日附トス

二、私署證書ノ署名者中ニ死亡シタル者アルトキハ其死亡ノ日ヨリ確定日附アルモノトス

三、確定日附アル證書中ニ私署證書ヲ引用シタルトキハ其證書ノ日附ヲ以テ引

用シタル私署證書ノ確定日附トス

四、官廳又ハ公署ニ於テ私署證書ニ或事項ヲ記入シ之ニ日附ヲ記載シタルトキハ其日附ヲ以テ其證書ノ確定日附トス

以上ニ掲ケタル確定日附アル證書ハ其日附ニ付キ完全ナル證據力ヲ有スルヲ以テ其證書カ確定日附ノ日ニ作成セラレタル事實ニ付テハ全ク公正證書ノ效力ト同一ニシテ裁判官ト雖モ故ナク其事實ヲ否定スルコトヲ得サルモノトス此點ニ付テハ第五章第一節ニ於テ詳論シタル公正證書ノ效力ヲ參照スヘシ

第二欵　確定日附ヲ附スル手續

公正證書ハ當然其日附ニ付キ確定日附ヲ有スルモノナルヲ以テ之カ爲メ特別ノ手續ヲ要スルモノニ非スト雖モ登記官吏又ハ公證人カ私署證書ニ確定日附ヲ附スルニハ種々ナル特別規定アリ公證人ニ關スル分ヲ掲クレハ即チ左ノ如シ

第一　確定日附ノ方式

私署證書ニ確定日附ヲ附スルコトヲ公證人役場ニ請求スル者アルトキハ公證人ハ左ノ方式ニ從ヒ確定日附ヲ附スルコトヲ要ス（民施六）

一、確定日附簿ニ署名者ノ氏名又ハ其一人ノ氏名ニ外何名ト附記シタルモノ及ヒ件名ヲ記載スルコト但確定日附簿ニハ豫メ登簿番號ヲ印刷シ請求順ヲ以テ以上ノ記入ヲ爲スコトヲ要ス（民施七）

二、其私署證書ニ登簿番號ヲ記入シ帳簿及ヒ證書ニ日附アル印章ヲ押捺シ且其印章ヲ以テ帳簿ト證書トニ割印ヲ爲スコトヲ要ス

三、其證書カ數紙ヨリ成レル場合ニ於テハ前項ニ掲ケタル印章ヲ以テ毎紙ノ綴目又ハ繼目ニ契印ヲ爲スコトヲ要ス

四、右印章ノ樣式ハ明治三十一年七月司法省令第七號ニ於テ規定セリ

第二　確定日附簿ノ調製

確定日附簿ハ明治三十一年七月司法省令第七號ノ樣式ニ倣ヒ豫メ登記番號ヲ印刷シ請求順ヲ以テ前述ノ記入ヲ爲スヘキモノニシテ其日附簿ニハ地方裁判所長カ其紙數ヲ表紙ノ裏面ニ記載シ職氏名ヲ署シ職印ヲ押捺シ且職印ヲ以テ毎紙ノ綴目ニ契印ヲ爲スコトヲ要スルモノトス（民施七）

第三　手數料ノ納付

私署證書ニ確定日附ヲ附スルコトヲ公證人役場ニ請求スル者ハ命令ノ定ムル所ニ依ル手數料ヲ納ムルコトヲ要スルモノニシテ(民施八)其手數料ノ額ハ明治三十一年七月司法省令第十一號ニ依リ一件ニ付キ金十錢ト定メラレタリ

公證人法論綱 終

附録

第一類

公證人ノ取扱フ書類ノ文式

第一　公正證書ノ文式

公正證書ノ文式ハ全國一定ヲ期スル爲メ訓令ヲ以テ示サルルヤニ承知セルニ依リ本書ニ之ヲ掲ケサル積リナリシモ未タ其運ヒニ至ラサルヲ以テ書中述ヘタル「證書ノ作成」ノ説明ト對照シ研究ニ資スル爲メ茲ニ掲クルコトトセリ

著者白

第、、、號

、、、、公正證書

（囑託人及ヒ其代理人ノ住所、職業、氏名、年齡若シ法人ナルトキハ名稱及ヒ事務所）

當職ハ右ノ囑託ニ因リ左ノ法律行爲ニ關シ囑託人（其代理人）ヨリ聽取シタル陳述（事實ニ付キ目擊シタル狀況）ヲ錄取スルコト左ノ如シ

法律行爲(私權ニ關スル事實)ノ本旨

、、、、、、、、、、、、、、、、、、、、、、、、、、、、、、

、、

、、、、、、、、、、、、、、、、、、、、、、、、、、、、、、

、、

公證人法第三十六條第三號以下規定事項

代理人カ委任狀及ヒ證明書ヲ提出セル場合

一、、、、ハ委任者ヨリ付與セラレタル委任狀ヲ提出シテ其代理權限ヲ證明シ且委任者ノ本籍(寄留)地市、區、町、村長ノ作成シタル印鑑證明書(警察官吏帝國ニ駐在スル本國領事ノ證明書)ヲ提出シテ右委任狀ノ眞正ナルコトヲ證明シタリ

認證アル委任狀ヲ提出セル場合

一、、、、ハ當職(公證人某)ノ認證シタル委任狀ヲ提出シテ其代理權限ヲ證明シタリ

代理人カ登記謄(抄)本ヲ提出セル場合

一、、、、ハ登記官吏ノ認證シタル株式(合名、合資、株式合資)會社(法人、組合)登記謄(抄)本ヲ提出シテ其代理權限ヲ證明シタリ

親權ヲ行フ父カ戸籍謄(抄)本ヲ提出セル場合

一、、、、、ハ親權ヲ行フ父ナルヲ以テ戸籍吏ノ認證シタル戸籍謄(抄本ヲ提出シテ其代理權限ヲ證明シタリ

親權ヲ行フ母又ハ後見人カ戸籍謄(抄)本親族會ノ同意書及ヒ證明書ヲ提出セル場合

一、、、、ハ親權ヲ行フ母(未成年者、禁治産者ノ後見人)ナルヲ以テ戸籍吏ノ認證シタル戸籍謄抄)本及ヒ親族會ノ同意書ヲ提出シ親族會ノ同意ヲ得タルコトヲ證明シ且各會員ノ本籍寄留地市、區、町、村長ノ作成シタル印鑑證明書ヲ提出シ右同意書ノ眞正ナルコトヲ證明シタリ

親權ヲ行フ母又ハ後見人カ戸籍謄(抄)本及ヒ認證アル親族會ノ同意書ヲ提出セル場合

一、、、、ハ親權ヲ行フ母(後見人)ナルヲ以テ戸籍吏ノ認證シタル戸籍謄(抄)本及ヒ當職(公證人某)ノ認證シタル親族會ノ同意書ヲ提出シ子(未成年者)ニ代リ此法律行爲ニ付キ親族會ノ同意ヲ得タルコトヲ證明シタリ

妻カ夫ノ許可書及證明書ヲ提出セル場合

一、、、、ハ有夫ノ婦ナルヲ以テ夫ノ許可書ヲ提出シテ此法律行爲ニ付キ夫ノ許可ヲ受ケタルコトヲ證明シ且夫ノ本籍(寄留)地市、區、町、村長ノ作成シタル印鑑證明書ヲ提出シテ右許可書ノ眞正ナルコトヲ證明シタリ

妻カ認證アル夫ノ許可書ヲ提出セル場合

夫ハ左ノ如シ
（住所、職業、氏名、年齡）
一、、、、ハ有夫ノ婦ナルヲ以テ當職公證人某）ノ認證シタル夫ノ許可書ヲ提出シテ此法律行爲ニ付キ夫ノ許可ヲ受ケタルコトヲ證明シタリ

準禁治產者カ保佐人ノ同意書及ヒ證明書ヲ提出セル場合

夫ハ左ノ如シ
（前例ニ同シ）
一、、、、ハ準禁治產者ナルヲ以テ保佐人ノ同意書ヲ提出シテ此法律行爲ニ付キ保佐人ノ同意ヲ得タルコトヲ證明シ且保佐人ノ本籍（寄留）地、市、區、町、村長ノ作成シタル印鑑證明書ヲ提出シテ右同意書ノ眞正ナルコトヲ證明シタリ

準禁治產者カ認證アル保佐人ノ同意書

保佐人ハ左ノ如シ
（前例ニ同シ）
一、、、、ハ準禁治產者ナルヲ以テ當職公證人某）ノ認證シタル保佐

ヲ提出セル場合

ノ同意書ヲ提出シ此法律行爲ニ付キ保佐人ノ同意ヲ得タルコトヲ證明シタリ

保佐人ハ左ノ如シ

（前例ニ同シ）

未成年者カ父ノ同意書及ヒ證明書ヲ提出セル場合

一、、、、ハ未成年者ナルヲ以テ親權ヲ行フ父ノ同意書ヲ提出シテ此法律行爲ニ付キ其同意ヲ得タルコトヲ證明シ且親權者ノ本籍（寄留）地市、區、町、村長ノ作成シタル印鑑證明書ヲ提出シテ右同意書ノ眞正ナルコトヲ證明シタリ

親權者ハ左ノ如シ

（前例ニ同シ）

未成年者カ認證アル父ノ同意書ヲ提出セル場合

一、、、、ハ未成年者ナルヲ以テ當職（公證人某）ノ認證シタル親權ヲ行フ父ノ同意書ヲ提出シテ此法律行爲ニ付キ其同意ヲ得タルコトヲ證明シタリ

親權者ハ左ノ如シ

未成年者カ母又ハ後見人ノ同意書及ヒ證明書ヲ提出セル場合

(前例ニ同シ)

一ヽヽヽヽハ未成年者ナルヲ以テ親權ヲ行フ母後見人及ヒ親族會ノ同意書ヲ提出シテ此法律行爲ニ付キ親權ヲ行フ母(後見人)ノ同意ヲ得タルコト竝ニ親權者(後見人)カ此同意ヲ爲スニ付キ親族會ノ同意ヲ受ケタルコトヲ證明シ且親權ヲ行フ母(後見人及ヒ親族會員ノ本籍寄留)地市、區、町、村長ノ作成シタル印鑑證明書ヲ提出シ右同意書ノ眞正ナルコトヲ證明シタリ

親權者(後見人)ハ左ノ如シ

自治團體ノ代表者ナル場合

(前例ニ同シ)

一ヽヽヽヽハ市、區、町、村會ノ決議書認證謄本ヲ提出シ此法律行爲ニ付キ市、區、町、村會ノ同意ヲ得タルコトヲ證明シタリ

自治團體ニシテ償還期限三年以上ニ渉ル起債ヲ爲ストキ

一ヽヽヽヽハ內務、大藏兩大臣ノ認可書ノ認證謄本ヲ提出シ本件ニ付キ其許可ヲ受ケタルコトヲ證明シタリ

囑託人ノ氏名ヲ知リ且面識アル場合

一常職ハヽヽヽヽ及ヒヽヽヽヽノ氏名ヲ知リ且之ト面識アリ

囑託人ノ氏名ヲ知ラス面識ナキ場合

一當職ハヽヽヽヽ及ヒヽヽヽヽノ氏名ヲ知ラス又面識ナキヲ以テ同人ハ其本籍寄留)地市、區、町、村長ノ作成シタル印鑑證明書(警察官吏、帝國ニ駐在スル本國領事ノ證明書)ヲ提出シテ其人違ナキコトヲ證明シタリ

仝　上

一當職ハヽヽヽヽ及ヒヽヽヽヽノ氏名ヲ知ラス又面識ナキヲ以テ同人ハ當職カ氏名ヲ知リ且面識アル證人二人ニ依リ其人違ナキコトヲ證明シタリ

證人ハ左ノ如シ

(前例ニ同シ)

事實ニ關スル證書ノ場合ニ急迫ニ付キ人違ナキコトヲ證明セシメサルトキ

一當職ハヽヽヽヽノ氏名ヲ知ラス又之ト面識ナキモ急迫ナル場合ナルヲ以テ其人違ナキコトヲ證明セシメス

通事ヲ立會ハシメタル場合

一ヽヽヽヽハ日本語ヲ解セサルニ因リ(聾者、啞者、其他言語ヲ發スルコト能ハサル者ニシテ且文字ヲ解セサルヲ以テ)同人ノ選定シタル通事ヲ立會ハシメ本件ノ囑託事項ヲ通譯セシメタリ

通事ハ左ノ如シ

立會人ヲ立會ハシメタル場合

(前例ニ同シ)

一、、、、ハ盲者ナルニ因リ(文字ヲ解セサルニ因リ又ハ立會人ヲ請求シタルヲ以テ)同人ノ選定シタル立會人ヲ立會ハシメタリ

立會人ハ左ノ如シ

(前例ニ同シ)

大正、、年、月、、日、、府縣、、市郡、、町村、、、番地公證人、、、、役場ニ於テ此證書ヲ作成ス

此證書ヲ列席者ニ讀聞カセ(閲覽セシメ)タル處囑託人(其代理人)ハ之ヲ承認シタリ仍テ茲ニ列席者ト共ニ署名捺印ス

(又ハ)

通事ヲ立會ハシメタル場合

此證書ハ列席者ニ讀聞カセ(閲覽セシメ)且通事ヲシテ證書ノ趣旨ヲ通譯セシメタル處囑託人(其代理人)ハ之ヲ承認シタリ依テ茲ニ列席者ト共ニ署名捺印ス

、、地方裁判所所屬

〃〃府縣〃〃市郡〃〃町村〃〃〃〃〃番地

公證人〃印

〃〃〃〃印

〃〃〃〃印

〃〃〃〃印

〃〃〃〃印

〃〃〃〃ハ〃〃〃〃〃〃〃〃ニ因リ署名スル能ハス印印

大正〃〃年〃〃月〃〃日〃〃〃〃ノ爲メ此證書ノ正本ヲ付與シタリ

〃〃地方裁判所所屬

〃〃府縣〃〃市郡〃〃町村〃〃〃〃〃番地

公證人〃〃〃〃〃印

第二　正本（抄本）ノ文式

此正本（抄錄正本）ハ〃〃〃〃〃〃〃ノ爲メ原本ニ依リ之ヲ作成シ茲ニ原本ト相違ナキコトヲ認證ス

仝日於仝所

（又ハ）

大正、、年、月、、日、、府縣、、市郡、、町村、、、、番地公證人、、

、、役場ニ於テ

、、地方裁判所所屬

、、府縣、、市郡、、町村、、、、番地

公證人、、、、印

第三　謄本（抄本）ノ文式

右謄本抄錄謄本也

（以下正本ニ仝シ）

第四　認證ノ文式

公證人ノ前ニ於テ署名又ハ捺印シタル場合

其一　公證人ノ前ニ於テ署名又ハ捺印シタル場合

第、、、號

右、、、、ハ此私署證書ニ當職ノ面前ニ於テ署名捺印シタルコトヲ認

證ス

何枚何行何ノ下何々ヲ挿入シ何枚何行何ノ下何々ヲ削除シ共ニ欄外記載ノ上捺印アリ何枚何行何ノ下何ハ改竄シタルモノト認メラル何枚何行何ノ下何々ハ張リ紙ニ記載シ之ニ認印アリ

通事ヲ立會ハシメタル場合

一、、、、、ハ日本語ヲ解セサルニ因リ(聾者、唖者其他言語ヲ發スルコト能ハサル者ニシテ且文字ヲ解セサルヲ以テ同人ノ選定シタル通事ヲ立會ハシメ本件ノ囑託事項ヲ通譯セシメタリ

通事ハ左ノ如シ

(住所、職業、氏名、年齢

立會人ヲ立會ハシメタル場合

一、、、、、ハ盲者ナルニ因リ(文字ヲ解セサルニ因リ又ハ立會人ヲ請求シタルヲ以テ同人ノ選定シタル立會人ヲ立會ハシメタリ

立會人ハ左ノ如シ

(前例ニ同シ)

大正、、年、月、、日、、府縣、、市郡、、町村、、、、、番地公證人、、、

ヽヽ役場ニ於テ之ヲ作ル
ヽヽ地方裁判所所屬
ヽヽ府縣ヽヽ市郡ヽヽ町村ヽヽヽヽ番地
公證人　ヽヽヽヽ印
（立會人）ヽヽヽヽ印

署名又ハ捺印ヲ自認シタル場合

其二　署名又ハ捺印ヲ自認シタル場合

第ヽヽヽ號

一右ヽヽヽヽハ當職ニ對シ此私署證書ノ（署名）捺印ヲ自認シタルコトヲ認證ス

（以下前例ニ同シ）

代理人ヲ以テ署名捺印自認ノ認證ヲ囑託セル場合

其三　代理人ニ依リ署名捺印自認ノ認證ヲ囑託セル場合

第ヽヽヽ號

（署名又ハ捺印者氏名）委任代理人（住所職業氏名年齢）ハ其本人カ此私署證書ニ（署名捺印シタルコトヲ自認セル旨ヲ陳述シタリ依テ之ヲ認證ス

（以下前例ニ同シ）

其四　謄本ノ認證ヲ爲ス場合

第、、、號

此謄本ハ證書ト對照シ其符合スルコトヲ認證ス

（以下前例ニ同シ）

謄本ノ場合

第五　遺言證書ノ文式

第、、、號

、、遺言公正證書

（遺言者及ヒ證人ノ住所職業氏名年齡）

右遺言者ハ前記證人（及ヒ醫師二人）ノ立會ヲ以テ當職ニ對シ左ノ遺言ノ趣旨ヲ口授セルニ依リ聽取シタル陳述ヲ錄取スルコト左ノ如シ

醫師ノ立會アルハ禁治產者カ本心ニ復シタルトキ遺言ヲナス場合ナリ

遺言ノ本旨

、、、、、、、、、、、、、、、、、、、、、、、、、、、、、、

、、、

遺言者ノ氏名ヲ知リ且面識アル場合

遺言者ノ氏名ヲ知ラス面識ナキ場合

仝　上

ヽヽヽヽヽヽヽヽヽヽヽヽヽヽヽヽヽヽヽヽヽヽヽヽヽヽヽヽヽヽ

ヽヽヽ

公證人法第三十六條中規定事項

一當職ハ遺言者ノ氏名ヲ知リ且之ト面識アリ

一當職ハ遺言者ノ氏名ヲ知ラス又面識ナキヲ以テ同人ハ其本籍（寄留地市、區、町、村長ノ作成シタル印鑑證明書（警察官吏、帝國ニ駐在スル本國領事ノ證明書）ヲ提出シテ其人違ナキコトヲ證明シタリ

一當職ハ遺言者ノ氏名ヲ知ラス又面識ナキヲ以テ同人ハ當職カ氏名ヲ知リ且面識アル證人二人ニ依リ其人違ナキコトヲ證明シタリ

證人ハ左ノ如シ

（住所職業氏名年齡）

大正ヽヽ年ヽ月ヽヽ日ヽヽ府縣ヽヽ市郡ヽヽ町村ヽヽヽヽヽ番地公證人ヽヽ

ヽヽ役場（又ハ某所）ニ於テ此證書ヲ作成ス

右遺言者ノ口授ヲ筆記シ遺言者及ヒ證人ニ讀聞カセタル處其筆記ノ正

確ナルコトヲ承認シタリ依テ各自左ニ署名捺印ス

(遺言者署名捺印)

(又ハ)

右遺言者ハ何々ニ付キ自署スル能ハス印印印印

(證人　署名捺印)

(仝　上)

遺言者丶丶丶丶ハ禁治産者ナル處此遺言ヲ爲ス時ニ於テ本心ニ復シ心神喪失ノ状況ニ在ラサリシコトヲ認ム

醫師(署名捺印)

右丶丶丶丶ハ此遺言ヲ爲ス當時ニ於テ心神喪失ノ状況ニ在ラサルコトヲ診斷ス

醫師(署名捺印)

此遺言證書ハ民法第千六十九條一號乃至四號ノ方式ニ從ヒ之レヲ作リ仝條五號ニ據リ之ヲ附記シテ玆ニ署名捺印ス

此附記ハ醫師之ヲ爲スコト

二人ノ醫師ハ各別ニ附記スルヲ可トス

丶丶地方裁判所所屬

丶丶府縣丶丶市郡丶丶町村丶丶丶丶丶番地

公證人　丶丶丶丶丶印

(正本付與ノ記載ハ普通公正證書ノ場合ト同シ)

第六　祕密證書ニ依ル遺言ノ文式

其一　祕密遺言ノ方式ニ依リ封紙ニ記載スル例

第丶丶丶號

(遺言者及ヒ證人ノ住所、職業、氏名、年齡)

右遺言者ハ此封書ヲ明治丶丶年丶月丶丶日當職及ヒ右證人ノ前ニ提出シテ自己ノ遺言書ニシテ其筆者ハ某所某(自筆)ナルコトヲ申述シタルニ依リ本職ハ民法第千七十條一項四號ニ依リ此封書ニ之カ記載ヲ爲シ遺言者及ヒ證人ト共ニ左ニ署名捺印スルモノナリ

大正丶丶年丶月丶丶日丶丶府縣丶丶市郡丶丶町村丶丶丶丶丶番地公證人(役某)

遺言者自證スルコト

場(某所)ニ於テ

丶丶地方裁判所所屬

丶丶府縣丶丶市郡丶丶町村丶丶丶丶丶番地

公證人　丶丶丶丶丶印

丶丶丶丶印

丶丶丶丶印(遺言者、證人)

丶丶丶丶印

其二　言語ヲ發スル能ハサル者ノ祕密遺言ノ方式ニ依リ公證人カ封紙ニ記載スル文例

予ハ何々(啞者、負傷、疾病)ニ付キ言語ノ自由ヲ失セリ又此封書ハ予ノ遺言證書ニシテ其筆者ハ某所某(予ノ全文ヲ自書シタルモノ)ニ有之候也

住所職業

氏　名　印(遺言者)

年齢

第ヽヽヽ號

（證人ノ住所、職業氏名年齡）

右遺言者ハ何々ノ事由ニ因リ言語ヲ發スル能ハサル趣ヲ以テ此遺言書ハ自己ノ遺言書ナル旨並ニ其筆者ハ某所某（自筆）ナルコトヲ此封紙ニ自書シタル上署名捺印シテ大正ヽヽ年ヽ月ヽヽ日當職及ヒ右證人二人ノ前ニ之ヲ提出シタリ依テ當職ハ民法第千七十二條二項ニ依リ此封紙ニ之カ記載ヲ爲シ證人ト共ニ左ニ署名捺印スルモノナリ

大正ヽヽ年ヽ月ヽヽ日ヽヽ府縣ヽヽ市郡ヽヽ町村ヽヽヽヽ番地公證人ヽ

ヽヽヽ役場（某所）ニ於テ

ヽヽ地方裁判所所屬

ヽヽ府縣ヽヽ市郡ヽヽ町村ヽヽヽヽ番地

公證人　ヽヽヽヽ印

ヽヽヽヽ印（證人）

ヽヽヽヽ印

備考
一禁治産者カ祕密遺言ヲ爲ス場合ハ醫師二人以上ノ立會ヲ要シ記載例ハ遺言公正證言ノ例ニ準ス
一言語ヲ發スルコト能ハサル者ト否トヲ問ハス祕密遺言者ハ無筆者ニ非サルコトヲ前提トセルカ故ニ自書シ得ルヲ要ス
一特別ノ法令出テサル限ハ公證原簿ニ記入シ且番號モ亦公證原簿ノ番號ニ依ル

第七 非訟事件手續法ニ依ル財産目錄文式

第丶丶丶號

財産目錄

住所

申立人　氏名

當職ハ某區(地方)裁判所丶丶(丶)第丶丶號不在者(某所某)ノ財産管理ニ關スル事件(何々事件)ニ付キ同裁判所ノ命令同裁判所ノ命令ニ基キタル管理人住所、職業、氏名、年齡ノ

囑託)ニ依リ不在者ノ財産ニ屬スヘキモノナルコトヲ確メ其目錄ヲ調製スルコト左ノ如シ

不動産ハ左ノ如シ

一ヽヽヽ

一ヽヽヽ

動産ノ種類及ヒ數量ハ左ノ如シ

一ヽヽヽ

一ヽヽヽ

債權ハ左ノ如シ

一ヽヽヽ

一ヽヽヽ

債務ハ左ノ如シ

一ヽヽヽ

一ヽヽヽ

帳簿證書其他ノ書類ハ左ノ如シ

一ヽヽヽ

一ヽヽヽ

某區(地方)裁判所檢事某管理人某利害關係人某所某ハ此目錄調製ニ立會ヒタリ

大正ヽヽヽ年ヽヽ月ヽヽヽ日某所ニ於テ此目錄ヲ調製ス

此目錄ハ列席者ニ讀聞カセ(閲覽セシメ)タル處列席者ハ之ヲ承認シタリ仍テ茲ニ列席者ト共ニ署名捺印ス

某地方裁判所所屬

何府縣郡市町村番地

公證人　ヽヽヽヽ印

(檢事、管理人、利害關係人署名捺印)

(注意)非訟事件手續法ニ依リ目錄ヲ作ル場合ハ

(一)　不在者ノ財產管理(民二五乃至二七、非訟五六、五一、五三)

(二)　無償ニテ子又ハ被後見人ニ財產ヲ與フル第三者カ親權者又ハ後見人ニ之ヲ

管理セシメサル意思ヲ表示シタル場合ニ於テ第三者カ管理人ヲ指定セサルトキ裁判所カ管理人ヲ選任シタル場合(民八九二ノ二、九三六、非訟六八、六三、六四)

(三) 同上ノ場合ニ於テ第三者カ管理人ヲ指定シタルモ其權限消滅シ又ハ之カ改任スル必要アル場合ニ第三者カ更ニ管理人ヲ指定セサルトキ裁判所カ管理人ヲ選任スル場合(民八九二ノ三、九三六、非訟六八、六三、六四)

(四) 相續人カ承認又ハ拋棄ヲ爲ス前ニ於テ裁判所カ相續財產ノ保存處分ヲ爲シタル場合(民一〇二一ノ二、非訟六八、六五)

(五) 同上ノ場合ニ裁判所カ管理人ヲ選任シタル場合(民一〇二一ノ三、非訟六八、六五)

(六) 相續人カ相續ノ限定承認又ハ拋棄ヲ爲シタル後ニ於テ相續財產ノ保存處分ヲ爲シタル場合(民一〇二八、一〇四〇、非訟六八、六五)

(七) 相續人分明ナラサル場合(民一〇五一乃至一〇五三非訟六八、六五)

(八) 家督相續人又ハ遺產相續人ノ廢除又ハ取消ノ請求アリタル後裁判確定前ニ相續カ開始シタルトキ裁判所カ遺產ノ管理ニ必要ナル處分ヲ命シタル場合(民

九七八、一〇〇〇、非訟六八六六、）

（九）廢除ノ遺言アリテ同上ノ處分ヲ命シタル場合（同上）

（十）相續財產分離ノ請求アリタルトキ裁判所カ相續財產ノ管理ニ付キ必要ナル處分ヲ命シタル場合（民一〇四一、一〇四三、一〇五〇、非訟六八、六七、等是レナリ

○目錄二通ヲ作リ一ハ管理人ニ交付シ一ハ裁判所ニ提出スルモノトス從テ公證人役場ニ保存スル原本ハ之ヲ作ラス○目錄調製ニ關シ特別ノ法令出テサル限リハ公證原簿ニ記入シ○且番號モ公證原簿ノ追號ニ依ル○檢事、管理人、利害關係人ノ立會フ場合ト雖モ其署名捺印ハ必スシモ必要トセス○非訟事件手續法ニ依ラサル目錄ニ關シテ普通公正證書ノ文例ニ準據シ之ヲ作成スルモノトス

第八　拒絕證書文式

（手形裏面ノ餘白又ハ附箋ニ之ヲ記載ス）

其一　手形ヲ呈示シ支拂ナキ場合ニ直ニ拒絕證書作成ノ囑託ヲ受ケタル場合

第、、、號

拒絕證書

拒絶者　氏名又ハ商號
被拒絶者　氏名又ハ商號

何某(被拒絶者氏名又ハ商號)ヨリ此手形ヲ何某(拒絶者氏名又ハ商號)ニ呈示シ且支拂ナキ場合ニハ此手形ニ付キ拒絶證書ヲ作成スヘキ旨ノ囑託ヲ受ケ大正、、、年、、月、、、日某所(振出人又ハ支拂擔當人ノ營業所若クハ其支拂場所)ヘ出張シ振出人(又ハ支拂擔當人)ニ此手形ヲ呈示シ支拂ヒヲ求メタル處振出人(支拂擔當人)ハ何々ノ理由ニ因リ支拂ヒヲ拒絶シタリ

大正、、、年、、月、、、日某所ニ於テ此證書ヲ作成ス

某地方裁判所所屬
、、府縣、、郡市、、町村、、、、番地
公證人　、、、、印

其二　呈示期日ニ所持人ト同行本人ニ面會ノ場合

第、、、號

拒絶證書

拒絶者　氏名又ハ商號
被拒絶者　氏名又ハ商號

大正、、、年、、月、、、日此手形ニ付キ支拂拒絶證書作成ノ爲メ某所(振出人又ハ支拂擔當人ノ營業所若クハ其支拂場所)ニ手形所持人ト共ニ出張シタリ手形所持人某ハ振出人(又ハ支拂擔當人)ニ此手形ヲ呈示シ支拂ヲ求メタル處振出人(又ハ支拂擔當人)ハ何々ノ理由ニ因リ支拂ヲ拒絶シタリ

大正、、、年、、月、、、日某所ニ於テ此證書ヲ作成ス

(公證人署名畧)

其三　呈示期間中ニ所持人カ呈示ヲ爲シ支拂ヲ拒絶セラレタルヲ以テ公證人出張拒絶證書作成ノ場合

第、、、號

拒絶者　氏名又ハ商號
被拒絶者　氏名又ハ商號

手形所持人某ハ大正、、、年、、月、、日某所(前例ニ同シ)ニ出頭シ振出人(又ハ

支拂擔當人ニ此手形ヲ呈示シ支拂ヲ求メントシタルニ某ハ何々ノ理由ニ因リ支拂ヲ拒絶シタリト陳述セリ

當職ハ右拒絶證書作成ノ爲メ大正、、、年、、月、、、日前項記載ノ場所ニ出張シ振出人(又ハ支拂擔當人)某ニ此ノ手形ヲ呈示シ支拂ヲ爲スヤ否ヲ問ヒタルニ前項某陳述スル所ト同一ノ理由ヲ以テ支拂ヲ拒絶スル旨ヲ陳述シ尚某ハ、、年、、月、、日手形所持人某ヨリ支拂ノ爲メ手形ノ呈示アリタルコトヲ認メタリ

(年月日場所公證人署名略)

　　拒絶者　　氏名又ハ商號

　　被拒絶者　氏名又ハ商號

其四　參加支拂アリタル場合

第、、、號

某ハ大正、、、年、、月、、、日此ノ手形ニ記載シタル第一回ノ裏書人某ノ爲メ支拂ニ參加シ某所ニ於テ手形金額及ヒ費用ヲ某ニ支拂ヒタリ

(年月日場所公證人署名略)

(注意)約束手形ノ參加支拂ハ拒絕アリタル後ニ於テ生スヘキモノナルヲ以テ前例ノ拒絕事實ヲ記載シタル後ニ參加事實ヲ記載スヘキモノトス○支拂地ノ記載ナキ手形ハ住所地ノ記載ヲ以テ補フニ依リ手形ノ效力ヲ妨ケラルルコトナキモ○若シ支拂地モ住所地モ共ニ記載ナキトキハ手形トシテハ無效ナルニ依リ拒絕證書作成ノ囑託ヲ拒絕スヘク○支拂地ノ記載ナキ手形ニ住所地ヲ記載セスシテ營業地ヲ記載シタルトキハ如何此場合ニ於テハ營業地ヲ住所地ト見做シ拒絕證書作成ノ囑託ニ應スヘク○數箇ノ支拂地ヲ記載シタル場合ハ如何手形ノ有效無效ノ問題ハ之ヲ措キ拒絕證書作成ノ囑託ニ應スヘク○支拂地何々銀行ト記載シアルトキハ支拂場所ト見做スヘキヤ又ハ支拂擔當人ト見ルヘキヤ此場合ニハ支拂場所ト見ルヘキナリ

第九 特別記載ヲ要スル執行文文式

其一 債權者ノ承繼人ノ爲メニ又ハ債務者ノ一般ノ承繼人ニ對シ付與スル場合

前記ノ正本ハ債務者ヽヽヽ推定家督相續人ヽヽヽニ對シ强制執行ノ爲メ債權者ヽヽヽ債權讓受人ヽヽヽヽニ之ヲ付與ス

債權讓受人ヽヽヽヽハヽヽ縣ヽヽ郡ヽヽ町戶籍吏ノ認證シタル戶籍謄本ニ依リ某

(相續人ノ氏名)ハ某(被相續人ノ氏名)ノ法定ノ推定家督相續人タルコトヲ證明シ又大正丶丶年丶丶月丶丶日公證人丶丶丶丶作成第丶丶丶號債權讓渡契約證書正本ニ依リ(又ハ何々私署證書)本件債權ヲ某(讓渡人ノ氏名)ヨリ自己カ讓受ケタルコト及丶丶區裁判所執達吏丶丶丶丶ノ證明書ニ依リ債務者ニ對シ債權讓渡ノ通知ヲ爲シタルコトヲ證明シタリ

大正丶丶年丶丶月丶丶日丶丶府縣丶丶市郡丶丶町村丶丶丶丶番地公證人丶丶丶丶役場ニ於テ之ヲ作ル

某地方裁判所所屬

丶丶府縣丶丶市郡丶丶町村丶丶丶丶番地

公證人丶丶丶丶印

其二　債務名義ノ旨趣ニ依リ其執行カ條件ニ繋ル場合

前記ノ正本ハ債務者丶丶丶丶ニ對シ強制執行ノ爲メ債權者丶丶丶丶ニ之ヲ付與ス

本證書第丶丶條ニ依レハ債務者ニ於テ本契約ニ違反シタルトキ及ヒ其債權ヲ害スヘキ行爲アリタルトキハ債務者ハ期限ノ利益ヲ失フヘキ約款ナルニ債務者ニ於テ

第丶丶條ノ利息支拂期ニ其支拂ヒヲ怠リタリトシ債權者ハ執達吏ニ依リ支拂ノ催告ヲ爲シ其證明トシテ丶丶區裁判所執達吏丶丶ノ證明書ヲ提出シ又債務者カ債權ヲ害スヘキ行爲アリタルコトハ(何々)又ハ丶丶裁判所明治丶丶丶年(丶)丶丶號判決ヲ以テ之レヲ證明シタリ

(年月日場所公證人署名略)

其三　區裁判所ノ命令ニ依リ再度又ハ數通付與スル場合

前記ノ正本ハ債務者丶丶丶ニ對シ强制執行ノ爲メ債權者丶丶丶ニ之ヲ付與ス

右ハ再度(何通ノ內壹)ノ執行文ナリ

(年月日場所公證人署名略)

(法意)

一　第三例ノ執行文ハ公證人職務上ノ住所ヲ管轄スル區裁判所ノ命令アルトキニ限リ之ヲ付與スヘク第一、第二例ニ關シテハ別段ノ規定ナキカ故ニ公證人ハ裁判所ノ命令ヲ俟タス專行スルコトヲ得

一　第一、二例執行文ヲ付與スル場合ハ債務名義則チ公正證書謄本ノ外執行文及

ヒ證明ニ要シタル證書ノ謄本ヲ送達スルモノトス

一　第三例ノ執行文ヲ付與スル場合ハ數通又ハ再度執行文ヲ付與シタル旨ヲ相手方ニ通知スルモノトス

第二類　法律行爲ニ關スル證書文例

甲　契約證書財產留保證書文例

第一　金錢消費貸借契約

法律行爲ノ本旨

第壹條　債權者ハ債務者ニ對シ金、、、、、、、、ヲ貸渡シ債務者ハ(連帶シテ)同員數ノ金錢ヲ返還スルコト及ヒ下記ノ事項ヲ約シテ之ヲ借用シタリ

債務者ハ大正、、、年、月、、日其金錢ヲ受取リタリ

第貳條　利息ハ、、、、、、、、ノ割合ト約定シ債務者ハ、、、、、、、、、、、、、、ニ相違ナク債權者ノ住所(本店)ニ於テ支拂フヘシ

第參條　元金返還期限ヲ、、、、、、、、、、ト定メ債務者ハ期限ニ相違ナク債權者ノ住所(本店)ニ於テ返還スヘシ

第四條　債務者カ利息ノ支拂ヲ怠ルトキハ、債權者ハ法律ノ規定ニ依ラ

ス又通知催告ヲ爲サスシテ其利息ヲ元金ニ組入ルルコトヲ得

第五條　債務者カ元金ノ返還ヲ怠ルトキハ其期限後、、、、、、

、、債權者ニ對シ支拂フヘシ

第六條　債務者ハ第貳條第參條、、、及ヒ第五條記載ノ債務履行ヲ怠

リタルトキ又ハ第七條ノ場合ハ直チニ强制執行ヲ受クヘシ

第七條　債務者ハ左ノ場合ニ於テ期限ノ利益ヲ失ヒ通知催告ヲ要セス

元利金ヲ一時ニ辨濟スヘシ

一本契約ニ違反シタルトキ

二債務者ニ於テ其債權ヲ害シタル行爲アリタルトキ

三債務者カ他ノ債權者ヨリ假差押假處分又ハ强制執行ヲ受ケタルト

キ

第八條　債務者ハ本債務ノ擔保トシテ左ノ財產權ニ付キ質權ヲ設定シ

債權者ハ之ヲ取得シタリ

（債權ノ表示）

權利質ノ場合

第九條　債務者ハ前條債權證書ヲ債權者ニ交付シ債權者ハ之ヲ受領シタリ

動產不動產質權ノ場合

第拾條　債務者ハ質權ノ目的タル財產ニ關シ相殺其他瑕疵ノ原因存セルコトヲ宣言ス

第拾壹條　債務者ハ本債務ノ擔保トシテ其所有ニ係ル左ノ不動產（動產）ニ付キ質權ヲ設定シ債權者ハ之ヲ取得シタリ

（動產又ハ不動產ノ表示）

第拾貳條　債務者ハ前條質權ノ目的タル物ヲ債權者ニ占有セシメタリ

不動產抵當ノ場合

第拾參條　債務者ハ本契約存續中抵當權ノ目的タル不動產ノ所有權移轉又ハ其他一切ノ物權ヲ設定スルヲ得ス

第拾四條　抵當權ノ目的タル不動產カ天災地變ニ依リ毀損滅失シ又ハ著シク其價格ノ低落シタルトキハ債務者ハ直チニ其旨ヲ債權者ニ通知シ債權者ノ指定ニ從ヒ他ノ相當ナル擔保ヲ供シテ之ニ代ヘ又ハ增擔保ヲ供シ若クハ借用元利金ヲ返還スヘシ

擔保建物ニ火災保險契約ヲ爲ス場合

第拾五條　債務者ハ本債務ノ擔保トシテ其所有ニ係ル左ノ不動産ニ付キ抵當權ヲ設定シ債權者ハ之ヲ取得シタリ

（不動産ノ表示）

第拾六條　債務者ハ擔保建物ニ金、、、圓以上ノ火災保險契約ヲ債權者ノ承諾シタル火災保險會社ト締結シ本契約存續中之ヲ繼續スヘシ

第拾七條　債務者ハ前條ノ保險契約書ニ保險金請求權轉付ノ裏書手續ヲ經テ之ヲ債權者ニ交付シ又保險繼續ノ爲メ仕拂フ保險料ハ保險契約滿期日、、、日前ニ債權者ヲ經テ仕拂フヘシ

第拾八條　債務者ニ於テ保險契約ヲ變更セムトシ又ハ火災保險會社ヲ變更セムトスルトキハ豫メ債權者ニ通知シ其承諾ヲ受クヘシ

第拾九條　債務者ハ債權者ヨリ火災保險會社變更ヲ要求セラレタルトキハ何時ニテモ之ニ應スヘシ

第貳拾條　債務者ニ於テ第拾七條ノ期日マテニ保險繼續ノ手續ヲ爲サス又ハ爲シ能ハサルトキハ債權者ハ債務者ノ爲メ必要ナル保險料ヲ

保證人ノ場合

支拂ヒ保險ノ繼續ヲ爲スコトアルヘシ

第貳拾壹條　債務者ハ前條ニ依リ債權者カ支拂ヒタル保險料ニ付キ、、、、ノ賠償金ヲ附シ直チニ債權者ニ對シ辨濟スヘシ

第貳拾貳條　保證人ハ(主タル債務者及ヒ保證人間ニ連帶シテ)本債務ヲ保證ス

第貳拾貳條　保證人ハ主タル債務者ニ於テ債務ノ履行ヲ怠ルトキハ民法第四百五拾貳條及ヒ第四百五拾參條ノ權利ヲ主張セス直チニ其債務ヲ辨濟スヘシ

第貳拾參條　保證人ハ前條ノ債務ヲ履行セサルトキハ直チニ强制執行ヲ受クヘシ

第貳拾四條　本契約カ若シ無效又ハ取消シ得ヘキモノナルトキハ保證人ハ其原因ノ如何ヲ知リタルト否トヲ問ハス同一ナル獨立ノ債務ヲ負擔シタルモノト看做シ其履行ノ責メニ任スヘシ

第貳拾五條　債務者ハ債權者ニ於テ保證人ヲ無資力ナリト認メタルト

キハ債權者ノ通知ニ依リ他ノ有資力ノ保證人ヲ立ツルヲ要ス

金錢授受ヲ目擊シタル場合

私權ニ關スル事實ノ本旨

當職ハ此證書作成ノ際債權者ハ貸附金トシテ日本銀行拾圓兌換劵〻〻枚全五圓兌換劵〻〻枚五拾錢銀貨〻〻枚合計〻〻〻圓ヲ債務者ニ交付シ債務者ハ之ヲ受領セルコトヲ目擊ス

第二　賃貸借契約

法律行爲ノ本旨

第壹條　賃貸人〻〻〻ハ賃借人〻〻〻〻ニ第九條記載ノ物ヲ其性質ニ因リ定マリタル用方ニ從ヒ使用及ヒ收益ヲ爲サシムルコトヲ約シ賃借人ハ之ニ依リテ賃料ヲ支拂フコトヲ約シテ其物ヲ受取リタリ

第貳條　賃貸借ノ期間ハ大正〻〻〻年〻月〻〻日ヨリ明治〻〻〻年〻月〻〻日マテトス

第參條　賃料ハ〻〻〻〻〻〻ト約定シ〻〻〻〻〻〻日マテ賃貸人ノ住所ニ於テ支拂フヘシ

又ハ以下ハ動産ナルトキ

第四條　賃借人ノ過失又ハ懈怠ニ因リ目的物ノ全部若クハ一部カ滅失又ハ毀損シタルトキハ賃借人ハ賃貸人ニ對シ其損害ヲ賠償スヘシ

第五條　本契約ノ期間滿了シタル後ト雖モ賃借人カ賃借物ヲ返還セサル間ハ使用收益ヲ繼續スルト否トヲ問ハス賃貸人ニ對シ第參條ニ定ムル賃料ノ割合ヲ以テ損害金ヲ支拂フヘシ

第六條　賃借人ハ第參條及ヒ第五條ノ債務履行ヲ怠リタルトキハ直チニ强制執行ヲ受クヘシ

第七條　賃借人ニシテ左ノ事項ニ相當スルトキハ賃貸人ハ本契約ヲ解除スルコトヲ得

一本契約ニ違反シタルトキ

一賃借物ヲ濫用シ(又ハ質權ヲ設定シ若クハ賃貸人ニ於テ質權ヲ設定セラレムトスルノ虞アリト認メ)タルトキ

一第三者ヨリ假差押假處分又ハ强制執行ヲ受ケ若クハ破産ノ申立ヲ受ケタルトキ

第八條　賃貸借期間滿了シ又ハ前條若クハ其他ノ事由ニ因リテ解約セラレタルトキハ賃借人ハ賃借物ヲ遲滯ナク賃貸人ニ返還スルヲ要ス

第九條　賃貸借ノ目的タル物ハ左ノ如シ

、、、、、、、

、、、、、、、

、、、、、、、

動產ナルトキ、

第拾條　賃借人ハ賃借物ヲ其住所（又ハ某所）ノ家屋內ニ備付ケ使用及ヒ收益ヲ爲シ他ノ場所ニ搬出スヘカラス

不動產ナルトキ

第拾壹條　賃借人カ地形ヲ變更セム（又ハ增築若クハ建物內ノ模樣替ヲ爲サム）トスルトキハ豫メ其設計書及ヒ費用見積書ヲ賃貸人ニ示シテ其承諾ヲ受クヘシ

仝　上

第拾貳條　賃借人カ賃借物返還ノ節ハ其物ヲ原狀ニ復シ又ハ之ニ附屬セシメタル物ヲ收去スルト否トハ賃貸人ノ指揮ニ從フヘシ

賃貸人ハ賃借人カ增築又ハ附屬セシメタル物ニ付キ先買權ヲ行ス

第拾參條　賃借人ハ賃借物ノ保存費ヲ負擔ス
(說明)本按ハ有期ノ賃貸借ノ文例ナレハ存續時期ノ定メナキモノハ之ヲ斟酌スルヲ要ス

第三　賣買契約

其一　即時ニ所有權ヲ移轉スル場合

法律行爲ノ本旨

第壹條　賣主ハ第、、條記載ノ物ニ對スル完全ナル所有權(共有權又ハ何々)ヲ賣渡シ買主ハ之ヲ買受ケタリ
第貳條　賣買代價ハ金、、、、ト定メ買主ハ代金(全部又ハ內金)、、、、、、ヲ支拂ヒ賣主ハ之ヲ受領シタリ
買主ハ殘金、、、、ヲ大正、、、年、月、、日マテニ相違ナク賣主ノ住所ニ於テ支拂フヘシ
(此場合ニハ强制執行云々ヲ記スルコトヲ得)
又ハ

第貳條賣買代價ハ金、、、、ト定メ買主ハ大正、、、年、月、、日マテニ相違ナク賣主ノ住所ニ於テ支拂フヘシ（此場合ニハ强制執行云々ヲ記スルコトヲ得）

第參條　賣主ハ賣買ノ目的物ノ完全ナル所有權ヲ買主ニ移轉シ及ヒ其物ノ引渡シヲ爲シ買主ハ之カ所有權ヲ得及ヒ其引渡シヲ受ケタリ

又ハ

第參條賣主ハ賣買ノ目的物ヲ大正、、、年、月、、日迄ニ相違ナク物ノ所在地某所（買主ノ住所）ニ於テ現狀ノ儘買主ニ引渡シヲ爲スヘシ

第四條　賣主ハ買主ニ對シ賣買ノ目的物ニ付キ毫モ瑕疵ナキコトヲ擔保ス

又ハ

特約

第四條買主ハ民法第五百六拾條乃至第五百七拾壹條ニ規定シタル擔保ノ責ニ任セサルコトヲ特約ス

第五條　賣買ノ目的タル物ハ左ノ如シ

(賣買物ノ表示)

買戻ノ場合

第六條　賣主ハ大正丶丶年丶月丶丶日マテノ期間内ニ第貳條記載ノ代金ヲ返還シ及ヒ契約費用金丶丶丶圓及ヒ賣買ノ日ヨリ買戻當日マテ年丶割丶分ノ利息ヲ支拂フトキハ本賣買ノ解除ヲ爲スコトヲ得

(説明)

賣買ハ最モ頻繁ニシテ地上權、永小作權、地役權ヲ移轉スルハ所有權ノ一部ヲ移轉スルモノナルヲ以テ賣買ナルヘキモ本按ハ有體物ニ付キ完全ナル所有權ヲ移轉スル場合ニ關シテノミ立按シタリ宜シク他ノ場合ニモ之ヲ應用スヘキナリ債權、特許權、意匠權、商標及ヒ版權等ノ賣買ノ場合ハ本按ニ依ルコトヲ得ス

買戻ハ賣買契約ト同時ニ爲スヲ要スルニ付キ賣買契約證書中ニ掲クルヲ允當トス

後日所有權ヲ移轉スル場合

其二　後日所有權ヲ移轉スル場合

法律行爲ノ本旨

第壹條　賣主ハ第丶條記載ノ物ニ對スル完全ナル所有權ヲ本契約ノ約款ニ從ヒ賣渡スコトヲ約シ買主ハ之ヲ買受クルコトヲ約シタリ

第貳條　賣買代價ハ金丶丶丶丶ト之ヲ約定シタリ

第參條　買主ハ前條記載ノ代金ヲ大正丶丶丶年丶月丶丶日マテニ賣主ノ住所ニ於テ支拂フヘシ

又ハ

第參條　買主ハ手附トシテ金丶丶丶ヲ賣主ニ交付シ賣主ハ之ヲ受領シタリ

手附

第四條　賣主ハ第參條ノ代金全部ヲ受ケタルトキハ之ト同時ニ賣買ノ目的物ニ付キ完全ナル所有權ヲ買主ニ移轉スヘシ

前例ノ說明參照

其三　賣買ノ豫約

賣買ノ豫約

法律行爲ノ本旨

第壹條　甲者ハ乙者カ本契約證書ノ日附ヨリ丶丶丶丶丶丶以內ニ代金

民五五六

、、、、ヲ以テ第貳條記載ノ物ノ所有權ヲ買受クルノ意思ヲ表示シタルトキハ目的物ノ完全ナル所有權ヲ乙者ニ賣渡スコトヲ豫約ス

第貳條　賣買ノ目的タル物ハ左ノ如シ

(賣買物ノ表示)

其四　再賣買豫約

法律行爲ノ本旨

第壹條　甲者ハ曩キニ乙者ヨリ買受ケ所有權ヲ取得シタル第貳條記載ノ物ヲ大正、、、年、月、、日マテノ期間内ニ乙者カ賣買ノ目的物ノ所有權ヲ買受クルノ意思ヲ表示シテ代金、、、、ヲ提供スルトキハ乙者ニ其目的ノ完全ナル所有權ヲ賣渡スコトヲ豫約ス

第貳條　賣買ノ目的タル物ハ左ノ如シ

(賣買物ノ表示)

第四　債權讓渡契約

法律行爲ノ本旨

第壹條　讓渡人ハ左記債權ヲ(抵當權ト併セテ)相手方ニ對シ讓渡スコトノ意思表示ヲ爲シタリ

一債權ノ原因及ヒ年月日

讓渡人カ年月日何々工事ノ完成ヲ、、、、、、ヨリ請負ヒタル請負金

一債權額

一債務者

第貳條　此讓渡ハ(有無)償トス

無償ナル場合ノ特約

第參條　讓渡人ハ讓渡シタル債權ニ付キ瑕疵ナキコトヲ讓受人ニ對シ擔保ノ責メニ任スヘシ

(備考)有償ノ場合ニハ賣買契約證書ノ例ニ據ル

第五　贈與契約

法律行爲ノ本旨

第壹條　贈與者ハ第參條記載ノ物ヲ無償ニテ受贈者ニ與フルノ意思ヲ

表示シ受贈者ハ之カ受諾ヲ爲シタリ

第貳條　贈與者ハ贈與ノ目的物ノ完全ナル所有權ヲ受贈者ニ移轉シ及ヒ其物ノ引渡ヲナシ受贈者ハ之カ所有權ヲ得及ヒ其引渡ヲ受ケタリ

又ハ

發生期限停止條件

第貳條　贈與者ハ大正、、年、月、、日(又ハ何々ノ到來スルトキ)ヲ以テ受贈者ニ對シ目的物ノ所有權ヲ移轉シ其引渡ヲ爲スヘシ

第參條　贈與ノ目的タル物ハ左ノ如シ

(贈與物ノ表示)

特約

第四條　贈與者ハ受贈者ニ對シ贈與ノ目的物(又ハ權利)ノ瑕疵又ハ欠缺ヲ擔保ス

(說明)本按ハ物ノ所有權移轉ノ契約ニ係ル文例ニシテ地上權、永小作權、債權ノ設定移轉又ハ既存ノ債權ノ爲メニ質權、抵當權等ヲ設定移轉スル契約モ此文例ヲ斟酌應用スルコトヲ得ヘシ

第六　財產留保

其一　隱居者ノ留保

法律行爲ノ本旨

一、、、、ハ隱居ヲ爲スニ因リ左ニ表示ノ財産ヲ自己ノ特有財産シテ留保スルノ意思ヲ茲ニ表示ス

(留保財産ノ表示)

隱居所ノ留保

法律行爲ノ本旨

其二　入夫婚姻ヲ爲ス女戸主ノ留保

一　某ハ入夫婚姻ニ因リ戸主權ヲ喪失スルニ付キ左ニ表示ノ財産ヲ自己ノ特有財産トシテ留保スルノ意思ヲ茲ニ表示ス

(留保財産ノ表示)

女戸主ノ留保

備考(各通)相續人ヲ本證書ニ關與セシメ留保ヲ了知セシムルヲ可トス

第七　地上權設定契約

法律ノ行爲ノ本旨

第壹條　土地ノ所有者ハ第七條記載ノ土地ニ於テ何々(工作物ノ名稱)又

ハ竹木ヲ所有セシムル爲メ其土地ヲ使用スル權利ヲ付與スルヲ目的トシテ地上權ヲ設定シ地上權者ハ之ヲ取得シタリ

一時若干ノ金額ヲ支拂フ場合

第貳條　地上權者ハ本件地上權ヲ取得スル爲メ金何圓ヲ土地ノ所有者ニ付與シ土地ノ所有者ハ之ヲ受與シタリ地上權者ハ本件存續期間中(又ハ、、个年間)地代ノ支拂ヲ要セス

地代アル場合

第參條　地代ハ、、、、、、ト約定シ、、、、、、マテニ土地ノ所有者ノ住所ニ於テ支拂フヘシ

第四條　本件存續期間ハ大正、、、年、、月、、日ヨリ向フ、、年トス

第五條　前條ノ期間滿了シタル後ト雖モ地上權者カ土地ヲ返還セサル間ハ其使用ヲ繼續スルト否トヲ問ハス土地ノ所有者ニ對シ壹个年ニ付金、、、、ノ(第貳條地代ノ)割合ヲ以テ損害金ヲ支拂フヘシ

第六條　地上權者ハ(第貳條及ヒ)第四條ノ償務履行ヲ怠ルトキハ直チニ强制執行ヲ受クヘシ

第七條　地上權設定ノ目的タル土地ハ左ノ如シ

（地上權設定土地表示）

（說明）

地上權設定行爲ハ遺言ニ依ル場合アルヘシト雖モ本案ハ契約ニ依リ設定スル場合ニ關セリ

設定行爲ヲ以テ存續期間ヲ定メタルトキハ其期間如何ニ長期ナリト雖モ有效ナルヘシ然リト雖モ永久ニ之ヲ設定スルノ約束ヲ爲スモ其約束ノ無效ナルヤ勿論ナリ何トナレハ期間ハ性質上終了ノ期カ確定スルコトヲ要スレハナリ

第八　永小作權設定契約

法律行爲ノ本旨

第壹條　地主ハ第八條記載ノ土地ニ於テ耕作（牧畜）ヲ爲サシムル爲メ永小作權ヲ設定シ永小作人ハ之ヲ取得シタリ

二十年以上五十年以下

第貳條　本件存續期間ハ大正ヽヽヽ年ヽ月ヽヽ日ヨリヽヽ个年トス

第參條　小作料ハヽヽヽヽヽヽヽヽト約定シヽヽヽヽ日マテニ地主ノ

特約

住所ニ於テ支拂フヘシ

第四條　本契約ノ期間滿了シタル後ト雖モ永小作人カ土地ヲ返還セサル間ハ使用收益ヲ繼續スルト否トヲ問ハス地主ニ對シ第參條小作料ノ割合ヲ以テ損害金ヲ支拂フヘシ

第五條　永小作人ハ第參條及ヒ第四條ノ債務履行ヲ怠ルトキハ直チニ強制執行ヲ受クヘシ

第六條　永小作人ノ費用ヲ以テ改良工事ヲ施シタル部分ニ對シテハ地主ハ如何ナル事情アリトスルモ小作料增加ノ請求ヲ爲ササルヘク又永小作人カ土地ヲ返還スルトキハ改良ノ現狀ヲ以テ之ヲ返還シ且ツ地主ニ對シ改良ニ要セル總テノ費用ノ請求ヲ爲ササルヘシ

第七條　永小作地ニ賦課セラルル租稅及ヒ公課ハ永小作人ニ於テ負擔スヘシ若シ地主ニ於テ之ヲ繰替支拂ヒタルトキハ、、、、、、、、、、ノ割合ノ利息ヲ付シ其繰替金ヲ償還スヘシ

第八條　永小作權設定ノ目的タル土地ハ左ノ如シ

(永小作地表示)

(說明)

永小作權設定行爲ハ遺言ニ依ル場合アルヘシト雖モ本案ハ契約ニ依リ設定スル場合ニ關セリ

永小作ハ其權利ノ客体カ土地ニ限ルコト及ヒ土地使用ノ目的ハ必ス耕作牧畜ニ限ルコトニ注意スヘキナリ例ヘハ樹木ノ栽培ヲ目的トスルハ地上權ニ屬スルカ如シ小作料ハ年々又ハ定期ニ支拂フコトヲ要ス一時ニ使用料ヲ支拂フハ永小作權ノ性質ニ適セサルヘシ

第九　地役權設定契約

其一　通行地役權

法律行爲ノ本旨

第壹條　承役地ノ所有者ハ要役地タル丶丶國丶丶郡丶丶町村字丶丶丶番地目）丶丶丶丶ノ通行ノ便益ニ供スル爲メ承役地タル丶丶國丶丶郡丶丶町村字丶丶丶丶番（地目）丶丶丶丶ノ內丶丶丶丶坪ニ地役權ヲ設定シ

對價アル場合

地役權者ハ之ヲ取得シタリ
第貳條　承役地ニ開設スヘキ道路ハ土地ノ(南)方ニ於テ幅ヽ尺長ヽ間トス
第參條　道路ヲ築造シ及ヒ其修繕ノ爲メニ要スル諸般ノ經費ハ地役權者ニ於テ一切負擔スルモノトス
第四條　本件地役權ハ無期限トス
第五條　地役權者ハ地役權取得ノ爲メ大正ヽヽヽ年ヽ月ヽヽ日金ヽ圓ヲ承役地ノ所有者ニ支拂ヒ承役地ノ所有者ハ之ヲ受取リタリ
(又ハ)
第五條　地役權者ハ地役權取得ノ爲メ承役地ノ所有者ニ對シ本件存續中壹个年金ヽヽヽ圓ノ割合ヲ以テヽヽヽヽヽヽヽヽマテニ承役地ノ所有者ノ住所ニ於テ支拂フヘシ
第六條　地役權者ハ第五條ノ債務履行ヲ怠ルトキハ直チニ强制執行ヲ受クヘシ

其二　水流疏通地役權

法律行爲ノ本旨

第壹條　承役地ノ所有者ハ要役地タル丶丶國丶丶郡丶丶町村丶丶字丶丶番(地目)丶丶丶ノ水流疏通ノ便益ニ供スル爲メ承役地タル丶丶國丶丶郡丶丶町村丶丶字丶丶丶番(地目)丶丶丶ノ內丶丶丶坪ニ地役權ヲ設定シ地役權者ハ之ヲ取得シタリ

第貳條　承役地ニ設クヘキ水流疏通ニ要スル水樋ハ承役地ノ(東)方ニ於テ幅丶尺長丶間トシ其一端タル(南)方ヲ丶丶川ニ通シ其水流ヲ引用スルモノトス

第參條　地役權者ハ水樋ノ上流ナル丶丶川ニ於テ閘門ヲ設テ水流ノ汎濫ヲ防クニ足ルヘキ設計ヲ爲スコトヲ要ス若シ水樋又ハ閘門ノ設備疎漏ニ失シ爲メニ決潰阻塞シテ承役地ニ損害ヲ加フルトキハ地役權者ハ承役地ノ所有者ニ對シ其損害ヲ賠償スヘシ

第四條　水樋又ハ閘門ノ布設及ヒ修繕ノ諸經費ハ地役權者ニ於テ一切

對價アル場合

負擔スルモノトス

第五條　水樋又ハ開門ヲ改築若クハ變更セムトスルトキハ相手方ノ承諾ヲ要ス

第六條　本件存續期間ハ大正〻〻〻年〻月〻〻日ヨリ〻个年トス

(又ハ)

本契約ハ無期限トス

第七條　前例第五條應用

第八條　前例第六條應用

(說明)

地役權ハ遺言ヲ以テ設定スル場合アルヘシト雖モ本案ハ契約ニ依ル場合ニ關セリ

法律ハ人的地役ヲ認メサルニ依リ地的地役ナルコトヲ要ス地的地役ハ通行權汲水權觀望權ナルヘキモ實際上其目的トスル所ハ千差萬別ニシテ本案ハ其一二ノ例ニ過キサルカ故ニ取扱ニ臨ミテハ宜シク斟

酌取捨セラルヘシ

所有權ノ限界ニ關シテハ公益規定ニ違反セサル樣注意ヲ要ス而シテ所有權ノ限界ニ關スル規定ハ總テ之ヲ公ノ秩序ニ關スルモノト謂フヲ得ス例ヘハ第一疆界又ハ其近傍牆壁若クハ工作物ノ築造修繕ヲ爲スニ付キ隣地ニ立入ラサルコト民、二〇九、一項)第二人工的ニ隣地ニ疏水スルコト(民、二一八)第三雨水ヲ隣地ニ注瀉セシムルコト民、二一八)第四浸水地ヲ乾カス爲メ家用農工用ノ餘水ヲ排泄スル爲メ公路公流又ハ下水道ニ至ルマテ低地ニ水ヲ通過セシメサルコト(民、二二〇)第五對岸ニ堰ヲ附着セシメサルコト民、二二二第六圍障ヲ建設セサルコト(民、二二五)第七竹木ノ枝根ヲ隣地ニ蔓ラシムルコト(民、二三三)第八工作物ヲ建築スルニ法定ノ距離ヲ存セサルコト(民、二三四)第九椽側又ハ窓ヲ設クルニ目隱ヲ附セサルコト(民、二三五)第十井戸、用水溜、下水溜、肥料溜池、地窖、厠坑ヲ穿ツニ法定ノ距離ヲ存スルヲ要セサルコト(民、二三七)等ハ公秩序ニ關セサルヘク隨テ地役權設定ノ目的タルコトヲ得ヘキハ固ヨリ論ヲ俟タス公秩序ニ關スルモノトハ第一袋地ノ所有者カ圍繞地ヲ通行セサルコト(民、二一〇)第二隣地ヨリ水ノ自然ニ流下スルヲ妨クルコト(民、二一四)第三境界標ヲ設ケサルコト(民、二二三)等ノ如シ

尙第一必要ナル範圍外ニ於テ隣地ヲ使用スルコト(民、二〇九、一項)第二袋地ナラサルニ他人ノ土地ヲ通行スルコト(民、二一〇)第三袋地ノ爲メニスルノ必要以外ニ於テ隣地ヲ通行スルコト(民二一〇)第四水流又ハ溝渠ノ水路又ハ幅員ヲ變更スルコト(民、二一九)第五隣地ノ非泉源ヨリ汲水スルコト第六觀望ノ爲メ隣地ニ樹木ヲ栽植シ又ハ工作物ヲ爲サヽルコト第七汲水ノ爲メ水樋ヲ埋設スルコト第八隣地ヲ通行スルコト等モ地役權設定ノ目的トシテ適法ナルヘシ

第十　交換契約

法律行爲ノ本旨

第壹條　當事者ハ相互ニ第四條記載ノ物ノ所有權(他ノ財産權)ヲ移轉スルコトヲ約ス

瑕疵擔保

第貳條　當事者ハ相互ニ交換ノ目的物ニ付キ完全ナル所有權ヲ移轉シ及ヒ其引渡シヲ爲シタリ

第參條　當事者ハ相互ニ交換ノ目的物ニ付キ毫モ瑕疵ナキコトヲ擔保ス

第四條　交換ノ目的タル物左ノ如シ

甲當事者ヨリ乙當事者ニ對シ所有權ヲ移轉シタルモノ

（交換物ノ表示）

乙當事者ヨリ甲當事者ニ對シ所有權ヲ移轉シタルモノ

（交換物ノ表示）

第十一　使用貸借契約

法律行爲ノ本旨

第壹條　貸主ハ借主ニ第四條記載ノ物ヲ無償ニテ使用及ヒ收益ヲ爲サシムルコトヲ約シ借主ハ其物ヲ受取リタリ

第貳條　本件ハ（何々）ノ爲メ之ヲ約ス

民五九七二項但書ノ場合
期間ノ定メアルトキ

動産ナルトキ

不動産ナルトキ

仝　上

本件使用及ヒ収益ヲ為スニ足ルヘキ期間ハ之ヲ、、、、日ト豫定ス
第參條　本件貸借ノ期間ハ大正、、、年、月、、日ヨリ、个年トス
第四條　使用貸借ノ目的タル物ハ左ノ如シ
(使用貸借物ノ表示)
第五條　借主ハ借用物ヲ其住所(又ハ某所)ノ家屋内ニ於テ使用及ヒ收益ヲ為シ他ノ場所ニ搬出スヘカラス
第六條　借主カ地形ヲ變更セム(又ハ増築若クハ建物内ノ模様替ヲ為サム)トスルトキハ豫メ其設計書及ヒ費用見積書ヲ貸主ニ示シテ其承諾ヲ受クヘシ
第七條　借主カ借物物返還ノ節ハ其物ヲ原狀ニ復シ又ハ之ニ附屬セシメタル物ヲ收去スルト否トハ貸主ノ指揮ニ從フヘシ
貸主ハ借主カ増築又ハ附屬セシメタル物ニ付キ先買權ヲ有ス
(説明)
法律ニハ使用貸借ノ期間ニ付キ定メナキモ其性質ヨリ窺ヒ又民法第五

九九條ヲ參照スレハ使用貸借ハ所謂人的地役ナルモノニシテ例セハ彼ノ隱居料後家分ト稱シ又ハ嫁分ト唱ヘ隱居寡婦又ハ他家ヘ嫁入スルモノニ對シ財產權ノ收益ヲ與フルノ慣習ニ基クカ如キ是レナリ尙其他ニ理由アルヘキモ或ル特別ノ人ニ對シ之ヲ付與スルモノナレハ其期間稍長期ニ涉ルモ敢テ差支ヒナカルヘシ又借主ノ一生涯トスルモ不可ナカルヘシ

使用貸借ニ付キ借主ノ權利ヲ確保スル爲メ收益ヲ爲スヘキ不動產ニ就キ質抵當權ヲ設定スルハ敢テ妨ケナカルヘシ

第十二　雇傭契約

其一　普通雇傭

普通雇傭

法律行爲ノ本旨

第壹條　勞務者ハ使用者ノ爲メ農、工、商、僕、婢ノ勞務ニ服スルコトヲ約シ使用者ハ之ニ依リテ報酬ヲ與フルコトヲ約シタリ

第貳條　雇傭ノ期間ハ大正ヽヽヽ年ヽ月ヽ。日マテトス

期間ハ五年以下民六二六

第參條　報酬ハ(年)ヽヽヽ(圓)ト定メ使用者ハ前拂ヒヲ爲シ勞務者ハ之ヲ受領シタリ

第四條　勞務者ニ於テ第貳條ノ期間内疾病其他已ムコトヲ得サル事由ノ發生ニ因リ勞務ニ服スル能ハサルトキハ前條ノ報酬金ヲ日割ヲ以テ計算シ使用者ニ返還スヘシ

勞務者カ勞務ヲ執ルコトヲ肯セサルトキハ前項ヲ準用ス

第五條　勞務者カ前條ノ債務ヲ履行セサルトキハ直チニ强制執行ヲ受クヘシ

第六條　勞務者ハ(一)「使用者ノ定メタル勞務ニ關スル規程」(二)「使用者ノ指揮命令」ヲ堅ク遵守シ誠實ニ勤務スヘシ

第七條　保證人ハ本契約ニ於ケル勞務者ノ債務ニ付テハ勞務者ト連帶シテ其責ニ任ス

第八條　保證人ハ第四條記載ノ債務ノ辨償ヲ爲ササルトキハ直チニ强制執行ヲ受クヘシ

一、農工商雇人
二、僕婢

（說明）

未成年ノ勞務者ノ爲メ其法定代理人カ代リテ契約スル場合ハ民法第八八四條及ヒ第九二三條二項ニ依リ特ニ未成年者ノ同意ヲ要ス

勞務ハ體力上ノ勞務ト智能上ノ勞務トヲ問ハス包含スルモノトス僕婢番頭手代職工徒弟俳優等ノ勞務ハ主トシテ筋骨ヲ勞シ教師醫師辯護士著述家畫工書家等ノ勞務ハ主トシテ心慮ヲ勞スルカ如シ報酬ハ必スシモ金錢ヲ以テセサルモ可ナラム金錢以外ノ物ト雖モ當事者隨意ニ報酬ト爲スコトヲ得ヘシ

習業雇傭

其二　習業雇傭

法律行爲ノ本旨

第壹條　使用者ハ勞務者ニ對シ自己ノ(商工)業上ノ智識ト實驗トヲ傳授シ勞務者ハ使用者ノ勞役ニ服スルコトヲ約シタリ

十年以下民六二六但書

第貳條　本契約ノ期間ハ大正ヽヽ年ヽ月ヽヽ日ヨリ(拾)个年トス

第參條　勞務者カ自己又ハ親族ノ疾病其他已ムヲ得サル事由ニ因リテ

休業シタルトキハ前條ノ期間滿了後其休業シタル時日ヲ補足スヘシ
第四條　使用者ハ勞務者ニ對シ衣食(職業ノ器具)及ヒ日常ノ必要品ヲ給與スヘシ
第五條　使用者ハ勞務者ニ其習業ノ目的タル職業ヲ修ムルニ必要ナル時間ヲ與ヘ指導ヲ爲シ及ヒ習業ノ便益ヲ圖ルヘシ
第六條　勞務者ハ使用者ノ定メタル勞務ニ關スル規程若クハ指揮命令ヲ堅ク遵守シ誠實ニ勤務スヘシ
第七條　勞務者カ第貳條ノ期間内ニ疾病其他已ムヲ得サル事由ノ發生シ勞務ニ服スルヲ得サルニ至リタルトキ又ハ勞務ニ服スルヲ肯セサルトキ若クハ失跡逃亡シタルトキハ勞務者ハ使用者ニ對シ金丶丶丶(圓)ノ違約金及ヒ勞務ニ服スヘキ殘餘ノ日數ニ付キ壹日金丶丶丶ノ損害金ヲ支拂フヘシ
第八條　勞務者カ前條ノ債務ヲ履行セサルトキハ直チニ强制執行ヲ受クヘシ

第九條　保證人ハ本契約ニ於ケル勞務者ノ債務ニ付テハ勞務者ト連帶シテ其責ニ任ス

第拾條　保證人ハ第七條記載ノ債務ノ辨償ヲ爲ササルトキハ直チニ強制執行ヲ受クヘシ

（說明）

本案ハ習業契約卽チ商工業ノ徒弟ニ關セリ

未成年ノ勞務者ノ爲メ其法定代理人カ代リテ契約スル場合ハ民法第八八四條及ヒ第九二三條ニ依リ未成年者ノ同意ヲ要ス

第十三　請負契約

法律行爲ノ本旨

第壹條　請負人ハ第拾條記載ノ設計ニ基キ注文者ノ爲メ〻〻〻〻仕事ヲ完成スルコトヲ約シ注文者ハ其仕事ノ結果ニ對シテ之ニ報酬ヲ與フルコトヲ約シタリ

第貳條　仕事ノ完成期限ハ大正〻〻〻年〻月〻〻日マテトス

第參條　仕事ノ請負金ハ〻〻〻圓トス
第四條　仕事ノ材料ハ設計ノ通リトシ請負人ニ於テ之ヲ供給スヘク其材料ハ前條ノ請負金ノ内ニ包含ス
第五條　仕事ノ(〻)部分カ竣成シタルトキハ注文者ハ檢分ノ上其仕事ノ拾分ノ(七)ニ當ル請負金ヲ請負人ニ付與スルコトアルヘシ
第六條　仕事カ設計ノ通リ完成シ目的物ヲ引渡シタルトキハコレト同時ニ注文者ハ第參條ノ請負金ヲ直チニ請負人ニ對シ支拂フヘシ若シ前條内渡シ金アルトキハコレヲ控除シタル殘餘ノ部分ヲ支拂フモノトス
第七條　注文者カ前條ノ債務ヲ履行セサルトキハ直チニ强制執行ヲ受クヘシ
第八條　請負人カ第貳條ノ期限ニ仕事ノ完成ヲ爲ササルトキハ壹日ニ付金〻〻〻ノ違約損害金ヲ注文者ニ對シ支拂フヘシ
第九條　注文者カ仕事ノ完成ニ對シ請負金ノ支拂ヲ怠ルトキハ請負金

壹百圓ニ付キ壹日丶丶丶丶丶ノ違約損害金ヲ支拂フヘシ

第拾條　仕事ハ左記設計ノ通リ相違ナク仕立ツルコトヲ要ス

特約
民六三九
十年ノ時效期間內延長スルコトヲ得

第拾壹條　民法第六百參拾七條ニ依ル瑕疵修補又ハ損害賠償ノ請求及ヒ契約ノ解除ハ(五)年以內ハ之ヲ爲スコトヲ得

仝上

第拾貳條　民法第六百參拾八條壹項ニ依ル工作物又ハ地盤ノ瑕疵ニ付キテノ擔保ノ責任ハ(拾年トス

特約

第拾參條　請負人ハ民法第六百參拾四條及ヒ第六百參拾五條ニ定メタル擔保ノ責メニ任セサルコトヲ約ス

請負人ノ技能ニ著眼シタル場合

第拾四條　請負工事ハ請負人自身ニ於テ之ヲ爲シ第三者ヲシテ爲サシムヘカラス

(說明)

請負ハ時トシテ雇傭ナルカ賣買ナルカヲ疑フモノナキニアラス例ヘハ運送契約ノ如キ車馬ヲ雇フカ如キ是ナリ斯ル甄別ハ實地ニ臨ミ考究スルヲ要ス

本案第四條ノ場合ハ賣買ニアラサルナキヤヲ疑フモノナシトセス然レトモ注文者ハ其材料ノ所有權ヲ得ムトスルニアラスシテ請負人カ工事ヲ施シタルモノヲ取得スルヲ目的トスルニアレハ之ヲ請負ナリト云フヲ得ヘシ斯ノ場合ニ於テハ當事者ノ意思ニ依リテ或ハ請負タリ或ハ賣買タルヘキモノナレハ宜シク當事者ノ意思如何ヲ觀テ之ヲ決スヘキナリ

第十四　委任契約

法律行爲ノ本旨

第壹條　委任者ハ受任者ニ對シ左ノ法律行爲ヲ爲スコトヲ委任シ受任者ハ之ヲ承諾セリ

第貳條　受任者ハ遲滯ナク受任事務ヲ執行スヘシ

第參條　受任者ハ委任ノ本旨ニ從ヒ誠實ニ處理スルコトヲ要ス

（說明）

委任契約證書ハ委任者本人カ證書作成ヲ囑託シタル場合ニ限リ之カ囑

託ニ應スヘキモノトス若シ委任者ノ私書ノ委任狀ヲ所持セル代理人ヨリ囑託セラレ之ニ依リテ作成セラレタル證書ハ私書委任狀ト擇フ所ナク畢竟公正證書ノ效ナカルヘシ

委任者已ヲ得サル理由アリテ公證人役場ニ至リ囑託スル能ハサルトキハ第十八條第二項ニ依リ役場外ニ於テ職務ヲ行フコトヲ得ヘシ

第十五　寄託契約

法律行爲ノ本旨

第壹條　寄託者ハ受寄者ニ對シ第五條記載ノ物ノ保管ヲ爲スコトヲ依託シ受寄者ハ寄託者ノ爲メ保管ヲ爲スコトヲ約シテ其物ヲ受取リタリ

第貳條　本契約期間ハ大正〻〻年〻月〻〻日ヨリ明治〻〻〻年〻月〻〻日マテトス

但期間內ト雖モ請求アリタルトキハ遲滯ナク其物ヲ返還スヘシ

第參條　寄託料ハ壹日ニ付金〻〻〻〻ト定メ寄託者ハ〻〻〻〻〻〻マ

動産ナルトキ

テニ受寄者ノ住所ニ於テ之ヲ支拂フヘシ

(不履行ノ場合ハ直チニ强制執行ヲ受クヘキ旨ヲ記載スルコトヲ得)

第四條　受寄者ハ〻〻〻〻〻〻〻〻〻ニ於テ保管ヲ爲スヘシ

第五條　寄託ノ目的タル物ハ左ノ如シ

(寄託物ノ表示)

(說明)

寄託ノ目的物ハ不動產ト動產トヲ問ハス又寄託者ハ必スシモ物ノ所有權ヲ有スルコトヲ必要トセサルヘシ例セハ質取主賃借人又ハ權原ナクシテ物ヲ所持スル者ノ如シ

第十六　終身定期金契約

法律行爲ノ本旨

第壹條　定期金債務者ハ定期金債權者ニ對シ大正〻〻〻年〻月〻〻日ヨリ其債權者ノ終身間每年金〻〻〻圓(玄米〻〻)宛ヲ給付スルコトヲ約ス

第貳條　定期金債務者ハ前條記載ノ定期金ヲ、、、、、、ニ定期金債權者ノ住所ニ於テ支拂フヘシ

第參條　定期金債務者ハ前記債務履行ヲ怠ルトキハ直チニ强制執行ヲ受クヘシ

有償ナル場合(某)ハ第三者

第四條　本契約ハ定期金債權者(某)ヨリ定期金債務者ニ對シ、、、、、、、、、、、、、ヲ贈與シタルニ因ルモノトス

又(ハ)

無償ナル場合

第四條　定期金債務者ハ無償ニテ本契約ヲ締結シタリ

擔保アル場合

第五條　定期金債務者ハ本契約ノ擔保トシテ其所有ニ係ル左ノ不動産ニ付キ抵當權(質權)ヲ設定シタリ

(又ハ)

債務者ハ本債務ノ擔保ヲシテ其權利ニ屬スル左ノ債權ニ付キ權利質ヲ設定シタリ

第十七　和解契約

法律行爲ノ本旨

第壹條　當事者間ゝゝゝゝゝゝゝ事件ニ付キ當事者ハ互ニ讓歩ヲ爲シテ其間ニ存スル爭ヲ止ムルコトヲ約ス

第貳條　和解契約ニ關スル條項ハ左ノ如シ

（說明）

本契約ハ爭ヲ止ムルコト及ヒ相互ニ讓歩ヲ爲スコトヲ要シ其爭ハ裁判上ト裁判外トヲ問ハサルヘシ

乙　遺言證書文例

第一　遺贈

特定財産ノ遺贈遺言例

民五編七章遺留分ニ關スル規定ニ注

其一　特定財産遺贈遺言

遺言ノ本旨

遺言者曰ク予ハ身體精神共ニ（重病ナルモ心神）健全且ツ自由ニシテ他ノ事情ヨリ羈束ヲ受クルコトナク眞意ナル遺言ヲナスモノナリ

第壹條　遺言者ハ次男某ニ對シ第貳條記載ノ物ノ所有權又ハ何々ヲ遺

意スルヲ要ス

贈スルモノナリ

停止條件

但此遺言ハ受遺者カ帝國大學ヲ卒業シタルトキヨリ其效力ヲ生スルモノトス

解除條件

但受遺者ニシテ某女(婚姻ニ同意セサリシ婦女ト知ルヘシ)ト婚姻スルコトアルトキハ此遺言ハ消滅スルモノトス

發生期限

但此遺言ハ受遺者カ成年ニ達シタルトキヨリ其效力ヲ生スルモノトス

消滅期限

但受遺者ハ遺贈物ヲ此遺言カ效力ヲ生シタルトキヨリ拾年間所有シ其拾年ヲ過キタルトキハ受遺者ヨリ更ニ某ニ之ヲ贈與スヘシ

第貳條　遺贈ノ目的タル物ハ左ノ如シ

(遺贈物ノ表示)

第參條　某所某ヲ遺言執行者ニ指定ス(某所某ニ遺言執行者ヲ指定スルコトヲ委任ス)

金錢遺贈遺言

其二　金錢遺贈遺言

包括財産遺贈遺言

認知者父ノ一

民八二九ノ二
民二七七
民八三一ノ一

遺言ノ本旨

一遺言者ハ其所有タル財産中ヨリ金〻〻〻圓ヲ次男某ニ對シ遺贈スルモノトス

（條件前例ニ仝シ）

其三　包括財産遺贈遺言

遺言ノ本旨

一遺言者ハ三男某ニ對シ所有財産ノ半額ヲ包括名義ヲ以テ遺贈スルモノナリ

（條件前例ニ仝シ）

第二　私生子認知遺言

其一　認知者父ノ一

遺言ノ本旨

一某所某女カ大正〻〻〻年〻月〻〻日出生（大正〻〻〻年〻月〻〻日死亡）シタル私生子某ヲ認知ス

認知者父ノ二

其二　認知者父ノ二

遺言ノ本旨

民八三一ノ一

一遺言者ハ某所某女ノ現在胎內ニ在ル子ヲ認知ス

認知者母

其三　認知者母

遺言ノ本旨

民八二九
民八二七ノ一

一遺言者ハ某所某ヲ認知ス

第三　養子緣組遺言

遺言ノ本旨

民八四八

一遺言者ハ某所某ニ男某ヲ自己ノ養子ト爲サムト欲スルニ付キ玆ニ其意思ヲ表示ス

第四　後見人指定遺言

遺言ノ本旨

民九〇一

一遺言者ハ其長男ナル未成年者某ノ後見人トシテ左記ノ者ヲ指定ス

第五　後見監督人指定遺言

民九一〇

遺言ノ本旨

一遺言者ハ其長男ナル未成年者某ノ後見監督人トシテ左記ノ者ヲ指定ス

第六　親族會員選定遺言

民九四五ノ二

遺言ノ本旨

一遺言者ハ其長男某カ成年ニ達スルマテ其親族會員トシテ左記參人(又ハ何人)ヲ玆ニ選定ス

第七　推定家督相續人廢除遺言

廢除ノ原因タル事實ヲ具體的ニ揭クルコトヲ要ス
民九七六

遺言ノ本旨

一遺言者ハ其長男タル某カ何々ノ廉アルニ因リ法定ノ推定家督相續人廢除ノ意思ヲ玆ニ表示ス

第八　推定家督相續人廢除取消遺言

民九七七四

遺言ノ本旨

一遺言者ハ長男某ニ對シ推定家督相續人廢除ヲ爲シタル處何々ニ付其

原因止ミタルニ依リ其取消ノ意思ヲ茲ニ表示ス

第九　遺留分ヲ有スル推定遺産相續人廢除遺言

民一、九九八
仝一、〇〇〇
廢除ノ原因タル事實ヲ具體的ニ揭クルコトヲ要ス

遺言ノ本旨

一　遺言者ハ其參男某カ遺言者ニ對シテ虐待ヲ爲シ(又ハ重大ノ侮辱ヲ加ヘ)タルニ因リ推定遺産相續人廢除ノ意思ヲ茲ニ表示ス

第十　推定遺産相續人廢除取消遺言

民一、九九九
仝一、〇〇〇

遺言ノ本旨

一　遺言者ハ其參男某ニ對シ推定遺産相續人廢除ヲ爲シタル處之ヲ宥恕シタルニ依リ其取消ノ意思ヲ茲ニ表示ス

第十一　相續分指定

其一　遺産相續人相續分指定遺言

民一、〇〇六

遺言ノ本旨

一　遺言者ハ遺産相續人ヲシテ遺産ヲ左ノ如ク相續セシムル爲メ茲ニ其意思ヲ表示ス

一百分ノ貳拾　長男甲部
一百分ノ貳拾　次男乙二
一百分ノ拾　庶子丙三

其二　相續分指定委託遺言

遺言ノ本旨

民一、〇〇六　一遺言者ハ某所某ニ遺產相續人某、某々ノ相續分ヲ定ムルコトヲ委託ス

第十二　分割

其一　遺產相續人相續分、分割方法指定遺言

民一、〇一〇　第十一ノ其一ノ例ニ準ス

其二　相續分、分割方法指定委託遺言

遺言ノ本旨

民一、〇一〇　一遺言者ハ某所某ニ遺產相續人某、某、某ノ相續分、分割方法ヲ定ムルコト
ヲ委託ス

第十三　相續分、分割禁止遺言

遺言ノ本旨

民一、〇一一

一遺言者ハ遺産相續人ニ於テ左ノ土地ヲ(四)年間分割スルコトヲ禁ス

第十四　相續分、分割擔保ニ關スル遺言

遺言ノ本旨

民一、〇一六
全一、〇一三
全一、〇一四
全一、〇一五

一遺言者ハ遺産相續人間ニ一切擔保ノ義務ナキコト又ハ債務者ノ資力擔保ニ付キテハ辨濟期ニ於ケル資力ヲ擔保セサルコト又ハ若シ無資力者アルモ他ノ有資力者ヲシテ無資力者ノ償還スヘキ部分ヲ負擔セシメサルコトヲ遺言ス

第十五　遺言執行者指定(委託)遺言

遺言ノ本旨

民一、一〇八

一遺言者ハ大正〻〻年〻月〻〻日付某地方裁判所所屬公證人(某作成第〻〻號何々遺言證書ニ於ケル遺言ノ遺言執行者トシテ某所某ヲ指定ス

遺言執行者ヲ指定スルコトヲ某所某ニ委託ス)

第十六　遺言取消

其一　全部取消

　　遺言ノ本旨

民一、一一二四

一大正ゝゝゝ年ゝ月ゝゝ日某地方裁判所所屬公證人ゝゝゝゝゝ作成第ゝゝ號何々遺言證書ニ於ケル遺言全部ヲ取消ス

其二　遺言一部取消

　　遺言ノ本旨

民一、一一二四

一大正ゝゝゝ年ゝ月ゝゝ日某地方裁判所所屬公證人ゝゝゝゝゝ作成第ゝゝ號(何々遺言書ニ於ケル遺言ノ中(何々)ノ部分ヲ取消ス

(備考)第二乃至第十六ノ事項ニ付キテハ條件又ハ期限ヲ附スルコトヲ得ルヤ否ヤハ性質上ヨリ觀察シテ之ヲ判斷スヘキナリ例ヘハ私生認知ニ關シテハ停止條件ヲ附スルコトヲ得ヘキモ身分上ノ行爲ナルニ因リ消滅期限又ハ解除(消滅)條件ヲ附スルコトヲ得サルハ論ヲ俟タス其他相續分ノ指定ニモ條件又ハ期限ヲ附スルコトヲ得ス

第三類　事實ニ關スル證明ノ參考トシテ檢證ノ實例

甲　撿證調書

大正〻〻年〻〻月〻日〻〻地方裁判所刑事部ノ受命判事〻〻〻〻〻ハ裁判所書記〻〻〻〻立會甲乙丙丁戊森林法違犯被告事件ニ付キ〻〻縣〻〻郡〻〻村〻〻大字〻〻小字〻〻〻國有林ノ杉樹一部ヲ巳ニ下戻ヲ許可シタリト云フ區域内ニ出張シ同日ヨリ何日ニ亘リ檢證ヲ爲シタリ其始末左ノ如シ

第一項　現場ニ呼出シタル證人〻〻〻〻〻ニ對シ右巳ニ下戻ト爲リタル區域ノ境界ヲ指示スベキ旨ヲ命シ同一ノ指示ニヨリ其境界ヲ分明ナラシムル爲メ別紙檢證第一圖ヲ作製ス卽チ區域ノ境界及四圍ノ狀況其他檢證地ノ形狀等ハ該圖所載ノ如シ因テ其記載ヲ省略ス

第二項　檢證地ノ南方卽チ檢證第一圖(イ)點ハ同郡〻〻村〻〻ヨリ西方約一里ヲ距ル所ニシテ右〻〻ヨリ〻〻郡市ニ通スル經路ト〻〻郡〻〻村〻〻ニ通スル經路トノ分岐點ナリ卽チ西方ニ行クハ〻〻村ニ通シ北方ニ行クハ〻〻村

ニ通ス
右分岐點西北方ノ一帶ハ地勢平坦ニシテ此處ニ小屋掛ヲナシタル如キ跡アリ被告甲ハ右檢證一圖（ハ）點ヲ指シテ己ヨリ樹木ヲ買受ケ製材スルニ付キ自分及家族カ來リ居ル爲メ小屋ヲ建テタル跡ナリト云ヒ（ニ）點ニ製材事務所ヲ（ロ）點ニ製材ヲ投棄スル爲メ納屋ヲ建テ又（ホ）點ニハ挽小屋ヲ建テタル旨ヲ述ヘタリ
右挽小屋ヲ建テタリト云フ（ホ）點附近ニハ多量ノ挽屑ノ堆積シアルヲ認ム此（ホ）點北方ハ急勾配ヲ以テ地勢低下シ稍平坦ヲナセリ此處即チ檢證一圖（ヘ）點ノ所ニハ挽屑多量ニ堆積シアリ（チ）點ニハ削リ屑亦多量ニ積在スルヲ認ム又（ト）點ニハ杭ノ三四本丈結ヒ稍南北十四五間ノ間ニ二三箇所恰モ杭ノ如キモノヲツノ間ニ簓入シ支ヘタル如キ跡アリ被告甲ハ右（ヘ）點ニハ挽小屋（ト）點ニハ稍南北ニ十四五間ノ製材乾場アリ（チ）點ハ桶屋ノ仕事シタル所（リ）點ハ右桶屋ノ寐泊シタル所（ヌ）點ハ屋根板ヲ造リタルモノカ寐泊セシ小屋建テアリシ屋ヲ述ヘタリ

右（リ）點ヲ距ル約七間ニシテ小澤中ニ山ノ井ノ如キ溜水アルヲ見ル此小澤ハ南方ヨリ北方ニ亘リ來リ右箇所ニ於テ漸次ニ稍西方ニ走レリ右井戸ノ東南方約二間ノ所ニ當テ澤ノ對岸卽チ西南方ニ橋ヲ架ケタルカ毀レタルカ如ク其脚部ノミ殘存スルヲ認ム

第三項　呼出シタル證人ヽヽヽヽヽヽヲシテ右被害木ノ所在ヲ指示セシメタルニ證人ハ順ヲ追テヽヽ地方裁判所豫審掛リノ立チタル檢證八號乃至十四號及檢證官外一號同二號ト各表記シタル標木ノアル各伐根ヲ指示シ被害木ナリト申立タルヲ以テ順次之ヲ檢證スルニ

一、檢證八號伐根（ヲ）點ハ右ヽヽ村ヨリヽヽ村トヽヽ村ニ通スル分岐點卽チ檢證一圖（イ）點ヨリ北ヘ六十一度西ニ向ヒ六十四間三分隔リタル所卽チ前記澤ノ東方傾斜セル所ニアリテ其周圍ヲ發掘シ斷面平坦ニシテ露出シ地上ト稍平均ニ伐ラレ其伐根ノ周圍ヲ燒キアリ其斷面ニ長サ二寸五分幅五分ノ創アリ之レニ土ノ固リ埋メアルヲ認ム尚根張ハ削ラレ斷面ノ一部ハ缺如シ周圍ノ發掘シタル所ニハ土ニ多量ノ削リ屑混入シアリ斷面經ヲ計ルニ長キ所二

尺年齢約八十輪ヲ算ス

（二乃至九略）

第四項

一、檢證調書（イ）點ヲ起點トシ北三十五度西方向ニ向ヒ約百七十九間ヲ隔テタル所（經路中ノ點ヲ（ト）ト命ス）（ト）ヨリ東北方ヘ二間ヲ隔テタル所ニ地上約二寸ノ所ヨリ伐ラレタル杉伐根（檢證一圖（ナ）點アリ檢證三圖ノ如クニシテ其斷面經ヲ計ルニ長キ所ニ於テ一尺九寸樹齢約四十年ヲ算ス

二、右檢證一圖（ラ）點ヲ起點トシ北方三間九分ヲ離レタル所（檢證一圖（ム）點）ニ地上四寸ノ所ヨリ伐ラレタル杉伐根アリ卽チ檢證四圖ノ如クニシテ斷面及其周圍ヲ莚敷燒キ尚斷面ノ一部ハ腐蝕セリ又其周圍ニハ燒キ木羽類多ク散在シタリ右斷面經ヲ計ルニ長キ所ニ於テ二尺九寸樹齢約七十五年ヲ算スルヲ得タリ

（三乃至八略）

第五項　以上各檢證伐根ハ何レモ其伐採方法ハ根張ヲ伐リ根元ヲ丸メ斷面ノ一

部缺如シ地上ト稍平均又ハ低ク伐採セラレ檢證八號十三號官外一號二號ノ如キハ其斷面燒キアリテ地上ヨリ高ク伐採セラレタルハ認ムルヲ得スト雖モ他ノ伐採セラレアル各伐根ニ就キ檢證スルニ伐採方法ニ於テハ其軌ヲ一ニシ敢テ異ナル所ヲ發見スルコト能ハサルモ大木ハ地上二寸以上ニ小松其以上ノ高サニ伐ラレ地上ト稍平均ニ又ハ地上ヨリ低ク伐採セラレアルハ之ヲ認ムルヲ得ス尚檢證地卽チ己カ下戻ヲ受ケタル區域內ニアル各伐根中土又ハ枝葉ヲ以テ蔽ヒタルモノハ之ヲ認メス然レトモ伐根ヲ燒キタルモノニ至リテハ第四項ノ二、六、七、記載ノ伐根ノ如キ斷面ヲ又ハ其根株ニテ燒キタルモノアルヲ認ム又右區域內ニアル被害木ニアラサル木ニシテ樹齡八十年ニ達スルモノ又ハ伐根斷面經二尺ニ近キモノ以上第四項記載ニカカル外尚該所ニアルヲ認ム其內ニハ斷面徑短キニ樹齡ノ却テ八十年ヲ超ヱ或ハ直經二尺ニ及フニ樹齡僅カ五十年ニ滿タサルモノアリテ樹木ノ大小ハ必シモ樹齡ノ多寡ト伴ハサルヲ認ム

第六項　檢證九號伐根ヨリ北方十間五分ヲ離レタル所卽チ檢證一圖（オ）點ニ樅生

立木アリ其直徑目通約一尺九寸五分ヲ算シ尚同立木ニ官號ヲ記載シ檢印ヲ打押シアリ該官號ハ黑色薄クナリアリト雖モ三字ニシテ上ノ「西二」ハ之ヲ認ム其下部ノ文字ハ稍不明ナレトモ六十ナルカ如シ檢印亦薄ク僅カニ其輪廓ヲ認ムルノミナルニ尚其中央ニ於テ皮ノ龜裂ヲ生シタル爲メ檢印ノ大小ヲ他ノソレト比較スルヲ得ス

第七項　檢證十一號伐根ノ東北方ニアル檢證圖(1)點ハ伐根ノ西北四間三分ヲ隔テタル所(檢證一圖(リ)點)ニ目通リ直徑七寸五分ノ杉生立木アリ此木ハ幹部山リ生立シ其上ハ二股トナリアリ其目通リニ「四八三」ト官號ヲ記載セラレ繩ヲ廻ハシアルモ檢印ノ打押ナシ然レトモ「四八三」ノ官號ノ記載シアル杉立木ハ「四八二」「四八四」ノ官號ノ記載シアル杉立木ノ附近ニアリテ其狀況第〇圖(現場實測圖)ノ示ス如ク順序ヲ追テ記載セラレタルカ如キ形狀ヲ呈ス

第八項　檢證十二號伐根ノ西南九尺八寸ヲ離レタル所卽チ檢證圖(チ)點ニ杉生立木アリ此目通リニ「六四六」ノ官號ヲ書キ檢印及繩ノ廻ハシアルヲ認ムルモ官號中下「四六」ノ二字ハ黑色新ラシク其上ノ「六」ニ至リテハ甚シク薄キヲ以テ下

ノ二字ニ比シテ著シク差アルヲ認ム

尙檢證十二號ノ東北四間ノ所卽チ檢證圖(ワ)點ニ樅生立木アリ是レニモ目通リニ三字ノ官號ヲ記載シ其下ノ「五六」ハ明瞭ナルモ上ノ一字ハ字格不明ナルヲ認ム尙檢印ヲ打押シアリト雖モ明瞭セス

第九項　檢證一圖(ナ)點ヨリ西北ニ約百間ヲ離レタル所卽チ檢證一圖(コ)點ノ所ニ杉生立木アリ此木ハ目通リ約一丈ノ大木ナリト雖モ地上約二間ノ所ヨリ三股ニナリ居リテ良木ニアラサルヲ認ム而シテ目通リニハ檢印五箇打押シアリト雖モ肉色未タ新ラシキヲ認ム又繩ハ廻シナキモ官號ハ目通リニ一七九ト記載シアリ其字體ハ區域內他ノ諸木ニ付シアル字體ノ太ク大ナルニ比シテ著シテ細ク且ツ小サシ叉墨色ニ至リテハ區域內他ノ諸木ハ薄クナリ居リ其多クハ凝視勘考數分ヲ費スニアラサレハ解スル能ハサルモノアリ甚タシキニ至リテハ消失シ全然解セサルモノアリ加フルニ檢印ニ至リテモ他ノ諸立木ニ打押セル多クノモノヨリハ墨痕濃厚肉色鮮明字體明瞭ナリ

第十項　檢證十四號伐根ヨリ西北方十三間半(木ト木ノ中心マテヲ計ルトキハ八

十二間八分五厘)ヲ隔タツル所即チ檢證一圖(エ)點ニ伐採シタル木ノ末木アリ其伐口徑長キ所六寸五分ヲ算ス

第十一項　檢證十三號伐根ヨリ南六十四度西ニ向ヒ二間六分ヲ隔テタル所ニ目通リ經一尺四寸ノ杉生立木アリテ目通リニ官號檢印アリ尚繩ヲ廻シアリ右官號ハ三ト記載シアリ黑色薄シト雖モ尚字體明瞭ナリ而シテ其三ノ字ハ三箇ノ棒左ヨリ(向ツテ)右ニ斜ニ記載セラレ墨色ノ異同ナク加筆シタル痕跡ヲ認ムル能ハス

第十二項　證人、、、、、、檢證九號伐根ニ對シテハ四百二十六號檢證十號伐根ニ對シテハ四百五十八號檢證十一號伐根ニ對シテハ四百八十三號檢證十二號伐根ニ對シテハ七百九號檢證十三號伐根ニ對シテハ五百七十三號檢證十四號伐根ニ對シテハ五百三十九號ノ各官號ヲ記セルモノナル旨述ヘタルヲ以テ其附近ノ各生立木ノ檢印官號目通直徑及繩ノ有無ヲ檢シ各木ノ位地ニ付キ實測ヲナシタルニ別紙檢證第〇圖乃至〇圖ノ如クニシテ檢證十號及十四號伐根ヲ除ク以外ノ各被害木官號ハ他ノ附近諸立木ニ付シアル官號ト

ノ聯絡ヲ失ヒ順ヲ追フテ記シタルニアラサルヲ認ム

檢證十二號伐根ノ附近ノ狀況ハ右說明ノ如ク檢證第○圖ノ如クニシテ附近官號中七百三號ヨリ七百六號マテハ稍其順ヲ追ヒアリ七百六號ト七百八號トノ間ニ介在セル杉立木卽チ同圖○點ハ其目算ニアル官號ハ「七○」ノ二字ハ認ムルヲ得ト雖モ外ノ文字ハ不明ナリ右立木附近ニハ二三箇ノ杉伐根アルヲ認ム又七百八號ト附セシ杉立木ト六百九十九號ト記セシ縦同木トノ間ニハ七百十一號及七百十二號ト付セシ杉立木アルヲ認ム

第十三項　受命判事ハ現場ニ於テ十一月六日ヽヽヽヽヽヽヲ證人トシテ訊問シ翌七日被告丁戊丙乙ヲ訊問シ尙ヽヽヽヽヲ參考人トシテ訊問シ丁ト戊及戊ト丙ヲ各對質訊問ヲ爲シ又其翌八日ニハ被告戊丁ヲ對質セシメ丁、甲ヲ訊問シタリ

第十四項　本檢證ハ四日ニ亘リ明治ヽヽ年ヽヽ月ヽ日午前八時五十分ニ開始シ同日午後四時ニ中止シ翌七日ハ午前九時半ニ始メ午後五時中止翌八日ハ午前九時ニ始メ午後六時ニ中止シ翌九日ハ午前十時ニ始メ午後三時ニ終了ス

第十五項　本檢證ニハ終始檢事〻〻〻干與シ辯護人〻〻〻〻〻十一月六日及七日ノ兩日ノ檢證ニ立會辯護人〻〻〻ハ十一月八日迄テ三日間立會タリ
第十六項　本證ニ用ヘタル尺度ハ曲尺ナリ此調書ハ檢證ヲ終了シタル日卽テ〻〻年〻〻月〻日右檢證ノ場所ニ於テ作成ス因テ所屬官署ノ印ヲ用ヒス

〻〻地方裁判所刑事部

裁判所書記　〻〻〻〻

受命判事　〻〻〻〻

（圖面略）

乙　檢證調書

原告　甲

被告　乙

右當事者間〻〻（ハ）第〻〻號執行異議事件ニ付差押ニ係ル係爭物件ノ檢證ヲ爲ス爲メ大正〻〻〻年〻月〻日〻〻區裁判所判事〻〻〻〻ハ裁判所書記〻〻〻ト共ニ〻〻縣〻〻郡〻〻村〻〻原告甲ノ居宅ニ臨ミ檢證ヲ爲スコト左ノ如シ

一　本檢證ニハ原告甲立會ヒシタリ

一　本件檢證ノ場所ハ丶丶縣丶丶郡丶丶村丶丶原告甲ノ住家ニシテ四圍竹又ハ杉ノ生垣ヲ遶ラシ東方ニ一箇所西方ニ二箇所ノ入口ヲ設ケ隣地トノ交通路トシ生垣ノ西方及北方ハ畑地ニ接シ東方及南方ハ水田ニ接續シタリ

一　此内ニ建設セラレタル家屋ハ母家物置及豚小屋ノ各一棟ニシテ母家ハ間口四間半奥行四間ノ北向ノ平家建住家ニシテ物置ハ間口三間奥行二間ノ木造平家建ニシテ北ニ向ヒ一間半ノ入口一箇所ヲ有スルモ其他ハ總テ遶スニ壁ヲ以テス豚小屋ハ約間口二間奥行一間ノ西方向粗造小屋ニシテ雜木丸太數本ヲ地上ニ建テ柱ニ代ヘ南東北ノ三方ハ藁垣ヲ遶ラシ入口タル西方ハ數本ノ環貫ヲ設ケテ養豚ノ逸出ヲ防キ屋根ハ萱ヲ以テ覆ヒタリ

判事ハ原告ニ對シ本件差押ニ係ル玄米ノ置場ヲ指示スヘキ旨ヲ命シタルニ原告ハ物置内ニ入リ其右側ニ設ケタル形狀戸棚ノ如キ場所ヲ指示シ差押玄米ノ置場ナル旨陳述シタリ

依テ之ヲ檢スルニ右米置場ハ物置ノ一部分ニシテ即チ屋内ニ入リテ右側ノ

壁ト約三尺ノ平行ヲ保チテ取外シニ便ナル板圍ヲ設ケ其南西北ノ三方ハ物置ノ壁ヲ利用シテ其形狀恰モ戸棚ノ如キ場所ヲ設ケ尚之ヲ四箇ニ區劃シタリ然シテ其一小區劃ノ面積ハ約四分ノ一坪高サ七八尺ヲ算シ戸棚ノ中ニ設ケラル區劃ノ柱木ニゝゝ區裁判所執達吏ゝゝゝゝノ作成シタル公示書一葉ヲ貼付シアルヲ認ム

判事ハ原告ニ對シ右米置場ノ前面ノ板圍ヲ撤去シ且ツ其內ニ置キタル本件差押玄米納付者ノ氏名並ニ其米ノ種類ヲ指示スヘキ旨ヲ命シタリ

原告ハ先ツ戸棚ノ板圍ヲ撤去シタリ

依テ之ヲ檢スルニ前記四箇ノ區劃中北方ヨリ二番目ノ戸棚ニ玄米四俵第三番目及四番目ニ各八俵ヲ積重ネ合計貳拾俵ノ玄米ヲ存置シタルヲ認ム而シテ原告ハ第二第三番ノ戸棚內ニ在ルモノ全部即チ十二俵及第四番目內ノ五俵此合計十七俵ハ何レモゝゝゝゝゝカ大正ゝゝ年十一月ヨリ同年十二月ニ至ル間漸次四俵十二俵九俵ノ三度ニ納付シ來リタル昨年度ノ小作米貳拾五俵ノ殘部ニシテ他ノ八俵ハ自家用ニ費消シ又ハ他ニ賣却シタル旨陳述シ尚

第四番ノ戸棚內ナル磯部三俵ノ玄米ハ何レモ昨年末ヽヽヽヽノ手ヲ經テ小作セシメタルヽヽヽヽヨリ納付シタル小作米ナル旨及右貳拾俵ノ玄米ノ種類ハ愛國、小粒、新房州ノ三種ナル事ハ納人ヨリ聞受ケタルモ自身米質ノ檢査ヲ爲シタルコトナシト陳述シタリ

依テ之ヲ檢スルニ右ノ玄米ハ孰レモ藁ヲ以テ製シタル俵ニ入レアリ外部ハ藁繩ヲ以テ結ヒ着ケタルモノニシテ總テ通常ノ俵裝ナルヲ以テ一見各俵間ニ何等ノ區別ヲ認ムルコト能ハス只俵ノ原料タル藁ニ多少新古ノ差異アリ又其俵裝ノ繩ノ結ヒ方ニ多少精粗ノ差アルカ如シ

於是判事ハ證人訊問ヲ爲ス旨ヲ告ケヽヽヽヽヲ證人トシテ別紙調書ノ通リ訊問シタリ

判事ハ原告ニ對シ本件差押ニ係ル豚ヲ指示スヘキ旨ヲ命シタリ

原告ハ前記豚小屋內ニ飼育スル黑色牝豚一頭ヲ指示シ且ツ西方ニ面スル中央ノ丸太柱ニ貼付セラレタルヽヽ區裁判所執達吏ヽヽヽヽヽノ作成ニ係ル公示書ハ風雨ノ爲メ剝落紛失シタル旨陳述シタリ

依テ之ヲ檢スルニ右豚小屋ハ南北二室ニ分タレ其北方ノ室ニ於テ黑色額白
牝豚一頭(體量大凡廿七九貫匁位)ノ飼養シアルヲ認ム
於是判事ハ證人訊問ヲ爲ス旨ヲ告ケ別紙調書ノ通リ證人ヽヽヽヲ訊問シタリ
一　本件檢證ハ大正ヽヽヽ年ヽ月ヽ日午前十一時三十分ニ始メ午後零時十分ニ
終ル
一　本件檢證ニハ曲尺ヲ用ヒタリ
右調書ハ於檢證地現場關係人ニ示シタル處之ヲ承諾シタリ

ヽヽヽ年ヽ月ヽ日

ヽヽ區裁判所

裁判所書記　ヽヽヽヽ

判事　ヽヽヽヽ

第四類　公正證書簡易文例

一本按公正證書文例ハ必要缺クヘカラサル文字ノ外勉テ其記載ヲ簡潔ナラシムルコトヲ圖レリ

一本按ハ謄書主義ニ稍々反スル嫌ナキニ非サレトモ印刷用紙ヲ用ヰルニ便ナラシムルカ爲メ本旨ノ記載ヲ前ニ置キタリ

一公證人法第三十六條ニ定メタル事項ヲ囑託人又ハ其代理人ノ次ニ挿入スルトキハ氏名ヲ知リ且面識アリ若クハ氏名ヲ知ラス又面識ナキヲ以テ本人證明ヲ爲サシメタル旨ヲ各別ニ記載スルノ煩アレトモ囑託人又ハ其代理人ノ氏名ヲ幾度モ記載スヘキヲ省クノ利アリ

第壹萬號

金錢消費貸借契約證書

當事者間ノ法律行爲ニ關シ聽取シタル陳述ヲ錄取スルコト左ノ如シ

第壹條　、、、、、、、、、、、、

第貳條　、、、、、、、、、、、、、、

第參條　、、、、、、、、、、、、、、、

東京市麴町區西日比谷町壹番地

債權者　株式會社　帝　國　銀　行
同區富士見町壹丁目壹番地
右取締役　甲　山　金　吾
慶應參年四月朔日生
右ハ登記官吏ノ認證シタル株式會社登記簿抄本ヲ提出シテ其代理權限ヲ證明シタリ
同市神田區淡路町貳丁目參番地右行員
右代理人　乙　村　次　郎
明治拾年四月八日生
右ハ委任者ヨリ付與セラレタル委任狀ヲ提出シテ其代理權限ヲ證明シ且其委任狀ハ認證ヲ受ケサル私署證書ナルニ因リ法定ノ印鑑證明書ヲ以テ右委任狀ノ眞正ナルコトヲ證明シタリ
當職ハ右ノ氏名ヲ知リ且面識アリ
千葉縣千葉郡千葉町千葉五百番地洋物商

債務者　丙　海　三　藏
文久貳年正月元日生

當職ハ右ノ氏名ヲ知ラス又面識ナキヲ以テ同人ハ法定ノ印鑑證明書ヲ提出シテ其人違ナキコトヲ證明シタリ
大正四年貳月貳拾日東京市麴町區西日比谷町參番地公證人大川正一役場ニ於テ此證書ヲ作成ス
右列席者ニ讀聞カセ且閲覽セシメタル處一同之ヲ承認シタリ依テ茲ニ列席者ト共ニ署名捺印ス

東京地方裁判所所屬東京市麴町區西日比谷町參番地
公證人　大　川　正　一　㊞
乙　村　次　郞　㊞
丙　海　三　藏　㊞

第五類　囑託人案內

㊇公證人の職務及ひ公正證書の效力

○公證人は人々の囑託を受けて法律行爲其他私權に關する事實に付き公正證書を作り又私署證書に認證を與ふるを以て職務となすものなれは其職務を行ふに當り偏私の行爲あることなく專ら當事者又は關係人の便利を圖り後日の紛擾を避け無用の手數を省かしむる等私權擁護の責任あり社會百般の事は其始めを愼しまされは必す終りに紛爭を釀すの恐れなしとせす況んや鄭重を要すへき法律行爲又は擧證に困難にして且證據の滅失し易き私權に關する事實に付きては一に公證人に信賴して完全なる公正證書を作り禍を未然に防き私權の目的を達するに容易なることに努めらるへし

○公證人の作るへき公正證書は法律行爲其他私權に關する事實の證明にして又私署證書の署名又は捺印を公證人の前に於て爲したることと署名捺印を自認したることと證書の謄本か本書と符合することと等に付き認證し尙ほ財產目錄手形の拒絕證書

の作成及ひ確定日附を附する等の囑託に應するものとす特に遺言證書は要式證書なるか故に公證人に囑託するを以て最も安全なりとす遺言を以てすへきものの種類は左の如し

(一)遺贈(特定及包括名義)(二)私生兒認知(三)養子緣組(四)後見人及後見監督人の指定(五)親族會員の選定(六)推定家督相續人廢除及ひ廢除の取消(七)遺言執行者の指定(八)遺言の取消(九)遺留分を有する推定遺產相續人の廢除及ひ廢除の取消(十)遺產相續人の指定(十一)相續人分割の指定並に分割委託及ひ分割の禁止等

○公證人の作りたる公正證書は法律上完全の證據力を有し一定の金額の支拂又は他の代替物若しくは有價證券の一定の數量の給付を以て目的とする請求に關するときは公證人の付與したる執行文に依り直ちに强制執行を爲すことを得るは恰も確定判決又は終局判決の如し

◉囑託人の注意

公證人の役場に來りて公正證書、認證書財產目錄、拒絕證書等の作成を囑託せらるる向は如何に遠隔の地に住する人又は外國人たりとも盡く其囑託に應すへきものなしは人々は各其信用する公證人に就きて囑託せらるるを可とす遺言證書拒絶證書又は財産目錄其他止むを得さる事件に付きては公證人の役場所在地を管轄する地方裁判所管轄區域内に限り出張して取扱ひの依頼に應すへし
○公正證書又は認證證書の作成を囑託せんとする者は本人又は代理人公證役場に出頭し其主旨の談話を爲すものとす役場へ出頭の際に持參すへき書類は左の如し
一、囑託本人又は其代理人にして公證人に於て氏名を知らす面識なきときは市區、町、村長か證明したる印鑑證明書を持參し人違ひなきことを證明すること但し市、區、町、村長を置かさる地に在りては市、區、町、村長の職務を行ふ吏員か作りたる印鑑證明書を以てし若し外國人なるときは警察官吏又は本國領事の證明書とす以下之に倣ふ
囑託本人又は其代理人は公證人に於て氏名を知り且面識ある二人の證人を以て右の證明書に換へ人違ひなきことを證明せしむることを得
二、委任に依る代理人なるときは本人より付與せられたる委任狀但し認證を受けさる委任狀なるときは委任者の市、區、町、村長の證明したる印鑑證明書若し外

國人なるときは警察官吏又は本國領事の證明書を提出して委任狀の眞正なることを證明すへきこと

委任狀には公正證書作成を公證人に囑託する事を委任したる旨を記載し其契約の事柄は可成詳細に記入せらるへし例へは金錢貸借契約にありては元金額利息の率辨濟期利息支拂擔保物の表示並に强制執行の條件を附する事又特約あるときは其特約等を記載するの類なり

三、實父養父か親權者なるときは本人たる未成年者の代理權限を證する爲め戸籍謄本又は抄本

四、前記以外の親權者又は後見人なるときは戸籍謄抄本の外親族會の決議書但し認證を受けさる決議書なるときは決議書に署名したる各親族會員の印鑑證明書を提出して決議書の眞正なることを證明すへきこと

五、親權者又は後見人に於て未成年者の被傭契約を爲すときは本人の同意書但し認證を受けさる同意書なるときは其未成年者の印鑑證明書を提出して同意書の眞正なることを證明すへきこと

六、市、町、村か其市、町、村の爲めに契約を爲すときは職氏名を自署し職印を捺したる書面及ひ市、町、村會決議書の認證謄本若し其契約か償還期限三年以上に渉る貸借金に係るときは內務大藏兩大臣認可書認證謄本

七、會社の法定代理人なるときは資格證明として會社登記簿謄(抄)本(他の法人又は組合の代表者なるときは之に準す)

八、寺院の住職及ひ檀家總代人又は神社の神職及ひ氏子總代人なるときは市區町、村長か其資格を證明したる書面

九、有夫の婦なるときは其夫の許可書但し認證を受けさる許可書なるときは夫の印鑑證明書を提出し許可書の眞正なることを證明すへきこと

十、準禁治產者なるときは其保佐人の同意書但し認證を受けさる同意書なるときは保佐人の印鑑證明書を提出し同意書の眞正なることを證明すへきこと

以上の印鑑證明書には生年月日を記載することを要す

委任狀又は第三者の許可、同意を證する書面の眞正なることを證する印鑑證明書は囑託の都度之を差出すことを要す

○囑託人日本語を解せさる場合又は聾者啞者其他言語を發する能はさる者にして文字を解せさる場合は囑託人の選定せる通事を立會はしむること

○囑託人盲者なる場合又は文字を解せさる場合は立會人を立會はしむること又盲者若しくは文字を解せさるに非すと雖も囑託人の望みに依り立會人を立會はしむることを得立會人たることを得さるものは左の如し

（一）未成年者（二）禁錮以上の刑に處せられたる者但し二年以下の禁錮に處せられたる者にして刑の執行を終り又は其の執行を受くることなきに至りたるときは此の限に在らす破產又は家資分散の宣告を受け復權せさる者禁治產者及ひ準禁治產者。懲戒處分に因り免官免職せられたる者又は辯護士法に依り除名せられたる者にして免官免職又は除名後二年を經過せさる者（三）自ら署名すること能はさる者（四）囑託事項に付利害の關係を有する者（五）囑託事項に付代理人輔佐人又は代理人輔佐人たりし者（六）公證人囑託人其の代理人の配偶者四親等內の親族同居の戶主家族法定代理人保佐人雇人又は同居人（七）公證人の筆生

公正證書に他の書類を引用し又之を添附することを得例へは賣買贈與又は抵當

物の目錄の如し
○右に依り公證役場へ差出す書類を作るには數量年月日は壹貳參拾の字を用ひ文字は之を改竄するを得す插入削除を爲すときは其文字其箇所を欄外又は末尾の餘白に記し之に捺印することを要す但削除する場合は原字を尙明に讀み得へき爲め字體を存し置くへし又左の注意を爲すの要あり
一公證役場へ差出す書類か外國文なるときは譯文を添ふること
二囑託人其承繼人又は公正證書の趣旨に付き利害の關係ある者は公正證書又は附屬書類の正本謄本、抄本の請求を爲し若くは閱覽を請求することを得又右の請求者は自ら之れを謄寫し公證人に署名のみを請求することを得但し代理人に依りて請求するときは前記代理人に關する書類、又承繼人なるときは承繼人たることを證明する書面を提出すへく、又他の利害關係人なるときは利害關係を書面を以て證明すへきこと
三確定日附は使又は郵便に依り請求することを得
○公證人は法令に違反したる事項無效又は無能力に因りて取消し得へき法律行爲

に關しては公正證書作成及ひ認證を爲さゝるは勿論なるも右に反せさる法律行爲と雖も其內容に於て不利益たり又損失あること往々なれは不安心なる者ある場合は約定の前以て自己の信用する公證人に相談し然る後約定する樣爲せは安然なり

◉改正法に付き注意すへき點

○舊法は法律行爲にのみ關する公正證書に限られしも新法は法律行爲の外私權に關する事實に付き公正證書を作り及ひ私書證書に認證を與ふることゝなし權限を擴張したり

○舊法は出張區域に付き公證役場所在地の區裁判所管內に限られしも新法は公證役場所在地を管轄する地方裁判所の管轄區域となし職務執行區域を擴張したり

舊法の本人證明書を新法は印鑑證明書と改正したり

○舊法に於て要せさりし委任者の印鑑證明書を新法に於ては其都度差出さしむることを要することゝなれり但し前に差出しある印鑑證明書を援用し其謄本を以てすることを得るは前に述へたるか如し

舊法に於て要せさりし第三者の許可、同意書(夫の許可、法定代理人又は保佐人の同

意親族會の同意の類)に新法に於ては許可、同意者の印鑑證明書を添ふるを要することとなれり

○舊法に於て日本語を解せさる者(外國人の類)又は聾、啞者は日本語を解する相當なる代理人を以てするにあらされは公正證書作成を囑託するを得さりしも新法に於ては通事の立會を以て之を作り得ることとなれり

○舊法には書類閲覽の規定なきも新法に於ては閲覽を許すへき規定を設け又他の利害關係人は閲覽若しくは謄本の交付を請求し得ることとなりたり

㊇委任に依る代理人に付き注意

○何人と雖も同一事件に付き相手方の代理人となり又は當事者雙方の代理人と爲ることを得す例へは金錢貸借に付き貸主か借主の代理人となり又は貸主借主雙方の代理人となることを得さるの類なり但し數人の借主の代理を一人に於て爲し借主中他の連借人若しくは保證人の代理を爲すは差支なし又匿名組合契約に付き匿名員か數人あるとき一人に於て數人の代理を爲し又は匿名員の一人か他の匿名員の代理を兼ぬるは差支なきも相手方たる營業者の代理人となることを得す尤も債

務履行の場合は取除けなり

○公正證書作成を囑託する代理人は能力者たらさるも差支なし

◉手形金の取立と拒絶證書

○公證人に對し手形金の取立を依賴したるときは公證人か手形を支拂義務者に呈出し支拂を求め若し支拂欠缺の場合は卽時に拒絶證書を作るの便あり

附　録　畢

大正五年五月十日印刷
大正五年五月十五日發行

公證人法論綱奥付

定價金貳圓五拾錢

著作者　長谷川平次郎

東京市神田區仲猿樂町一番地
發行者　波多野重太郎

東京市麹町區飯田町四丁目八番地
印刷者　藤田知治

發兌元　東京神田仲猿樂町（電話本局二二五四）巖松堂書店（振替東京六五五六番）

（印刷所　神田區美土代町一丁目廿一番地精美堂活版所）

巖松堂書店發兌圖書目錄

索引

著者	書名	冊數	定價	內地送料
◉續刊叢書之部（法學論叢）				
法學博士 松本烝治著	商法改正法評論	全一冊	金壹圓貳拾錢	金拾貳錢
法學士 鹽田環著	船員論	全一冊	上製 金壹圓參拾五錢 並製 金壹圓拾錢	金拾貳錢
法學博士 神戸寅次郎著	權利質論	全一冊	金壹圓參拾錢	金拾貳錢
法學士 清瀬一郎著	不當利得論	全一冊	金五拾錢	金八錢
ドクトル ユーリス 水口吉藏著	法律解釋學	全一冊	金壹圓	金八錢
◉論文集之部				
法學博士 松本烝治著	私法論文集	第一卷 第二卷	金貳圓參拾錢 金貳圓參拾錢	金拾貳錢 金拾貳錢
明治大學出版部編	法學大家論文集	民法 刑法	金參圓五拾錢 金壹圓四拾五錢	金拾六錢 金拾貳錢

◉法學通論及法理學之部

法學博士 中村進午著	法學通論	全一冊	金貳圓	金拾貳錢
法學士 山本晋著	法理に關する初學者の疑問	全一冊	金壹圓貳拾錢	金八錢
法學士 岡村玄治著	法之眞髓	全一冊	金七拾五錢	金八錢

◉憲法及行政法之部

法學士 島村他三郎著	行政法要論	全一冊	金貳圓貳拾五錢	金拾貳錢
伊藤正懿著	恩給大鑑	全一冊	金貳圓五拾錢	金拾貳錢
法學士 小山令之著	小學教師之權利義務	全一冊	金七拾五錢	金八錢
法學士 山田準次郎著	衞生行政法論	全一冊	金壹圓五拾錢	金拾貳錢
法學士 小濱松次郎著	警察行政要義	全一冊	金貳圓	金拾貳錢
檢事 谷田勝之助著	警察犯處罰令講義	全一冊	金拾八錢	金四錢
友次壽太郎著	違警罪即決例釋義	全一冊	金貳拾錢	金四錢
安東鶴城著	犬の實用的研究	全一冊	金七拾五錢	金八錢

著者	書名	冊數	定價	郵稅
警視廳屬 小田明次著	袖珍 警察文例	全一冊	金五拾錢	金四錢
法學博士 小河滋次郎著	監獄法講義	全一冊	上製 金參圓 並製 金貳圓五拾錢	金拾貳錢
法學博士 小河滋次郎評	無名氏述 監獄夢物語	全一冊	金四拾錢	金八錢
辯護士 杉田百助著	鐵道行政汎論	全一冊	金貳圓	金拾貳錢
法學士 關口健一郎著	改正 所得稅法要義	全一冊	金壹圓五拾錢	金拾貳錢
副司稅官 安光力著	印紙稅法精義	全一冊	金六拾五錢	金八錢
副司稅官 安光力著	間接國稅犯則者處分法要義	全一冊	金五拾錢	金六錢

◉刑法及刑事補助學之部

著者	書名	冊數	定價	郵稅
法學博士 大場茂馬著	刑法總論	全二卷	上卷 金壹圓八拾錢 下卷上 金壹圓四拾錢 下卷中 金壹圓參拾錢 下卷下 近刊	各拾貳錢
法學博士 大場茂馬著	刑法各論	全二冊	上卷 金參圓五拾錢 下卷 金參圓參拾錢	各拾六錢
ドクトル・ユーリス 山岡萬之助著	刑法原理	全一冊	金參圓貳拾錢	金拾六錢
ドクトル・ユーリス 岡田庄作著	刑法原論	全二冊	總論 金貳圓 各論 金貳圓五拾錢	各拾貳錢

法學博士 勝本勘三郎述	刑法講話	全一冊	金壹圓	金八錢
吉田九一郎著	最新刑法問答	全一冊	金參拾五錢	金六錢
法學士 甘糟勇雄著	犯罪論	全一冊	金壹圓七拾五錢	金拾貳錢
ドクトルユーリス 山岡萬之助著	刑事政策學	全一冊	金參圓	金拾六錢
法學博士 大場茂馬著	最近刑事政策根本問題	全一冊	金壹圓拾錢	金拾貳錢
法學博士 大場茂馬譯	ビルクマイヤー氏 判事の自由裁量論	全一冊	金壹圓拾錢	金拾貳錢
法學博士 大場茂馬著	陪審制度論	全一冊	金壹圓五拾錢	金拾貳錢
法學博士 大場茂馬著	湖南事件と大浦庇護事件	全一冊	金六拾錢	金六錢
醫學士 杉江董著	犯罪と精神病	全一冊	金壹圓八拾錢	金拾貳錢
文學士 寺田精一著	囚人の心理	全一冊	金貳圓五拾錢	金拾貳錢
法學博士 大場茂馬著	個人識別法 一名指紋法	全一冊	金壹圓八拾錢	金拾貳錢

◎民法之部

各大家分擔執筆 註釋民法全書（全十二卷）

法學博士 松本烝治	第一卷 人、法人及物	第一冊 第二冊 第三冊	金四拾錢 金九拾錢 近刊	金六錢 金八錢
法學士 鳩山秀夫	第二卷 法律行爲乃至時效	第一冊 第二冊 合本	金八拾五錢 金貳圓五錢 金參圓貳拾錢	金八錢 金拾貳錢 金拾六錢
法學士 三潴信三	第三卷 物權總則及占有權	全	近刊	
法學士 三潴信三	第四卷 所有權乃至地役權	第一冊 第二冊	金七拾錢 近刊	金八錢
法學士 末弘嚴太郎	第五卷 留置權乃至抵當權	全	近刊	
法學博士 乾政彥	第六卷 債權總則（上）	全	近刊	
法學博士 乾政彥	第七卷 債權總則（下）	全	近刊	
法學博士 神戸寅次郎	第八卷 契約總則	第一冊 第二冊	金壹圓七拾錢 近刊	金拾貳錢
法學士 池田寅二郎	第九卷 契約各論	全	近刊	
法學士 飯島喬平	第十卷 事務管理乃至不法行爲	全	近刊	
法學士 島田鐵吉	第十一卷 親族編	全	近刊	
法學士 島田鐵吉	第十二卷 相續編	全	近刊	
法學士 飯島喬平著	民法要論	全一冊	金四圓	金拾六錢

法學士　三瀦信三著	擔保物權法	全一冊	金貳圓七拾錢	金拾貳錢
法學士　村上恭一著	債權各論	全一冊	金參圓	金拾六錢
判事　團野新之著	損害賠償論	全一冊	金貳圓五拾錢	金拾六錢
法學士　牧野菊之助著	日本親族法論	全一冊	金貳圓參拾錢	金拾貳錢
法學士　牧野菊之助著	日本相續法論	全一冊	金貳圓	金拾貳錢
判事　繁田保吉著	改正戶籍法解說	全一冊	金參圓八拾錢	金拾六錢
檢事　山中靜次著	建物保護法釋義	全一冊	金貳拾錢	金四錢
公證人長谷川平次郎著	公證人法論綱	全一冊	金貳圓五拾錢	金拾貳錢

◉商法之部

法學士　柳川勝二著	改正商法論綱	全一冊	金參圓參拾錢	金拾六錢
法學士　柳川勝二著	法制教育 商法要領	全一冊	金壹圓五拾錢	金拾貳錢
法學博士　松本烝治著	商法原論（總則）	全一冊	金壹圓	金拾貳錢

法學士 片山義勝著	商法總則論	全一册	金壹圓五拾錢	金拾貳錢
法學士 片山義勝著	會社法原論	全一册	金貳圓	金拾貳錢
法學士 花岡敏夫著	英國新會社法論	全一册	金參圓	金拾六錢
法學博士 松本烝治著	商行爲法	全一册	金壹圓七拾錢	金拾貳錢
法學博士 松本烝治著	保險法	全一册	金壹圓七拾錢	金拾貳錢
法學博士 松本烝治著	海商法	全一册	金壹圓五拾錢	金拾貳錢
法學士 花岡敏夫著	貨物運送と其判決例	全一册	金八拾五錢	金八錢
法學博士 粟津清亮著	日本保險法論	全一册	金壹圓五拾錢	金拾貳錢
法學士 豐田多賀雄著	有價證券論	全一册	金壹圓八拾錢	金拾貳錢
法學博士 岡野敬次郎著	日本手形法	全一册	金貳圓	金拾貳錢

◎訴訟法及破産法之部

法學博士 板倉松太郎著	刑事訴訟法玄義	全二册	上册 金四圓貳拾錢 下册 金四圓八拾錢	各拾六錢

◉國際法之部

法學博士 千賀鶴太郎著	國際公法要義	全一冊	金參圓拾錢	金拾六錢
法學博士 立作太郎著	戰時國際法	全一冊	金參圓	金拾貳錢
法學博士 立作太郎著	平時國際法第一編 國際法の基本觀念	全一冊	金五拾錢	金六錢
法學士 篠田治策著	日露戰役國際公法	全一冊	金參圓	金拾六錢
法學博士 遠藤源六著	日露戰役國際論法	全一冊	金參圓	金拾六錢
法學博士 山口弘一著	日本國際私法論	全一冊	金壹圓六拾錢	金拾貳錢

◉工業法及特許法之部

經理學校教官 三段崎景之著	工場法釋義	全一冊	金六拾錢	金八錢
法學士 鹽田環著	鑛業法通論	全一冊	金壹圓五拾錢	金拾貳錢
法學士 清瀬一郎著	工業所有權概論	全一冊	金壹圓六拾錢	金拾貳錢

辯護士 松本靜史著	改正特許法要論	全一冊	金壹圓貳拾錢	金拾貳錢
法學士 小西眞雄譯	コーラー博士 特許法原論	全一冊	金貳圓	金拾貳錢
法學士 田中鐵二郎著	商標法要論	全一冊	金壹圓	金拾貳錢
東京特許代理局編	特許、意匠 商標、新案 四法正解	全一冊	金壹圓七拾錢	金拾貳錢

◉判決例及先例之部

巖松堂編輯部編	民法判決實例	全一冊	金貳圓八拾錢	金拾貳錢
巖松堂編輯部編	商法判決實例	全一冊	金壹圓八拾錢	金八錢
巖松堂編輯部編	刑法判決實例	全一冊	金壹圓八拾錢	金八錢
中央大學發行	大審院民事判例要旨類集	全一冊	金參圓	金拾六錢
中央大學發行	大審院刑事判例要旨類集	全一冊	金參圓	金拾六錢
中央大學發行	行政裁判所判例要旨類集	全一冊	金四圓	金拾貳錢
法學士 小疇傳著	大審院新刑法判例要旨	全一冊	金貳圓貳拾錢	金拾貳錢

著者	書名	册數	定價	郵稅
住井秀雄編	普通文官及裁判所書記試驗模範答案集	全一册	金四拾錢	金六錢
辯護士 西川豊之助編	文官高等判檢事辯護士最近答案集	全一册	金五拾錢	金六錢
法學士 中村明士著	警察官司獄官考試模範答案集	全一册	金六拾錢	金六錢
巖松堂編輯部編	受驗教範法制要義	全一册	金參拾錢	金四錢
明治大學講師 西川正次著	官廳簿記法	全一册	金壹圓貳拾錢	金八錢

◉法典之部

著者	書名	册數	定價	郵稅
巖松堂編輯部編	現行警察法規	全一册	金拾八錢	金四錢
尾內欽三編	現行警察法規全書	全一册	金壹圓四拾錢	金拾貳錢
內務省衛生局編	日本衛生法規大全	全一册	金貳圓八拾錢	金拾六錢
巖松堂編輯部編	新舊商法對照	全一册	金貳拾錢	金六錢
巖松堂編輯部編	改正日本商法	全一册	金拾五錢	金六錢
法學士 阿部文二郎譯	新譯獨逸六法刑事訴訟法	全一册	金四拾錢	金六錢

法律新聞社編	無盡と貯蓄銀行	全一冊	金壹圓	金八錢

◉經濟學及財政學之部

マスター、オブ、アーツ 石川義昌譯	セリグマン氏 經濟原論	全一冊	金參圓五拾錢	金拾六錢
法學博士 小林丑三郎著	經濟學評論	全一冊	金貳圓八拾錢	金拾六錢
法學士 吉田舜天丸著	經濟學問題解說	全一冊	金七拾五錢	金八錢
法學博士 小林丑三郎著	財政學提要	全一冊	金貳圓五拾錢	金拾貳錢
法學博士 小林丑三郎著	殖民地財政論	全一冊	金壹圓六拾錢	金拾貳錢
法學博士 小林丑三郎著	地方財政學	全一冊	金參圓	金拾六錢
商學士 瀧本美夫著	財政學講義（上卷）	全一冊	金壹圓五拾錢	金拾貳錢
法學博士 小林丑三郎著	財政整理論	全一冊	金壹圓貳拾錢	金八錢
東京經濟雜誌記者 北崎進著	農業開發論	全一冊	金壹圓	金拾貳錢
法學士 青木得三譯	スプレーグ氏 北米合衆國經濟事情	全一冊	金壹圓	金拾貳錢

◉統計及殖民論之部

法學士 財部靜治著	社會統計論綱	全一冊	金貳圓	金拾貳錢
法學士 廣中佐兵衛著	獨逸殖民新論	全一冊	金壹圓	金拾貳錢
マスター、オブ、アーツ 山本美越乃著	支那に於ける獨逸の經營	全一冊	金八拾錢	金八錢

◉銀行貨幣及金融論之部

法學博士 堀江歸一著	中央銀行と金融市場	全一冊	金貳圓	金拾貳錢
法學博士 矢作榮藏著	不動產銀行論	全一冊	金七拾五錢	金八錢
法學士 青木得三著	貨幣論	全一冊	金壹圓五拾錢	金拾貳錢
法學博士 小林丑三郎著	庶民金融談	全一冊	金壹圓參拾錢	金八錢

◉一般商業學之部

早稲田大學教授 服部文四郎著	高等商業教育論	全一冊	金壹圓參拾五錢	金拾貳錢
岡崎孝一 川村善輔 著	商業の理論及實務	全一冊	金壹圓參拾錢	金拾貳錢
商學士 松崎壽著	最新商業算術	全一冊	上卷金七拾錢 下卷金七拾錢	各金八錢
經理學校教官 三段崎景之著	重要商品學講義	全一冊	金壹圓七拾錢	金拾六錢

◉税關倉庫及交通之部

商學士 松崎壽著	フイスク氏商業政策	全一冊	金壹圓	金拾貳錢
商學士 小林行昌著	倉庫及税關	全一冊	金參圓	金拾貳錢
商學士 小林行昌著	倉庫論	全一冊	金貳圓	金拾貳錢
早稲田大學教授 伊藤重治郎著	海運論	全二冊	上卷金貳圓 下卷近刊	金拾貳錢

◉保險學之部

法學博士 粟津清亮著	保險學綱要	全一冊	金貳圓五拾錢	金拾六錢

保險事務官補 中島好太郎著	保險總說	全一冊	金壹圓六拾錢	金拾六錢
法學博士 粟津清亮著	保險講話	全一冊	金壹圓五拾錢	金拾貳錢
惣崎貞夫著	生命保險通解	全一冊	金壹圓參拾錢	金拾貳錢
恩田長藏 半名龜次 著	火災保險業より見たる東京市	全一冊	金貳圓五拾錢	金拾貳錢
角田總夫著	火災保險	全一冊	金壹圓參拾錢	金拾貳錢

◎會社及取引所論之部

商學士 小林百合松著	會社論	全一冊	金貳圓	金拾貳錢
法學博士 佐野善作著	取引所投機取引論	全二冊	上卷 金貳圓七拾錢 下卷 近刊	金拾貳錢
商學士 清水吉松著	米穀投機論	全一冊	金貳圓	金拾貳錢
法學士 豐田多賀雄著	有價證券論	全一冊	金壹圓八拾錢	金拾貳錢

◎社會學及社會政策之部

著者	書名	冊數	定價	郵稅
文學士 今井政吉著	社會本位と個人本位	全一冊	金壹圓五拾錢	金拾貳錢
法學博士 上杉愼吉著	婦人問題	全一冊	金壹錢	金八錢
市場學而郎著	賣笑婦研究	全一冊	金四拾錢	金六錢
マスター、オブ、アーツ 山本美越乃著	勞働問題	全一冊	金六拾錢	金八錢
田中太郎著	歐米感化救濟事業	全一冊	金貳圓	金拾貳錢

教育書之部

著者	書名	冊數	定價	郵稅
文學士 寺田精一著	危機に富める青年兒童期	全一冊	金壹圓	金拾貳錢
脇田良吉著	低能兒教育の實際的研究	全一冊	金貳圓五拾錢	金拾貳錢

朝鮮關係書之部

著者	書名	冊數	定價	郵稅
朝鮮總督府編纂	朝鮮法令輯覽	全一冊	特價九圓五拾錢	金廿四錢
法學士 永野淸 田口春二郎著	朝鮮行政法要論	全二冊	總論金壹圓 各論金壹圓	金八錢 金八錢

法學士 永野清著	朝鮮警察行政要義	全一冊	金貳圓	金拾貳錢
田口春二郎著	朝鮮巡查受驗準備書	全一冊	金六拾錢	金六錢
田中定平著	土地調查と地主	全一冊	日文金五拾錢 鮮文金五拾錢	金四錢 金四錢
山口豐正著	朝鮮之研究（最近朝鮮事情）	全一冊	金貳圓參拾錢	金拾貳錢
佐藤碌堂著	朝鮮語學捷徑	全一冊	金五拾錢	金四錢
大場兼治著	朝鮮產業地圖	折本製 軸製	金壹圓八拾錢 金貳圓五拾錢	金八錢（貨物便）

◉巖松堂縮刷叢書之部

法學博士 志田鉀太郎著	商法總論	全一冊	金六拾錢	金六錢
法學士 柳川勝二著	相續法要論	全一冊	金六拾錢	金六錢
法學博士 松岡義正著	特別民事訴訟法論	全二冊	各金六拾錢	各金六錢
法學士 青山衆司著	商法總論	全一冊	金六拾錢	金六錢
法學博士 板倉松太郎著	民事訴訟法論	全七冊	各金六拾錢	各金六錢

法學博士　横田秀雄著	物權法論	全二冊	各金六拾錢	各金六錢
商學士　兒林百合松著	簿記學原論	全一冊	金六拾錢	金六錢
堀川美哉著	社會保險論	全一冊	金六拾錢	金六錢
法學士　島村他三郎著	行政法總論	全一冊	金六拾錢	金六錢
法學博士　市村富久著	海商法論	全二冊	各金六拾錢	各金六錢
法學士　牧野菊之助著	親族法要論	全一冊	金六拾錢	金六錢
法學博士　粟津清亮著	保險法論	全一冊	金六拾錢	金六錢
法學士　嘉山幹一著	民法總論	全一冊	金六拾錢	金六錢
法學博士　横田秀雄著	債權法總論	全二冊	各金六拾錢	各金六錢
法學士　立石謙輔著	裁判所構成法論	全一冊	金六拾錢	金六錢
法學士　柳川勝二著	人事訴訟手續法論	全一冊	金六拾錢	金六錢
法學士　須賀喜三郎著	手形法	全一冊	金六拾錢	金六錢

公證人法論綱　　別巻 1246

2019(令和元)年11月20日　復刻版第1刷発行

著　者　長谷川平次郎

発行者　今井　貴
　　　　渡辺左近

発行所　信山社出版
〒113-0033　東京都文京区本郷6-2-9-102
モンテベルデ第2東大正門前
電　話　03(3818)1019
FAX　03(3818)0344
郵便振替　00140-2-367777(信山社販売)
Printed in Japan.

制作／(株)信山社，印刷・製本／松澤印刷・日進堂

ISBN 978-4-7972-7365-6 C3332

別巻　巻数順一覧【950～981巻】

巻数	書　名	編・著者	ISBN	本体価格
950	実地応用町村制質疑録	野田藤吉郎、國吉拓郎	ISBN978-4-7972-6656-6	22,000円
951	市町村議員必携	川瀬周次、田中迪三	ISBN978-4-7972-6657-3	40,000円
952	増補 町村制執務備考 全	増澤鐵、飯島篤雄	ISBN978-4-7972-6658-0	46,000円
953	郡区町村編制法 府県会規則 地方税規則 三法綱論	小笠原美治	ISBN978-4-7972-6659-7	28,000円
954	郡区町村編制 府県会規則 地方税規則 新法例纂 追加地方諸要則	柳澤武運三	ISBN978-4-7972-6660-3	21,000円
955	地方革新講話	西内天行	ISBN978-4-7972-6921-5	40,000円
956	市町村名辞典	杉野耕三郎	ISBN978-4-7972-6922-2	38,000円
957	市町村吏員提要〔第三版〕	田邊好一	ISBN978-4-7972-6923-9	60,000円
958	帝国市町村便覧	大西林五郎	ISBN978-4-7972-6924-6	57,000円
959	最近検定 市町村名鑑 附 官国幣社 及 諸学校所在地一覧	藤澤衛彦、伊東順彦、増田穆、関惣右衛門	ISBN978-4-7972-6925-3	64,000円
960	鼇頭対照 市町村制解釈 附 理由書 及 参考諸布達	伊藤寿	ISBN978-4-7972-6926-0	40,000円
961	市町村制釈義 完　附 市町村制理由	水越成章	ISBN978-4-7972-6927-7	36,000円
962	府県郡市町村 模範治績　附 耕地整理法 産業組合法 附属法令	荻野千之助	ISBN978-4-7972-6928-4	74,000円
963	市町村大字読方名彙〔大正十四年度版〕	小川琢治	ISBN978-4-7972-6929-1	60,000円
964	町村会議員選挙要覧	津田東璋	ISBN978-4-7972-6930-7	34,000円
965	市制町村制 及 府県制　附 普通選挙法	法律研究会	ISBN978-4-7972-6931-4	30,000円
966	市制町村制註釈 完　附 市制町村制理由〔明治21年初版〕	角田真平、山田正賢	ISBN978-4-7972-6932-1	46,000円
967	市町村制詳解 全　附 市町村制理由	元田肇、加藤政之助、日鼻豊作	ISBN978-4-7972-6933-8	47,000円
968	区町村会議要覧 全	阪田辨之助	ISBN978-4-7972-6934-5	28,000円
969	実用 町村制市制事務提要	河邨貞山、島村文耕	ISBN978-4-7972-6935-2	46,000円
970	新旧対照 市制町村制正文〔第三版〕	自治館編輯局	ISBN978-4-7972-6936-9	28,000円
971	細密調査 市町村便覧(三府 四十三県 北海道 樺太 台湾 朝鮮 関東州)　附 分類官公衙公私学校銀行所在地一覧表	白山榮一郎、森田公美	ISBN978-4-7972-6937-6	88,000円
972	正文 市制町村制 並 附属法規	法曹閣	ISBN978-4-7972-6938-3	21,000円
973	台湾朝鮮関東州 全国市町村便覧 各学校所在地〔第一分冊〕	長谷川好太郎	ISBN978-4-7972-6939-0	58,000円
974	台湾朝鮮関東州 全国市町村便覧 各学校所在地〔第二分冊〕	長谷川好太郎	ISBN978-4-7972-6940-6	58,000円
975	合巻 佛蘭西邑法・和蘭邑法・皇国郡区町村編成法	箕作麟祥、大井憲太郎、神田孝平	ISBN978-4-7972-6941-3	28,000円
976	自治之模範	江木翼	ISBN978-4-7972-6942-0	60,000円
977	地方制度実例総覧〔明治36年初版〕	金田謙	ISBN978-4-7972-6943-7	48,000円
978	市町村民 自治読本	武藤榮治郎	ISBN978-4-7972-6944-4	22,000円
979	町村制詳解　附 市制及町村制理由	相澤富蔵	ISBN978-4-7972-6945-1	28,000円
980	改正 市町村制 並 附属法規	楠綾雄	ISBN978-4-7972-6946-8	28,000円
981	改正 市制 及 町村制〔訂正10版〕	山野金蔵	ISBN978-4-7972-6947-5	28,000円

別巻　巻数順一覧【915 ～ 949 巻】

巻数	書　名	編・著者	ISBN	本体価格
915	改正 新旧対照市町村一覧	鍾美堂	ISBN978-4-7972-6621-4	78,000 円
916	東京市会先例彙輯	後藤新平、桐島像一、八田五三	ISBN978-4-7972-6622-1	65,000 円
917	改正 地方制度解説〔第六版〕	狭間茂	ISBN978-4-7972-6623-8	67,000 円
918	改正 地方制度通義	荒川五郎	ISBN978-4-7972-6624-5	75,000 円
919	町村制市制全書 完	中嶋廣蔵	ISBN978-4-7972-6625-2	80,000 円
920	自治新制 市町村会法要談 全	田中重策	ISBN978-4-7972-6626-9	22,000 円
921	郡市町村吏員 収税実務要書	荻野千之助	ISBN978-4-7972-6627-6	21,000 円
922	町村至宝	桂虎次郎	ISBN978-4-7972-6628-3	36,000 円
923	地方制度通 全	上山満之進	ISBN978-4-7972-6629-0	60,000 円
924	帝国議会府県会郡会市町村会議員必携 附関係法規 第1分冊	太田峯三郎、林田亀太郎、小原新三	ISBN978-4-7972-6630-6	46,000 円
925	帝国議会府県会郡会市町村会議員必携 附関係法規 第2分冊	太田峯三郎、林田亀太郎、小原新三	ISBN978-4-7972-6631-3	62,000 円
926	市町村是	野田千太郎	ISBN978-4-7972-6632-0	21,000 円
927	市町村執務要覧 全 第1分冊	大成館編輯局	ISBN978-4-7972-6633-7	60,000 円
928	市町村執務要覧 全 第2分冊	大成館編輯局	ISBN978-4-7972-6634-4	58,000 円
929	府県会規則大全　附 裁定録	朝倉達三、若林友之	ISBN978-4-7972-6635-1	28,000 円
930	地方自治の手引	前田宇治郎	ISBN978-4-7972-6636-8	28,000 円
931	改正 市制町村制と衆議院議員選挙法	服部喜太郎	ISBN978-4-7972-6637-5	28,000 円
932	市町村国税事務取扱手続	広島財務研究会	ISBN978-4-7972-6638-2	34,000 円
933	地方自治制要義 全	末松偕一郎	ISBN978-4-7972-6639-9	57,000 円
934	市町村特別税之栞	三邊長治、水谷平吉	ISBN978-4-7972-6640-5	24,000 円
935	英国地方制度 及 税法	良保両氏、水野遵	ISBN978-4-7972-6641-2	34,000 円
936	英国地方制度 及 税法	髙橋達	ISBN978-4-7972-6642-9	20,000 円
937	日本法典全書 第一編 府県制郡制註釈	上條慎蔵、坪谷善四郎	ISBN978-4-7972-6643-6	58,000 円
938	判例挿入 自治法規全集 全	池田繁太郎	ISBN978-4-7972-6644-3	82,000 円
939	比較研究 自治之精髄	水野錬太郎	ISBN978-4-7972-6645-0	22,000 円
940	傍訓註釈 市制町村制 並ニ 理由書〔第三版〕	筒井時治	ISBN978-4-7972-6646-7	46,000 円
941	以呂波引町村便覧	田山宗堯	ISBN978-4-7972-6647-4	37,000 円
942	町村制執務要録 全	鷹巣清二郎	ISBN978-4-7972-6648-1	46,000 円
943	地方自治 及 振興策	床次竹二郎	ISBN978-4-7972-6649-8	30,000 円
944	地方自治講話	田中四郎左衛門	ISBN978-4-7972-6650-4	36,000 円
945	地方施設改良 訓諭演説集〔第六版〕	鹽川玉江	ISBN978-4-7972-6651-1	40,000 円
946	帝国地方自治団体発達史〔第三版〕	佐藤亀齢	ISBN978-4-7972-6652-8	48,000 円
947	農村自治	小橋一太	ISBN978-4-7972-6653-5	34,000 円
948	国税 地方税 市町村税 滞納処分法問答	竹尾高堅	ISBN978-4-7972-6654-2	28,000 円
949	市町村役場実用 完	福井淳	ISBN978-4-7972-6655-9	40,000 円

別巻　巻数順一覧【878 ～ 914 巻】

巻数	書名	編・著者	ISBN	本体価格
878	明治史第六編 政黨史	博文館編輯局	ISBN978-4-7972-7180-5	42,000 円
879	日本政黨發達史 全〔第一分冊〕	上野熊藏	ISBN978-4-7972-7181-2	50,000 円
880	日本政黨發達史 全〔第二分冊〕	上野熊藏	ISBN978-4-7972-7182-9	50,000 円
881	政党論	梶原保人	ISBN978-4-7972-7184-3	30,000 円
882	獨逸新民法商法正文	古川五郎、山口弘一	ISBN978-4-7972-7185-0	90,000 円
883	日本民法鼇頭對比獨逸民法	荒波正隆	ISBN978-4-7972-7186-7	40,000 円
884	泰西立憲國政治攬要	荒井泰治	ISBN978-4-7972-7187-4	30,000 円
885	改正衆議院議員選擧法釋義 全	福岡伯、横田左仲	ISBN978-4-7972-7188-1	42,000 円
886	改正衆議院議員選擧法釋義 附 改正貴族院令,治安維持法	犀川長作、犀川久平	ISBN978-4-7972-7189-8	33,000 円
887	公民必携 選擧法規ト判決例	大浦兼武、平沼騏一郎、木下友三郎、清水澄、三浦數平	ISBN978-4-7972-7190-4	96,000 円
888	衆議院議員選擧法輯覽	司法省刑事局	ISBN978-4-7972-7191-1	53,000 円
889	行政司法選擧判例總覽―行政救濟と其手續―	澤田竹治郎・川崎秀男	ISBN978-4-7972-7192-8	72,000 円
890	日本親族相續法義解 全	髙橋捨六・堀田馬三	ISBN978-4-7972-7193-5	45,000 円
891	普通選擧文書集成	山中秀男・岩本溫良	ISBN978-4-7972-7194-2	85,000 円
892	普選の勝者 代議士月旦	大石末吉	ISBN978-4-7972-7195-9	60,000 円
893	刑法註釋 巻一～巻四(上巻)	村田保	ISBN978-4-7972-7196-6	58,000 円
894	刑法註釋 巻五～巻八(下巻)	村田保	ISBN978-4-7972-7197-3	50,000 円
895	治罪法註釋 巻一～巻四(上巻)	村田保	ISBN978-4-7972-7198-0	50,000 円
896	治罪法註釋 巻五～巻八(下巻)	村田保	ISBN978-4-7972-7198-0	50,000 円
897	議會選擧法	カール・ブラウニアス、國政研究科會	ISBN978-4-7972-7201-7	42,000 円
901	鼇頭註釈 町村制 附 理由 全	八乙女盛次、片野続	ISBN978-4-7972-6607-8	28,000 円
902	改正 市制町村制 附 改正要義	田山宗堯	ISBN978-4-7972-6608-5	28,000 円
903	増補訂正 町村制詳解〔第十五版〕	長峰安三郎、三浦通太、野田千太郎	ISBN978-4-7972-6609-2	52,000 円
904	市制町村制 並 理由書 附 直接間接税類別及実施手続	高崎修助	ISBN978-4-7972-6610-8	20,000 円
905	町村制要義	河野正義	ISBN978-4-7972-6611-5	28,000 円
906	改正 市制町村制義解〔帝國地方行政学会〕	川村芳次	ISBN978-4-7972-6612-2	60,000 円
907	市制町村制 及 関係法令〔第三版〕	野田千太郎	ISBN978-4-7972-6613-9	35,000 円
908	市町村新旧対照一覧	中村芳松	ISBN978-4-7972-6614-6	38,000 円
909	改正 府県郡制問答講義	木内英雄	ISBN978-4-7972-6615-3	28,000 円
910	地方自治提要 全 附 諸届願書式 日用規則抄録	木村時義、吉武則久	ISBN978-4-7972-6616-0	56,000 円
911	訂正増補 市町村制問答詳解 附 理由及追輯	福井淳	ISBN978-4-7972-6617-7	70,000 円
912	改正 府県制郡制註釈〔第三版〕	福井淳	ISBN978-4-7972-6618-4	34,000 円
913	地方制度実例総覧〔第七版〕	自治館編輯局	ISBN978-4-7972-6619-1	78,000 円
914	英国地方政治論	ジョージ・チャールズ・ブロドリック、久米金彌	ISBN978-4-7972-6620-7	30,000 円